中国与世界经济发展报告

2022

主编◎刘宇南

副主编◎张学颖　张宇贤　王远鸿　牛　犁

ANNUAL REPORT ON
CHINA AND THE WORLD ECONOMIC
DEVELOPMENT 2022

中国市场出版社
China Market Press

北　京

图书在版编目（CIP）数据

中国与世界经济发展报告. 2022 / 刘宇南主编.
—北京 ：中国市场出版社有限公司，2021. 12
ISBN 978 - 7 - 5092 - 2182 - 2

Ⅰ. ①中… Ⅱ. ①刘… Ⅲ. ①中国经济-经济发展-研究报告-2022②世界经济-经济发展-研究报告-2022 Ⅳ. ①F124②F112

中国版本图书馆 CIP 数据核字（2021）第 270220 号

中国与世界经济发展报告（2022）

ZHONGGUO YU SHIJIE JINGJI FAZHAN BAOGAO (2022)

主　　编：刘宇南
责任编辑：刘佳禾

出版发行：中国市场出版社
社　　址：北京市西城区月坛北小街 2 号院 3 号楼（100837）
电　　话：（010）68034118/68021338
网　　址：http：//www. scpress. cn

印　　刷：河北鑫兆源印刷有限公司
规　　格：185mm×260mm　　16 开本
印　　张：28. 75　　字　　数：550 千字
版　　次：2021 年 12 月第 1 版　　印　　次：2021 年 12 月第 1 次印刷
书　　号：ISBN 978 - 7 - 5092 - 2182 - 2
定　　价：88. 00 元

《中国与世界经济发展报告（2022）》

编委会

主要编撰者简介

Annual Report on China and the World Economic Development (2022)

刘宇南 国家信息中心主任。曾在国家发展改革委社会发展司、国民经济综合司任职，长期从事发展战略、规划、政策研究制定和宏观形势分析工作。为国家“十五”“十一五”“十二五”“十三五”规划起草小组成员，牵头起草《国家基本公共服务体系“十二五”规划》《国家人口发展规划（2016—2030年）》等国家专项规划，多次参与中央、国务院有关文件和领导人讲话起草工作。参与或牵头组织了20余项重点课题研究，获国家发展改革委优秀研究成果一等奖1次，其他奖多次。已出版著作2部，在报纸和刊物发表文章数十篇。

张学颖 国家信息中心副主任，高级经济师。长期从事宏观经济、产业经济研究工作。牵头或参与组织若干项国家自然基金、社科基金、国家发展改革委重点研究课题，参与主持编撰《中国经济展望》《中国产业发展展望》《中国可持续发展的产业政策研究》等，在报刊发表宏观经济和产业经济研究文章数十篇。

张宇贤 国家信息中心经济预测部主任，二级研究员。在国家发展改革委系统长期从事重大战略、重大规划、重大政策研究，主持或参与重大研究课题50多项。曾获国家发展改革委优秀研究成果一等奖1次，二等奖4次。曾在《人民日报》《经济日报》《光明日报》《管理世界》《中国工业经济》《世界经济》《经济理论与经济管理》《中国宏观经济研究》等国家重要报刊发表论文60余篇。

王远鸿 经济学博士，国家信息中心经济预测部副主任，二级研究员。主要从事宏观经济、财政金融、数量经济模型和经济景气模型方面的研究工作。主持或参加国家科技攻关、国家发展改革委等有关政府部门、国家社科基金、国家自然科学基金及社会和国际合作课题多项，获国家科技攻关重大成果奖1次、国家发展改革委优秀研究成果二等奖2次、三等奖2次。著有《中国经济内外均衡问题研究》《通货膨胀研究——分析与模型》等专著，在《经济研究》《金融研究》《中国工业经济》《人民日报》《经济日报》等报刊发表文章100余篇。

牛　犁　研究员，国家信息中心经济预测部副主任。主要从事国内外宏观经济、能源战略、国际油价等研究工作。曾主持或参加中财办、国家发展改革委、商务部、国家能源局、国家开发银行等单位有关“十四五”发展规划、“高质量发展”、“潜在增长能力”、“国家能源战略”及国别规划咨询等研究课题100多项。在《中国金融》《经济日报》等刊物发表文章100多篇。曾获“中央国家机关优秀青年”称号，国家信息中心“突出贡献奖”，国家发展改革委优秀研究成果二等奖1项、国家信息中心优秀研究成果奖多项。被聘为商务部经贸政策咨询委员会专家、绿色低碳发展智库伙伴专家委员等。

序

2021年是中国共产党建党100周年，我国已全面建成小康社会，历史性地解决了绝对贫困问题，顺利实现第一个百年奋斗目标，并乘势而上开启全面建设社会主义现代化国家新征程、向第二个百年奋斗目标进军。面对持续反复的全球新冠肺炎疫情、复杂严峻的国际环境、繁重艰巨的国内改革发展任务，在以习近平同志为核心的党中央坚强领导下，各地区各部门认真贯彻落实党中央、国务院决策部署，科学精准实施宏观经济政策，我国经济总体延续恢复发展态势，经济结构持续优化，质量效益稳步提高，科技自立自强积极推进，改革开放不断深化，人民生活有效改善，社会大局保持稳定。

展望2022年，随着全球新冠肺炎疫情影响逐步减弱，供应链梗阻和航运体系运转不畅有望改善，世界经济和贸易有望保持较快增长。我国超大规模市场潜力为经济持续恢复发展形成坚强支撑，改革开放深入推进使各类市场主体活力不断激发，宏观杠杆水平总体可控为宏观政策调整提供了空间，我国经济发展将更趋稳固、更趋均衡。但是，我国经济发展内外部环境依然严峻复杂。从国际看，世界进入新的动荡变革期，全球疫情走势仍存在较大不确定性，全球制造业投资和居民消费开支增长乏力，全球产业链、供应链和价值链完全恢复尚待时日，主要经济体货币政策转向的负面效应将逐步显现，全球通货膨胀压力依然较大。从国内看，经济下行压力加大，供给约束难以明显缓解，有效需求稳定恢复难度较大，企业生产经营困难可能持续，重点领域风险隐患仍待化解，民生保障能力有待提升。

2022年，我们应继续坚持稳中求进的工作总基调，完整准确全面贯彻新发展理念，加快构建新发展格局，着力推动高质量发展，深化供给侧结构性改革，统筹国内国际两个大局，统筹疫情防控和经济社会发展，统筹发展和安全，保持宏观政策连续性、稳定性、可持续性，继续做好“六稳”“六保”工作，全面深化改革开放，提高供给体系质量，有效扩大国内需求，激发微观主体活力，畅通经济内外循环，切实保障改善民生，确保实现经济行稳致远、社会安定和谐，以优异成绩迎接党的二十大胜利召开！

国家信息中心和国家信息系统预测团队推出《中国与世界经济发展报告（2022）》，衷心希望能够为您了解和把握中国及世界经济发展大势提供帮助。时间仓促，报告难免有不足之处，敬请批评指正。

刘宇南

2021 年 12 月

总报告——001

01 2021 年中国宏观经济形势回顾及 2022 年展望

国家信息中心 /003

综合篇——013

02 2021 年固定资产投资分析及 2022 年展望

胡祖铨 /015

03 2021 年消费形势回顾及 2022 年消费展望

邹蕴涵 /025

04 2021 年对外贸易形势分析与 2022 年展望

闫 敏 /032

05 2021 年物价形势分析及 2022 年展望

张前荣 /040

06 2021 年就业形势分析与 2022 年展望

陈 彬 /047

07 2021 年财政收支形势分析与 2022 年展望
刘 鹏 /057

08 2021 年金融运行分析与 2022 年展望
李若愚 /067

09 2021 年股票市场运行分析及 2022 年展望
徐平生 /076

10 2021 年利用外资和对外投资形势分析及 2022 年展望
韩瑞栋 /083

11 2021 年我国新动能发展形势分析与 2022 年展望
高辉清 /092

12 2021 年我国数字治理成效评估及 2022 年展望
丁 邡 /103

13 2021 年中国城市科技创新竞争力分析及 2022 年展望
沈 立 /109

产 业 篇——119

14 2021 年工业运行分析及 2022 年展望
魏琪嘉 冯利华 /121

15 2021 年服务业发展形势分析及 2022 年展望
刘玉红 /129

16 2021 年房地产市场分析和 2022 年展望
邹士年 /136

17　2021 年汽车形势分析及 2022 年走势展望

祁京梅　/147

18　2021 年钢铁行业形势分析及 2022 年展望

董静媚　/156

19　2021 年电子信息产业发展情况及 2022 年展望

徐　斯　/164

区　域　篇——171

20　2021—2022 年区域经济发展分析

胡少维　/173

21　2021 年西部地区经济形势分析及 2022 年展望

朱　敏　/182

22　2021 年长三角地区经济形势分析及 2022 年展望

韩　磊　滕　菲　/192

23　2021 年北京市经济形势分析及 2022 年展望

奚　春　/197

24　2021 年河北省经济形势分析及 2022 年展望

刘　静　/201

25　2021 年山西省经济形势分析及 2022 年展望

冯健美　/206

26　2021 年辽宁省经济形势分析及 2022 年展望

边　茜　徐　翔　路　鸣　/212

27 2021 年黑龙江省经济形势分析及 2022 年展望
郭新梅 曲阳阳 钟 敏 丛 静 崔 霄 王 茜 /217

28 2021 年江苏省经济形势分析及 2022 年展望
韩 磊 孟芊汝 滕 菲 /222

29 2021 年安徽省经济形势分析及 2022 年展望
李红梅 王 铮 孙 韩 何婷婷 /227

30 2021 年福建省经济形势分析及 2022 年展望
蔡荣富 余晓红 张雪玲 陈体珠 /232

31 2021 年江西省经济形势分析及 2022 年展望
燕佳静 /237

32 2021 年河南省经济形势分析及 2022 年展望
张东阳 韩 毅 郭申申 孙慧敏 张 函 /244

33 2021 年广东省经济形势分析及 2022 年展望
吴祖艳 蔡志敏 龚联华 /249

34 2021 年广西壮族自治区经济形势分析及 2022 年展望
蓝荣侯 杨豫萍 张卫华 尚毛毛 李美莲 /254

35 2021 年重庆市经济形势分析及 2022 年展望
易小光 丁 瑶 余贵玲 罗丛生 张 超
张 佳 施小兰 郑淑媛 杨梅等 /261

36 2021 年云南省经济形势分析及 2022 年展望
孔 莉 /275

37 2021 年陕西省经济形势分析及 2022 年展望
聂东利 杨西萍 /280

38 2021 年甘肃省经济形势分析及 2022 年展望
陈世星 张 帆 马红祥 /286

39 2021 年青海省经济形势分析及 2022 年展望

李秀阳 韩 锐 /**294**

40 2021 年新疆维吾尔自治区经济形势分析及 2022 年展望

王乾润 马天平 /**300**

41 2021 年哈尔滨市经济形势分析及 2022 年展望

王岩松 /**305**

42 2021 年宁波市经济形势分析及 2022 年展望

戴 娜 章源升 刘 青 干天霖 许海燕 /**310**

世界经济篇——317

43 2021 年世界经济形势分析与 2022 年展望

程伟力 /**319**

44 2021 年全球贸易形势分析及 2022 年展望

张 鹏 /**326**

45 2021 年国际油价走势回顾与 2022 年展望

牛 犁 陈 彬 /**338**

46 2021 年美国经济形势分析及 2022 年展望

赵硕刚 /**346**

47 2021 年欧洲经济形势分析及 2022 年展望

王灏晨 /**354**

48 2021 年日本经济形势分析与 2022 年展望

张晓兰 /**364**

能源双碳篇——371

49 2021 年能源行业形势分析及 2022 年展望

尹伟华 /**373**

50 2021 年煤炭市场运行分析与 2022 年展望

刘 明 /**382**

51 2021 年电力形势分析及 2022 年展望

肖宏伟 /**389**

52 2021 年石油行业形势分析及 2022 年展望

袁剑琴 /**397**

53 2021 年天然气行业运行分析及 2022 年展望

温志超 /**406**

54 碳达峰碳中和背景下我国碳排放核算方法研究

肖宏伟 /**418**

55 双碳驱动下全国碳市场的建立对我国经济的影响及应对策略

袁剑琴 /**430**

56 新时期我国能源安全评价指标体系构建及评估

尹伟华 /**438**

Annual Report on

China and the World Economic Development (2022)

总报告

GENERAL REPORT

01　2021年中国宏观经济形势回顾及2022年展望

国家信息中心

摘要：2021年以来，面对复杂严峻的国内外环境，在以习近平同志为核心的党中央坚强领导下，各地区各部门认真贯彻落实党中央、国务院决策部署，统筹国内国际两个大局，统筹疫情防控和经济社会发展，统筹发展和安全，有效实施宏观经济政策，国民经济保持平稳恢复态势，全年GDP将增长8.0%左右。展望2022年，外部环境依然复杂严峻，国内疫情防控和经济社会发展任务依然繁重艰巨，但是我国拥有完善的供给体系、强大的国内市场、充沛的人力资本，将实施宏观政策跨周期调节和逆周期调节，经济增速将趋向潜在增长水平，预计GDP增长5.6%左右。

关键词：中国经济　稳定恢复　更趋稳固　更趋均衡

一、2021年我国宏观经济呈现稳定恢复态势

前三季度，我国GDP同比增长9.8%，两年平均增长5.2%。分季度看，一至三季度分别增长18.3%、7.9%和4.9%，两年平均分别增长5.0%、5.5%和4.9%。上半年，在外需强劲增长、内需稳步恢复的带动下，经济稳中向好；三季度以来，受疫情、汛情及电力供应紧张等因素影响，国内生产需求同步受到冲击，经济增势有所放缓。针对新情况新问题，国家及时加强预调微调和跨周期调节，稳定社会预期，经济运行保持了稳定恢复态势。

（一）供给保持稳步恢复

农业生产向好。前三季度，农业经济运行总体良好，粮食产量喜获丰收，第一产业增加值同比增长7.4%，两年平均增长4.8%，增速大大超过疫情前水平。一是粮食实现高位增产。夏粮早稻产量合计3477亿斤，秋粮播种面积稳中有增，全年粮食产量有望再创历史新高。二是“菜篮子”产品供应充足。生猪生产全面恢复，9月末全国能繁母猪存栏4459万头，接近正常保有量的110%，生猪存栏4.38亿头，

创近 8 年来新高。蔬菜水果量足价稳，全国在田蔬菜面积 1 亿亩左右。

工业生产恢复至疫情前水平。前三季度，第二产业增加值同比增长 10.6%，两年平均增长 5.7%，增速已超过疫情前水平。第二产业增加值占国内生产总值的比重为 39.0%，对经济增长的贡献率为 40.6%，拉动国内生产总值增长 4.0 个百分点。一是新动能蓬勃发展。高技术制造业同比增长 20.1%，两年平均增长 12.8%，对全部规模以上工业增长的贡献率达到 25.2%。从产品看，新能源汽车、工业机器人、太阳能电池、智能手表等体现新动能的产品同比增速均在 50% 以上。二是产能利用率水平较高。工业产能利用率为 77.6%，为 7 年来同期较高水平。分行业看，化纤、石油加工、有色金属冶炼、通用设备、专用设备、电气机械等行业产能利用率均达到 80% 以上。三是工业企业利润大幅改善。规模以上工业企业实现利润总额同比增长 44.7%，两年平均增长 18.8%。41 个工业大类行业中多达 36 个行业利润实现增长，利润增长覆盖面高达 87.8%。

服务业生产温和恢复。前三季度，第三产业增加值同比增长 9.5%，两年平均增长 4.9%，增速仍低于疫情前水平。第三产业增加值占国内生产总值的比重为 54.8%，对经济增长的贡献率为 54.2%，拉动国内生产总值增长 5.3 个百分点。一是现代服务业加快发展。信息传输软件和信息技术服务业、交通运输仓储和邮政业增加值分别同比增长 19.3%、15.3%，明显快于总体服务业。二是幸福产业持续扩容。高频次城市周边休闲游、自然文化深度体验游等需求持续释放。新型文化产品不断涌现，群众健身产品和服务需求明显提高。线上问诊、线上药店等一系列“无接触”互联网医疗服务呈高速增长态势，个性化、定制化服务受到消费者追捧。三是生产经营稳定向好。规模以上服务业企业营业收入同比增长 23.6%，两年平均增长 10.6%。

（二）需求恢复动力有所增强

投资需求稳步恢复。1—10 月，固定资产投资同比增长 6.1%，两年平均增长 3.8%。一是制造业投资增速快于疫情前水平。制造业投资同比增长 14.2%，两年平均增长 3.4%，其中，装备制造业投资同比增长 16.7%，成为支撑制造业投资回暖的重要力量。二是房地产投资下行压力加大。受“三道红线”落地导致融资收紧、楼市调控加压、集中供地政策出台及销售逐步降温等因素影响，房企拿地和新开工积极性减弱，房地产投资下行压力加大，房地产开发投资同比增长 7.2%，增速呈现逐月下滑走势。三是基础设施建设投资低速增长。受项目审核趋严、新增地方债发行进度偏慢等因素影响，基建投资（含电力）增长趋缓，同比仅增长 0.7%，两年平均增长 1.9%。

消费需求温和回升。1—10 月，社会消费品零售总额同比增长 14.9%，两年平均增长4%。一是商品消费修复快于服务消费。商品零售额同比增长13.8%、两年平均增长4.5%。疫情对服务消费影响更大，服务消费修复进度滞后于商品消费。餐饮收入基本恢复至2019年同期水平，电影票房收入大约恢复至2019年同期的七成，国内旅游收入恢复到2019年同期的近六成。二是限额以上单位零售修复较快。限额以上单位零售额同比增长16.4%，两年平均增长5.6%。三是重点零售商品走势先涨后跌。商品房销售面积同比增长7.3%，其中10月当月同比下降21.7%，已连续4个月下降。中汽协数据显示，汽车销量同比增长6.4%，其中10月当月同比下跌9.4%，已连续6个月下跌。四是新型消费加快壮大。全国网上零售额同比增长17.4%，实物商品网上零售额同比增长14.6%，占社会消费品零售总额的比重达到23.7%。

出口需求强劲增长。1—10月，我国外贸进出口运行韧性较强、稳中提质，按美元计价出口额同比增长32.3%，两年平均增长15.1%，远高于疫情前水平。一是全球需求向好，拉动我国出口增长。世界经济快速恢复，美欧等发达经济体经济加快恢复，海外市场需求大幅增长。我国对东盟、欧盟、美国、日本等主要贸易伙伴出口额分别增长28.6%、33.4%、31.7%和17.6%。二是疫情导致贸易替代效应显现。疫情冲击导致东南亚等部分地区产业链供应链阻断，我国凭借完整的产业链和有效的疫情防控优势迅速补链，部分贸易订单转移至我国，特别是机电、高新技术产品出口向好，汽车及底盘、液晶显示板和集成电路出口同比分别增长128%、47.5%和33%。

（三）价格走势明显分化

居民消费价格温和上涨。1—10月，CPI同比上涨0.7%，较上年同期回落2.3个百分点。其中，食品价格累计下跌1.7%，由于猪肉供应增加，猪价延续下行态势，成为下拉CPI的主要因素；非食品价格上涨1.3%，受原材料价格传导等因素影响，交通通信、教育文化娱乐价格等上涨较快。核心CPI稳步回升，累计同比上涨0.8%，但仍显著低于疫情前水平。

工业生产者出厂价格快速上涨。在国际大宗商品价格上涨、国内能源供给约束、原材料成本高企等因素影响下，PPI涨幅持续上行。1—10月，PPI同比上涨7.3%，较上年同期提升9.3个百分点。10月当月PPI涨幅达到13.5%，创1996年有PPI统计数据以来历史新高。从结构看，生产资料价格累计大幅上涨9.8%，采掘工业和原材料工业价格均保持两位数增速；生活资料价格仅上涨0.2%。

（四）财政金融平稳运行

财政收入增长较快但支出偏慢。在经济稳定恢复、企业利润大幅改善、工业品价格快速上涨、进口价量齐升等因素的带动下，前三季度，一般公共预算收入同比增长 16.3%，两年平均增长 4.3%，已完成全年预算的 83%。一般公共预算支出同比增长 2.3%，两年平均增长 0.2%，完成全年预算的 72%。民生保障持续发力，卫生、教育、社会保障和就业支出占比为近十年来新高。

货币金融环境适宜。货币流动性逐步回到疫情前的常态化水平。10 月末，广义货币（M2）同比增长 8.7%，社会融资规模存量同比增长 10%。第二季度中国货币政策执行报告显示，小微企业综合融资成本稳中有降，企业贷款加权平均利率为 4.58%，较上年同期下降 0.06 个百分点。人民币汇率双向浮动，在合理均衡水平上保持基本稳定。1—10 月人民币对美元中间价汇率平均水平较上年升值 6.8%。

（五）内生发展动力不断增强

市场主体活力加速释放。“放管服”改革和优化营商环境成效持续显现。前三季度全国新办涉税市场主体同比增长 16.1%，两年平均增长 11.7%。反垄断和反不正当竞争执法明显强化，遏制资本无序扩张势头初见成效。

就业压力有所缓解。1—10 月，全国城镇新增就业达到 1133 万人，提前完成全年目标任务。10 月全国城镇调查失业率为 4.9%，处于调控预期目标之内。从结构看，大城市就业压力相对较大，31 个大城市城镇调查失业率为 5.1%，持续高于全国水平；青年群体就业压力依然较大，16～24 岁人口调查失业率为 14.2%。随着共享经济、平台经济快速成长，新业态、新模式不断涌现，就业带动效应增强。快递小哥、网络直播、网约车司机等灵活就业岗位增加。

二、国内外环境和存在的问题

（一）国际环境依然复杂严峻

1. 全球疫情影响有望缓和但不确定性仍存

随着疫苗推广、特效药研发及经济社会交往越来越适应抗疫带来的变化，新冠肺炎疫情影响将逐步减弱。但是，在疫苗广泛普及、特效药成功研制之前，不排除可能出现传染性更强的变异毒株，为全球抗疫带来严峻考验。一是新冠肺炎病毒持续突变。全球新冠肺炎疫情仍处于流行状态，且病毒频繁变异，疫情防控难度增加。新冠肺炎病毒变异导致的疫情反复给经济社会活动、产业链供应链带来负面冲击。二是疫苗分配不均导致“免疫鸿沟”。世卫组织数据显示，截至 9 月底，欧盟和英国完全接种疫苗的人口比例超过 60%，美国接近 50%，而低收入国家只有不到 2%

的成年人完全接种疫苗。三是新冠肺炎药物研发进度不一。美国相关口服药物已进入上市阶段，中国、日本和瑞士等国家研发的多款新冠肺炎口服特效药处于临床 III 期阶段，澳大利亚、新加坡等多个国家开始谈判采购新冠肺炎药物，但部分发展中国家药物供给不足。药物全球分配不均可能导致各国复苏进程持续分化。四是部分发达国家改变疫情防控策略，增添抗疫变数。英国、新加坡、美国等国家宣布取消新冠肺炎病毒限制措施后，新增确诊数据有明显反弹，公共卫生体系能否适应全面开放后的疫情形势仍有待观察。

2. 世界经济温和复苏但增长势头放缓

随着疫情冲击的减弱，世界经济将延续复苏态势，但进程仍将曲折不定、充满挑战。一是世界经济延续复苏势头。国际货币基金组织 10 月发布的《世界经济展望报告》预计 2021 年全球经济增长 5.9%，2022 年增长 4.9%，均高于金融危机后全球平均增长水平。二是世界经济中长期发展面临新调整、新分化、新重构。疫情冲击后，经济增长脆弱性增加，世界经济潜在增长水平下行；由于新冠肺炎疫苗和药品分配不均、政策支持力度不同、科技进步差异等多重因素影响，各经济体复苏日益分化，发展鸿沟和贫富差距有所扩大；全球产业链供应链深度重构，产业链区域化、本土化趋势不断强化，全球大产业链格局加快向区域性产业链转变。

3. 全球货币政策向常态回归但溢出风险上升

美国经济加快复苏、通胀压力显现，美联储已经启动退出量化宽松政策，从 2021 年 11 月开始缩减购债规模，加息时间将会提前。其他部分发达经济体也已启动或准备启动货币政策正常化进程。加拿大央行在 2021 年 4 月宣布缩减资产购买规模，并预期加息时间可能提前至 2022 年。英国央行表示在 2022 年左右将首次加息至 0.25%，当基准利率达到 0.5% 时，将开始考虑缩减资产负债表。但是，历史经验表明，以美国为代表的发达经济体货币政策收紧通常是新兴经济体风险高发期。一是可能引发全球资产价格下跌，降低发展中国家特别是资源型国家偿债能力，增大我对外投资风险敞口，造成境外资产损失。二是境外资本市场动荡可能诱发跨境资金在短时间内大幅流出流入，将会对我国境内股市、债市、汇市造成较大影响。三是将影响我国货币政策调整空间。

4. 大宗商品价格高位回落但通胀压力仍会传导

一是大宗商品价格有望高位回落。展望 2022 年，随着新冠肺炎疫情影响逐步减弱，能源原材料供应将逐步恢复；随着全球经济增速放缓，初级产品需求增量减少；随着美国等主要经济体货币政策逐步收紧，商品期货市场投机炒作预期降温，因而大宗初级产品价格将高位回落，至少涨幅会明显缩小。二是初级产品价格大幅上涨会向下游传导。2021 年，全球经济快速复苏，流动性宽裕叠加供应减少、运输不畅，能源原材料等国际大宗商品价格出现快速蹿升，煤炭、天然气、金属价格均创出历史新高，石油价格也出现大幅上涨。上游能源原材料价格大幅上涨将会逐步向下游制造业传导，推升通货膨胀压力。2021 年 10 月美国 CPI 同比上涨 6.2%，创 31 年新高；欧元区 CPI 同比上涨 4.1%，达到历史最高；部分新兴市场和发展中经济体通胀高企局面可能持续更长时间。因此，输入性通胀压力给我国经济平稳运行带来挑战，增加我国能源原材料进口成本，挤压我国制造业利润空间；加重国内行业发展结构性分化问题，上游行业持续受益，中下游行业发展困难；扰乱国内市场正常价格体系，不利于资源优化配置和绿色低碳转型。

（二）国内机遇挑战交织共振

我国发展仍处于重要战略机遇期，拥有足够的韧性、巨大的潜力和不断迸发的创新活力，人民群众追求美好生活的愿望十分强烈，经济长期向好的基本面没有改变。2022 年，“十四五”规划重大项目陆续上马，各地换届后要以优异的成绩迎接党的二十大胜利召开；供给侧结构性改革、创新驱动发展战略持续深入推进，不断为经济发展注入新动力；数字经济与实体经济深度融合，赋能传统产业转型升级，催生新产业新业态新模式，为经济发展增添新活力；新型城镇化提质增效、乡村振兴全面推进、强大国内市场和高水平对外开放协同互促，不断拓展经济发展新空间。同时，我国宏观调控能力和水平不断提升，跨周期调节更好地统筹兼顾周期性波动和结构性问题，财政实力有所增强，货币政策仍然有较大空间，完全有能力、有条件采取稳定增长的政策措施。但是，疫情不确定性、供给约束仍存，潜在风险隐现，经济平稳运行的难度加大。

1. 疫情不确定性增加稳增长压力

一是疫情反复抑制需求恢复。由于病毒频繁变异，我国外防输入内防反弹压力依然较大。疫情具有较大的不确定性，这将进一步影响市场预期和需求，不利于经济稳定恢复。二是疫情反复影响供给端生产恢复。受疫情反复、关键零部件和原材料短缺等因素影响，工业生产受到较大干扰。部分行业企业生产中断、原材料供给不足或交货时间延长等问题仍然可能出现。疫情反复不仅直接影响零售、旅游和交通行业，也会通过产业链间接影响餐饮、住宿等行业经营，影响服务业生产恢复。

2. 有序用电凸显能源保供稳价压力

2021 年 5 月以来全国 20 多个省份采取有序用电措施，东北地区一度出现对居民用电进行限制。有序用电抑制正常生产活动，能源供应紧张成为经济社会运行面临的新问题。多因素导致电力供应紧张：一是供给冲击是主要原因。煤炭供应出现硬缺口制约煤电发电能力。从生产看，国内煤炭产量明显不足，内蒙古、陕西等煤炭主产区为落实安全生产检查、环保督查等要求出台了多重限产政策，生产意愿大幅降低。从进口看，煤炭进口量不增反降。从可再生能源看，南方来水不足，水力发电量出现下降；东北三省风电总装机较多，但限电期间风电出力不足。二是电力需求旺盛是重要原因。经济恢复过程中生产端增速明显好于疫情前，生产环节用电旺盛，居民生活用电基本稳定；出口大幅超预期增长，用于工业品出口生产的用电需求旺盛。三是煤电价格倒挂是直接诱因。煤价飙升导致火电企业“越发越亏”，火电厂缺乏发电积极性，部分发电机组甚至通过非计划检修来降低出力容量。四是能耗“双控”政策也有潜在影响。2021 年上半年多省市区没有完成能耗双控目标，广东、浙江等地为完成双控目标实施有序用电。在碳达峰碳中和战略目标提出后，各地大力推进绿色低碳转型，进一步强化了能耗双控要求。

3. 金融违约风险提升

一是房地产企业违约风险上升。房企融资“三道红线”“房贷集中度管控”政策和居民住房贷款限制政策影响逐步显现。受新房销售放缓的影响，房地产企业回款变慢、开发融资持续收紧、资金链日益紧张。部分债务问题较重的房地产企业债务违约增加、面临较大的资金链断裂风险。部分房地产企业出现拖欠工程款、供应商货款等情况，存在房企破产、工程烂尾、工程款拖欠等风险隐患。二是国有企业信用违约增加。地方国有企业信用风险持续释放，目前新增违约主体占比首次超民营企业，跃居首位，反映出弱资质国企不断打破刚兑，信用风险加速暴露。三是城投信用风险持续发酵。随着国家持续严控地方政府隐性债务风险，城投公司和地方政府在项目承接、业务开展、举债融资等多个层面开始“隔离”，两者之间的信用联系加快脱钩。城投企业融资能力大幅减弱，非标违约、境外债违约、债务逾期等负面事件频发，城投企业信用评级遭到下调。

4. 中小微企业生产经营困难增加

中下游企业面临成本上升和需求下降的双重挤压。一是中下游企业生产成本增加。大宗商品价格上涨给产业链中、下游企业，特别是中小微企业的生产经营增加较大成本压力。由于原材料成本占经营成本比例较大，且中小微企业、个体工商户议价能力不强、对冲成本波动能力弱，生产成本上升在所难免。二是国际海运费用大幅上涨增加物流成本。10 月 7 日，波罗的海干散货运价指数升至 5650 点，创 2008 年 9 月以来最高水平；9 月底，中国出口集装箱运价指数 3220 点，同比增长 214.7%。由于国际商品需求激增、油价上涨、海员缺口持续扩大，加之疫情打乱全球供应链，国际海运供给能力严重不足，国际集装箱运价持续攀升，进一步增加外贸型企业的物流成本。三是利润收窄抑制企业投资意愿。由于行业竞争充分，中下游企业无法将成本转嫁至消费者，原材料价格的快速上涨大幅侵蚀利润空间，削弱企业投资能力、抑制投资意愿。

三、2022 年经济增长前景展望

（一）GDP 增长预测

随着疫情影响逐步消退，经济恢复不稳固不均衡的主要诱因逐步消除，2022 年经济发展将更趋稳固、更趋均衡。主要表现在：一是季度间经济增速更加平稳。疫情带来的基数效应趋于减弱，经济增长水平主要由潜在增长率、新扰动因素等共同决定。二是经济循环更加顺畅。疫情对经济社会活动的抑制有望减弱，供应短缺、物流不畅等问题加快解决，产业链供应链逐步恢复畅通。三是内外需增长更加均衡。制造业投资、接触性消费等内需薄弱环节加快恢复，新动能活力持续释放，国内需求对经济增长的拉动作用进一步增强。外贸出口增长难度增加，外需对经济增长的贡献将减弱。四是市场主体发展更加协同。中小企业发展环境持续改善，能源原材料价格上涨压力有所缓解，市场需求逐步回暖向好，发展信心得到增强。大企业与中小企业、个体工商户之间的发展鸿沟不断缩小。五是居民收入分配更加合理。促进共同富裕政策将落地生效，居民收入增长与经济增长保持基本同步，中等收入群体加快扩容，低收入群体和脱困人群收入实现更快增长。

综合考虑内外环境、发展潜力和风险挑战，初步预计 2022 年我国经济将增长 5.6% 左右。分产业看，第一产业将保持平稳增长。乡村振兴战略深入实施，农业农村生产条件持续改善，粮食产量稳定增长，“菜篮子”和肉禽类供应充足。第二产业增速有所回落。高技术制造业继续发力，对工业的带动能力进一步增强，受芯片供应短缺抑制的汽车生产将有所加快，高耗能高排放行业生产将放慢。第三产业加快向常态化水平恢复，对经济增长的拉动作用得到巩固。信息技术服务业继续发力，批发零售、住宿餐饮等生活性服务业加快恢复，金融业保持平稳增长。

（二）其他主要指标预测

固定资产投资增长 5.0% 左右。投资结构有所优化，制造业投资延续较快增长，以智能化、低碳化为导向的设备更新和技术改造投资明显加快。基础设施投资小幅加快，政府投资力度增强，重大工程项目稳步落地实施。房地产开发投资增速有所回落，受新房销售放缓等因素影响，回款变慢、开发融资持续收紧、房企资金链紧张、拿地开发的能力和意愿下降。

社会消费品零售总额增长 6.8% 左右。支撑消费增长的积极因素在不断增多。就业形势总体稳定，居民收入平稳增长，消费升级扩容的收入基础不断夯实。疫情影响有望逐步缓解，人员交往交流升温，被抑制的消费需求将逐步释放。具体看，餐饮消费有望加快恢复，新型消费保持较快增长。

进出口增速明显回落，出口增长 8.0%，进口增长 6.5%。随着发达国家解除防疫限制措施，产能逐步恢复，国际供给市场缺口将有所收窄，我国率先恢复产能带来的优势可能减弱。世界经济增长放缓，带来外需增量边际缩小，给我国出口保持快速增长带来压力。国内需求改善有助于进口增长，但进口商品价格将有所回落，带动进口增速回调。

CPI 上涨 2.0% 左右。翘尾因素小幅提升，从 2021 年的平均-0.1% 左右提高到 2022 年的 0.7% 左右。内需增长提速、生产资料价格快涨有限地向下传导等因素将提升居民消费价格。分类别看，粮食、果蔬价格保持基本稳定，猪肉价格止跌企稳，工业消费品价格、服务价格均有望小幅上涨。

PPI 上涨 5.0% 左右。翘尾因素大幅提升，从 2021 年的平均 1.4% 左右提高到 2022 年的 4.5% 左右。随着国际产能稳步恢复，输入性通胀因素将有所减弱，但国内煤炭、钢铁、有色、化工等两高行业面临着严格的能耗双控，产能释放受限，结构性价格上涨压力仍然较大。工业消费品市场整体供大于求、竞争激烈，价格上涨乏力，生活资料价格将保持温和上涨（见表 1）。

城镇新增就业 1100 万人以上，城镇调查失业率 5.5% 以内。我国就业总量压力不减、结构性矛盾突出、保障质量有待提升，疫情带来的就业冲击滞后影响仍在持续，就业压力总体较大。但也要看到，退休规模扩大一定程度上减轻了就业压力。1962 年我国新出生人口为 2491 万人，较 1961 年多出生 1304 万人。这意味着，2022 年按照 60 岁年龄标准退出就业市场的退休人员规模将明显扩大，可以腾出更多的就业岗位。

表 1 2022 年中国主要宏观经济指标预测表（单位:%）

时间	2021 年 1—9 月		2021 年全年		2022 年全年
	实际	两年平均	预测	两年平均	预测
GDP	9.8	5.2	8.0	5.1	5.6
第一产业	7.4	4.8	7.0	5.0	3.5
第二产业	10.6	5.7	8.3	5.4	5.4
第三产业	9.5	4.9	7.9	5.0	6.1

续 表

时间	2021 年 1—9 月		2021 年全年		2022 年全年
	实际	两年平均	预测	两年平均	预测
规模以上工业增加值	11.8	6.4	9.5	6.1	5.6
固定资产投资	7.3	3.8	5.5	4.0	5.0
房地产开发投资	8.8	7.2	5.3	6.2	1.0
社会消费品零售总额	16.4	3.9	12.7	4.1	6.8
出口（亿美元）	33.0	14.6	29.1	15.6	8.0
进口（亿美元）	32.6	13.5	29.0	13.3	6.5
居民消费价格	0.6	—	0.9	—	2.0
工业生产者出厂价格	6.7	—	8.2	—	5.0

Annual Report on
China And The World Economic Development（2022）

综合篇

OVERALL REPORTS

02　2021 年固定资产投资分析及 2022 年展望

胡祖铨*

摘要：1—10 月，固定资产投资同比增长 6.1%，两年平均增长 3.8%，呈现出总体恢复、稳中有进的态势。制造业投资引领投资增长，对全部投资增长的贡献率达到 55.2%，房地产开发投资高位回落，基础设施投资低速增长。预计 2021 年固定资产投资增长 5.5% 左右、两年平均增长 4.0%。当前需要密切关注国内市场需求恢复相对偏慢、设备工器具投资低迷、制造业投资有所分化、房地产市场进入调整阶段、部分行业发展尤其困难等问题。展望 2022 年，投资环境更趋友好、投资资金更有保障、投资空间更多亮点、投资热情更加高涨，固定资产投资将增长 5.0% 左右。建议着力促进投资平稳增长，激发制造业投资和民间投资内生增长动能，提高特殊困难行业发展能力，充分发挥投资关键性作用。

关键词：总体恢复　制造业投资　财政后置

一、投资呈现总体恢复、稳中有进态势

在年初公布的 2021 年国民经济和社会发展计划草案中，投资的主基调定位为“积极扩大有效投资”，延续了 2018 年以来不再设立全社会固定资产投资预期增长目标的做法，并提出协同推进投资审批制度改革、加大新型基础设施投资力度、加快推进国家重大战略项目、稳妥推进基础设施领域不动产投资信托基金试点、规范推广 PPP 模式等重点工作。

2009—2021 年全社会固定资产投资的预期目标与完成情况如表 1 所示。

表 1　全社会固定资产投资的预期目标与完成情况

年份	预期目标（%）	主基调	完成增速（%）	是否完成
2009 年	20	保持投资较快增长	30.0	√
2010 年	20	保持合理的投资规模	23.8	√

* 胡祖铨，经济学博士，国家信息中心经济预测部宏观室副主任、副研究员，主要研究领域为宏观经济、人口发展、财政与税收。

续 表

年份	预期目标（%）	主基调	完成增速（%）	是否完成
2011 年	18	保持合理的投资规模	23.8	√
2012 年	16	进一步优化投资结构	20.3	√
2013 年	18	发挥好投资对经济增长的关键作用	19.3	√
2014 年	17.5	促进投资稳定增长和结构优化	15.3	×
2015 年	15	着力保持投资平稳增长	9.8	×
2016 年	10.5 左右	着力补短板、调结构，提高投资有效性	7.9	×
2017 年	9.0 左右	精准扩大有效投资	7.0	×
2018 年	—	聚焦重点领域优化投资结构	5.9	—
2019 年	—	聚焦关键领域促进有效投资	5.1	—
2020 年	—	积极扩大有效投资	2.7	—
2021 年	—	增强投资增长后劲	预测 5.5	—

注：投资计划预期目标是政府对年度固定资产投资发展期望达到的目标。预期目标本质上是导向性的，在反映投资发展基本趋势的同时，主要是向社会传递宏观调控的意图，以引导市场主体行为，不等同于预测值。

1—10 月，全国固定资产投资额为 44.58 万亿元，同比增长 6.1%，两年平均增长 3.8%。与宏观经济恢复进程相同步，投资总体呈现出稳中有进的态势。“稳”体现在投资累计增速较上年同期、上年底均有所提升，仍在持续恢复中。“进”体现在调结构、促转型的投资导向充分彰显，制造业投资、短板领域投资实现更快增长，投资结构进一步优化。

从两年平均增速看，投资呈现出冲高回落的特点，上半年稳步加快、三季度有所回落。一、二、三季度投资两年平均增速分别为 2.7%、4.9%、3.7%。分主要领域看，基础设施投资、房地产开发投资先后明显减速是导致投资增长放缓的主要因素。分地区看，投资两年平均增速低于全国平均水平的省份共有 12 个，其中北方地区有 7 个，分别是天津（3.2%）、河北（1.2%）、内蒙古（1.6%）、辽宁（2.3%）、陕西（0.4%）、青海（-5.7%）、宁夏（0.0%）；南方地区有 5 个，分别是江苏（2.6%）、福建（2.8%）、湖北（-4.8%）、贵州（-3.4%）、西藏（-9.6%）。

2021 年固定资产投资及主要领域当季及两年平均增速见表 2。2019 年 1 月至 2021 年 10 月固定资产投资增速走势见图 1。

表 2　2021 年固定资产投资及主要领域当季及两年平均增速（单位：%）

	固定资产投资		房地产开发		基础设施		制造业		社会领域		农业	
	当季	两年平均增速	当季	两年平均增速	当季	两年平均增速	当季	两年平均增速	当季	两年平均增速	当季	两年平均增速
一季度	25.6	2.7	25.6	7.7	26.9	2.8	29.8	−1.5	31.6	9.5	45.9	12.1
二季度	6.0	4.9	9.3	8.6	−2.4	2.5	13.9	4.4	8.6	10.4	10.8	10.1
三季度	−1.1	3.7	−0.8	5.4	−8.5	−0.9	7.9	7.1	3.8	10.5	3.3	26.0

注：①2020 年三季度农业投资当季增速高达 53.6%。②2020 年主要领域投资占总投资的比重：房地产开发 27.3%、基础设施（含电热燃水）25.7%、制造业 23.8%，社会领域 5.5%、农业 2.6%。

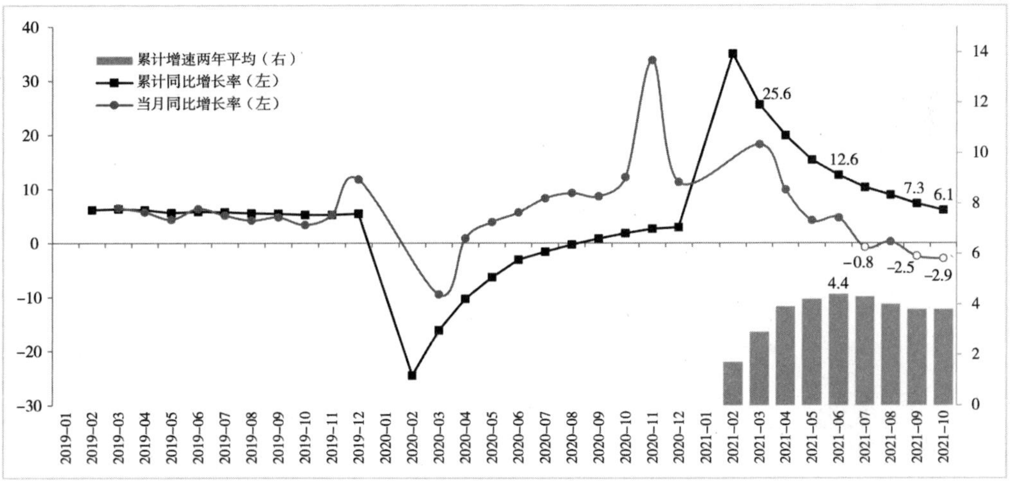

图 1　2019 年 1 月至 2021 年 10 月固定资产投资增速走势图（%）

1. **制造业投资加快恢复**

1—10 月，制造业投资同比增长 14.2%，两年平均增长 4.0%。制造业投资向好，成为拉动投资增长的第一动力，制造业投资对全部投资增长的贡献率为 55.2%，拉动投资增长 3.4 个百分点。在制造业利润大幅增长、中长期贷款支持力度加大、企业预期向好等因素带动下，制造业投资加快恢复。前 9 个月规模以上制造业企业利润同比大增 42.9%，两年平均增长 20.2%。金融支持实体经济力度进一步加大，9 月末制造业中长期贷款余额同比增长 37.8%。前 8 个月制造业 PMI 均保持在扩张区间。其中，新动能投资表现亮眼，高技术制造业投资增长 23.5%，对制造业投资增长的贡献率达到 34.2%，两年平均增长 16.6%。芯片、电池、医疗设备、通信设备等制造行业投资快速增长。

2. 短板领域投资快速增长

随着乡村振兴战略的接续推进和深入实施，农业农村有效投资空间不断释放。1—10 月，第一产业投资增长 11.1%，两年平均增长 14.2%，分别高出全部投资增速 5.0 个、10.4 个百分点。国家加大公共服务供给力度，教育、卫生、养老托育、文化体育等社会领域投资增长 10.9%，两年平均增长 10.7%，分别高出全部投资增速 4.8 个、6.9 个百分点。社会领域投资对全部投资增长的贡献率为 9.3%，拉动投资增长 0.57 个百分点。其中，以健全完善医疗服务体系、公共卫生服务体系为内容的卫生领域投资增长 28.9%，两年平均增速高达 26.5%。

2019 年 1 月至 2021 年 10 月短板领域投资累计增速见图 2。

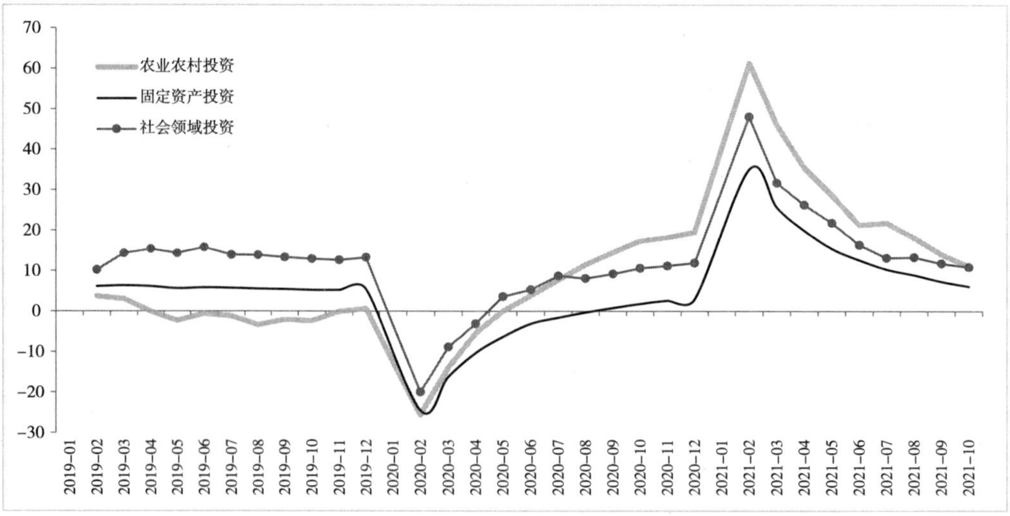

图 2　2019 年 1 月至 2021 年 10 月短板领域投资累计增速（%）

3. 房地产开发投资高位回落

1—10 月，房地产开发投资增长 7.2%，较上半年回落 7.8 个百分点，两年平均增长 6.8%。房地产开发投资对全部投资增长的贡献率为 32.7%，拉动投资增长 2.0 个百分点。资金流动性总体宽裕，带动商品房成交放量，上半年房地产市场仍然保持一定热度。三季度以来，受房地产融资政策持续收紧、个别头部房企债务风险恶化等因素影响，房地产市场预期出现扭转，商品房销售快速降温。10 月份商品房销售面积、销售额分别同比下降 21.7%、22.8%，均连续 4 个月下降。房地产长效机制加快落地显效，房地产市场回归健康发展路径，债务风险稳步有序缓释。在此背景下，房企拿地趋向理性，土地购置面积同比下降 11.0%，计入房地产开发投资额的土地购置费同比仅增长 0.4%，两年平均增长 4.4%。

4. **基础设施投资低速增长**

1—10 月，基础设施投资（大口径，包括电热燃水的生产和供应业）同比增长 0.7%，分别较上年同期、上半年回落 1.7 个、6.5 个百分点，两年平均增长 1.6%。年内财政资源适当后置，蓄力保留逆周期调节能力，前 9 个月地方政府新增债券发行 28986 亿元，较上年同期少 14059 亿元，发行进度明显较慢。受此影响，交通运输、仓储和邮政业投资增长 2.3%，两年平均增长 2.2%；水利环境和公共设施管理业投资下降 0.4%，两年平均下降 0.8%。国家严控高耗能高排放项目无序发展，电热燃水的生产和供应业投资增长 0.4%，较上年同期大幅回落 17.8 个百分点。

5. **民间投资稳步恢复**

1—10 月，民间投资同比增长 8.5%，两年平均增长 3.8%。民间投资占固定资产投资的比重为 57.1%，较上年同期提高 1.4 个百分点。国家紧扣市场主体急需，持续深化“放管服”改革和优化营商环境，实施减税降费、财政资金直达机制、货币政策直达工具和普惠金融等扶持政策，有力增强了市场主体的发展信心，新增市场主体保持较快增长，投资内生动能稳步增强。其中，农林牧渔业民间投资增长 12.9%，基础设施民间投资增长 14.2%，制造业民间投资增长 15.7%。投资指标两年平均增长情况见表 3。

综上，年内固定资产投资有望保持恢复态势，预计增长 5.5% 左右，两年平均增长 4.0%。

表 3　投资指标两年平均增长情况（单位:%）

月份	固定资产投资	房地产开发	基础设施	制造业	高技术产业	第一产业	社会领域	民间投资
1—2 月	1.7	7.6	−0.8	−3.4	11.0	9.5	8.8	1.4
1—3 月	2.9	7.6	2.8	−2.0	9.9	12.1	9.6	1.7
1—4 月	3.9	8.4	3.1	−0.4	11.8	13.2	10.6	2.9
1—5 月	4.2	8.6	3.1	0.6	13.2	13.4	12.3	3.7
1—6 月	4.4	8.2	3.3	2.0	14.6	12.2	10.7	3.8
1—7 月	4.3	8.0	2.5	3.1	14.2	14.5	10.9	3.8
1—8 月	4.0	7.7	2.1	3.3	13.4	14.8	10.6	3.9
1—9 月	3.8	7.2	1.7	3.3	13.8	14.2	10.4	3.9
1—10 月	3.8	6.8	1.6	4.0	17.3	14.2	10.8	3.8

二、当前投资领域需要关注的问题

投资恢复不稳固、不均衡问题比较突出，主要表现在国内市场需求恢复相对偏慢、设备工器具投资低迷、制造业投资有所分化、房地产市场进入调整阶段、部分行业发展困难、投资意愿极低。

1. 国内市场需求恢复相对偏慢

一是疫情对经济社会活动的负面影响仍在持续，我国市场需求恢复整体不及预期。1—10 月，社会消费品零售总额同比增长 14.9%，两年平均增长 4%，明显低于疫情前 8% 以上的水平。服务消费受冲击更大，餐饮收入仅恢复至 2019 年同期水平，电影票房收入仅恢复至 2019 年同期的七成左右，国内旅游收入仅恢复到 2019 年同期的近六成。二是居民收入增长放缓进一步制约消费需求恢复前景。前三季度居民人均可支配收入名义增长 10.4%，两年平均增长 7.1%，均低于同期 GDP 名义增速及平均增速（14.4%、7.7%）。三是市场需求疲弱叠加能源原材料价格快涨，导致部分市场主体倾向“收缩式”“应对型”经营策略，对扩大再生产、新增投资较为谨慎，投资意愿整体偏低。

2. 设备更新和技术改造投资有待激发

固定资产投资对房地产、基础设施的依赖程度仍然较大，以 2019 年 1—10 月为基期，房地产开发投资、基础设施投资对全部投资增长的贡献率分别为 49.8%、18.0%。与之相对应，投资构成以建筑安装工程和其他费用为主，投资对设备工器具购置的带动作用明显下降。1—10 月，设备工器具购置投资同比下降 2.5%，两年平均下降 6.1%。设备投资是实体经济运行的重要指示器，设备投资需求疲弱，将对整体制造能力及装备制造业销售市场带来不利影响。

3. 制造业投资分化问题比较突出

一是制造业内部盈利不平衡，能源原材料价格上涨进一步推动利润从中下游行业向上游行业转移并集中。1—9 月，高耗能制造业、装备制造业、消费品制造业利润两年平均增速分别为 33.1%、12.5% 和 12.1%。高耗能制造业利润占全部制造业的比重为 33.9%，较上年同期提高 10.4 个百分点。二是行业面临的产能过剩压力和市场需求形势也不尽相同，上游行业经历前期去产能阶段后供需关系明显好转，中游行业受益于外贸出口强劲增长，下游行业面临消费恢复较慢的拖累。与之对应，高耗能制造业、装备制造业、消费品制造业投资两年平均增速分别为 5.8%、4.5%、-0.9%。制造业投资分化，既反映出高耗能高排放项目有抬头之势，凸显能耗双控工作压力，也表明下游制造业投资意愿极低，激发投资活力任重道远。

2019 年 1 月至 2021 年 10 月制造业投资累计增速情况见图 3。

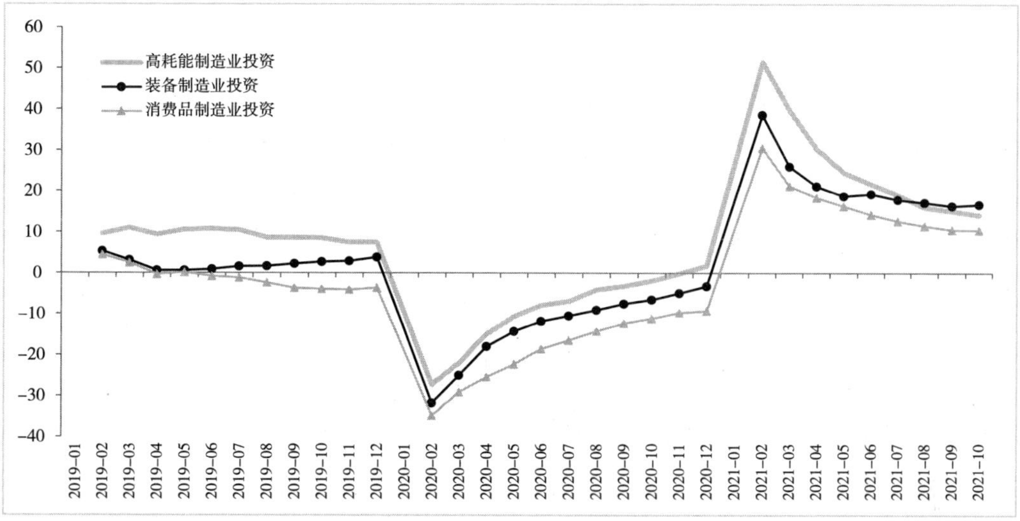

图 3　2019 年 1 月至 2021 年 10 月制造业投资累计增速情况（%）

4. **房地产市场进入调整阶段**

受新房销售放缓的影响，房地产企业回款变慢、开发融资持续收紧、资金链日益紧张，部分债务问题较重的房地产企业债务违约增加、面临较大的资金链断裂风险。10 月份房地产开发企业到位资金同比下降 9.9%，已连续 4 个月同比下降。其中，国内贷款同比下降 27.3%，已连续 8 个月同比下降。截至 9 月末，人民法院公告的房地产企业破产文件已超过 300 件，以民营企业和中小房企为主。在长效机制的引领下，房地产市场进入向理性发展回归的调整阶段，房企破产、工程烂尾、工程款拖欠等问题点状暴发的风险增大，房地产开发投资面临较大的下行压力。

5. **部分行业发展困难、投资持续低迷**

商业房租、人工等成本持续上涨，消费线上化转型带来冲击，以及平台经济挤压生存空间等多因素碰头，导致以小店经济为主要形态的部分行业发展面临较大困难，再加上疫情冲击已近两年时间，发展环境更是雪上加霜，投资意愿极其低迷。批发和零售业 2016—2020 年连续五年投资增速为负，2021 年前 10 个月同比仍下降 5.5%。居民服务、修理和其他服务业 2018—2020 年连续三年投资增速为负，2021 年前 10 个月同比仍下降 7.2%。这些行业普遍具有小店经济扎堆、劳动密集、便民服务的特征，其投资持续低迷不利于后续发展能力，也对稳定就业、保障民生形成压力。

三、2022 年固定资产投资分析预测

展望 2022 年，固定资产投资将实现平稳增长。一是投资环境更趋友好。疫情对经济社会活动的抑制有望减弱，供应短缺、物流不畅等问题加快解决，产业链供应链逐步恢复畅通，能源原材料价格上涨压力有所缓解，企业投资兴业环境有望大幅改善。二是投资资金更有保障。2021 年企业利润大幅改善、财政收入有所超收，都将显著改善投资资金的供应情况，增强企业、政府自有投资能力。国家加大金融服务支持实体经济力度，着力增加制造业中长期贷款比重，创设结构化融资工具，企业融资困难将进一步缓解。三是投资空间更多亮点。经济社会加快推进创新升级、产业升级、消费升级、安全升级，不断孕育出新的投资空间。新动能、绿色低碳、新型基础设施、农业农村、社会民生及重大工程项目成为投资重点领域。四是投资热情更加高涨。“十四五”规划重大项目陆续上马，各地换届后要以优异成绩迎接党的二十大胜利召开，党员干部群众热情高涨，干事创业劲头十足。

从主要领域看，制造业投资延续较快增长，以智能化、数字化、低碳化、清洁化为导向的设备更新和技术改造投资明显加快。基础设施投资小幅加快，政府投资力度增强，重大工程项目稳步落地实施。房地产开发投资增速有所回落，新房销售放缓叠加开发融资收紧，房企拿地开发的能力和意愿下降。综合判断，2022 年固定资产投资增长 5% 左右。

四、政策建议

2022 年，固定资产投资工作要围绕“着力促进投资平稳增长”的思路展开，充分发挥投资对经济增长、优化结构的关键性作用，推动制造业投资和民间投资加快增长，加快国家重大战略项目实施步伐，落实房地产市场发展长效机制，提高特殊困难行业发展能力，着力激发全社会投资活力。

1. 促进制造业投资稳步增长

一是培育壮大产业发展新动能，积极推进电子信息、生物医药与医疗器械、高端装备等先进制造业和高技术制造业投资项目。二是着力提升制造业能级，重点支持以先进生产线更新、绿色化转型、清洁化安全化生产、数字化智能化升级等为内容的技术改造投资。三是深化中下游制造业供给侧结构性改革，推动行业结构优化调整、提高集中度，加快盘活低效闲置资源。

2. **充分发挥政府投资引导带动作用**

一是积极推进实施“十四五”规划确定的 102 项重大工程项目，形成储备一批、开工一批、建设一批、竣工一批的良性循环。二是加快办理投资项目的审批（核准、备案）手续和用地、规划许可、环评、施工许可等手续，依法合规加快推进征地拆迁、市政配套等工作。三是加强项目资金保障，尽早下达中央预算内投资，加快地方政府债券发行节奏，促进专项债券发行后及时投入使用，尽早形成实物工作量。

3. **大力激发民间投资活力**

一是持续深化放管服改革，进一步优化营商环境。深入实施“证照分离”改革，推进照后减证并证，扩大简易注销范围，促进市场新陈代谢。深化投资建设领域审批制度改革，精简整合审批流程，便利项目尽早落地投产。二是积极拓宽民营企业投资空间，进一步完善支持社会资本参与政策，用好向民间资本推介项目长效机制。规范有序推广政府和社会资本合作（PPP）模式，发挥政府资金引导带动作用，吸引民间资本参与市政、交通、生态环境、社会事业等补短板领域建设。三是加大融资支持力度，支持民营企业发行债券，加大“信易贷”模式推广力度，着力破解民营企业融资难题。持续支持民营企业市场化法治化债转股，稳妥推进基础设施领域不动产投资信托基金（REITs）试点。

4. **全面落实房地产长效机制**

一是加快完善住房保障体系，扩大保障性租赁住房供给，着力解决人口净流入、房价偏高的大城市中新市民、青年人等群体的住房困难。二是加强房地产金融管理，严格落实房地产企业“三线四档”融资管理和金融机构房地产贷款集中度管理，同时注意规避房地产信贷政策“一刀切”及过度紧缩，满足合理融资需求。三是健全房地联动机制，探索推行住宅用地限房价、控地价、提品质做法。严格购地企业资格审核，建立购地资金审查和清退机制。四是持续整治房地产市场秩序，严肃查处房地产开发、中介、物业、租赁等方面的违法违规行为，净化市场环境，维护群众合法权益。

5. **扶持小店经济脱困发展**

一是加大政策扶持力度，落实落细减税降费措施，清理规范各类不合理附加费用，严厉整治涉企乱罚款、乱摊派等行为。扩大小微企业、个体工商户等的普惠金融覆盖面。二是支持小店经济，提升线上转型能力，引导各级财政加大对小微企业、个体工商户数字化转型的投入力度，重点支持设备配置、技术培训、运营补贴等，鼓励平台企业开发线上运营公益课程、开放相关培训资源，免费提供专业化的指导服务。三是提升平台经济友好度，加强平台经济规制，平衡处理好“平台-生产企业-劳动群体-消费者”等多元主体的利益关系，督促引导平台降低过高收费、抽成及新商户佣金和推介费比例。

03　2021 年消费形势回顾及 2022 年消费展望

邹蕴涵*

摘要：2021 年，我国经济加速恢复，内生动能有所增强，消费持续复苏。二季度以来，受局部疫情暴发等多种因素影响，消费恢复态势出现波动。就业压力持续较大、收入对消费的支撑作用不足、消费意愿再度趋紧等问题制约消费持续复苏。展望 2022 年，消费将逐步向正常增长中枢回归，但增长压力不容忽视。初步预计 2022 年社会消费品零售总额增长 6.8% 左右。

关键词：消费　波动　就业　收入

一、疫情反复下消费波动复苏

2021 年以来，消费延续了恢复增长态势，但局部疫情暴发给消费特别是服务消费带来明显冲击。

1. 消费延续修复态势，疫情影响恢复进度

2021 年以来，消费延续了持续修复的基本态势，但从两年平均增速看，消费尚未完全恢复至正常状态。1—9 月，社会消费品零售总额同比增长 16.4%、两年平均增速为 3.9%。前三季度，我国居民人均消费支出两年平均实际增速为 3.7%，修复至 2019 年同期增速的六成五左右。但部分地区散发疫情给线下消费带来明显冲击。8 月全国社会消费品零售总额当月增速回落至 2.5%，9 月也仅增长 4.4%。

2. 商品消费修复相对较快，服务消费遭遇二次探底

商品零售持续恢复，1—9 月全国商品零售额同比增长 15%、两年平均增长 4.5%，修复至 2019 年同期水平的六成左右。其中，限额以上商品零售额的两年平均增速已经超过 2019 年同期 1.4 个百分点。但疫情对线下接触型服务消费的影响较大，服务消费修复进度落后于商品消费。暑期旅游消费通常为五一、十一假期的 5

---

* 邹蕴涵，北京大学经济学院思想经济师专业，经济学博士，现就职于国家信息中心经济预测部宏观经济研究室，副研究员，主要研究方向包括宏观经济、消费等。

~6倍，但2021年仅持续10天左右就因南京发生疫情而提前结束，预计旅游收入流失70%左右。前7个月全国餐饮收入两年增速已经转正，但8月较大范围的疫情冲击导致餐饮收入增速再次转负，1—9月全国餐饮收入累计两年平均增速为-0.6%。

3. 耐用品增长先快后缓，新型消费蓬勃发展

社会消费品零售额占比大的汽车、石油制品、住房相关消费等重点零售商品先期保持良好增势，从二季度起出现明显放缓。据中汽协统计，1—9月汽车销量同比增长8.7%，其中，9月当月同比下跌19.6%，延续了5月以来汽车销量月度增速持续环比、同比下跌的态势。此外，随着全国房地产销售有所降温，建筑装潢、家具家电等购房相关消费的增长态势出现放缓。从新型消费看，2021年消费新业态、新模式、新场景加速塑造，消费智能化、便利化水平不断提升。1—9月，全国网上零售额同比增长18.5%，实物商品网上零售额同比增长15.2%，占社会消费品零售总额的比重达到23.6%；限额以上通信器材类零售额两年平均增速为12.2%，比2019年同期高5.8个百分点。

二、巩固消费复苏势头面临五大问题

目前，消费能力恢复不足、消费意愿再度收紧等问题影响消费复苏势头，须引起高度重视。

1. 就业压力持续较大影响消费恢复基础

三行业裁员问题突出。受市场发展、政策调整等多因素影响，房地产、教育培训和跨境电商三大行业面临较为突出的裁员问题。包括绿地等十多家房企内部裁员比例都在30%~40%。70多万家教培机构、1000多万从业人员面临巨大行业调整。据市场估计，裁员波及人数在百万左右。全球最大的跨境电商平台亚马逊整顿“刷单”行为影响约5万户中国商家，有知名跨境电商公司一夜之间营收从4500万下滑到100万，1400名员工失业。青年群体就业问题突出。青年群体就业问题首先是量的问题。9月，16~24岁人口调查失业率为14.6%，高于总体调查失业率9.8个百分点，阿里研究院数据显示，2021年二季度受访企业当中仅有38.6%的企业表示会增加员工总量，招应届毕业生的企业比例仅为5.4%。其次是结构问题。青年人进入公务员、师范等“铁饭碗”行业的比例明显提高，不利于人力资源优化配置。中国教育科学研究院数据显示，各地高考成绩排在本省前30%毕业生报考师范专业的比例已经超过33%，比2018年翻了近一倍。北京大学已有超过75%毕业生进入体

制内就业，五年提高了 25 个百分点。就业信心仍显不足。央行调查显示，三季度居民认为“就业形势严峻、就业难”的比例为 37.9%，较二季度提高 3.1 个百分点，延续了 2021 年以来持续提高的态势。与此同时，部分年轻人不愿意工作、不愿意去中小企业工作的现象明显增多，农民工工作半径有所缩小，导致用工荒与就业难问题并存。据人力资源市场信息监测中心数据，截至 6 月底，上海、重庆等地岗位空缺与求职人数比率仍在走高。

2. 收入对消费恢复可持续性的支撑力不足

经营性收入恢复速度相对偏慢。前三季度，全国居民人均工资性收入的两年平均增速已恢复至 2019 年同期水平的八成左右，而经营性净收入的两年平均增速为 5%，仅恢复至 2019 年同期水平的五成左右，在工资性收入、经营性收入、财产性收入和转移性收入等四类收入恢复速度最慢。本轮多地疫情将再度冲击线下个体工商户发展，特别是显著影响城镇居民的个体经营，经营性收入将成为拖累居民可支配收入的主要因素。贫富差距进一步拉大。疫情对收入分化的影响进一步凸显，社会贫富差距进一步拉大。前三季度，全国居民可支配收入的中位数是平均数的 84.4%，低于 2019 年同期 2.5 个百分点。一方面，财产性收入和工资性收入差距进一步扩大。上半年股票型基金两年平均回报率达 15.8%，但全国居民工资性收入两年平均增长 7.2%，显示出通过资本市场获得高投资回报群体的财富增长速度明显高于普通劳动群体。另一方面，地区和行业收入分化进一步加深。浙江、广东等发达省份人均可支配收入的两年平均增速已经是东北等北方底部区的 2 倍甚至更多。信息传输、金融等行业平均工资已经是全国平均水平的 1.5 倍左右，但住宿餐饮、教育等行业在疫情冲击下平均工资增长最差，甚至负增长。中等收入群体退化风险持续存在。中等收入群体中产业工人与个体经营户占比超过 50%，这部分人就业相对不稳定，在遭受重大疫情灾害、经济大幅波动等外部冲击时，滑落回低收入群体的风险明显加大。

3. 耐用品消费挖潜面临新障碍

汽车、家电等耐用品消费对消费的带动力依然较强，但潜力释放面临新问题。汽车交易二级市场运行不畅影响一级市场增长。研究表明，二手车销量增长能够正向带动新车销售增长。在新车销售遭遇增长困境的情况下，培育壮大二手车市场对全链条激发汽车消费、持续发挥汽车对总消费的龙头带动作用具有重要意义。但市场交易主体不成熟、信息高度不对称、评估鉴定标准缺失及法律法规不健全等“老问题”，以及资本快速涌入影响行业健康发展、非传统燃油车交易困难多等“新问题”仍在深度制约潜力释放。家电消费新趋势面临供给先行、需求滞后问题。据统计，2019 年我国人均家电零售额仅 85 美元左右，与美国人均 186 美元的水平相比仍有较大增长空间。在洗衣机、冰箱等大家电消费接近饱和的情况下，扫地机器人、多功能锅、净水器等小家电消费成为新趋势，但供给先行、需求滞后导致其渗透率仍处于较低水平。

4. 行业政策调整短期内扰动市场

2021 年部分政策调整对消费市场的扰动有所加大。汽车补贴政策退出导致汽车消费增长的一大助力熄火。上年多地出台的汽车购置补贴政策基本于 2020 年底或 2021 年一季度结束。补贴结束后，多地出现了汽车销量环比大幅放缓的情况。自 3 月 31 日武汉本轮汽车补贴政策结束以来，武汉市汽车销售累计增速持续大幅放缓，5 月累计增速已经低于 3 月累计增速 143 个百分点。部分行业加强监管导致部分消费出现阶段性调整。2021 年以来，教育领域对教培机构加强监管、娱乐领域对娱乐乱象加以遏制的政策取向日益凸显，教育娱乐等领域消费面临短期下滑问题，但从中长期看，有利于进入健康发展轨道。

5. 消费不平等问题正在加剧

与收入不平等相比，消费不平等更能衡量不同收入群体的实际家庭生活水平差异，是社会不平等的重要补充和度量，更能充分体现不同家庭的所获资源水平和福利水平。有研究表明，疫情前我国消费不平等程度已经高于收入不平等。疫情影响下，全社会收入差距进一步拉大，不同收入群体的消费差距也在进一步拉大，特别是食品、居住、家庭设备及日用品、医疗等消费支出差距进一步扩大，消费不平等问题势必更加凸显。这不仅短期影响总消费潜力释放，而且中长期影响社会稳定和共同富裕。

三、消费逐步向正常增长中枢回归

展望 2022 年，消费将延续恢复态势，逐步向正常增长区间回归，但增长压力仍然较大，重点品类消费将呈现不同走势。

1. 消费持续恢复但压力不容忽视

展望 2022 年，疫情对我国经济总供给的负面冲击基本结束，总需求偏弱问题依然存在，宏观经济在经历了一波修复高峰后逐步回归潜在增长区间。在国内没有再次爆发大规模疫情的情况下，消费也将继续恢复性增长，增长中枢逐步向正常增长区间回归。在居民消费能力有待进一步恢复、消费意愿有待进一步释放的情况下，消费增长压力依然不能忽视。由于不同收入群体就业和收入的恢复速度不同，消费市场仍将延续高档消费快速增长、中低档消费修复偏慢的内部分化特征。初步预计，2022 年社会消费品零售总额增长 6.8% 左右。

2. **重点消费品类增势不同**

服务消费的脆弱性依然较大。在新型毒株传播性强、外防疫情输入压力较大等因素影响下，国内局部疫情暴发风险持续存在，旅游消费、电影消费等服务消费恢复面临较大不确定性，同时，行业监管政策大幅调整等因素将导致教育消费大幅下降，服务消费彻底摆脱疫情影响的时间将有所推后。重点商品消费增长有变化。对汽车消费来说，四大因素导致增长承压、面临阶段性调整：一是芯片短缺、厂家减产、车辆交付周期延长导致供给短缺，汽车行业研究机构 AFS 预计全球汽车业“缺芯”问题将持续到 2022 年下半年；二是原材料成本上涨叠加“缺芯”问题导致厂家促销政策进一步收紧，之前车企促销降价幅度达到 20% ~30% 的情况将明显减少；三是疫后购车换车需求已得到一波集中释放，后续需求增长空间受限；四是地方促汽车消费政策到期，补贴力度有所下降。对住房相关消费来说，由于房地产调控政策不放松、资金涌入高风险领域的行为被严厉打击，在迎来一波需求释放后，全国住房消费增势将有所放缓，对建筑装潢、家电家具等相关消费的带动力有所减弱，此类消费增势将弱于 2021 年。

3. **有利因素支撑消费恢复**

促消费政策发挥实效。《近期扩内需促消费的工作方案》《关于稳定和扩大汽车消费若干措施的通知》《关于促进社区消费 切实解决老年人运用智能技术困难的通知》《商务领域促进汽车消费工作指引和部分地方经验做法》等中央促消费政策加速出台，在加码短期促消费和长期扩内需政策方面发挥合力。同时，江苏省《关于以高质量供给适应引领创造新需求的实施意见》、湖北省《关于提振重点消费促进消费增长的若干措施》、海南省《海南省促消费七条措施》等一系列地方相关促消费措施落地显效，继续发放消费券等举措为推动消费加速恢复提供支撑。消费新模式激发新需求。以网络购物、共享平台、远程办公、在线教育等为代表的新消费模式加速发展，深刻改变着人们的生活习惯和办公业态。在与人工智能、区块链、云计算、大数据及 5G 等新技术的融合过程中，消费数字化进程快速发展，特别是重构消费模式场景引发了商业数字化变革，进一步改善了消费供需匹配问题，有利于激发消费活力。

四、多措并举推动消费平稳增长

在消费延续恢复态势、增长压力持续较大、消费分级分化特征突出的情况下，要坚持问题导向，从夯实消费增长基础、提升居民消费能力、改善居民消费意愿等方面入手，多措并举形成政策合力，推动消费平稳增长。

1. **强基础**

进一步加大稳就业政策力度。加大援企稳岗力度，研究提高失业保险稳岗返还标准。支持困难企业开展以训稳岗，对新吸纳就业并组织开展以工代训的中小微企业，按吸纳人数给予企业最长6个月的职业培训补贴。增加对受疫情影响较大的住宿餐饮、文化旅游等行业补贴，适度扩大补贴范围。开发一批农村护路、管水、保洁、治安、植树造林等乡村公益性岗位，兜底安置脱贫人口。大力支持中西部地区县域经济发展，提升农民工就地就业的容纳能力。着力增加居民可支配收入。引导各地优化完善临时救助机制，用好用足乡镇（街道）临时救助备用金制度，对基本生活受疫情影响陷入困境、相关社会救助和保障制度暂无法覆盖的家庭或个人，及时纳入临时救助范围。大力发展农村电子商务，鼓励各地因地制宜启动电子商务进农村综合示范县项目，新建若干个镇村电子商务服务站点，持续开展电子商务培训，支持有条件的农民运用电子商务创业就业。

2. **抓龙头**

完善丰富汽车消费支持政策。建立健全二手车流通信息平台，增强消费者二手车相关信息查询便捷性；对经销商实行评级制度，督促经销商正规执业；建立科学的国家二手车鉴定评估体系，有效提升二手车的质量检验和价值评估；加大对执业资格认定支持力度，加大专业鉴定评估人才培养培训力度。鼓励地方总结评估汽车补贴等支持政策效果，因地制宜适度延长政策时限。鼓励限购地区号牌指标数量配置向新能源汽车倾斜，给予购置新能源汽车综合性奖励。加快推进新一轮汽车下乡和以旧换新，鼓励有条件的地区对农村居民购车给予补贴。进一步提高县域农村道路建设标准。深挖家电消费潜力。进一步激发农村居民的大家电置换需求，深度激发城镇居民的绿色大家电需求，通过节能补贴等方式促进大家电更新换代。加大小家电宣传推广力度，通过行业协会评优等方式促进小家电加速渗透。加快推进服务消费升级。推进重大文化工程项目，激发文化消费服务创新。着力扩大体育产品和服务供给，推动体育场馆运动空间向消费空间转变。着力增加3岁以下婴幼儿托育服务有效供给。加大服务质量监测监管力度，加快服务消费领域标准建设，加强服务认证技术和规范研究，完善服务业重点领域认证认可制度。

3. **促赋能**

推动服务业数字化进程。大力推进互联网医疗、远程办公、数字化治理等在线服务发展。大力推进生活性服务业数字化，研究政策支持办法鼓励个体工商户或小微企业进行社区生活性服务业数字化建设，调动和发挥美团等平台型企业的作用，为中小微企业提供数字化服务支持和数字化人才培训。加快传统商业业态数字化提升。鼓励各地因地制宜引导国资参股百货加快转型，针对百货业转型的痛点难点问题，鼓励国资专题研究、深度参与，发挥带头示范作用。加强各类鼓励优惠政策对传统百货转型升级的支持，减轻百货业转型升级面临的资金压力。加强传统商圈数字赋能。在重点支持数字商业街区建设过程中，加强消费场景智能化运用，强化消费体验、展示和服务功能，支持智慧零售、跨界零售、无人超市等新业态布局。

4. **优环境**

着重加强电商平台、直播购物、社区团购等新兴领域重要民生商品价格等行为监管，严厉打击各类扰乱市场秩序、虚假违法广告和虚假宣传等违法行为。畅通 12315 热线电话和网络、微信、公众号等诉求渠道，提高消费者咨询、投诉、举报处理效能，促进消费维权便利化。加快健全县乡村三级电子商务服务体系和快递物流配送体系，推动农村产品和服务品牌化、标准化、数字化、产业化改造等。

04 2021年对外贸易形势分析与2022年展望

闫 敏*

摘要：2021年以来，世界经济温和复苏，发达经济体持续向好，新兴国家走势分化，全球贸易稳步增长，国际投资有序推进，但是新冠肺炎疫情呈现反复，通胀压力明显加大，全球产业链供应链不稳。我国统筹推进疫情防控和经济社会发展取得重大成果，国民经济平稳恢复，工业生产较快增长，产业结构不断优化，企业创新步伐加快，国际合作更趋广泛，在国际经贸环境存在较大不确定性的背景下，我国对外贸易增势好于预期，外需对经济增长的贡献显著提高。展望2022年，我国立足新发展阶段、贯彻新发展理念、构建新发展格局，对外贸易高质量发展的特征将更加显著。

关键词：进出口 贸易结构 创新发展

一、2021年我国对外贸易发展主要特征

1. 进出口增速持续较快增长

2021年，国际贸易环境总体向好，世界经济遭受新冠肺炎冲击后逐步恢复，但是部分国家疫情仍大范围流行，发达国家免疫政策转变，国际产业链供应链不畅，全球海运突发事件频发，大宗商品价格持续高涨。众多不确定因素对中国贸易发展形成牵制。在这一背景下，我国外贸进出口逆势上扬，继续保持较快增长，表现出强劲的韧性和强大的抗冲击能力。1—10月份，我国进出口总值实现31.67万亿元人民币，同比增长22.2%。其中，出口17.49万亿元，同比增长22.5%；进口14.18万亿元，同比增长21.8%；贸易顺差3.31万亿元，同比增加25.5%。我国对外贸易显著增长有力弥补了全球供给缺口，为世界其他国家提供了重要产品和生活必需品，稳定了国际市场，提高了全球产业链供应链的韧性，对世界经济贸易复苏

---

* 闫敏，经济学博士后，国家信息中心经济预测部副研究员、处长，主要研究领域为宏观经济、对外贸易、环境经济等。

形成重要支撑。我国对外贸易增长形势优于全球其他主要经济体，国际市场份额继续提升，2021 上半年，进出口、出口和进口的国际市场份额分别约为 13.2%、14.5%、12%，同比分别提升了 0.8、0.9 和 0.8 个百分点。与此同时，在我国新冠肺炎疫情呈现反复，国内需求恢复偏慢的情况下，对外贸易尤其是出口的持续快速增长，有力支持了国民经济平稳运行，前三季度货物和服务净出口对 GDP 的贡献率达到 19%（见图 1）。

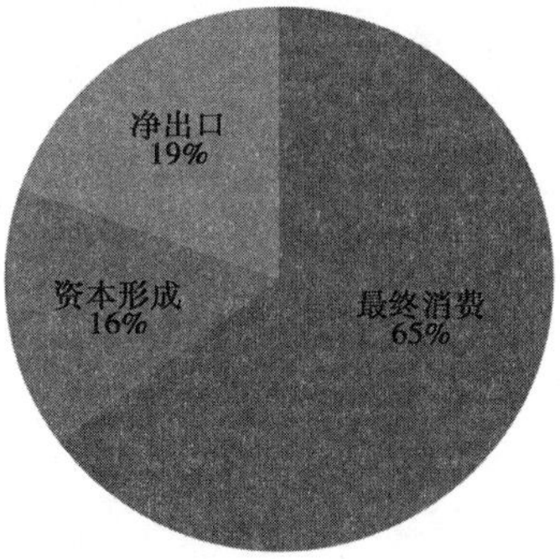

图 1 2021 年前三季度三大需求对经济增长的贡献

2. **对外贸易结构更趋改善**

我国对外贸易产品结构、贸易方式、市场结构、区域结构均延续改善态势。从产品结构看，伴随我国产业结构升级，机电产品出口比重持续提升，1—10 月份增长 22.4 %，占出口总值比重提高至 58.9%，其中技术含量较高、处于产业链中上游的自动数据处理设备及其零部件、手机、汽车（包括底盘）等产品出口增势较好。劳动密集型产品出口保持平稳增长。从贸易方式看，生产环节、产品组件更多由国内提供的一般贸易进出口增速高于平均水平，增长 25.1%，占外贸总值 61.7%，比上年同期提升 1.4 个百分点。从企业类型看，民营企业进出口增长 28.5%，占我国外贸总值的 48.2%，继续保持外贸发展主力军地位（见图 2）。前三季度，我国有进出口实绩的企业达到 52.67 万家，同比增加了 3.4 万家，显示我国对外贸易活跃程度显著提升。从主要市场看，我国在巩固传统市场的同时，积极拓展新兴市场，扩大与周边国家贸易规模，我国对东盟贸易总值增长 20.4%，对欧盟贸易总值增长 20.4%，对美国贸易总值增长 23.4%（见图 3），对“一带一路”沿线国家贸易总值合计增长 23%。从区域结构看，我国中西部地区积极承接产业转移，充分发挥本地优势，对外贸易呈现加速增长之势，我国外贸区域发展更趋平衡。前三季度，东部地区进出口增长 21.8%，中西部地区增长 27.2%，占比进一步提高，尤其是中西部地区计算机、通信和其他电子设备制造业进出口大幅增长，对中西部外贸增长的贡献率达到 38%。

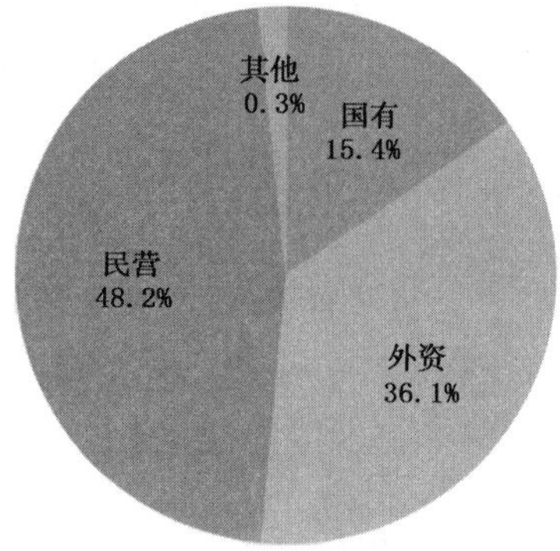

图 2　2021 年前三季度我国不同类型企业进出口占比

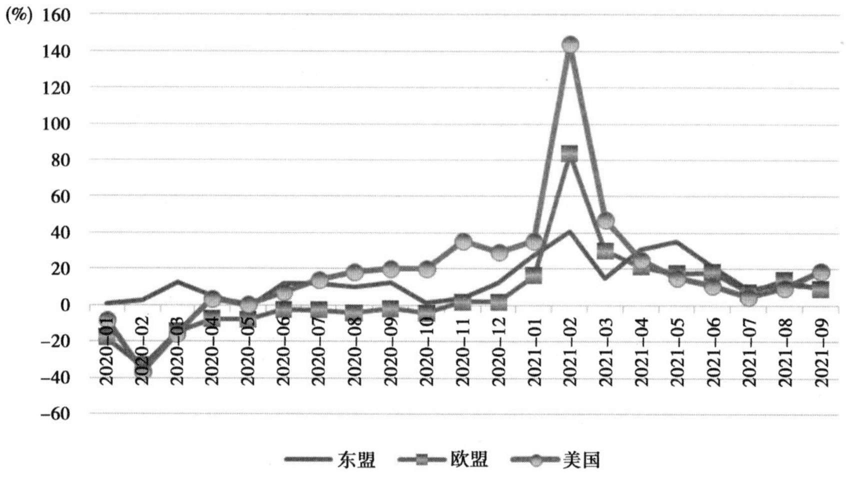

图 3　2021 年前三季度我国对主要经济体进出口增长情况

3. **新动能新业态蓬勃发展**

我国加快贸易数字化步伐，提高贸易数字化水平，以新兴科学技术赋能对外贸易发展，推动对外贸易新业态升级，促进跨境电商创新，推进跨境电商综合试验区建设，积极完善对外贸易产业体系，健全外贸综合服务企业发展政策。数据显示，前三季度，我国跨境电商进出口增长 20.1%，市场采购出口增长 37.7%。与此同时，我国扶持发展一批外贸示范企业和自主品牌，鼓励各种类型市场微观主体大力开展创新活动；高水平建设贸易平台体系，加快培育各类外贸集聚区，发挥外贸发展的引领作用；加快海外仓发展，统筹规划海外仓国际化布局；推动保税维修发展，探索离岸贸易等新型贸易方式；办好中国国际进口博览会，充分展示我国强大市场的作用。我国对外贸易发展的新动能不断汇集、新模式大量涌现，发展动力澎湃持续。

4. 服务贸易升级步伐加快

我国打造服务贸易创新发展试点，支持特色服务出口基地发展，推动海南自贸区自贸港高质量发展，成功举办各类服务贸易博览会，扩大了优质服务进口。前三季度，服务贸易保持快速增长态势，进出口总额达到 37834.3 亿元，同比增长 11.6%，其中出口增长 27.3%，进口增长 0.5%，进口增速实现了疫情以来的首次转正，12 大领域中有 7 个领域进口增速超过 10%。服务出口中，由于我国服务业稳定发展、优化升级，知识型、科技型服务业发展实力壮大，前三季度我国知识密集型服务进出口增长 13.3%，占服务进出口总额的比重已经达到 44.7%，其中出口增长 16.5%，占服务出口总额的 50.9%，个人文化和娱乐服务、知识产权使用费、电信计算机和信息服务出口增速较快，服务贸易数字化趋势加深。

5. 外贸领域部分问题仍须关注

一是大宗商品价格高企导致进口量减价扬。2021 年以来，由于世界经济温和复苏，国际供求关系发生改变，全球货币流动性增长较快，全球大宗商品价格持续拉升。截至 10 月中旬，反映国际市场大宗商品价格的路透 CRB 指数相比上年底累计上涨超过 40%，相比上年的最低点涨幅超过 130%，铁矿砂、原油、铜等商品进口均价的涨幅均超过 30%。1—10 月份，我国进口价格指数上涨 16.4%，进口成本显著提高，进口数量有所下滑。前三季度，海关监管进出口货运量 37.4 亿吨，增加 3%，其中进口 24.3 亿吨，减少 0.5%。二是部分高载能产品出口增长较快。由于新冠肺炎疫情在世界范围内仍在流行，世界产业链供应链存在堵点，我国凭借强大的生产制造能力，有效弥补了国际市场供求缺口，对外贸易整体呈现快速增长。但是，部分高载能产品在全球市场需求提升的带动下，出口同时呈现快速增长，导致外贸领域能耗提高。

二、2022 年我国对外贸易发展趋势展望

展望 2022 年，我国对外贸易发展面临的国际环境更趋复杂，世界经济分化特征明显，主要经济体新冠肺炎疫情防控政策调整，全球宏观调控政策转向。国内经济保持平稳运行，部分领域发展面临的风险挑战依然较多，经济增长下行压力较大。在基数效应、替代效益、疫情效应等因素的影响下，我国对外贸易增速将逐步回落。

（一）国际环境不确定性增加

1. 世界经济延续温和复苏态势

2022 年，新冠肺炎疫情仍将在全球范围内存在，对经济增长形成压力，但是疫情边际影响减弱，世界经济延续复苏态势。国际货币基金组织（IMF）10 月预计，2022 年全球经济增长 4.9%，经合组织（OECD）9 月预计 2022 年世界经济增长 4.5%，均高于近十年世界经济增长的平均水平。IMF 预计，美国经济增长 5.2%，欧元区经济增长 4.2%，东盟五国经济增长 5.8%，俄罗斯增长 2.5%。但是，由于新冠肺炎疫情疫苗和药品全球分配不均，各国疫情下经济恢复能力存在显著差异，主要经济体之间经济增长将呈现分化，发达经济体与低收入发展中国家之间的差距将扩大。

2. 全球通胀压力难以缓解

2022 年，通胀前景仍存在较大不确定性。新冠肺炎疫情发生后，全球主要国家为应对疫情冲击、拉动经济复苏，大规模发行国债扩大财政支出，降低利率实施宽松货币政策，同时通过购买国债等政策释放大量流动性。在供求关系改善、流动性宽松、国际运输不畅、地缘政治风险等因素共同作用下，大宗商品价格持续上涨，美国、欧盟等国家和地区通货膨胀水平显著提高，2021 年 10 月美国 CPI 同比大涨 6.2%，涨幅为 1990 年 12 月以来最高水平。2022 年，全球通胀压力仍将延续。由于大部分国家经济增长受新冠肺炎疫情影响存在下行压力，宏观经济政策将进一步平衡经济增长和通货膨胀的关系，对通货膨胀的容忍程度将有所提高；前期世界主要国家大量释放流动性，宽松政策带来的滞后影响仍将延续，世界性通货膨胀的货币基础仍然存在；新冠肺炎疫情导致部分国家就业结构、就业观念改变，失业率提高，工资-物价螺旋上升将导致部分国家通胀率持续居高不下。我国进出口面临的价格条件将呈现新变化。

3. 新冠肺炎疫情防控政策调整

部分国家应对新冠肺炎疫情政策出现调整，美国、英国等国家已经开始解禁。欧洲多个国家宣布解封，签证和航班业务将逐步恢复正常；亚洲多国均采取逐渐解封措施，日、韩加快解封步伐。2022 年，世界范围内更多国家将出现带疫解封，部分地区疫情可能呈现反弹。医疗资源国际分配不均衡将导致发达经济体和低收入国家发展水平进一步拉大。我国坚持内防反弹、外防输入，在全球解封范围扩大的背景下，我国对外贸易保持流通体系的顺畅性存在一定难度。

4. 主要经济体宏观政策转型

由于世界范围内通胀压力加大，以美国为代表的部分国家率先启动量化宽松退出政策。美联储从 2021 年 11 月开始逐月减少 150 亿美元资产购买规模，调整资产购买速度，维持联邦基金利率目标区间在 0% ~0.25% 之间。市场预计美国将在 2022 年底启动加息。欧洲央行议息会议表示考虑 2022 年酌情退出购债计划。部分新兴经济体由于国内价格涨幅偏大，已经启动加息。2022 年，发达国家量化宽松政策调整预期增强，新兴经济体资本外流风险加大，全球债务风险上升，部分主要金融市场资产价格抬升，全球金融领域聚集的风险点增多。

（二）国内环境总体有利

1. 我国宏观经济保持平稳运行

2022 年，我国统筹国内国际两个大局、统筹疫情防控和经济社会发展，有效实施宏观政策，国民经济将持续保持平稳恢复态势。尽管经济领域发展面临的风险挑战依然较多，经济增长下行压力依然较大，但是我国拥有完善的产业供给体系，强大的国内市场，充沛的人力和物质资源，我国将立足新发展阶段，贯彻新发展理念，构建新发展格局，实施宏观政策跨周期调节、科学精准施策，经济增速将重回潜在增长区间。

2. 外贸支持政策精准有效

在构建新发展格局的要求下，我国积极促进内需和外需、进口和出口协调发展，稳住外贸基本盘，优化货物贸易结构，提升出口质量，增加优质产品进口，创新发展服务贸易，加强在监管体制、经营资质、质量标准等方面与国际其他国家、地区和组织相衔接，对接国际高标准经贸规则。政府进一步促进跨境电子商务健康有序发展，支持企业更好地开拓国际市场；创新海外仓出口监管，降低出口仓储物流成本；积极推进自由贸易试验区和海南自由贸易港高水平开放压力测试，发挥示范带动作用；积极参与数字经济、贸易和环境、产业补贴、国有企业等议题谈判，在国际贸易投资标准制定方面提出中国立场。我国稳外贸政策长期和短期结合，既有利于促进 2022 年外贸增长，也有利于推动外贸高质量发展。

3. 外贸企业抗风险能力增强

我国对外贸易企业经历金融危机、贸易摩擦、疫情冲击的洗礼，不断加强创新发展，传统外贸企业加快数字化赋能，新增外贸企业重视模式优化。借助大数据、云计算、跨境电子商务平台等现代化手段，我国外贸企业积极拓展发展空间、开发海外市场、适应客户需求、提高生产经营效率、加强产品研发、增加研发投入。在不断变化的国际环境中，我国外贸企业应对风险能力显著提高，这有利于增强外贸发展韧性。

（三）2022年对外贸易发展预测

2022年，展望我国外贸发展总体情况，一是由于上年对外贸易增速显著提升，在高基数效应的作用下，我国对外贸易增速将有所回调。二是新冠肺炎疫情全球扩散情况及主要国家防疫政策转向后果影响不明朗，局部区域将呈现贸易发展不畅通现象，影响我国对外贸易进出口增长。三是随着发达国家解除防疫限制措施，产能逐步恢复，国际供给市场缺口将有所收窄，我国率先恢复产能带来的出口优势可能减弱。但是我国对外贸易优化升级，产品不断向产业链高端攀升，海外市场占有率基本稳定，对外贸易仍将保持平稳增长，预计出口增长8%左右，进口增长6.2%左右（美元计价）。

三、政策建议

1. 深化内外贸一体化

鼓励外贸经营主体充分利用国际国内两个市场、两种资源，降低出口产品内销成本，提升内外贸企业供应链上下游环节的配套能力；对接国内经贸和对外贸易平台建设，推动内外贸商品质量趋同，开发一批自主品牌、国潮新品、创新产品，以质量和特色拓展国内外市场；畅通国内外贸易、物流、仓储、信息链条，延伸“一站式”服务领域，提高内外贸一体化便利化程度；统筹协调内外贸相关规章制度，在制度上实现内外贸有效衔接；引导外贸企业与国内大型商贸流通企业对接，完善内外贸一体化营销渠道。

2. 提高贸易发展质量

进一步优化出口产品结构，推动出口向高端化、精细化发展，提高机电产品国产化率和产品附加值，增加高技术产品出口，实现服装、家具等劳动密集型产品精细化生产；扩大服务贸易中研发设计、金融保险、知识产权等知识密集型服务产品出口，由服务贸易大国向服务贸易强国转变；适应国内需求升级进程，扩大优质消费品、先进技术、重要设备等进口；改善国内国际市场布局，深耕传统海外市场，开拓亚洲、非洲、拉美等新兴市场贸易。

3. 持续加强国际合作

重视区域贸易合作，鼓励企业熟悉掌握RCEP（《区域全面经济伙伴关系协定》）

规则，加强与互惠国家经贸往来，充分利用区域贸易投资优惠政策，增加企业效益，实现区域内产业链供应链整体化发展；积极参与国际数字贸易谈判，在跨境数据流动、隐私保护、知识产权保护、数字服务和技术壁垒等方面提高国际化程度；探索构建国际跨境电商、移动支付、数字货币等服务领域规则，形成包容、普惠、公平的规则标准；深入开展研究，寻求加入全面与进步跨太平洋伙伴合作协定（CPTPP）契机。

4. 增强创新引领作用

持续推动互联网、大数据、人工智能等技术同各产业深度融合，为我国对外贸易提供新技术、新产品、新业态、新模式的技术基础。提高生物技术、节能环保、新一代信息技术、新能源、机器人等新兴产业的国际竞争力，力争实现产业发展达到国际领先水平，以产业升级引领贸易提质。鼓励“专精特新”中小企业走国际化道路，在元器件、基础件等领域培育一批竞争力强的“小巨人”企业。

05 2021年物价形势分析及2022年展望

张前荣*

摘要：2021年以来，消费价格低位运行，生产者价格快速上涨，预计全年CPI上涨0.9%、PPI上涨8.2%。展望2022年，猪肉价格趋稳、绿色发展催生产业供给侧改革、劳动力成本上升等因素支撑价格上涨；大宗商品价格高位回落、宏观需求偏弱、粮食产量和库存双高等因素抑制物价过快上涨。综合考虑翘尾因素和新涨价因素的影响，预计2022年CPI上涨2.0%左右，PPI上涨5.0%左右。建议将2022年物价调控目标定为3.0%左右，保障农产品和大宗商品供给，做好猪肉稳价工作，推进重点领域价格改革。

关键词：物价　因素分析　政策建议

一、CPI低位运行，PPI持续上涨

1. CPI温和上涨，月度同比涨幅先落后升

居民消费价格（CPI）总体稳定，1—10月，CPI同比上涨0.7%，比上年同期回落2.3个百分点，比3.0%的调控目标低2.3个百分点。城市和农村CPI分别上涨0.8%和0.5%。翘尾因素影响CPI下降0.2个百分点，新涨价因素拉动CPI上涨0.9个百分点。核心CPI同比上涨0.8%，比上年同期回落0.1个百分点，处于历史同期较低水平。分月看，CPI同比涨幅总体呈现先回落后升高走势。1—2月受上年同期基数较高影响，CPI同比分别下降0.3%和0.2%；随着高基数效应逐渐减弱，3—9月份CPI同比分别上涨0.4%、0.9%、1.3%、1.1%、1.0%、0.8%和0.7%；10月份受天气、部分商品成本上涨等因素影响，CPI上涨1.5%。从主要经济体看，我国物价涨幅在主要经济体中处于较低水平。2021年以来，主要经济体通胀走势有所分化，我国CPI涨幅（0.7%）仅高于日本（下降0.5%），低于美国（4.3%）、

* 张前荣，经济学博士，国家信息中心经济预测部副研究员，主要研究领域为宏观经济模型与价格监测分析。

欧元区（1.9%）、俄罗斯（6.1%）、巴西（8.4%）和印度（5.2%）等主要经济体。根据当前物价运行形势，初步判断 2021 年 CPI 上涨 0.9% 左右。

2. **食品价格略有下降，非食品价格涨幅扩大**

猪肉价格明显下降是 CPI 涨幅低位运行的主要原因，非食品价格稳中有涨是 CPI 保持总体稳定的基础。2021 年以来，我国生猪生产快速恢复，猪肉供给稳步增加，市场供应过剩，猪肉价格连续下降。1—10 月，猪肉价格下降 29.5%，影响 CPI 下降约 0.69 个百分点，而上年同期为提高 68.5%，影响 CPI 上涨 1.86 个百分点。2021 年猪肉价格对 CPI 的拉动比上年同期低 2.55 个百分点。受猪肉价格下降带动，食品价格下降 1.7%，同比回落 14.7 个百分点，影响 CPI 下降约 0.31 个百分点。非食品价格上涨 1.3%，同比提高 0.9 个百分点，影响 CPI 上涨约 1.01 个百分点。其中，随着服务消费持续恢复，服务价格逐步回升，1—10 月服务价格上涨 0.8%，同比提高 0.2 个百分点，影响 CPI 上涨 0.31 个百分点。

3. **PPI 快速上涨，月度同比涨幅不断走高**

工业生产者价格（PPI）同比急速上涨，月度涨幅持续走高。受国际大宗商品大幅上涨和上年同期对比基数较低影响，PPI 呈现高位运行态势。1—10 月，PPI 同比上涨 7.3%，比上年同期提高 9.3 个百分点。分月看，自 2021 年 1 月 PPI 同比涨幅转正以来，呈现急速上行、逐月扩大态势，1—10 月同比分别上涨 0.3%、1.7%、4.4%、6.8%、9.0%、8.8%、9.0%、9.5%、10.7% 和 13.5%，短时间内快速迅猛上涨，13.5% 的涨幅创 1996 年有月度统计数据以来的新高。上涨行业面较广，1—10 月在调查的 30 个主要工业行业中，价格上涨的有 25 个，上涨幅面达 83.3%，煤炭开采和洗选业等 9 个行业价格涨幅超过 10.0%。煤炭开采和洗选业（38.3%）、黑色金属矿采选业（37.1%）、石油和天然气开采业（35.1%）价格涨幅位居前三。根据当前物价形势，初步判断 2021 年 PPI 上涨 8.2% 左右。

4. **PPI 结构性分化特征明显，对 CPI 传导有限**

大宗商品价格上涨在推动 PPI 快速上行的同时，带来 PPI 的结构性分化。1—10 月，PPI 中的生产资料价格上涨 9.8%，影响 PPI 上涨约 7.2 个百分点，生活资料价格上涨 0.2%，影响 PPI 上涨约 0.1 个百分点。生产资料内部，上游采掘工业价格涨幅（30.7%）超过原材料工业价格涨幅（14.5%），原材料工业价格涨幅超过中游加工工业价格涨幅（6.1%）。我国工业消费品领域竞争激烈，原材料价格上涨导致的成本提高难以向消费领域传导，加之当前猪肉价格处于下行阶段，难以带动食品价格明显上涨，PPI 和 CPI 剪刀差逐月扩大，1—10 月分别为 0.6、1.9、4.0、5.9、7.7、7.7、8.0、8.7、10.0 和 12 个百分点，PPI 尚未对 CPI 形成明显传导。

5. 国际大宗商品价格大涨，进口商品价格上涨明显

2021 年以来，受美国宽松货币政策、疫情导致的供给受限和运输受阻、需求回升等因素影响，国际大宗商品价格大幅上涨。1—10 月，RJ/CRB 商品期货价格指数为 204.7，同比上涨 40.3%。分品种看，WTI 原油期货价格为 66.6 美元/桶，同比上涨 73.0%；LME 铜、铝期货价格分别为 9241.4 美元/吨和 2449.2 美元/吨，同比分别上涨 55.2%和 45.7%；新交所铁矿石当月掉期价格为 171.8 美元/吨，同比上涨 69.0%；CBOT 大豆和玉米期货价格分别为 1380.8 美分/蒲式耳和 566.5 美分/蒲式耳，同比分别上涨 51.8%和 60.2%。我国大宗商品进口价格上涨明显。前 10 月铁矿砂进口均价 1139 元/吨，上涨 61%；原油进口均价 3128.3 元/吨，上涨 35.6%；大豆进口均价 3531.8 元/吨，上涨 30.2%；钢材进口均价 8302.1 元/吨，上涨 46.4%。

二、2022 年 CPI 上涨 2.0%，PPI 上涨 5.0%

（一）支撑物价上涨的因素分析

1. 猪肉价格有望趋稳回升

2021 年 2 月份以来，猪肉价格连续 8 个月环比下降，全国大中城市猪粮比价连续 7 个月下降，自 5 月底开始低于 7 的盈亏平衡点，10 月中旬猪粮比价已降至 4.63，全国生猪养殖户亏损面达到 76.7%。随着生猪养殖亏损加大，目前一些养殖企业特别是大型集团企业采取“十头母猪淘汰一头低产母猪，育肥猪提前出栏”等措施压减生猪产能。根据国家统计局监测，三季度末生猪存栏 43764 万头，同比增长 18.2%，增速连续 3 个季度回落，环比下降 0.3%，为 2019 年底以来环比首次下降。根据农业农村部监测，7 月份以来全国能繁母猪存栏量结束增长势头，环比连续 3 个月减少。随着生猪库存逐渐减少，2021 年后期和 2022 年猪肉价格有望企稳回升。

2. 绿色发展和供给侧结构性改革限制相关产品供给

我国向世界做出了 2030 年前实现“碳达峰”、2060 年前实现“碳中和”的承诺，近期出台了相关的指导意见和行动方案，明确了国家对长期低碳发展转型的战略部署。绿色转型的任务就是对碳排放加以限制，使碳排放的成本显性化，鼓励生产和消费向低碳方式转型，这将导致相关商品成本上升，进而带来结构性价格上涨压力。绿色发展使石油、钢铁、化工、煤电等传统高碳行业面临转型升级压力，钢

铁、有色等部分行业甚至被要求限产、停产，9 月份我国钢材和十种有色金属产量同比分别下降 14.8% 和 1.6%，加剧供求矛盾。此外，为促进低碳发展，将建设更多的针对可再生能源和新能源所需的基础设施，从而引发对铜、铝等金属的新兴需求，推升价格。

3. 劳动力成本上升

劳动年龄人口及占比已过历史峰值，根据 2020 年第七次全国人口普查数据，15～59 岁的劳动年龄人口为 8.94 亿人，占 63.35%，比第六次全国人口普查减少 4600 万，占比下降 6.79 个百分点。60 岁及以上人口为 2.64 亿人，占 18.70%，比第六次全国人口普查上升 5.44 个百分点。2021 年前三季度，全国居民人均可支配收入 26265 元，实际增长 9.7%，与 GDP 增长基本同步。其中，农村居民人均可支配收入 13726 元，实际增长 11.2%，高于 GDP 增速 1.4 个百分点。劳动年龄人口及占比双减少，人工成本刚性上扬，推升相关商品和服务价格。

（二）抑制物价上涨的因素分析

1. 大宗商品价格有望高位回落

货币政策方面，2021 年以来美国物价明显上涨，10 月份美国 CPI 同比上涨 6.2%，连续 6 个月超过 5%，核心 CPI 同比上涨 4.6%，连续 7 个月高于 2%。面对严重的通胀压力，美联储从 11 月开始逐月减少 150 亿美元资产购买规模，2022 年上半年基本退出疫情以来启用的每月 1200 亿美元各项资产购买计划。需求方面，国际货币基金组织 IMF 预测 2021 年全球经济增长 5.9% 左右，2022 年全球经济增长为 4.9% 左右，经济总体呈现回落态势。美国货币政策边际收紧，世界经济增速回落、需求放缓，国际大宗商品价格有望高位回落。IMF 预计 2022 年国际原油价格为 64.52 美元/桶，比 2021 年下降 1.8%，非燃料大宗商品价格下降 0.9%。

2. 宏观需求偏弱

受新冠肺炎疫情影响，我国经济整体上还处于恢复之中，存在供给侧增长相对强劲、需求侧偏弱的特点，主要需求指标还没有恢复到疫情前的水平，供求基本面不支持价格快速上涨。2021 年前三季度 GDP 增长 9.8%，两年平均增长 5.2%，比上半年两年平均增速回落 0.1 个百分点，其中三季度 GDP 增速跌破 5%，同比仅增长 4.9%。全国固定资产投资两年平均增速低于疫情前 5.5% 左右的水平，社会消费品零售总额两年平均增速明显低于疫情前 8% 左右的水平。预计 2021 年 GDP 增长 8.1% 左右，两年平均增长 5.3% 左右；2022 年增长 5.5% 左右，低于 6% 左右的潜在增长水平，我国依然存在产出缺口，宏观需求总体偏弱，稳物价具备需求基础。

3. 粮食产量和库存双高

从粮食生产看，得益于单产和播种面积双提高，2021 年全国夏粮和早稻产量合计 3477 亿斤，增产 73.8 亿斤，比 2020 年增长 2.2%。根据农业农村部监测，秋粮生产形势总体较好，播种面积稳中有增、单产提高，目前收获陆续展开，秋粮丰收已成定局，全年粮食产量将再创历史新高，有望连续 7 年保持在 1.3 万亿斤以上。从粮食库存看，国内各类粮食企业库存超过 1 万亿斤，约占粮食总产量的 80%，明显高于全球 30% 左右的平均水平，持续保持较高水平，加之玉米及替代品进口增加，粮食储备调控和应急供应保障充分。粮食丰收、库存高企将使食品价格保持稳定，为稳物价奠定了物质基础。

（三）对 2022 年物价走势的初步判断

猪肉价格趋稳、绿色发展催生产业供给侧改革、劳动力成本上涨等因素支撑价格上涨；大宗商品价格高位回落、宏观需求偏弱、粮食产量和库存双高、保供稳价措施积极有力等因素抑制物价过快上涨。经测算，2022 年 CPI 翘尾因素为 0.7% 左右，PPI 翘尾因素为 4.5% 左右。总体来看，我国工农业生产能力较强，重要民生商品保障有力，宏观政策空间充足，国内物价能够保持总体稳定。综合考虑翘尾因素和新涨价因素的影响，初步判断 2022 年 CPI 上涨 2.0% 左右，PPI 上涨 5.0% 左右。应重点关注原油等国家大宗商品和猪肉价格走势，防止部分商品价格大起大落。2011—2021 年物价调控目标、涨幅、翘尾因素和新涨价因素如表 1 所示。

表 1　2011—2021 年物价调控目标、涨幅、翘尾因素和新涨价因素（单位:%）

时间	CPI 调控目标	CPI 实际涨幅	CPI 翘尾因素	CPI 新涨价因素	PPI 实际涨幅	PPI 翘尾因素	PPI 新涨价因素
2011	3.3	5.4	2.4	3.0	6.0	3.3	2.7
2012	4.0	2.6	1.2	1.4	-1.7	-0.9	-0.8
2013	3.5	2.6	1.0	1.6	-1.9	-1.1	-0.8
2014	3.5	2.0	0.9	1.1	-1.7	-0.5	-1.2
2015	3.0	1.4	0.4	1.0	-5.2	-1.9	-3.3
2016	3.0	2.0	0.6	1.4	-1.7	-2.6	0.9
2017	3.0	1.6	0.6	1.0	6.3	4.2	2.1
2018	3.0	2.2	0.9	1.3	3.5	2.8	0.7
2019	3.0	2.9	0.7	2.2	-0.3	0.1	-0.4
2020	3.5	2.5	2.2	0.3	-1.8	-0.1	-1.7

续 表

时间	CPI 调控目标	CPI 实际涨幅	CPI 翘尾因素	CPI 新涨价因素	PPI 实际涨幅	PPI 翘尾因素	PPI 新涨价因素
2021	3.0	0.9	-0.1	1.0	8.2	1.4	6.8
五年平均	3.1	2.0	0.9	1.2	3.2	1.7	1.5
十年平均	3.3	2.1	0.8	1.2	0.4	0.1	0.2

三、加强物价调控，保持价格稳定

1. 将2022年物价调控目标定为3.0%左右

预计2022年CPI上涨2.0%左右，PPI上涨4.0%左右，GDP平减指数也将低于3%。建议将2022年物价调控目标定为3.0%左右。一是为价格改革预留空间。调控目标略高于物价涨幅，可为宏观调控、价格改革、和前期相关稳物价政策措施退出预留一定的空间。二是体现连续性。自2015年以来（2020年除外），物价调控目标均为3.0%，将2022年物价调控目标定为3.0%，能体现连续性。三是引导市场主体预期。3.0%是物价温和上涨的标志，将目标定为3.0%，也体现了我国物价将温和上涨，不存在通胀和通缩的风险，有利于引导市场主体预期。

2. 保障主要农产品和大宗商品供给充裕

加强耕地质量建设，实施“十四五”国家黑土地保护工程，实施新一轮高标准农田建设规划，引导社会资本参与农业生产和相关项目，在粮食主产区开展水稻、小麦等主粮灾害保险试点。保障化肥等农资企业正常生产，适时投放农资储备，稳定市场供应，防止农资价格过快上涨，落实种粮农民资金补贴。加强农业现代流通体系建设，落实鲜活农产品运输“绿色通道”政策，畅通物资下乡进村和农产品出村进城通道。调整优化种植结构，适当减少普通稻种植面积，增加大豆、玉米等种植面积。加强市场信息监测预警，及时发布价格和供求信息，组织加工销售企业和冷链物流企业扩大鲜活农产品购销。在确保安全开发的前提下，提高煤炭企业产能利用率，增加国内煤炭供应，增加从非洲、东南亚和俄罗斯等地的煤炭进口，实现进口多元化。处理好与经济大国、资源能源大国的国际经贸关系，保障对外依存度较高的资源能源供给充裕。通过取消出口退税、增加关税等手段减少钢铁、有色金属、建材等高耗能产品的出口，优先保障国内市场供应。

3. 做好猪肉市场稳价工作

加强生猪生产和市场监测，通过主流媒体和行业媒体及时发布产能过剩预警，引导生猪养殖主体合理安排生产和优化养殖布局，做好生猪产能调减工作，鼓励养殖户加快淘汰低产母猪，有序安排生猪出栏，使生猪产能尽快回到合理水平，适当压减猪肉进口，确保猪肉市场供求基本均衡，减少养殖户的亏损。保持生猪养殖用地、环保、贷款和保险等长效性支持政策稳定，不搞急转弯，防止损害基础生产能力，影响长期的市场稳定供应。探索建立生猪产能储备制度，增加生猪养殖和调出大县的奖补力度，通过资源环境补偿、跨区合作等方式建立养殖基地，推动形成销区补偿产区的长效机制，强化对生猪产能的保护与调节，确保基础产能和猪肉价格稳定。落实《完善政府猪肉储备调节机制做好猪肉市场保供稳价工作预案》，做好猪肉价格和产能监测分析、信息发布和预警工作，中央和省级政府在猪肉价格低位时及时收储，增加中央和地方政府的猪肉常规储备。

4. 推进重点领域价格改革

研究将煤炭纳入制止牟取暴利的商品范围，统筹考虑煤炭开采成本和正常利润，结合市场供需变化，加强与燃煤发电市场化电价机制的衔接，研究建立“基准价+上下浮动”的煤炭市场价格长效机制。全面推进电力市场化改革，放开竞争性环节电价，根据电煤价格走势，及时调整燃煤发电市场交易电价上下浮动范围，理顺输配电价结构，加快培育发展配售电环节独立市场主体，扩大市场化交易规模。进一步放开竞争性领域和环节价格，研究制定高速公路分时分区差异化收费政策和高铁等运输领域价格改革政策。对“两高”行业实行阶梯价格政策，提高其用电、用气、用水等能源资源成本，发挥价格杠杆在促进绿色低碳发展中的作用。根据成本加合理收益的原则，分区域完善天然气管道运输价格，建立终端销售价格与采购成本联动机制，推进天然气门站价格市场化改革。

06　2021 年就业形势分析与 2022 年展望

陈　彬*

摘要：2021 年以来，我国就业形势总体稳定，但不均衡性凸显，劳动力结构性短缺问题仍存，青年群体和教育培训行业人员就业压力较大。展望 2022 年，全球经济复苏依旧艰难，国内经济运行仍不稳固，“三孩政策”对劳动力供给影响有限，退休高峰来临腾出更多就业岗位，技术进步带来就业增长新潜力，稳就业政策红利持续释放。须从促进经济发展扩就业、做好援企稳岗保就业、扶持创业创新带就业、瞄准重点群体帮就业、强化就业服务促就业等方面入手，努力在保持就业稳定的同时实现更加充分更高质量就业。

关键词：就业形势　创业创新　经济增长

一、2021 年我国就业形势的基本特征

就业是最大的民生。保住就业，民众才有生活的来源和消费的底气；保住就业，经济才有稳定的基础和发展的潜力。面对新冠肺炎疫情的持续影响和国内外环境的深刻变化，党中央、国务院坚持就业优先战略，实施更加积极的就业政策，延续执行减负稳岗扩就业相关举措，强化对高校毕业生、农民工、城镇低收入家庭等重点群体的就业帮扶，持续优化就业公共服务，促进经济发展与就业增长良性互动，鼓励创业带动就业和多渠道灵活就业，就业形势总体保持平稳。但受海外疫情形势复杂多变、国内需求恢复基础不牢、中小市场主体发展困境仍存、结构性矛盾和体制机制性障碍仍较突出等影响，未来稳就业工作仍面临不小压力。

1. 就业形势总体平稳但不均衡性凸显

前三季度，全国城镇新增就业人数 1045 万人，完成全年目标任务的 95.0%，快于时序进度，全国城镇调查失业率和 31 个大城市城镇调查失业率均维持在 5.5%

* 陈彬，管理学博士，国家信息中心经济预测部副研究员，主要研究领域为就业与收入分配、农业经济理论与政策、能源与资源环境经济等。

的预期目标以内；城镇失业人员再就业人数和就业困难人员就业人数分别为412万人和130万人，已基本恢复到甚至超过2019年同期水平，就业形势总体稳定。但目前就业的不均衡性也在显现：一是受部分地区疫情反复影响，服务业用工需求持续弱于制造业。1—10月，服务业从业人员指数比制造业从业人员指数低0.7～3.2个百分点。二是受地区经济发展活力影响，东北地区就业市场景气度最低。根据智联招聘发布的《中国就业市场景气报告》显示，三季度东北地区就业竞争依旧激烈，CIER指数[1]仅为1.00，分别较东部、中部和西部地区低0.84、0.39和0.12。三是受抗压能力较弱影响，小微企业招聘需求恢复慢于大型企业。智联招聘报告显示，三季度大型企业招聘需求人数明显回升，同比增加124.8%，而小型和微型企业招聘需求人数则分别同比下降17.1%和19.1%。2009—2021年我国城镇新增就业人数见图1。

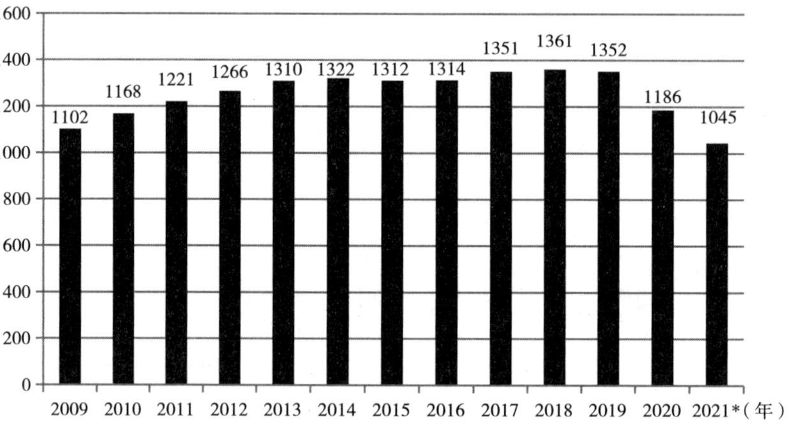

图1 2009—2021年我国城镇新增就业人数（万人）

*：2021年为1—9月数据。

数据来源：国家统计局、Wind数据库。

2. 就业市场持续宽松但结构性短缺问题仍存

人社部数据显示，前三个季度，我国百城公共就业服务机构求人倍率分别为1.60、1.58和1.53，表明市场用工需求持续大于劳动力供给，劳动力市场整体保持宽松状态。《中国就业市场景气报告》也显示，三季度中国就业景气指数（CIER指数）为2.15，高于二季度的2.09和上年同期的1.89。与此同时，我国技能人才特别是高技能人才短缺的问题仍十分突出。人社部数据显示，

[1] CIER指数=市场招聘需求人数/市场求职申请人数。CIER指数越低，说明就业市场竞争越激烈，就业市场景气程度低，就业信心偏低。

我国高级技师和技师的求人倍率较高，当前“最缺工”的新进排行 30 个职业中，近半数与制造业、信息传输、软件和信息技术服务业等行业相关，所需专业化程度要求较高。而根据教育部等部委此前预测，到 2025 年，我国新一代信息技术产业人才缺口将达 950 万人。2001 年 3 月至 2021 年 6 月我国城市公共就业服务机构求人倍率见图 2。

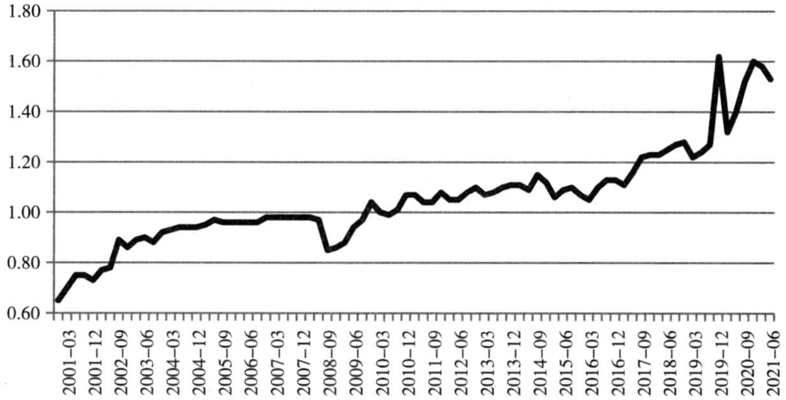

图 2　2001 年 3 月至 2021 年 6 月我国城市公共就业服务机构求人倍率

数据来源：人力资源和社会保障部、Wind 数据库。

3. 青年群体和教育培训行业就业压力较大

当前就业形势总体趋稳，然而部分群体仍面临较大的失业风险。2021 年，我国高校毕业生人数达到 909 万人，同比增加 35 万人，再创历史新高。与此同时，不少企业尚未完全从疫情的冲击中恢复活力，部分毕业生的所学也与社会需求不匹配，导致青年群体失业率出现较大幅度上升。9 月份，16 ~ 24 岁人口调查失业率为 14.6%（见图 3），虽然连续两个月环比下降，但仍比全国水平高出 9.7 个百分点，也高于 2019 年同期水平。青年群体的高失业率也使得 2021 年 4 月以来 31 个大城市的调查失业率持续高于全国城镇调查失业率。智联招聘发布的《2021 大学生就业力报告》也显示，从毕业去向上看，有 56.9% 的毕业生选择毕业后参加工作，较 2020 年下降 18.9 个百分点；而选择国内或出国继续学习的比例上升 3.9 个百分点。从求职选择上看，选择毕业后到国家机关工作的毕业生占比较 2020 年翻倍，可见在疫情冲击下毕业生的职业选择更加谨慎求稳。此外，《中国就业市场景气报告》显示，受“双减”政策影响，2021 年 7—9 月，教育/培训/院校行业招聘需求人数和求职申请人数均逐月下降，CIER 指数也出现下降，依次分别为 13.38、10.07 和 8.19。有专家指出，校外培训市场提供约 1000 万个工作岗位，“双减”政策出台后，直接影响数百万人员就业，尤其是女性就业。

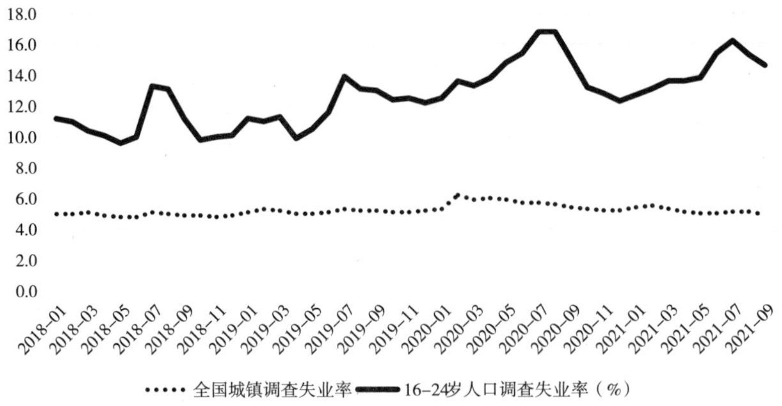

图 3　2018 年 1 月至 2021 年 9 月全国城镇 16～24 岁人口调查失业率（%）

数据来源：国家统计局、Wind 数据库

4. 服务业稳步恢复成为吸纳更多就业的重要支撑

2021 年前三季度，服务业增加值同比增长 9.5%，两年平均增长 4.9%；服务业增加值占国内生产总值比重为 54.8%，对经济增长的贡献率为 54.2%，拉动国内生产总值增长 5.3 个百分点。“十三五”时期，我国服务业就业人员比重累计提高 5.43 个百分点，而同期第二产业就业人数比重累计下降 0.97 个百分点；服务业每增长 1 个百分点带动的就业人数平均比第二产业多 31.8%。因此，服务业的稳步复苏对于保持就业稳定发挥了重要作用。《2020 年中国生活服务业就业指数报告》也显示，与五年前相比，生活服务业相关职位种类的数量增长了 25.54%，疫情期间为保障民生发挥重要作用的相关生活性服务行业成了供需双增的火爆领域。1978—2020 年我国三次产业就业人数占比见图 4。

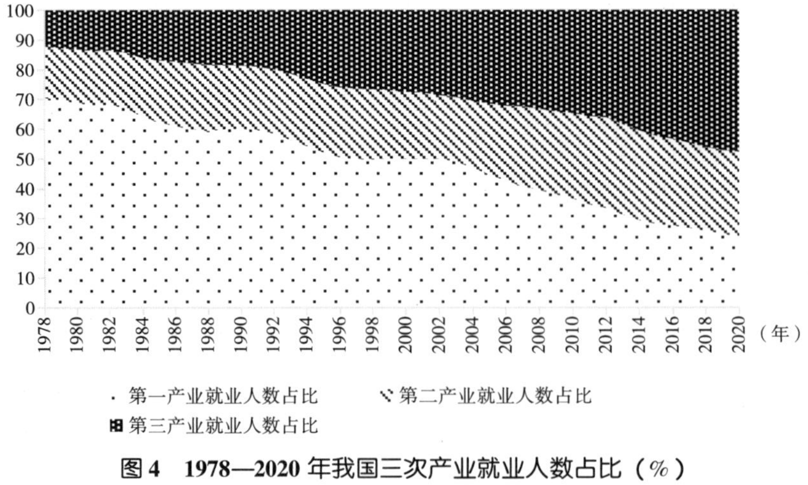

图 4　1978—2020 年我国三次产业就业人数占比（%）

数据来源：国家统计局、Wind 数据库。

5. 新动能和新主体快速成长拓展了就业新空间

近年来，以新产业、新业态、新模式为主要内容的经济发展新动能实现逆势快速增长。数据显示，2015—2020 年，我国经济发展新动能指数[1]年均增长率达到 29.8%。新动能持续增长，带来就业岗位的持续增加，“平台就业”“家庭就业”“网络就业”等新型就业方式不断涌现，出现了微商、快递员、专车司机、网络主播等新兴职业，为劳动者提供了更多的就业选择。同时，各级政府着力推进职能转变，深化“放管服”改革，不断完善监管方式，持续优化营商环境，支持“大众创业、万众创新”蓬勃发展，新增市场主体快速成长，有效发挥了创业带动就业的效应。截至 2021 年 7 月底，我国市场主体总量从 2012 年 5500 万户增长到 1.46 亿户，年均净增长超过 1000 万户。其中企业从 1300 多万户增长到 4600 万户，个体工商户从 4000 万户增加到 9800 万户，市场主体活跃度稳定在 70% 左右（见图 5）。

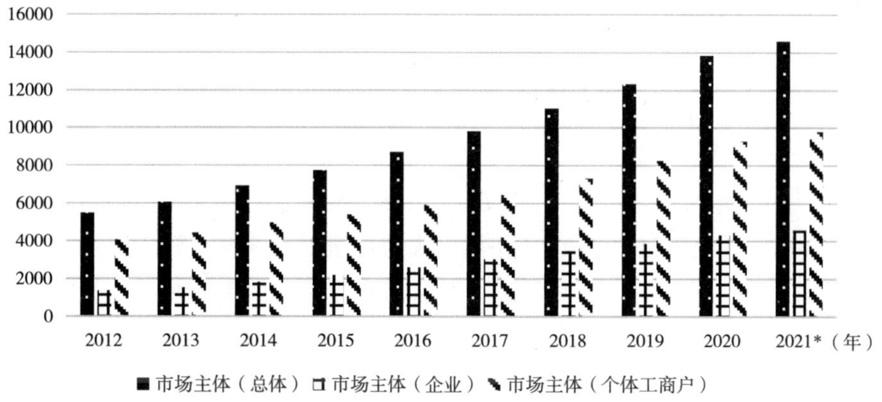

图 5　2012—2021 年我国市场主体数量累计值（万户）

*：2021 年为截至 7 月底数据。

数据来源：市场监督管理总局、Wind 数据库。

二、影响我国就业的主要因素分析及就业趋势展望

展望 2022 年，世界经济恐难全面复苏，国内经济恢复的可持续性面临风险挑战，生育政策调整有限影响劳动力供给，技术进步带来更多就业机会，国家稳就业

[1] 经济发展新动能指数是指以新产业、新业态、新商业模式（简称“三新”）为主要内容的统计指标体系，包括网络经济指数、经济活力指数、创新驱动指数、知识能力指数、转型升级指数，由国家统计局按年度发布。

的政策支持力度不减，这些因素都将深刻影响我国就业形势。

1. 全球经济复苏进程仍然步履维艰

2021 年以来，随着全球新冠肺炎疫苗接种的持续推进和生产生活秩序的陆续恢复，主要经济体的经济增速出现了明显回升，但仍面临不少深层次矛盾问题，未来复苏进程依然艰难曲折。一是全球经济复苏的不均衡性将进一步加剧。世卫组织数据显示，截至 9 月底，欧盟和英国完全接种疫苗的人口比例超过 60%，美国接近 50%，而低收入国家只有不到 2%。“免疫鸿沟”或将导致疫情对新兴经济体的脉冲式冲击、周期性往复的局面持续，拉长复苏周期。二是全球通货膨胀上行压力愈发明显。2020 年下半年至今，全球生产资料价格和交通运输成本大幅上升，叠加近期能源需求增加及供应不足共同导致的全球能源危机或将助推通货膨胀率进一步上升，将拖累经济复苏步伐。三是全球供应链的脆弱性仍然存在。近期随着德尔塔变异毒株引发疫情反弹，海陆空货运服务价格飙升，部分出口商不得不提高产品售价以弥补成本或干脆取消发货，供应链中断的风险可能将一直持续到 2022 年以后。因此，未来通过外贸高增长支撑我国经济和就业增长的难度在上升。

2. 国内经济恢复的基础尚不稳固

当前国内经济恢复仍然不稳固、不均衡，经济增长动能的可持续性面临一定挑战，给就业增长带来不小压力。一是疫情反复影响经济恢复。受近期我国部分地区疫情暴发影响，以旅游、电影、住宿和餐饮为代表的服务业遭受了较大冲击。而目前全球疫情仍在持续演变，未来我国仍面临短时间内多源多点发生疫情的复杂局面，将对经济持续稳定恢复产生不利影响。二是中小企业经营仍面临较大困难。二季度以来，能源原材料、物流成本的持续大幅上涨推高了经营成本，加之订单需求不足，部分中小企业经营困境加剧。中小企业协会数据显示，三季度中小企业发展指数为 86.7，连续两个季度下降，低于 2019 年和 2020 年同期水平。三是国内金融稳定运行面临挑战。主要发达国家为应对疫情实施大规模量化宽松，预计 2022 年发达国家货币政策转向步伐将加快，可能引起跨境资本加速流出和人民币汇率波动加大，影响国内金融市场的稳定。四是外部发展环境更趋复杂多变。中美关系尽管近期有所缓和，但科技压制、贸易脱钩、人权挑衅、主权干预仍将是美国对华惯用手段，同时国际上民粹主义、贸易保护主义盛行，也使得中国经济面临较大的外部不确定性。国内经济恢复基础不稳或将导致部分行业和人群面临较大的失业风险。

3. 生育政策调整对劳动力供给作用有限

近年来，受人口老龄化和家庭少子化影响，我国劳动年龄人口数量和占比持续下降。第七次人口普查数据显示，2020 年 15～59 岁劳动年龄人口占总人口比例较

2010 年累计下降了 6.7 个百分点。劳动年龄人口的下降短期内虽然有利于缓解“就业难”矛盾，但作为要素投入的劳动力数量的减少将导致我国未来潜在经济增长水平的下降，反过来制约就业增长。为积极解决这一问题，党的十八大以来我国陆续实施了“单独二孩”“全面两孩”政策措施，并于 2021 年 5 月 31 日进一步推出了“三孩政策”。但受育龄妇女减少、生育观念转变、养育成本上升、婚姻模式变化等影响，出生人口仅出现阶段性回升，无法改变劳动力总量减少的大趋势。民生证券研究估计，“三孩政策”预计会使 2022 年的出生人口增加 100 多万，但之后将逐渐回落，稳定在每年新增 80 万人口的水平。新出生人口带来的未来劳动力数量增加尚不足以弥补人口老龄化导致的劳动力数量减少缺口。2011—2020 年我国出生人口数及增长率见图 6。

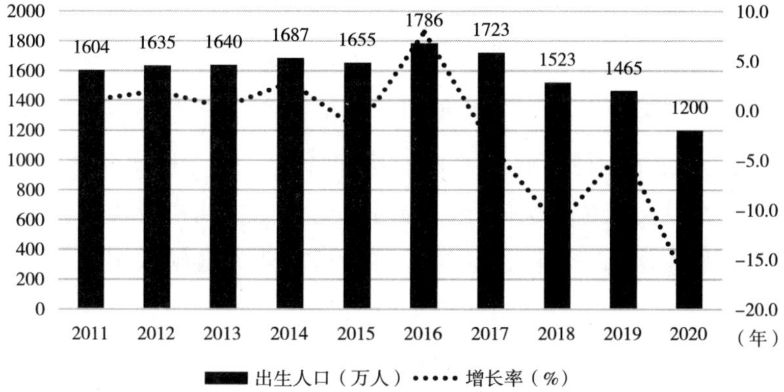

图 6　2011—2020 年我国出生人口数及增长率

数据来源：国家统计局、Wind 数据库。

4. 退休高峰来临在一定程度上减轻就业压力

自 1949 年新中国成立以来，我国共经历了三次“婴儿潮”，第二次“婴儿潮”的时间跨度为 1962—1975 年，在此期间的年均出生人口达到 2595 万人。根据人口变动规律，按照从出生到成长为劳动力并生存至 60 岁的平均死亡率 15% ~20% 计算，从 2022 年开始的十余年间，每年将有 2076 万 ~2206 万人退出就业市场，这意味着按照 60 岁年龄标准退休的人员规模将比现阶段明显扩大，可以为新成长的劳动力腾出更多的就业岗位。但考虑到未来随着人口老龄化程度的加深和渐进式延迟退休的逐步推进，这种“退休潮”带来的就业压力减轻效应将逐渐衰退。

5. 技术进步孕育创造出更多新增就业机会

技术进步对于劳动力市场的影响是双重的。一方面，技术将取代传统行业的劳动力，随之而来的是劳动力需求、就业和工资的下降；另一方面，技术使那些有工作的人更有生产力，并且随着生产力的发展催生出更多任务，进而带来劳动力需求的上升。经合组织基于其成员国200年的数据研究也表明，尽管短期内技术进步会对就业产生一定的负面影响，但这种影响相对于其巨大的创造效应可以忽略不计。其中，随着移动互联网技术快速发展，以共享经济为代表的新兴商业模式已然崛起，积极发挥了就业“蓄水池”的作用。国家信息中心发布的数据显示：2020年我国共享经济参与者人数约为8.3亿人，其中服务提供者约为8400万人，同比增长约7.7%；平台企业员工数631万人，同比增长约1.3%[1]。

6. 稳就业的政策红利将继续释放

新冠肺炎疫情发生以来，党和政府紧盯就业态势“风向标”，把稳就业保民生放在更加优先的位置，以政策红利释放就业潜力。对于高校毕业生就业困难、招聘延后、市场需求下滑等问题，相关部门实施了就业创业促进、线下密集开展民营企业招聘月、城市联合招聘等系列活动，为高校毕业生提供就业服务，并扩大就业见习规模；针对农民工外出务工受阻的难题，相关部门出台促进农民工就业创业的专项政策文件，实施农民工稳就业职业技能培训计划，全力稳定和扩大农民工就业；针对灵活就业人员社会保障缺失问题，提出推动个体工商户及灵活就业人员参加社保，放开在就业地参保的户籍限制，探索将灵活就业人员纳入工伤保险范围……同时，出台将部分减负稳岗扩就业政策期限继续延长，部署加强对受疫情持续影响行业企业的金融支持等措施，帮助相关企业更好渡过难关。随着政策的逐步落地见效，将对就业起到“稳定器”作用。

7. 2022年我国就业趋势与指标预测

综合分析上述因素，预计2022年，受减负稳岗扩就业政策不断出台落实、新就业形态不断涌现、就业结构持续优化、退休高峰来临腾出更多就业岗位等因素影响，我国城镇新增就业人数将保持稳定，失业率稳中趋降，全年新增就业人数在1200万人左右，城镇调查失业率在5%上下。但全球经济复苏进程步履维艰、国内经济恢复基础尚不稳固也给就业稳定带来不小挑战。受人口自然增长率持续降低、生育政策调整影响有限等因素影响，适龄劳动人口比例继续下降至62.5%左右，劳动力市场继续保持宽松状态，求人倍率保持在1.5左右的较高水平。而受疫情形势复杂、产业转型升级、技能结构错配、教培行业“双减”、体制机制障碍等因素影响，部分地区和人群仍将面临较为突出的失业问题。

[1] 数据来源：国家信息中心《中国共享经济发展报告（2021）》。

三、政策建议

为了有效应对国内外环境的深刻变化，确保就业形势稳定向好，努力实现更加充分更高质量就业，必须着力促进经济发展与就业增长良性互动，继续落实好助企纾困稳岗各项工作，加大力度扶持创业创新活动，瞄准高校毕业生、农民工、就业困难人员等重点群体做好帮扶，不断健全就业公共服务体系。

1. 促进经济发展扩就业

推动加强就业优先导向的宏观调控，支持就业容量大的产业行业优先发展。要找到产业转型升级与保障就业的均衡点，合理调整产业布局和经济结构。着力发展结构优化、技术先进、清洁安全、附加值高、吸纳就业能力强的现代产业体系，将推动服务业大发展作为充分就业的战略重点。在传统产业转型升级过程中，通过延伸产业链条、优化生产方式和管理模式，创造更多技术管理和服务就业机会。加快推动产业从中低端向中高端迈进，在做大做强新动能中，为各类人才创造更多高质量就业岗位。实行包容审慎监管，支持新产业新业态发展，鼓励多渠道灵活就业。

2. 做好援企稳岗保就业

运用多种方式加大对援企稳岗相关政策的宣传解读力度，切实提高政策知晓度。努力采取网上办、自助办、帮办、快办等高效、便捷服务措施，通过变“企业找政策”为“政策找企业”方式，应用大数据等手段精准锁定符合援企稳岗条件的企业名单，推进援企稳岗政策免申即享，并全程接受社会监督。对不裁员、少裁员的企业继续落实好失业保险稳岗返还政策，放宽中小微企业失业保险稳岗返还政策裁员率标准，鼓励企业开展以工代训和线上培训并给予职业培训补贴。保持政策的持续性和稳定性，研究继续适当延长部分支持政策至疫情完全消除，提振企业发展信心。

3. 扶持创业创新带就业

统筹各部门形成支持创新创业的政策合力，着力构建与创新驱动相适应的金融支持体系，新建一批双创示范基地，高标准建设一批返乡入乡创业示范区。提高创业扶持政策精准性，更多地面向高质量就业、吸纳能力强的高技术中小微企业和现代服务初创企业，增强就业带动能力和就业岗位创造能力。持续深化“放管服”改革，降低市场准入门槛和制度性交易成本，加快培育网络购物、在线教育、在线办公、在线服务、数字娱乐、数字生活、智能配送等新业态新模式。为有创业意愿的劳动者提供创业培训，以经验介绍、案例分析、讨论交流、现场演练等形式帮助其创业。

4. 瞄准重点群体帮就业

继续鼓励企业扩岗吸纳高校毕业生，适度扩大国有企事业单位、基层项目等招录规模，开发社区服务岗位，拓宽毕业生就业渠道。对离校未落实工作的高校毕业生，跟进落实职业介绍、职业指导、困难援助等举措，确保服务不断线。加强劳务输出地和输入地的协调配合，做好农民工就业服务衔接，开展多种形式的劳务对接活动。发展特色农牧业，以工代赈实施农业农村、交通、水利、林草等领域工程项目，优先吸纳返乡留乡贫困劳动力就业。鼓励就业困难人员根据自身实际自主灵活就业，拓展社区养老、托幼、绿化、保安等就业岗位，促进就业困难群体实现就近就业。密切跟踪关注房地产业、教育培训业、跨境电商业等领域人员的失业和再就业情况，适时提供必要的就业帮扶指导。

5. 强化就业服务促就业

加快推进就业公共服务均等化和标准化，推动就业服务资源适当向重点群体倾斜，确保就业公共服务体系能有效惠及各个群体，为稳定和扩大就业提供制度保障。建立全国统一的劳动力管理信息系统，推进各部门信息的互联互通和数据共享，实现求职者和用人单位即时对接，提高劳动力市场资源配置效率。推进服务主体多元化，鼓励引导社会力量广泛深入参与就业服务，探索建立创业指导专家、就业指导专家等志愿者团队，为劳动者多渠道提供专业化服务。消除城乡、行业、身份、性别等影响平等就业的制度障碍，形成有利于劳动力要素自由流动、平等交换的市场体系。

07　2021 年财政收支形势分析与 2022 年展望

刘　鹏*

摘要：2021 年，我国经济持续稳定恢复，财政收入实现较快增长，重点领域支出给力，积极财政政策效果显著。2022 年，全球经济环境总体改善，但仍然存在较大不确定性；国内经济持续恢复的态势不变，但经济发展制约因素增多。预计财政收入将保持较快增长，财政支出强度整体适当。为确保经济社会平稳运行，应稳健实施积极的财政政策，提质增效加大下沉力度，更好服务构建新发展格局。

关键词：财政收入　财政支出　财政政策

一、2021 年全国财政收支形势分析及预测

（一）前三季度财政收入实现较快增长

前三季度，国民经济持续恢复发展，我国 GDP 同比增长 9.8%，两年平均增长 5.2%，全国固定资产投资同比增长 7.3%，社会消费品零售总额同比增长 16.4%，以人民币计价货物进出口总额同比增长 22.7%，规模以上工业企业利润同比增长 44.7%，长期向好的基本面持续显现。全国一般公共预算收入 164020 亿元，完成预算的 83%，同比增长 16.3%，高于年初预算安排增幅 8.2 个百分点，两年平均增长 4.3%。其中，中央一般公共预算收入 76526 亿元，同比增长 17.1%，两年平均增长 3.1%；地方一般公共预算本级收入 87494 亿元，同比增长 15.6%，两年平均增长 5.5%。全国税收收入 140702 亿元，完成预算的 82.9%，同比增长 18.4%，两年平均增长 5.3%；非税收入 23318 亿元，完成预算的 83.7%，同比增长 5.4%，两年平均增长-0.8%。

前三季度，财政收入有如下特点：

---

* 刘鹏，经济学博士，国家信息中心经济预测部财政与金融研究室副研究员，主要研究财政政策、宏观金融等。

1. 基数效应下财政收入增速呈现前高后低态势，但经济稳步复苏带动财政收入实现较快增长

受2020年疫情对财政收入造成的前低后高的基数效应，2021年前三季度，全国一般公共预算收入增速呈现前高后低的态势，各季度累计同比增幅分别为24.2%、21.8%和16.3%。前三季度，全国税收收入累计同比增长18.4%，增幅比一季度和上半年分别回落6.1和5.0个百分点，全国税收收入占一般公共预算收入比重为85.8%，比上年同期提高1.5个百分点。得益于国民经济的稳步复苏，前三季度一般公共预算收入两年平均增速达到4.3%，高于疫情前（2019年）同期增速1个百分点。其中，受工业生产持续增长、PPI快速上升、工业增加值名义增速较高影响，增值税收入达到50103亿元，同比增长17.4%，比上年同期提高30.9个百分点，两年平均增速由负转正，达到0.8%；随着居民收入的稳步增长，个人所得税10413亿元，同比增长21.6%，比上年同期加快14.3个百分点，受2019年个税改革基期增速较低的影响，两年平均增长14.2%；受企业利润随PPI走高及同期低基数影响，企业所得税35645亿元，同比增长18.8%，比上年同期加快23.7个百分点，两年平均增长6.3%；受外贸持续改善、订单回流、进口快速增长等影响，进口货物增值税、消费税13701亿元，同比增长24.5%，比上年同期加快33.9个百分点，两年平均增长6.2%。关税2228亿元，同比增长17.3%，比上年同期加快28.9个百分点，两年平均增长1.8%。

2. 扎实执行各项降费政策，非税收入增速明显回落

2021年以来，中央为减轻企业负担，进一步扎实推进各项降费政策，加大各类违规涉企收费整治力度，行政事业性收费、特定国有金融机构和央企利润上缴等收入增幅明显收窄。前三季度，全国非税收入23318亿元，完成预算的83.7%，快于上年同期1.6个百分点。各季度累计非税收入的同比增速分别为20.7%、17.4%和5.4%，两年平均增速分别为9.9%、3.9%和-0.8%，增幅呈现明显回落趋势。截至三季度末，累计全国非税收入已低于疫情前同期水平（23708亿元）。

3. 受疫情恢复和产业结构差异的影响，中西部地区财政收入两年平均增幅较低

受前期基数较低等因素影响，前三季度，有八个省财政收入同比增速超过了20%，分别是湖北、海南、陕西、山西、内蒙古、黑龙江、新疆、福建；但仍有5个省的增速低于10%，分别是辽宁、云南、河南、广西、西藏。从两年平均增速看，有十二个省财政收入低于全国水平（4.3%），分别是上海、黑龙江、河南、云南、贵州、广西、辽宁、重庆、北京、天津、湖北、西藏，涵盖两个东北省份、四个直辖市和六个中西部省份。此外，有七个省财政收入的两年平均增速不及疫情前

同期水平，分别是河北、广西、河南、内蒙古、湖北、宁夏、山西，多为中西部省份，反映出经济越发达地区的财政收入增长情况越好，而欠发达地区的收支矛盾较为突出。2021 年 3—9 月财政收入增长速度见图 1。

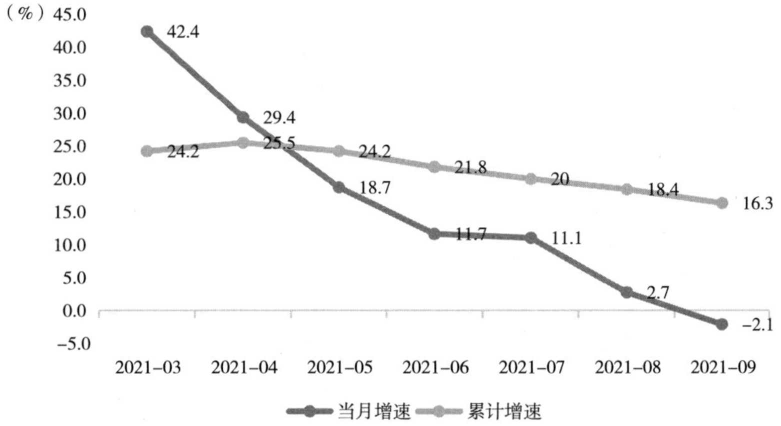

图 1　2021 年 3—9 月财政收入增长速度

（二）前三季度财政支出小幅下降

前三季度，财政支出重点围绕“三保”刚性支出开展工作，持续压减非急需非刚性财政支出，教育、社会保障和就业、卫生健康等支出增长较快，基建类支出呈现负增长。全国一般公共预算支出 17.93 万亿元，完成预算 71.7%，同比增长 2.3%，比上年同期回升 4.2 个百分点，两年平均增长 0.2%。其中，中央本级支出 24139 亿元，下降 1.6%，两年平均增长-1.9%；地方财政支出 155154 亿元，增长 3%，两年平均增长 0.5%。财政收支相抵，累计赤字 15273 亿元，同比减少 18910 亿元。

前三季度，全国一般公共预算主要支出有如下特点：

1. 教育支出增速较快

前三季度，教育支出 26884 亿元，同比增长 5.2%，比上年同期加快 7.1 个百分点，两年平均增长 1.6%。重点推动义务教育优质均衡发展和城乡一体化，加快补齐农村办学条件短板，加强农村教师队伍培训，支持学前教育发展，加大普惠性学前教育资源供给，改善普通高中学校办学条件，提升现代职业教育质量，支持改善办学条件和加强教师队伍建设，支持加快一流大学和一流学科建设，支持中西部高校发展，支持办好民族教育、特殊教育，改善乡村教师待遇。

2. 科学技术支出小幅增长

前三季度，科学技术支出 5718 亿元，同比增长 0.8%，比上年加快 6.5 个百分点，两年平均增长-2.5%。稳定支持国家实验室建设运行，支持国家重点实验室体系重组。加大基础研究投入，保障国家重大科技任务经费，支持有条件的地方建设国际和区域科技创新中心，促进科技成果转移转化，支持开展国际科技合作。

3. 文化体育与传媒增速较快

前三季度，文化体育与传媒支出2622亿元，同比增长3.3%，比上年加快4.6个百分点，两年平均增长1%。持续推进城乡公共文化服务体系一体建设，提高文化惠民工程的覆盖面和实效性，支持繁荣发展社会主义文艺，推动国家文化公园建设，支持北京冬奥会、冬残奥会筹办和国家队备战。

4. 社会保障和就业支出增速较快

前三季度，社会保障和就业支出26620亿元，同比增长2.4%，比上年同期放缓5.8个百分点，两年平均增长5.3%。进一步提高企业职工基本养老保险基金中央调剂比例至4.5%，加快推进全国统筹。支持地方做好低保、特困人员救助供养、临时救助、流浪乞讨人员救助、孤儿基本生活保障等工作。支持残疾人事业发展。持续做大做强战略储备基金。

5. 卫生健康支出增速较快

前三季度，卫生健康支出14675亿元，同比增长2.3%，比上年放缓1.7个百分点，两年平均增长3.1%。继续做好疫情防控相关工作，对医保基金负担的新冠肺炎病毒疫苗及接种费用给予补助，支持实施居民免费接种政策。推动健全公共卫生应急处置体系。居民医保人均财政补助标准增加30元，达到每人每年580元。基本公共卫生服务经费人均财政补助标准提高5元，达到每人每年79元。

6. 节能环保支出大幅下降

前三季度，节能环保支出3690亿元，同比下降8.3%，比上年同期回落7个百分点，两年平均增长-11.9%。继续安排大气、水、土壤污染防治资金，重点支持北方冬季清洁取暖和打赢蓝天保卫战，加强长江等重点流域水污染防治，支持土壤污染治理与修复。支持统筹推进山水林田湖草一体化保护和修复，整体推进海洋生态保护修复，实施历史遗留废弃矿山环境修复治理。支持做好碳达峰、碳中和工作，进一步支持风电、光伏等可再生能源发展和非常规天然气开采利用，推进天然林资源保护、退耕还林还草等重大工程，支持开展大规模国土绿化行动。

7. 城乡社区支出小幅下降

前三季度，城乡社区支出14437亿元，同比下降1.2%，比上年同期加快11.8个百分点，两年平均增长2.4%。支持实施城市更新行动，推动城镇老旧小区改造和住房租赁市场发展。强化乡村振兴投入保障，探索开展农村黑臭水体整治，支持加强农村基础设施建设。

8. **农林水支出下降较快**

前三季度，农林水支出 15204 亿元，同比下降 4.5%，比上年同期放缓 14.4 个百分点，两年平均增长 2.4%。支持耕地保护和地力提升，大力推进高标准农田和农田水利设施建设，深入实施东北黑土地保护性耕作行动计划。稳定种粮农民补贴，适度提高稻谷、小麦收购价，巩固生猪生产恢复势头。加大农机购置补贴力度，加强基层农技推广体系建设。2021 年 3—9 月财政支出增长速度见图 2。

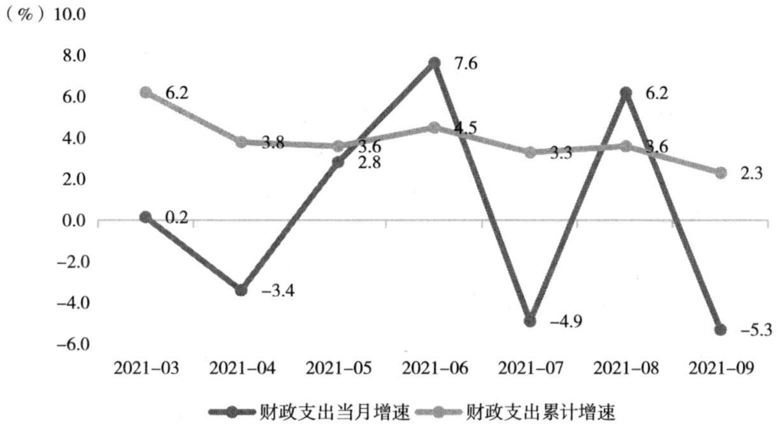

图 2　2021 年 3—9 月财政支出增长速度

（三）四季度及全年财政收支预测

1. **四季度财政收入增速将进一步回落**

四季度，全球疫情扩散蔓延，世界经济恢复势头有所放缓，国际环境不确定性因素增多。国内疫情散发，大宗商品价格高企，供给约束和需求不足同时出现，中小微企业经营存在较多难题，财政金融风险隐患有所暴露，经济恢复仍不稳固、不均衡，发展两难多难问题增加，稳增长压力渐显。初步预计第四季度 GDP 增长 4% 左右，全年 GDP 增长 8.1% 左右。居民消费价格四季度上涨 1.7%，全年上涨 0.9% 左右。工业品价格四季度上涨 12.8%，全年上涨 8.2% 左右。四季度，尽管提高制造业企业研发费用加计扣除比例并允许 2021 年提前享受的政策利好制造业高质量发展，但同时也会带来财政减收，加之同比基数抬升、经济持续承压，预计财政收入增幅呈下降态势。但考虑到前三季度财政收入增长较快，全年财政收入预算目标有望超额完成。

2. 四季度财政支出增速将小幅回落

四季度，要进一步抓好常态化疫情防控，强化宏观政策跨周期调节，继续花大力气做好“六稳”工作。积极的财政政策要提升政策效能，要把稳增长、保持经济运行在合理区间放在更加突出的位置，不断激发市场活力、增强发展动力、释放内需潜力，努力保持经济运行在合理区间。因此，在继续压减非急需非刚性支出的前提下，加快 2021 年限额内地方政府专项债券在四季度形成相应的实物工作量。进一步加大对中小微企业纾困的政策支持力度。进一步优化支出结构，重点支持重点建设和民生保障，增强内需对经济增长的关键支撑作用，确保经济持续稳定恢复。考虑到前期基数较高因素，初步预测，四季度财政支出增速将小幅回落。

二、2022 年全国财政收支展望

（一）2022 年国内外经济环境分析

1. 全球经济环境总体改善，但仍然存在较大不确定性

2022 年，随着主要经济体疫苗接种率的不断提高，预计有更多主要经济体将实施更加开放的防疫管控措施，疫情对全球经济活动的制约进一步下降，全球经济发展将与疫情持续共存。尽管世界经济整体复苏，但分化较为明显且仍然存在较大的不确定性。一是经济复苏面临不同步、不均衡的情况。发达经济体疫苗接种率较高，经济刺激政策效应较为显著，管控措施放松较早，预计经济复苏势头较为强劲。但亚洲地区的疫苗接种率整体偏低，疫情防控措施预计仍将较严，全面的经济开放节奏或较慢，较多依赖亚洲产能供给的制造业恢复仍将面临制约，预计对我国出口保持较快增长仍有一定支撑。二是服务业预计将迎来较快增长。随着越来越多国家管控措施的放松和边境的开放，国内服务业和国际服务贸易将实现较大复苏。三是通胀持续的时间具有较大的不确定性。疫情导致的供需失衡可能比预计持续更长时间，如果对供给潜力的破坏比预计更为严重，通胀上升的风险可能变得更为持久，这将使发达经济体比预期更快推动货币政策回归常态，导致市场流动性逆转，加速暴露风险敞口。

2. 国内持续恢复的态势不变，但经济发展制约因素增多

2022 年，持续恢复的态势没有变，促进经济持续健康发展需要更加努力。党和政府将保持宏观政策的持续性、稳定性和科学性，重点做好稳增长稳预期工作。制定灵活有效的货币政策，通过在新型城镇化建设和区域发展中落地新政策和新项目，

培育新的增长极；统筹提升能源安全供应，加快绿色转型发展，加快推动东西部资源优势互补，持续推进产业结构、能源结构调整；注重防范化解金融风险，将地方政府隐性债务逐步纳入资产负债总额中，及时甄别化解地方债务风险；加大对低收入群体的转移支付力度，逐步形成适应我国发展水平的储蓄消费水平；抓好党中央、国务院支持民营企业发展政策措施的落地落实，加强正面引导，稳定市场预期与信心。

但也要看到，国内经济发展制约因素增多。一是工业生产面临较多阻碍。2022 年，原油等大宗商品价格存在进一步升高风险，且供给能力恢复依然存在较多不确定性。制造业产业链供应链仍不稳定，汽车等行业“缺芯”问题恐将延续。“双控”“双碳”目标仍将制约工业特别是重工业生产。二是消费改善面临诸多挑战。随着疫情的逐步好转，消费复苏趋势明显。但疫情存在反复风险，餐饮、旅游等服务性消费波动较大，汽车消费面临供应链制约。中小企业从业人员和个体工商从业者的收入增长较为脆弱，预防性储蓄动机较强，消费意愿不高。三是投资结构进一步分化。房地产投资在销售萎缩的情况下预计将出现较大回落；新基建投资潜力较大，但传统基建投资增速恐将维持低位；制造业投资中高技术和战略性新兴产业投资或将具有较大增长空间，但高耗能产业面临“双控”“双碳”约束。

初步判断，2022 年 GDP 将增长 5.6% 左右。

（二）财政收入将保持较快增长

不同于低基数效应给 2021 年带来的超高增速，2022 年的主要经济指标将逐渐向长期趋势回归，因此从数据上来看将普遍低于 2021 年增速。总体看，国民经济保持较高增速，工业品价格涨幅有所回落但仍将保持较高水平，企业效益持续改善，减税降费政策力度边际收敛，一般公共预算收入将保持较快增长。

1. 增值税增速将好于疫情前水平

初步判断，2022 年工业增加值增速为 5.5% 左右，PPI 为 5% 左右，工业增加值名义增速将达到 10.5% 左右，社会消费品零售额增速为 6.8% 左右，预计增值税同比增速将出现较大回落，但将高于疫情前（2019 年）水平（1.3%）。受国际经济环境进一步好转和供应链逐渐恢复影响，2022 年进口预计将保持 7.2% 左右增长，进口货物增值税等进口环节税收规模较 2021 年稳中略增，尽管增速回落较大，但将显著高于疫情前水平（-6.3%）。

2. 所得税将保持较快增长

2022 年，由于工业增加值名义增速仍将保持较高水平，工业企业效益将持续改善，工业企业所得税增速预计将高于疫情前水平。受企业效益好转的影响，银行经营状况整体向好，加之近年来拨备计提较为充足，生息资产扩张较快，相关企业所得税保持较快增长；房地产市场出现较大波动，房地产销售面积、销售额增长恐继续下滑，土地购置面积和房地产开发面积增长放缓，房地产企业所得税、契税、土地增值税、耕地占用税等相关税收增速可能出现较大回落。考虑到居民收入增速将继续回升，个人所得税仍将保持较快增长。

3. 减税降费仍保持一定力度

2021 年，面对复杂严峻的国内外环境，我国综合考虑财政承受能力和实施助企纾困政策需要，出台了一系列减税降费措施，例如：将小规模纳税人增值税起征点从月销售额 10 万元提高到 15 万元；对小微企业和个体工商户年应纳税所得额不到 100 万元的部分，在现行优惠政策基础上，再减半征收所得税；延续执行企业研发费用加计扣除 75% 政策，将制造业企业加计扣除比例提高到 100% 等。这些政策向小微企业和个体工商户倾斜，加大了对科技创新的政策扶持，进一步提升了减税降费实施效果，努力减轻了企业税费负担，激发了市场主体活力。2021 年前三季度，全国新增减税降费 9101 亿元，其中新增减税 7889 亿元，新增降费 1212 亿元。2022 年，尽管小微企业和个体工商户所得税优惠、小规模纳税人免征增值税等政策仍将延续，但疫情期间许多临时性税收优惠政策将逐步到期，考虑到政府为更好地平衡财政收支再次出台大规模减税降费政策措施的可能性降低，但全年减税降费仍保持一定力度。

4. 行业间、地区间收入将继续分化

2022 年，受供应链水平、需求恢复速度、宏观政策及大宗商品价格波动等因素影响，行业之间、地区之间的税收和财政收入增速将继续呈现分化态势。一方面，行业复苏“冷暖不均”。2022 年，随着欧美主要经济体的继续复苏，对原油等大宗商品的需求进一步上升，原材料和能源产品价格继续上涨的概率较大，上游行业有望延续较高盈利能力，对税收的贡献较高。中下游行业仍面临需求尚未完全恢复等问题，对税收的贡献较低。而率先运用高新技术的先进制造业、现代服务业和高端服务业有望延续较高的税收增速。另一方面，东部地区新兴战略产业较为集中、发展较快，机电产品等出口订单份额较大，财政自给率程度较高；而经济基础薄弱、产业附加值较低、企业盈利状况较差的中西部地区，财政收支矛盾较为突出。

综合以上因素，初步预测，2022 年财政收入增速为 6.8% 左右。

（三）中央和地方财政支出强度整体适当

2022 年，全球疫情仍存变数，外部环境复杂严峻，国内经济持续向好，但仍然

不稳固、不均衡。积极的财政政策要提升政策效能，兜牢基层“三保”底线，进一步挖掘国内市场潜力，做好民生保障和安全生产，发挥财政在构建新发展格局、推动高质量发展中的作用，中央和地方财政支出强度整体适当。

1. 支持实施扩大内需战略

要保持宏观政策连续性、稳定性、可持续性，支持实施扩大内需战略，保障国家重大战略任务的资金支持，促进经济稳定恢复。一要增强对国家重大战略任务、国家发展规划的财力保障，推进京津冀协同发展、粤港澳大湾区建设、长三角一体化发展、黄河流域生态保护和高质量发展、成渝地区双城经济圈建设、西藏新疆社会经济发展等区域协调发展战略，全面推进乡村振兴加快农业农村现代化。二要支持实施扩大内需战略，加大对困难群体纾困稳定和扩大居民消费，加快农村寄递物流体系建设，推动道路货运行业高质量发展，完善跨境电商发展支持政策，推进“两新一重”等重大工程建设。三要推进老旧小区改造，支持住房租赁市场发展试点、非房地产企业利用自有土地建设租赁住房试点、发展政策性租赁住房试点建设的租赁住房，支持城乡建设绿色发展重大项目和重点任务。

2. 支持创新发展和产业升级

一是重点支持科技自主创新。加大基础研究投入，支持国家实验室建设，保障国家重大科技任务经费，进一步支持“科技创新 2030－重大项目”，支持科技创新和结构调整。二是加大稳链补链强链控链支持力度，重视、扶持中小企业发展，发挥中小企业补链强链功能。三是支持制造业转型升级，大力促进战略新兴产业发展，聚焦底层基础技术、基础材料、基础软件、工业母机、高端芯片、医疗器械、生物育种等重点领域，加大对绿色低碳产业发展、技术研发等的支持力度。

3. 优先保证“三保”支出

一是加大财政支出，努力做好房地产、教育培训、接触性服务业等重点行业的就业稳定工作，做好高校毕业生、退役军人、农村外出务工人员、灵活就业人员和城镇个体工商户等重点群体就业。二是加大教育投入，进一步推进义务教育薄弱环节改善与能力提升工作，加强学校课后服务经费保障，巩固完善义务教育经费保障机制；提高社会保障水平，确保养老金按时足额发放，继续做好困难群众救助工作；继续做好疫情防控相关工作，适当提高城乡居民医保标准和基本公共卫生服务经费人均财政补助。三是不折不扣落实过紧日子。严控一般性支出，“三公”经费继续压缩，竞争性领域财政投入严格控制，非急需非刚性支出保持不增或少增趋势。

综合以上因素，初步预测，2022 年财政支出增速在 7.5% 左右。

三、关于2022年财政政策的建议

1. 继续实施积极的财政政策

2021年，我国国民经济持续恢复，财政收入增长预计将超过年初预算，不仅缓解了本年度财政收支状况，也为2022年财政政策提供了更大灵活性。2022年，主要发达国家陆续进入货币政策收紧周期，但国内经济运行尚在潜在水平之下，加之通胀压力不小，货币政策灵活性受到一定影响，这就要求继续实施积极的财政政策。建议适度扩大财政赤字规模，保持较高赤字率；地方专项债规模保持基本稳定并提高管理效率，保障国家和地方重大战略项目的资金支持，并尽快形成实物量。

2. 提质增效加大下沉力度

一是加快财政政策从规模型向效率型转变。推进预算绩效管理提质增效，提升财政资源配置效率和使用效益，不断提高预算管理水平和政策实施效果。对预算已安排专项债资金的项目通过先行调度库款的办法，加快项目建设进度，债券发行后及时归垫。二是继续抓好基层“三保”工作，在加强中央转移支付支持的同时，督促地方落实主体责任，优化支出结构，足额安排“三保”经费预算，兜牢兜实“三保”底线。三是进一步完善财政资金直达机制。研究进一步扩大直达资金范围的可行性，建立健全直达资金监控体系，确保资金直达使用单位、直接惠企利民，防止挤占挪用、沉淀闲置等，提高财政资金使用的有效性和精准性。

3. 更好服务构建新发展格局

一是做好重大项目储备与落地。加快推动“十四五”规划和2035年远景目标纲要确定的102项具有战略性、基础性、引领性的重大工程项目落地，继续支持科技创新和产业链供应链升级，加快“中国制造”向“中国创造”转变，更好发挥有效投资的关键作用。二是进一步聚焦民生等重点领域。加大对教育、社会保障、卫生健康等领域的投入力度，助力实施乡村振兴战略，深化农业供给侧结构性改革。保障性安居工程、现代农业设施建设、乡村建设行动，多向绿色低碳环保领域倾斜。三是研究完善减税降费政策。继续清理规范各类违规涉企收费，密切跟踪宏观经济形势，综合考虑财政承受能力和助企纾困的需要，研究2022年个税年终奖优惠措施过渡期结束后进一步推出减免抵扣等措施的必要性，积极稳妥推进房地产税试点工作。四是强化地方政府债务存量风险化解和增量风险防范工作。统筹做好国债、地方政府债券发行工作，落实“地方党政主要领导负责的财政金融风险处置机制”。

08　2021 年金融运行分析与 2022 年展望

李若愚*

摘要：2021 年货币政策保持了逐步回归中性、恢复常态的势头。货币供应量和社会融资规模存量增速、市场利率与社会综合融资成本均延续了稳中有降的态势，人民币对美元汇率双向波动、小幅升值。2022 年，我国金融平稳运行面临的外部环境更为复杂严峻，美联储退出 QE 的溢出效应将带来外部冲击，全球“滞涨”忧虑持续困扰股市等资产市场。国内经济下行风险在加大，结构性通胀压力有望减弱，房地产市场明显“降温”和房企债务违约事件可能导致相关金融风险深化和扩散。稳健的货币政策要在坚持不搞大水漫灌的前提下，适时加强逆周期调控，全力做好“六稳”“六保”工作，促进经济增速稳定运行在合理区间，充分运用结构性政策工具，加强定向调控，提高政策精准性。

关键词：货币政策　利率　汇率

一、2021 年金融运行情况及特点

1. 货币供应量增速稳中有降

2021 年货币政策保持连续性、稳定性，保持了 2020 年 5 月以来逐步回归中性、恢复常态的势头。主要政策操作有：延续两项直达实体经济的货币政策工具（小微企业延期还本付息政策工具、普惠小微信用贷款支持工具）至 2021 年底；增加 3000 亿元支小再贷款额度用于支持地方法人银行向小微企业和个体工商户发放贷款；7 月 15 日全面降准 0.5 个百分点；包括逆回购、中期借贷便利（MLF）、国库现金定期存款等短期流动性政策工具在内的公开市场操作前三季度累计净回笼（考虑到期因素）366 亿元，上年同期净投放 1340 亿元。在政策引导下，货币供应量增速延续上年下半年以来的稳中略降态势。10 月末，广义货币 M2 余额同比增长

---

* 李若愚，金融学硕士，国家信息中心经济预测部财政与金融研究室主任，副研究员，主要研究货币政策、金融运行与金融市场等。

8.7%，比上年末和上年同期低1.4和1.8个百分点，比疫情前的2019年同期高0.3个百分点。以2019年同期数为基数，采用几何平均方法计算2020—2021年9月末M2余额的两年平均增速为9.6%，略高于前三季度GDP两年平均增速（8.6%）。

2. 债券净融资和表外融资拖累社会融资增长表现

10月末，社会融资规模余额同比增长10%，比上年末和上年同期低3.7和3.3个百分点，9月末两年平均增速为11.7%，高于前三季度GDP两年平均增速3.1个百分点，显示社会流动性总体较为充裕。前10个月社会融资规模增量累计为26.34万亿元，比上年同期少4.67万亿元，但比2019年同期多4.86万亿元。从结构来看，表内贷款增长平稳，前10个月对实体经济发放的人民币贷款增加17.6万亿元，同比增加2491亿元。随着资管新规三年过渡期即将届满，房地产业信托贷款、通道业务受到更为严格的监管，表外融资持续收缩。前10个月，表外融资（包括委托贷款、信托贷款和未贴现的银行承兑汇票）累计减少1.78万亿元，同比减少1.4万亿元。在企业债券违约增多和管理层积极防范地方债风险的双重压力下，债券净融资同比减少较多。前10个月，企业债券净融资2.63万亿元，同比减少1.69万亿元；政府债券净融资5.03万亿元，同比减少2.19万亿元。

3. 信贷政策引导人民币贷款总量平稳增长、结构有所调整

2021年人民币贷款总量增长相对平稳，呈现“有保有压”的结构调整。10月末，人民币贷款余额同比增长11.9%，比上年末和上年同期低0.9和1个百分点，比2019年同期低0.5个百分点。前10个月人民币贷款累计新增17.55万亿元，同比增加5988亿元。结构来看，一是工业中长期贷款增长较快，较好支撑“稳投资”。9月末，本外币工业中长期贷款余额同比增长24.1%，比上年末和上年同期提高4.1和7.8个百分点，其中，制造业中长期贷款余额增长37.8%。9月末，制造业投资同比增长14.8%，高于全部投资增速7.5个百分点；两年平均增速为3.3%，比2019年同期高0.8个百分点。二是普惠小微企业贷款快速增长，积极服务“保市场主体”“保居民就业”。9月末，人民币普惠小微贷款余额同比增长27.4%，高于各项贷款增速15.5个百分点。三是绿色信贷持续快速增长。9月末，本外币绿色贷款余额同比增长27.9%，高于各项贷款增速16.5个百分点。人民银行于11月份推出碳减排支持工具，向金融机构提供低成本资金，引导金融机构提供碳减排贷款，未来绿色信贷将继续保持高增长。四是房地产金融政策收紧导致房地产贷款增速持续放缓。在“三条红线”和房地产贷款集中度管理等政策压力下，9月末，人民币房地产贷款余额同比增长7.6%，比上年末和上年同期低4.1和5.2个百分点。

4. 市场利率与社会综合融资成本稳中有降

2021年央行政策利率一直未作调整，其中，7天逆回购利率保持在2.2%，1年期 MLF 操作利率保持在 2.95%。在政策引导下，货币市场利率保持平稳，但整体较 2020 年上半年新冠肺炎疫情暴发早期阶段略有回升。同业拆借和质押式回购月加权平均利率稳定在 2% 附近，10 月份均为 2.04%，较上年同期分别低 0.09 和 0.18 个百分点。作为代表性利率，隔夜上海银行间同业拆放利率（SHIBOR）基本稳定在 1.7%～2.3% 区间内，银行间 7 天质押式回购加权平均利率基本稳定在 2%～2.5% 区间内。债市方面，国债到期收益率稳中略降。1 年期和 10 年期国债到期收益率 10 月末降至 2.34% 和 2.97%，比上年同期低 0.4 和 0.22 个百分点。

社会综合融资成本整体有所下降。2021 年，贷款市场报价利率（LPR）一直保持在 3.85%。即使 LPR 保持不变，随着贷款市场报价利率改革红利持续释放、政策推动银行支付手续费等进一步降低、市场利率自律机制优化存款利率自律上限的确定方式等措施落地，实际贷款利率仍保持稳中有降的态势。6 月份贷款加权平均利率为 4.93%，同比下降 0.19 个百分点，创有统计以来新低。Wind 数据显示，10 月份公司债、企业债和中期票据发行利率分别为 3.74%、4.76% 和 3.87%，比上年 12 月下降 0.86、0.77 和 0.72 个百分点。

5. 人民币对美元汇率双向波动、小幅升值

2021 年前 10 个月，人民币对美元汇率呈双向波动走势，即期汇率多数时间在 6.4～6.55 区间内运行，最高为 4 月 1 日 6.5739，最低为 5 月 31 日 6.3607。这期间，4—5 月份和 10 月份人民币对美元先后出现两波短期持续升值。人民币对美元汇率与美元指数走势之间存在一定“此升彼降”的跷跷板效应。4—5 月份的人民币升值就有美元走弱的背景。但 10 月份在美联储退出量化宽松（QE）预期和美债收益率上行支撑下，美元指数走强，人民币对美元汇率不贬反升，走出相对独立行情。出口强劲和境外机构增持人民币资产带来的潜在结汇需求增加是推升 10 月份人民币对美元升值的重要原因。9、10 月份以美元计价出口同比增速高达 28.1% 和 27.1%，贸易顺差由 8 月份的 584 亿美元扩大到 9、10 月份的 668 亿美元和 845 亿美元。9 月份，境外机构全面加仓中国国债等低风险债券，当月境外机构债券托管面额增加 884 亿元。按照即期汇率计算，前 10 个月人民币对美元累计升值幅度分别为 2.1% 和 2.2%，中国外汇交易中心 CFETS 人民币汇率指数升值 5.7%。

二、2022 年金融运行面临的环境和问题

（一）美联储退出 QE 的溢出效应将带来外部冲击

美联储在 2021 年 11 月份的议息会议上正式宣布，从 11 月中旬开始缩减每月购

债规模，正式启动量化宽松政策（QE）的退出。按照会议声明，美联储将每月减少购买100亿美元的国债和50亿美元的资产抵押债券（MBS）。如果持续每月缩减150亿美元的购债规模，则美联储将于2022年6月结束购债。但美联储并未对后续月份缩减规模给出明确的安排，因此后续的缩减购债速度仍存在一定的变数。

鉴于美元的世界货币地位和美国金融市场的国际主导地位，美联储货币政策调整具有较强的溢出效应，对全球金融市场和跨境资本流动格局有重要影响。2022年美联储逐步退出QE将极大增加国际金融形势的波动和风险，对我国金融平稳运行形成外部冲击。一是可能引发新一轮新兴市场“缩减恐慌”，带来外部风险传导。美联储上一轮退出QE（包括逐步缩减购债规模、完全结束购债、开始加息三个阶段）发生在2014—2015年。这期间，美联储政策收紧引发全球流动性预期转紧和风险资产抛售，巴西、印度、土耳其等新兴市场国家经历了资本大量外流、国际收支压力激增、本币汇率大幅贬值、股市暴跌等金融动荡。新兴市场受到的此次冲击后来被称为“缩减恐慌”。市场十分担心在新冠肺炎疫情中受创严重的新兴市场国家已无法再次承受“缩减恐慌”。二是冲击全球汇市和国际资本流动，引发我国资本外流和人民币贬值风险。历次美联储货币政策紧缩周期中，均会出现美元走强、新兴市场面临本币贬值和资本外逃的现象。在上一轮美联储退出QE的进程中，美元指数在2014年5月至2016年快速升值并维持强势。2015—2017年初，我国外汇市场也遭受较大冲击，人民币贬值伴随着资本流出、外汇储备规模下降。人民币对美元即期汇率由2014年初约6.05，贬值至2016年底约6.95，我国外汇储备余额由2014年末的3.843万亿美元降至2016年末的3.011万亿美元，累计减少8325亿美元。此次美联储退出可能再次带来人民币对美元贬值压力并加剧跨境资本流出风险。三是引发外资回撤，诱发股债齐跌。截至2021年6月末，境外投资者股票持仓量占A股总市值的5.4%，债券持仓量占境内债券托管总量的3.1%。未来美联储收紧政策可能使我国股市、债市面临外资回撤、市场加剧回调的压力。四是带来全球流动性边际收紧和中美利差变化，加大我货币政策协调难度。美联储政策退出会带来全球流动性趋紧，全球“资金池”水位下降意味着我国国内流动性面临“输入性紧缩”压力，体现在资金价格上，就是市场利率水平易升难降。中美两国国债收益率存在较强正相关性，以10年期国债收益率为例，2016年以来相关系数为0.67。2016—2017年美联储加息期间，美债收益率走高加强了国内市场利率上升预期，强化了我国货币市场利率和国债收益率上行态势。例如，隔夜SHIBOR和10年期国债到期收益率在2016年底到2017年出现一波快速上升，由2016年11月初的2.2%和2.7%左右升至2017年12月底的2.8%和3.9%左右。此次美联储退出会通过市场预期、“中美利差”等渠道向我国输入利率上升压力，加大压降社会融资成本的难度。

（二）全球大概率不会陷入“滞胀”困境

2021 年以来，国际大宗商品价格高位攀升，多国通货膨胀压力加大，美国通胀压力尤为明显。与此同时，下半年以来全球经济复苏动力出现弱化，摩根大通全球制造业和服务业 PMI 指数均出现回落。市场投资者对全球“滞胀”（经济增长停滞与通货膨胀上升同时出现）的忧虑不断升温。

历史上最为著名的“滞胀”发生在 20 世纪 70 年代的美国。美国当时发生“滞胀”主要有供需两方面成因：需求侧面临前期凯恩斯主义“后遗症”带来的财政货币政策持续“双扩张”，供给侧面临两次石油危机导致国际原油价格猛涨并带动国际大宗商品价格上涨。对比当前全球经济形势，“滞胀”重演的概率较小。一是发达经济体财政货币政策已开始转向。虽然发达经济体为应对新冠肺炎疫情采取了超常规的财政刺激和宽松的货币政策，但 2021 年以来，随着全球经济复苏和通胀压力上升，额外财政刺激的必要性下降，发达经济体央行开始释放货币政策转向信号。根据 IMF 预测，2022 年主要经济体的财政赤字率都将较上年回落。美联储开启了退出 QE 的进程，最早将于 2022 年下半年加息，欧洲央行和英国央行等也普遍强化了紧缩立场，韩国、俄罗斯、巴西等新兴市场国家 2021 年已经开始加息。二是石油危机不会重现。20 世纪 70 年代美国为原油净进口国，对中东地区原油依赖度很高。得益于页岩油开采技术的进步，2011 年以来美国石油产量快速增长，2019 年成为世界第一大油气生产国，油气基本具备自给自足的能力，并深刻改变了全球能源供应格局与地缘政治形势。由于全球原油供应格局发生根本性改变，未来中东石油危机难以重演。三是国际大宗商品价格持续高位攀升的动力不足。美联储收紧货币政策将削弱支撑本轮国际大宗商品价格上涨的金融因素，而全球经济在疫后复苏相对疲弱和海外复工复产推动供给逐步恢复也将减弱基本面支撑，国际大宗商品价格有望在 2022 年“见顶”。据 IMF 在 2021 年 10 月份发布的《世界经济展望》预测，全球 2021 和 2022 年经济增速分别为 5.9% 和 4.9%，经济增长并未陷入停滞。OECD 预测，2022 年 OECD 国家仍存在 3.4% 的产出缺口，持续存在的产出缺口将抑制整体价格水平上升。IMF 预测，2021 年发达经济体通胀率将上升至 2.8%，到 2022 年通胀率有望回落至 2.3%。现阶段的全球通胀上升压力有望在 2022 年出现缓解。

（三）我国货币政策无须面对“稳增长”与“控通胀”两难

2021 年下半年局部疫情反复、洪灾等极端天气、电力与煤炭供应紧张导致我国多地出现拉闸限电、限产停工，经济下行风险加大的同时，供给约束推动 PPI 高位攀升。市场也在担心会我国会出现经济增速下行与通胀压力上升的“类滞胀”现象，届时货币政策将面临“稳增长”还是“控通胀”的两难。

从影响因素判断，未来伴随经济下行压力加大，结构性通胀压力将减弱，2022年货币政策不会面临“类滞胀”带来的“两难”，政策重点可向“稳增长”倾斜。一方面，经济下行压力在加大，如果没有政策及时发力，2022年GDP增速可能跌至5%左右。短期来看，我国经济恢复不均衡、基础不稳固，突出表现在需求端“三驾马车”冷热不均。受海外需求恢复和对海外产能的“替代效应”推动，2021年出口表现强劲。但下半年出口金额的快速增长更多受原材料、海运费用等成本端上升带来的涨价效应推动，出口数量增速回落的拐点已经出现。2022年全球经济增长小幅放缓和海外产能恢复可能导致我国出口增长放缓，出口拉动作用将进一步减弱。固定资产投资增速尚未恢复到疫情前水平，前三季度两年平均增速仍低于2019年同期1.6个百分点。房地产市场明显“降温”使未来房地产开发投资面临“失速”风险。出口与房地产两大增长引擎放缓的同时，国内消费表现疲弱，难以形成有效“对冲”。前三季度全国居民人均消费支出两年平均实际增速低于2019年同期2个百分点。在国内局部疫情持续多点散发、疫情防控严防死守的情况下，未来短期消费恢复并不乐观。另一方面，我国当前物价上涨呈现明显的结构性特征，CPI及PPI中的生活资料价格接近零增长，PPI与CPI“剪刀差”不断扩大，PPI难以向CPI有效传导，结构性物价上涨不会演变为全面通胀。前三季度PPI累计同比上涨6.7%，其中，生产资料上涨8.9%，生活资料上涨0.2%；CPI累计同比上涨0.6%，其中，食品下降1.6%，非食品上涨1.1%。PPI对CPI的传导主要体现为成本推动型涨价，即上游生产资料涨价→下游生活资料涨价→CPI中的非食品涨价。由于居民消费表现疲弱、缺乏需求侧配合，成本推动型涨价无法有效传导到价格终端。进一步看，本轮PPI中的生产资料价格上涨有国际大宗商品价格上涨的外部因素，也有“去产能”、环保与安全生产等政策压力导致国内煤炭和钢铁等产量增长缓慢的内部因素。未来随着国际大宗商品价格触顶、政策推动煤炭产能加快释放和高基数效应显现，PPI有望于2021年底至2022年见顶并小幅回落。猪肉市场供应宽松、粮食连续丰收使CPI中的食品价格具有稳定基础。总体预计2022年CPI上涨1.5%，PPI上涨6%，通胀水平将保持温和可控。

（四）须警惕房地产金融风险进一步暴露和扩散

近年来房地产金融监管日益严格，房地产企业融资“三条红线”和银行业金融机构贷款集中度管理制度先后出台。在强监管压力下，2021年下半年以来房地产市场明显“降温”，一些高负债大型房企接连出现债务违约，房地产金融风险有所暴露。未来需要警惕房地产金融风险进一步深化和扩散。

一方面要警惕个别头部企业债务违约在行业内传染扩散，个案风险演变为行业风险。2021 年下半年中国恒大、华夏幸福等头部房企债务违约事件频发，涉及了国内信用债券和海外美元债的违约、展期，以及贷款、信托、可转债、商业票据的违约，债务违约规模巨大。我国房地产企业大多采取高周转、高杠杆、高负债的经营模式，借新还旧、借短还长等较为普遍。头部房企违约事件导致金融机构风险偏好明显下降，市场投资者信心受到冲击，甚至出现恐慌情绪，房企外部融资持续收紧，尚未出现债务违约的企业难免受到牵连。2021 年三季度末，房地产开发贷款余额仅同比增长 0.02%，增速比上季末低 2.8 个百分点。房企境内外债券价格大幅下跌，10 月份中资地产美元债普遍出现近 20% 的跌幅。中指研究院监测，10 月房地产企业融资总额同比下降 74.8%，环比下降 60.0%，单月融资规模同比连续 8 个月下降。此外，2021 年下半年以来，房地产市场快速降温，商品房销售量缩价跌，土地市场转冷。在整个行业景气明显下降的情况下，房企通过加快商品房销售来实现资金回笼和周转的难度也在加大。截至三季度末，上市房企在手现金总量同比下降 11.9%，在手现金总量处于近 4 年低位。外部融资和销售资金回笼受阻恐将使更多房企因流动性危机而陷入资金链断裂的困境。

另一方面要警惕房企大面积违约沿着金融链条不断传导，带来连锁反应，催生一系列关联风险。对银行业金融机构而言，会带来房地产开发贷款不良风险。三季度部分银行的涉房不良贷款、关注类贷款有一定程度的上升。例如，招商银行对公房地产不良贷款率 1.29%，较上年末上升 1.06 个百分点。对于地方政府而言，政府性基金收入大部分来自土地出让收入，房地产金融风险暴露使得土地市场趋冷，地方土地出让收入减少，地方财政稳定面临更大压力。房地产部门产业链较长，与诸多产业紧密关联。对于上、下游的建筑商、供货商而言，房企债务违约后，面临大量货款或工程款无法收回的损失，流动性风险和信用风险将沿着产业链条向上和向下传导、扩散。

三、2022 年金融调控政策建议

1. 货币政策“稳”字当头，适时加强逆周期调节

面对经济下行压力，稳健的货币政策要本着跨周期调节的原则，适时加强逆周期调控，全力做好“六稳”“六保”工作，促进经济增速稳定运行在合理区间，防止形成“下行惯性”。一是在总量上要“稳”字当头，做到灵活适度。综合运用各种货币政策工具，增强信贷总量增长的稳定性，保持社会流动性合理充裕，保持 M2 和社会融资规模增速同名义经济增速基本匹配，不搞大水漫灌。建议 2022 年 M2 增

长 9% 左右，社会融资规模存量增长 11% 左右。数量调控可采取进一步下调法定存款准备金率和加大 MLF 操作力度等措施，及时释放宽松信号，避免市场形成紧缩和悲观预期。利率调控进一步落实“降成本”的要求，可择机下调 MLF 利率等政策利率进而引导 LPR 有所走低，继续释放 LPR 改革促进降低贷款利率的潜力，优化存款利率监管，稳定银行负债成本，推动实际贷款利率进一步降低。

2. 加强定向调控，提高政策精准性

保持小微企业信贷支持政策的连续性、稳定性，可考虑将直达实体经济政策工具进一步延期至 2022 年底。进一步发挥好再贷款、再贴现、碳减排支持工具等结构性政策工具的牵引带动和精准滴灌作用，加大对普惠金融、绿色金融支持力度，引导金融机构加大对科技创新、小微企业、乡村振兴、绿色发展等重点领域的支持。督促指导金融机构优化制造业的信贷结构，明确“提高制造业贷款比重”和“保持高技术制造业中长期贷款合理增速”的目标和任务，引导金融机构加大对高新技术制造业、战略性新兴产业的信贷投放，同时也要支持传统制造业的设备更新和技术改造。充分用好碳减排支持工具，以稳步有序、精准直达方式，引导金融机构支持清洁能源、节能环保、碳减排技术等重点领域的发展，并撬动更多社会资金促进碳减排。

3. 防范美联储政策溢出，维护外汇市场和跨境资金流动“双稳”

外汇管理要积极防范美联储政策调整的溢出效应，维护跨境资金流动和外汇市场平稳运行。一是进一步推动汇率市场化改革，在增强人民币汇率弹性的同时，注重预期引导，引导人民币汇率在合理均衡水平上的基本稳定。二是积极防范跨境资本异常流动风险，加强对美国金融市场和国际金融市场、跨境资金流动的高频监测，密切关注外部环境发展变化，提高对跨境资金流出风险的预警能力。三是引导企业和金融机构树立“风险中性”意识，加强跨境资本流动管理，加强外汇形势监测评估，适时运用外汇存款准备金率调整等各类外汇宏观审慎政策工具，对外汇供求进行逆周期调节，打击外汇投机行为，防范跨境资金流出与人民币贬值预期相互强化的风险。

4. 坚持“房住不炒”的定位，统筹做好房地产金融调控

一是坚持“房子是用来住的、不是用来炒的”定位，坚持不将房地产作为短期刺激经济的手段，坚持房地产去金融化的政策方向，保持房地产金融政策的连续性、一致性、稳定性。围绕“稳地价、稳房价、稳预期”目标，准确把握和执行好房地产金融审慎管理制度，加快完善住房租赁金融政策体系。二是加大对金融机构“涉房”业务的窗口指导，对“三条红线”和贷款集中度管理设置“合理的过渡期”，对经营稳健、良好的房地产企业给予一定帮扶，帮助其积极整改。三是对房地产市场的正常资金融资给予针对性、结构性和前瞻性调整，避免出现行业性流动危机。适时放松个人住房贷款“限贷”政策，坚持“因城施策”的原则，满足居民合理住房贷款需求。对经营状况良好但因外部融资变化而陷入流动性困境的企业给予一定政策救助，分类推进房地产企业债务展期和帮扶政策落实，有序推进房地产企业的债务置换、债转股等业务。四是妥善处置个别房地产企业的债务违约。全力以赴“保交楼”，尽量保障上下游建筑商、供应商等的基本利益，对金融机构债务采用市场化方式进行处置，对国内外债权人一视同仁，必要时进行市场化债务重组。

09　2021 年股票市场运行分析及 2022 年展望

徐平生*

摘要：2021 年，我国资本市场制度、体系建设继续稳步推进；新股首次发行节奏平稳，新股首发融资规模继续提高；股票市场总体窄幅震荡，结构分化严重；新股上市首日破发再现，市场申购新股热情下降；市场成交高度活跃，沪深两市日总成交额破万亿成为常态；上市公司业绩快速增长，市场整体估值水平较快下降。2022 年，我国资本市场基础制度将进一步推进完善；A 股市场较低的市场整体估值水平、上市公司业绩将继续较快增长等积极因素将为市场行情发展提供坚实支撑，而多年概念炒作、资金抱团等主流市场运作方式后继乏力，市场融资、交易税费、股东减持等巨额资金需求等因素将制约市场行情向上拓展空间，A 股市场总体继续平稳运行的可能性较大。

关键词：执法司法　注册制　估值　资金　平稳

一、2021 年 A 股市场运行分析

（一）资本市场制度、体系建设继续稳步推进

《关于依法从严打击证券违法活动的意见》完善了中国特色证券执法司法体制机制的顶层设计。2021 年 7 月 6 日，中办、国办公布了《关于依法从严打击证券违法活动的意见》（以下简称《意见》），是资本市场历史上第一次以中办、国办名义联合印发打击证券违法活动的专门文件，确立了“十四五”证券执法司法工作的主要目标与重点任务，在完善资本市场违法犯罪法律责任制度体系、建立健全依法从严打击证券违法活动的执法司法体制机制、强化重大证券违法犯罪案件惩治和重点领域执法、加强跨境监管执法协作、夯实资本市场法治和诚信基础、推动形成崇法守信的良好市场生态等方面做出重要部署，目标清晰、路径明确，是当前和今后一

* 徐平生，硕士研究生，高级经济师，主要研究领域为资本市场、宏观经济。

个时期全方位加强和改进证券监管执法工作的行动纲领，为全面深化资本市场改革，更好推动资本市场高质量发展，建设规范、透明、开放、有活力、有韧性的资本市场提供了更加坚实的法治保障，意义重大、影响深远。在《意见》的指引下，各项任务正在稳步、有序地贯彻落实：加快推进有关法律法规的制定工作、成立打击资本市场违法活动协调工作小组、建立最高人民检察院派驻检察的工作机制、成立北京金融法院，以及从重从快查办了一批重点类型、重要领域的典型案件等。

北京证券交易所的设立进一步完善了我国多层次资本市场体系。2021 年 9 月 2 日，习近平总书记在 2021 年中国国际服务贸易交易会全球服务贸易峰会上的致辞中宣布，将继续支持中小企业创新发展，深化新三板改革，设立北京证券交易所，打造服务创新型中小企业主阵地。按照分步实施、循序渐进的原则，新设立的北京证券交易所总体平移了精选层各项基础制度，坚持北京证券交易所上市公司由创新层公司产生，维持新三板基础层、创新层与北京证券交易所“层层递进”的市场结构，构建了一套契合创新型中小企业特点的涵盖发行上市、交易、退市、持续监管、投资者适当性管理等内容的基础制度，同步试点证券发行注册制，形成相互补充、相互促进的中小企业直接融资成长路径，从而补足多层次资本市场发展普惠金融的短板，进一步丰富完善了我国资本市场结构体系。

《创业板首次公开发行证券发行与承销特别规定》的修改优化了注册制新股发行承销制度，提升了注册制新股发行市场化水平。针对科创板、创业板试点注册制发行过程中市场化的新股发行承销机制实际运行时出现的部分网下投资者重策略轻研究、为博入围“抱团报价”、干扰发行秩序等新情况新问题，证监会对《创业板首次公开发行证券发行与承销特别规定》进行了修改：取消了创业板新股发行定价与申购安排、投资风险特别公告次数挂钩的要求；删除累计投标询价发行价格区间的相关规定，由深圳证券交易所在其业务规则中予以明确等。上海证券交易所同步修改了科创板业务规则，取消科创板新股发行定价与申购安排、投资风险特别公告次数挂钩的要求。修改后的《创业板首次公开发行证券发行与承销特别规定》进一步优化了注册制新股发行承销制度，促进了买卖双方博弈更加均衡，将更好地发挥市场在资源配置中的决定性作用，更好地服务实体经济高质量发展。修改后的《创业板首次公开发行证券发行与承销特别规定》自 2021 年 9 月 18 日起施行。

（二）新股首次发行节奏平稳，新股首发融资规模继续提高

新股首发融资规模继续提高。2021 年，在科创板、创业板新股首发注册制发行持续稳步推进、A 股市场整体在相对高位窄幅波动、局部热点纷呈等有利市场环境下，沪深两市新股首发节奏平稳，新股首发融资规模继续有所提高。截至 2021 年

11 月 10 日，2021 年沪深两市共有 416 家公司进行了新股首发，比 2020 年全年 396 家新股首发家数增加 20 家；新股首发融资总规模达 4224.04 亿元人民币，比 2020 年同期融资规模小幅提高。

再融资规模继续提高。截至 2021 年 11 月 10 日，再融资中，2021 年沪深两市共有 424 家上市公司进行了定向增发和公开增发融资，融资总额达到 7285.18 亿元，超过上年同期融资规模；5 家公司进行了配股融资，融资总额为 293.39 亿元；106 家公司发行了可转换债券，融资总额为 2422.1 亿元，已接近上年全年水平。三项股权再融资总额达 10000.67 亿元，超过上年同期水平。

（三）股票市场总体窄幅震荡，结构分化严重

股票市场总体窄幅震荡，主要股指年振幅创历史新低。经过 2019、2020 年两年的持续上涨，我国股票市场上涨动能大幅消耗，市场面临下行压力，而上市公司业绩快速增长、市场整体估值水平较低、部分行业公司受碳达峰碳中和等远景刺激行业发展空间广阔等因素又为市场运行提供了支撑，2021 年我国 A 股市场整体窄幅震荡，主要股指年振幅创下历史新低。其中，截至 2021 年 11 月 11 日，上证综指收盘于 3532.79 点，较 2020 年底上涨 1.72%，年振幅仅为 12.06%，创年振幅历史新低；深圳成指收盘于 14799.74 点，较 2020 年底上涨 1.58%，年振幅为 21.01%，同样创下年振幅历史新低；沪深 300 指数收盘于 4898.65 点，较 2020 年底下跌 6.0%，年振幅为 24.31%，仅高于 2016 年的 24.26%。

市场结构分化严重。当前，我国 A 股市场概念炒作、资金抱团等运作行为仍在延续，有限的市场资金持续流入到所谓“赛道”股等股票上去，其结果就是市场走势分化严重。截至 2021 年 11 月 11 日收盘，上证综指、深证成指年涨幅分别为 1.72% 和 1.58%，沪深 300 指数则下跌 6.0%，创业板指年涨幅则达 15.74%。

（四）新股上市首日破发再现，市场申购新股热情下降

新股上市首日破发再现。时隔多年后，2021 年 10 月 22 日中自科技新股上市首日即跌破发行价，开启了一轮新股上市首日破发潮。2021 年 10 月 22 日至 11 月 10 日，沪深两市 A 股市场共有 20 只注册制下新股和 3 只核准制下新股上市交易，其中 9 只注册制下新股上市首日跌破发行价，占此期间上市注册制发行新股比例高达 45%。2021 年 9 月 18 日修改的《创业板首次公开发行证券发行与承销特别规定》颁布实施后，注册制发行新股发行市盈率大幅提高是此轮首发新股上市首日破发潮的根本原因。

市场申购新股热情下降。注册制发行“询价”新规颁布实施后，注册制新股发

行定价市场化程度大幅提高，注册制新股上市首日破发潮导致市场申购新股热情出现下降。一方面，科创板、创业板投资者网上申购新股户数明显下降。数据显示，10 月下旬注册制新股上市首日破发潮之前，科创板新股申购户数在 600 万左右，11 月上旬下降至 500 万左右，下降了 100 万左右；创业板新股申购户数从 1300 万左右下降至 1100 万左右，下降 200 万左右。另一方面，新股中签后弃购比例大幅提高。其中，强瑞技术中签新股弃购比例高达 2.76%，创 10 年最高纪录。

（五）市场成交高度活跃，沪深两市日总成交额破万亿成为常态

沪深两市年总成交规模再创新高，日总成交额破万亿成为常态。2021 年，沪深两市市场成交高度活跃，截至 11 月 12 日，2021 年沪深两市 A 股总成交额已达 217 万亿元人民币，日均总成交额接近 1 万亿元。其中，9 月 30 日之前沪深两市 A 股日总成交额连续 49 个交易日突破 1 万亿元，10 月 22 日以来也持续维持在万亿元人民币以上的规模，两市 A 股日总成交额破万亿已成为常态。第一，随着科创板、创业板注册制下新股发行常态化进行、A 股市场持续处于相对高位，沪深两市 A 股总市值维持较高规模并随着新股发行上市持续增长，同样换手率将呈现较高的成交额。第二，消费、医药、新能源等所谓赛道股、资金抱团股大幅上涨后市场分歧扩大，导致相关公司股票换手更为频繁。第三，有色、煤炭等基础能源原材料价格大幅上涨、剧烈波动，在相当程度上导致相关上市公司股票价格剧烈波动，成交急剧放大。第四，沪深两市 A 股市场量化高频交易实现跨越式发展，贡献了越来越大的成交量，在 A 股市场交易的比重大幅提高，据估计已占 A 股市场总成交的 20% 左右。

（六）上市公司业绩快速增长，市场整体估值水平较快下降

上市公司业绩快速增长。据统计，沪深两市 4536 家上市公司前三季度共实现营业收入 50 万亿元，实现净利润 4.1 万亿元，同比分别增长 23.3%、26%；剔除金融和中国石油、中国石化后，其余实体上市公司前三季度共实现营业收入 39.3 万亿元，实现净利润 2.2 万亿元，两年平均增长达 13.6%、16.5%。分板块看，主板上市公司经营表现平稳，科创板上市公司业绩表现亮眼。据统计，2021 年前三季度主板、创业板、科创板和风险警示板分别实现营业收入 443997.64 亿元、18453.27 亿元、4839.57 亿元和 2074.05 亿元，同比分别增长 23.22%、26.53%、36.56% 和 -14.24%；归属于母公司净利润分别为 38491.12 亿元、1715.10 亿元、630.20 亿元和 -201.61 亿元，同比分别增长 24.64%、11.89%、51.84% 和 -56.99%。

市场整体估值水平较快下降。据统计计算，2021 年 11 月 11 日收盘，上证综指平均静态市盈率为 17.36 倍，上证主板平均静态市盈率为 16.02 倍，科创板平均静

态市盈率为70.67倍；考虑到2021年前三季度上市公司业绩大幅增长，11月11日上证综指动态市盈率已下降至14.33倍左右；深圳证券交易所市场整体静态市盈率为31.88倍，其中主板为25.27倍，创业板为59.77倍。

二、2022年A股市场运行展望

（一）资本市场基础制度进一步推进完善

全面注册制新股发行有望成行。科创板、创业板注册制新股发行持续平稳运行、注册制新股发行定价市场化程度进一步提高、北交所设立并同步实行注册制新股发行制度等都为主板市场注册制新股发行提供了经验和基础，全面实行注册制新股发行将是大势所趋，2022年主板市场注册制新股发行很可能落地，全面注册制新股发行有望成行。

资本市场法治建设将取得重要阶段性进展。随着注册制改革的逐步全面推行，在放宽前端准入的同时，对加强后端的监管执法提出了更高要求，建立严密完善的法律法规体系、依法从严打击证券违法活动，是维护资本市场“三公”秩序，营造良好市场生态，建设规范、透明、开放、有活力、有韧性的资本市场的内在要求。中办、国办联合公布的《关于依法从严打击证券违法活动的意见》要求，到2022年，资本市场违法犯罪法律责任制度体系建设取得重要进展，依法从严打击证券违法活动的执法司法体制和协调配合机制初步建立，证券违法犯罪成本显著提高，重大违法犯罪案件多发频发态势得到有效遏制。可以预见，《关于依法从严打击证券违法活动的意见》中2022年阶段性目标将能够高效、圆满完成，我国资本市场法治建设将取得重要阶段性进展。

（二）A股市场总体继续平稳运行的可能性较大

2022年，我国A股市场总体运行环境并未发生显著变化，市场总体继续平稳运行的可能性较大。

较低的市场整体估值水平和上市公司业绩继续增长将为市场运行提供坚实支撑。随着上市公司业绩较快增长，当前我国A股市场整体动态估值水平已经大为下降，2021年11月12日上证综指动态市盈率已下降至14.64倍。2022年，随着世界经济逐步向疫情前常态回归、我国名义GDP继续较快增长，我国A股上市公司业绩将继续增长，初步预计仍可实现10%左右的盈利增长。当前较低的市场整体估值水平、上市公司业绩仍将较快增长的前景将为2022年我国A股市场运行提供坚实支撑。

市场资金供求面临压力将制约市场行情向上拓展。从资金需求看，2022 年随着全面注册制新股发行落地、北交所正式运营、A 股市场很可能在相对高位平稳运行，A 股市场新股发行和再融资总规模很可能超过 2 万亿元人民币；A 股市场日总成交额持续在万亿规模产生的印花税、佣金等规费损耗将极为巨大，预计总规模将超过 5000 亿元；大股东等减持股票也将带来较大的资金需求。从资金供给看，如果没有特殊的政策刺激，A 股市场将难以产生巨额的、足以撬动较大行情的资金流入：一方面，我国股市规模、证券化率已处于较高水平，现阶段市场整体可预见的上涨空间将较为有限，从而难以通过市场整体持续上涨形成的赚钱效应刺激场外资金源源流入市场，推动市场行情向纵深发展。2021 年 11 月 12 日，我国沪深两市总市值合计达 88.1 万亿元人民币，在香港上市的 H 股、红筹股总市值达 11.4 万亿港元，折算为人民币在 9.4 万亿人民币左右，再考虑到在美国纽交所、纳斯达克等境外市场上市的中概股，和预期的 2021 年我国现价 GDP 相比，我国证券化率已达 94% 左右。从当前我国股市规模、证券化率水平角度看，短期内我国 A 股市场大幅上涨将面临较大阻碍。另一方面，当前场内主流资金都集中在消费、医药、新能源等所谓赛道股上，资金抱团严重，而这些上市公司股价都已经出现大幅上涨，市场估值水平高企，也难以再通过持续上涨形成局部赚钱效应刺激场外资金大量流入。当前，尽管我国市场整体市盈率水平较低，但剔除银行等金融、地产上市公司后，其余上市公司估值水平高企。以创业板为例，中小板并入创业板后拉低了创业板市盈率水平，但 2021 年 11 月 12 日创业板动态市盈率仍高达 63.83 倍，而创业板盈利增速却并未体现优势，相反却远远低于同期主板公司盈利增速。此外，从杠杆资金流入看，监管层对场外配资等违规杠杆资金严监管态势延续，券商融资规模已高达近 2 万亿规模，继续大幅提高的难度极大。股市运行归根到底是资金的流动，当前一个阶段我国股市主流风格仍体现为概念炒作等投机特点，通过放大概念预期、资金抱团等运作方式推动局部行情，主要通过博弈获取收益，本质是一种负和博弈，因而难以持久吸引场外资金流入。综合来看，2022 年 A 股市场资金供求关系将是制约行情向上拓展的重要障碍。

此外，当前我国资本市场仍处于注册制全面落地、资本市场法律法规体系完善、司法执法体制机制建立完善等资本市场基础制度体系健全完善加速推进的攻坚阶段，新冠肺炎疫情走向仍扑朔迷离，全球通胀形势严峻，欧美主要发达国家和地区超常规宽松财政和货币政策难以延续，以及历史的经验教训，这些因素都将促使管理层对非理性股市行情发展抱有高度警惕。

综合看，在当前复杂多变的国际国内形势下，我国 A 股市场较低的市场整体估值水平、我国政府强大宏观调控能力和社会管理水平保障我国经济继续平稳运行的背景下上市公司业绩将继续较快增长等积极因素将为2022年我国股票市场行情发展提供坚实支撑，而多年概念炒作、资金抱团等主流市场运作方式后继乏力，市场融资、交易税费、股东减持等巨额资金需求等因素将制约市场行情向上拓展空间，2022年我国A股市场总体继续平稳运行的可能性较大。

10　2021年利用外资和对外投资形势分析及2022年展望

韩瑞栋*

摘要：2021年以来，我国利用外资和对外投资工作保持健康有序发展，利用外资规模持续增加，引资结构、质量和效益不断改善，对外投资行业结构和区域布局进一步优化。展望2022年，我国经济将运行在合理区间，深化对外开放合作有利于释放利用外资和对外投资潜力。同时，全球经济复苏放缓，经济分化加剧，产业链供应链深度重构，部分国家投资审查趋严，给我国利用外资和对外投资带来新的机遇和挑战。须扩大对外合作，促进双向投资；优化投资结构，提升质量效益；改善营商环境，做好服务保障等方面着手，在复杂严峻形势下保持利用外资和对外投资工作平稳有序进行。

关键词：对外开放　利用外资　对外投资

一、2021年我国利用外资和对外投资基本特征

2021年我国利用外资和对外投资保持稳定恢复发展态势。稳外资工作取得显著成效，全国实际使用外资规模再创历史同期新高，引资结构进一步优化，引资质量不断提升，重大项目和开放平台引资带动作用增强。我国对外投资整体保持健康有序，对外投资行业结构不断优化，“一带一路”沿线国家投资合作稳定增长。

1. 利用外资恢复增长，稳外资成效显著

2021年以来，在全球新冠肺炎疫情和国际形势仍然复杂严峻的背景下，我国充分发挥率先有效控制疫情、经济稳中向好、加快构建新发展格局等优势，扎实推进稳外资各项工作，吸引外资规模保持增长态势。我国已连续4年成为全球第二大外资流入国，显示出我国依然是全球最佳投资目的地之一。受2020年基数影响，2021

---

* 韩瑞栋，中央财经大学经济学博士，现就职于国家信息中心经济预测部宏观经济研究室。主要研究领域为宏观经济、外商直接投资与对外直接投资等。

年吸引外资同比增速呈现前高后低态势，1 季度同比增速高达 43.8%，3 季度同比增速有所回落，仍保持 8.4% 以上的增长。1—9 月，全国累计实际使用外资 8595.1 亿元人民币（不含银行、证券、保险领域，下同），同比增长 19.6%，折合 1292.6 亿美元，同比增长 25.2%，近十年来首次实现两位数增长。全国新设立外商投资企业 3.6 万家，同比增长 36.5%。随着四季度稳外资举措陆续推出，一些重大外资项目可能加快落地实施，我国利用外资规模还将保持稳定增长。2020—2021 年我国吸收外商直接投资情况见图 1。

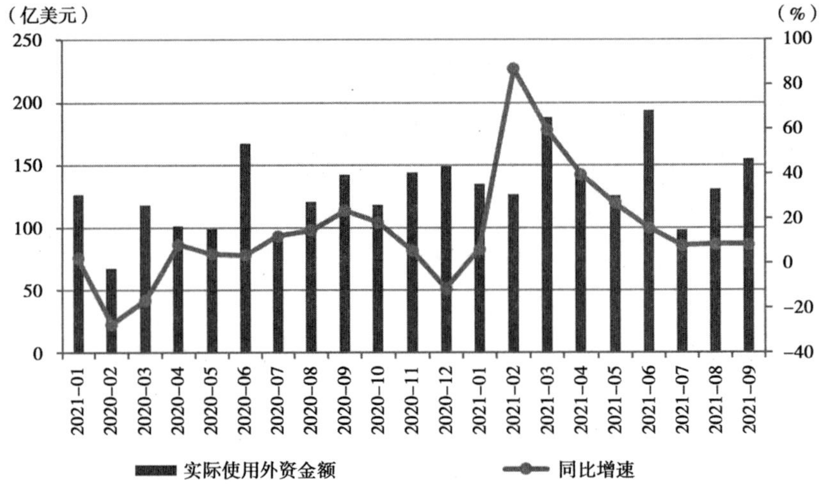

图 1　2020—2021 年我国吸收外商直接投资情况（当月）

数据来源：商务部数据中心。

2. 利用外资结构优化、质量提升

在保持引资总量稳定增长的前提下，我国利用外资结构持续优化，利用外资的质量和水平不断提升。在吸引外资的过程中，注重发挥外资在科技创新和产业转型升级中的重要作用，鼓励外资企业加大研发投入，引导外资更多投向先进制造业、现代服务业。从利用外资的产业结构来看，制造业和服务业引资实现"双增长"。2021 年 1—9 月制造业实际使用外资扭转连续两年同比下降态势，增长 1.9%。服务业实际使用外资增长 22.5%。引资规模稳步增长的同时，引资质量也进一步优化。前三季度，高技术产业成为外商投资重点领域，同比增长 29.1%，其中高技术制造业增长 15.2%，高技术服务业增长 33.4%。

3. 重大项目和开放平台引资带动作用增强

2021 年以来，我国利用外资大项目支撑作用增强，自贸区等开放平台引资带动作用明显。重大项目对稳外资起到积极作用。新设或增资合同外资 1 亿美元以上大项目 899 个，同比增长 56.6%，一批标志性项目纷纷落地或增资。全国 21 个自贸试验区实际使用外资同比增长 31.9%。其中，四川等西部 5 个自贸试验区实际使用外资同比增长 85.4%，海南自由贸易港实际使用外资同比增长 386%。北京等 5 个服务业扩大开放示范试点地区服务业吸收外资占全国服务业吸收外资的 34.1%。国家级经开区实际使用外资同比增长 20.7%。

4. **对外投资整体保持健康有序**

我国对外投资合作发展势头良好，保持健康有序增长。2021 年 1—9 月，我国非金融类对外直接投资 807.8 亿美元，同比增长 2.4%（见图 2）。对外承包工程完成营业额 1074.4 亿美元，同比增长 17.7%。新签合同额 1596.2 亿美元，同比增长 6.2%。对外劳务合作派出各类劳务人员 23.2 万人，较上年同期增加 2.4 万人，9 月末在外各类劳务人员 60.4 万人。

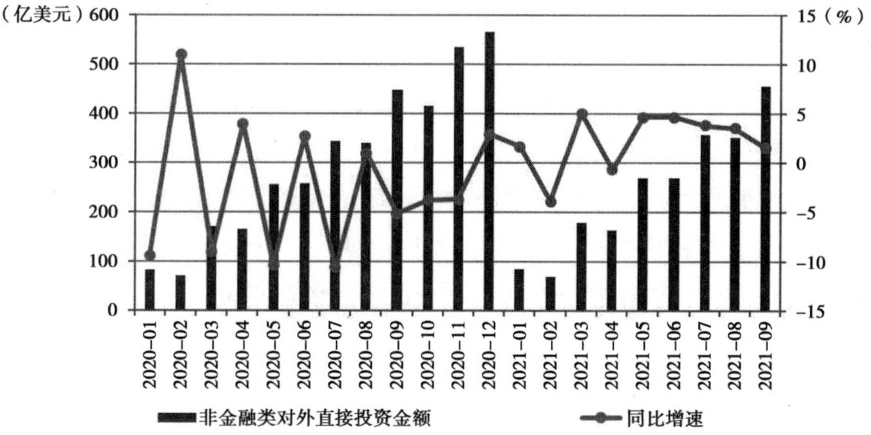

图 2 2020—2021 年我国非金融类对外直接投资情况（当月）

数据来源：商务部数据中心。

5. **对外投资行业结构不断优化**

从行业构成来看，我国对外投资结构不断优化，流向制造业、信息传输/软件和信息技术服务业对外投资增速均大幅超过同期非金融类对外直接投资平均增速。2021 年 1—9 月，流向制造业对外投资 136.6 亿美元，同比增长 9.3%，占比从 2012 年的 9.9% 上升到 2021 年 3 季度的 16.9%。流向信息传输/软件和信息技术服务业 62 亿美元，同比增长 37.2%，占比 7.6%，较上年末提高 1.6 个百分点。流向交通运输、科学研究和技术服务业等领域的投资也呈增长态势。对外承包工程新签合同额在 5000 万美元以上的项目 574 个，较上年同期增加 56 个，合计 1365.1 亿美元，占新签合同总额的 85.5%，主要集中在交通运输、一般建筑等领域。

6. “一带一路”沿线国家投资合作稳定增长

我国与“一带一路”沿线国家投资合作项目持续增长，增速快于全部对外直接投资总额增速，沿线国家成为我国对外直接投资的重要目的地。2021 年 1—9 月，我对沿线国家非金融类直接投资 148.7 亿美元，同比增长 14.2%，占同期总额的 18.4%，较上年同期上升 1.9 个百分点，主要投向新加坡、印度尼西亚、越南、马来西亚、阿拉伯联合酋长国、老挝、哈萨克斯坦、泰国、孟加拉国和柬埔寨等国家。在沿线国家承包工程完成营业额 618 亿美元，同比增长 16.3%。

二、2022 年利用外资与对外投资趋势展望

利用外资方面，虽然全球疫情持续演变抑制国际直接投资扩张，产业链、供应链深度重构增加我国利用外资的不确定性，但我国经济稳定恢复增长，稳外资具有坚实经济基础，通过深化对外开放，扩大外商投资领域，持续优化营商环境，提升“引进来”便利化程度，提振外资信心。展望 2022 年，我国利用外资有望保持稳定增长态势，全年预计增长 2% 左右。

对外投资方面，受到全球经济增速放缓和国际投资环境复杂严峻的影响，预计 2022 年我国对外直接投资规模将基本持平或略有增长，其中对发达国家投资可能会有所下降，而对“一带一路”沿线国家和地区的投资将呈稳定增长态势。

（一）利用外资优势明显

1. 我国经济稳定复苏增强利用外资引力

在全球疫情起伏不定、世界经济艰难复苏的背景下，中国经济彰显出强大的韧劲和活力，经济稳健向好的基本面为外商投资提供了良好的市场环境。一是国内经济持续稳定向好。国际货币基金组织 10 月发布的《世界经济展望报告》预测我国 2021 年和 2022 年 GDP 增速分别达到 8.0% 和 5.6%，均高于发达经济体和发展中经济体平均增长水平。稳定的经济增长有利于保障外资企业盈利水平，不少外资企业在中国的收益高于全球市场的平均水平。二是完备的产业体系保障产业链供应链安全稳定。我国制造业在产业体系完备度和基础设施便利性上拥有独特的竞争优势，将吸引外资企业将更多生产环节布局在我国。三是超大规模市场优势吸引外资深耕中国市场。超 100 万亿元人民币的经济总量，包括全球规模最大、成长最快的中等收入群体在内的 14 亿人口的庞大消费潜力，不断优化的消费结构和创新条件，为外资企业提供巨大的市场空间。

2. 对外开放释放利用外资潜力

坚持高水平对外开放为外商投资提供了良好的政策环境。一是扩大开放政策措施不断丰富。面对新冠肺炎疫情冲击，我国对外开放步伐不仅没有止步，而且还推出一系列扩大开放的政策措施：进一步缩减外资准入负面清单；增设服务业扩大开放综合试点，在金融、文化、教育等领域进一步放宽外资准入；率先完成《区域全面经济伙伴关系协定》（RCEP）核准程序；出台一系列稳外资配套文件，对冲疫情带来的不利影响等。二是金融开放取得积极进展。中国金融业对外开放有序推进，吸引国际金融机构进入中国市场。我国将推动形成以负面清单为基础的更高水平金融开放，优化外资银行、保险等金融机构准入门槛要求，中国金融市场对外资的吸引力将进一步提升。

3. 营商环境优化提振外资信心

我国不断修订外商投资准入负面清单和鼓励外商投资产业目录、推动外商投资法落地，促使营商和投资环境持续优化。一是国内营商环境不断优化。我国营商环境在全球 190 个经济体中的排名由 2012 年的第 91 位跃升到 2020 年的第 31 位。二是利用外资顶层规划出台。2021 年商务部编制发布《“十四五”利用外资发展规划》，从推进更高水平对外开放、优化利用外资结构、强化开放平台功能、提升外商投资促进服务水平、完善外商投资管理体制、优化外商投资环境、促进国际投资自由化便利化等 7 个方面，明确 23 项重点任务。随着各项举措的逐步落实，我国利用外资工作将迈上一个新台阶。三是外商在华投资预期和信心持续稳定。随着营商环境的不断改善，外国投资者对我国市场的信心也在进一步增强。商务部问卷调查显示，3000 多家重点外资企业中，93.3% 的企业对未来发展前景持乐观预期。美、欧、日等外国商会近期发布的报告显示，近 2/3 的美国企业、59% 的欧盟企业和 36.6% 的日本企业计划扩大在华投资。

（二）稳外资形势复杂严峻

1. 新冠肺炎疫情持续演变增加利用外资不确定性

新冠肺炎疫情对世界各国产生严重负面冲击，全球经济复苏不平衡，国际环境日趋复杂，不稳定性不确定性明显增加。受疫情及个别国家“脱钩”“筑墙”等非经济因素影响，全球产业链、供应链正在深度重塑，跨国投资呈现近岸化、本土化、区域化等趋势，而且各国引资竞争更加激烈。我国开展招商引资跨境活动受疫情限制，“引进来”难度加大，同时，线上招商成效有限，一些外资项目落地和建设进度放缓。

2. 国内资源环境约束趋紧导致外资转移投资

从国内看，我国土地、资源等要素供求关系趋紧，成本不断增加，传统比较优势逐渐弱化，中西部和东北地区引资潜力尚未完全激发。随着国外复工复产进度加快，部分劳动密集型行业、高能耗行业可能延续疫情前向外转移趋势，外商投资企业可能重新布局生产环节，部分转移至劳动力和土地等资源成本较低的东南亚、南亚和非洲等地区。

3. 全球货币政策收紧增加国际资本成本

随着美国开始启动 Taper（缩减资产购买），欧盟和英国逐渐收紧货币政策，将一定程度上造成资本回流发达国家，部分新兴经济体面临高通胀与资本外流风险，已开启被动加息。随着各国货币政策收紧，国际资本流动规模可能有所下降，融资成本有所上升，对我国利用外资产生负面影响。

（三）对外投资具备有利因素

1. “走出去”国际合作机制日臻完善

中国加快重大经贸谈判节奏，为企业“走出去”提供国际政策支持。RCEP 将于 2022 年 1 月 1 日对包括我国在内的十国开始生效，RCEP 中包含投资条款，涵盖投资自由化、投资促进、投资保护和投资便利化措施等方面内容，有利于降低区域内经贸壁垒、扩大市场准入。此外，2021 年 9 月我国正式申请加入《全面与进步跨太平洋伙伴关系协定》（CPTPP），11 月申请加入《数字经济伙伴关系协定》（DEPA），表明我国致力于扩大开放、对接国际高水平规则标准，将进一步便利我国企业对外投资。

2. “一带一路”沿线国家投资潜力巨大

随着“一带一路”合作倡议的深入推进，我国企业在“一带一路”沿线的投资逐渐迸发出巨大潜力。新冠肺炎疫情后，我国政府及时提出构建以国内大循环为主体、国内国际双循环相互促进的新发展格局，将有利于我国企业积极参与国际经贸和投资合作，增加对“一带一路”沿线的投资规模。同时，RCEP 成员国与“一带一路”沿线国家和地区在东亚区域范围内部分重叠，有利于我国进一步形成与“一带一路”沿线国家和地区的产业互补关系，创造更多的投资合作机会。

（四）对外投资面临诸多挑战

1. 世界经济复苏放缓增加投资风险

受疫情反复影响，全球经济复苏进程有所放缓，中长期经济发展面临新挑战。

一是世界经济复苏势头有所减弱。国际货币基金组织 10 月发布的《世界经济展望报告》将 2021 年全球经济增速预测值小幅下调 0.1 个百分点至 5.9%，并警示世界经济增长偏向下行。其中，美国、英国、德国、日本经济增速分别下调 1.0、0.2、0.5 和 0.4 个百分点，低收入国家整体下调 0.9 个百分点。二是世界经济增长分化加剧。2022 年发达经济体经济增长可能恢复至疫情前水平，而发展中经济体复苏前景普遍慢于发达经济体，发展鸿沟和贫富差距继续扩大。世界各国经济复苏不平衡将加剧全球供应紧张程度，我国企业对外投资可能面临更大的不确定性。

2. 产业链供应链深度重构影响投资安全

全球产业链和供应链的不确定性、不稳定因素增多，调整和重构步伐加快。新冠肺炎疫情导致全球供应链中断风险大幅增加，原材料和关键零部件的生产和运输面临更多瓶颈。新冠肺炎疫情给全球产业链和供应链贸易带来了巨大冲击，加速全球产业链区域化和供应链分散化发展趋势。部分国家寻求重构产业链、自建产业链，重新审视全球产业链风险，产业链的布局逻辑将从效率主导转为兼顾效率和安全，一定程度上增加我国企业对外投资的安全风险。

3. 部分国家外资政策收紧降低投资效率

新冠肺炎疫情一定程度上加剧了贸易保护主义和“逆全球化”趋势，部分国家投资审批进一步收紧。新冠肺炎疫情发生以来，多国强化对外商投资管控，扩大投资审批的范围，以强化对本土企业的保护。美国、加拿大、英国、法国、德国、印度等国家分别加强外商投资监管力度，延长外资审查周期，扩大限制投资的敏感行业范围等。如 2021 年 4 月，英国颁布《国家安全和投资法案》，涉及高等教育、人工智能、民用核能、计算机硬件、数据基建、量子技术、生物制造等 17 个敏感行业，外资若收购英国目标公司投票权超过相应比例，均须经强制申报并审批方可实施。未来各国加强对外商投资管控的趋势短期难有改变，可能会减少我国在相关行业的对外直接投资。

三、政策建议

（一）扩大对外合作，促进双向投资

利用外资方面，稳存量扩增量。一是扩大开放，在把握开放节奏的同时进一步放宽制造业、服务业等领域外资准入限制，有序扩大电信、医疗等服务业领域开放，修订扩大《鼓励外商投资产业目录》，进一步缩减和完善全国和自贸试验区外资准

入负面清单，为外商投资提供更加广阔的空间。二是推动重大外资项目落地实施，及时解决项目存在的问题，优化全流程服务，通过大项目以点带面，促进利用外资保持稳定增长。三是围绕绿色发展、数字经济等重点领域开展产业链精准招商，培育利用外资新的增长点。

对外投资方面，创新投资方式加强国际合作。一是创新对外投资方式。面对欧美等地区收紧的投资审查政策，灵活调整对外投资合作方式，鼓励企业采取并购、联营、新设等多种形式开拓海外业务。二是加大对“走出去”企业的信贷支持，创新金融工具，针对受疫情影响较大的境外中资企业和“走出去”重点项目设立低成本专项资金。三是加强国际合作，继续建设人员流动便利化网络，为海外中资企业开通绿色物流通道，提升贸易便利化、简化通关手续。

（二）优化投资结构，提升质量效益

利用外资方面，注重优化引资结构、提升引资质量。通过完善引导外商投资方向政策，充分发挥外资在补短板强弱项、促进科技和管理创新、满足国内多元化市场需求等方面的积极作用。一是优化利用外资行业结构。引导外资更多投向数字转型、节能环保、生态环境、绿色服务等产业，参与新型基础设施建设。二是鼓励外资企业增加研发投入，充分发挥外资在科技创新和产业转型升级中的重要作用，支持外资企业设立全球和区域地区总部、研发中心等。三是优化外资投资的空间布局。提升中西部地区承接国内外产业转移能力，鼓励跨国公司在全球布局中立足我国辐射周边。

对外投资方面，推进高质量共建“一带一路”。“一带一路”倡议仍是我国实现高水平走出去最重要的抓手。应在合作共赢基础上继续深化共建“一带一路”倡议同各国发展战略和区域合作倡议相衔接，推动高质量互联互通，为沿线国家经济复苏与可持续发展作出贡献，以区域一体化的特定优势弥补经济全球化不足。利用样板项目工程推动共建“一带一路”取得标志性成果，不断提升合作水平。

（三）改善营商环境，做好服务保障

利用外资方面，持续提升国内营商环境，提高企业“引进来”便利化程度。一是继续着力营造市场化法治化国际化的营商环境。使外资准入负面清单落地见效，高标准落实外资准入后国民待遇，确保外资企业在要素获取、资质许可、经营运行、政府采购等方面享受平等待遇。二是全面清理与外商投资法及其实施条例不符的规定，继续发挥外资企业投诉工作机制作用，加大外商投资合法权益的保护力度。三是加强对外资企业服务，进一步增强外资企业信心。发挥外贸外资协调机制及其重

点外资项目工作专班作用，加强协调联动，形成服务网络，提升服务效能。

对外投资方面，完善对外投资政策和服务体系，防控海外投资风险。一是进一步健全促进和保障境外投资的法律、政策和服务体系，聚焦对外投资重点国别和领域，在国家安全审查、经济制裁、长臂管辖、出口管制等方面为企业走出去提供调查服务，引导海外中资企业采取多种方式维护合法权益。二是防控海外投资风险。做好企业投资风险预警，排查系统风险、建立预警机制。提示相关企业注意对欧美敏感行业开展投资并购活动可能出现的审查风险，提高企业合规理念、推进企业合规管理体系建设，帮助企业应对各类合规风险。

11　2021 年我国新动能发展形势分析与 2022 年展望

高辉清*

摘要：2021 年以来，我国全面实行《优化营商环境条例》和政府权责清单制度，打造市场化法治化国际化营商环境，持续增加创新投入，推动大众创业万众创新向更大范围、更高层次和更深程度推进，新经济新动能发展迈上新台阶。展望 2022 年，随着新一代信息技术、新能源和低碳技术不断突破和广泛应用，数字经济、低碳经济和智能制造将快速增长，为新经济新动能发展提供强大支撑。

关键词：新经济　新动能　双创　营商环境

一、2021 年我国新动能发展呈现六大特征

（一）营商环境持续改善

持续深化行政审批制度改革。各地加大行政审批制度改革和简政放权力度，积极贯彻落实《国务院关于取消和下放一批行政许可事项的决定》，认真做好取消、承接、下放行政许可事项的衔接落实工作，着力推进涉企审批减环节、减材料、减时限、减费用，在国家公布中央层面设定行政许可事项清单的基础上调整完善行政许可事项清单，搞好政务服务事项清单与行政许可事项清单、权责清单的衔接，动态调整政务服务事项清单。各部门持续深化“证照分离”改革，着力推进照后减证并证，让市场主体准入更便捷。

持续推进两张清单制度改革。地方各级政府部门不断调整完善权责清单，推动清单标准化和规范化建设，减少同一事项的自由裁决度。以更严格标准执行市场准入负面清单，普遍落实“非禁即入”，建立健全清单动态调整机制，定期评估、排查、清理各类显性和隐性壁垒，不断优化创业环境。全面深化服务贸易创新发展试

---

* 高辉清，经济学博士后，国家信息中心经济预测部研究员，主要研究领域为宏观经济、战略规划、新动能（双创）等。

点，不断放宽服务业市场准入限制，建立健全跨境服务贸易负面清单管理制度，加大跨境服务贸易开放力度。

持续优化法治环境。各地各部门深入实施《优化营商环境条例》，打造稳定公平透明、可预期的法治化营商环境。市场监管总局、国家发展改革委、财政部、商务部、司法部发布了《公平竞争审查制度实施细则》，在审查方式、审查标准、监督手段等方面细化实化有关规定，以更高标准推动形成高效规范的国内统一大市场，建设市场化法治化国际化的营商环境，切实维护公平竞争的市场秩序，对包括国企、民企、外企在内的各类市场主体一视同仁，加强和改进反垄断与反不正当竞争执法，规范治理资本垄断、市场分割等不公平现象。

持续做好放与管的统一。推动政府管理依法进行，健全监管规则，创新监管方式，不断加大事中事后监管，把有效监管作为简政放权的必要保障。健全以“双随机、一公开”监管和线上线下一体化监管为基本手段、以重点监管为补充、以信用监管为基础的新型监管机制，根据不同领域特点，制定统一、简明易行的监管规则和标准，提高监管精准化水平。

（二）企业负担持续下降

国务院和相关部委继续为市场主体纾困，进一步优化和落实减税政策，规范降低重点领域涉企收费，落实落细减税降费红利。国务院减轻企业负担部际联席会议，审议并通过了《关于 2020 年减轻企业负担工作情况的报告》和《2021 年全国减轻企业负担工作实施方案》，总结了上年以来联席会议工作，部署了全年全国减轻企业负担重点任务。

国家发展改革委、工业和信息化部、财政部、人民银行等四部门印发了《关于做好 2021 年降成本重点工作的通知》要求，坚持降低显性成本与降低隐性成本相结合，保持必要的纾困支持力度，进一步优化减税政策，规范降低重点领域涉企收费，落实落细减税降费红利，坚决不收过头税费，严控非税收入不合理增长。加强对中介机构、行业协会商会、交通物流等重点领域收费的监督检查，持续加大各类违规涉企收费整治力度，坚决制止各种加重企业负担的违规行为。

2021 年前三季度，全国新增减税降费 9101 亿元，其中新增减税 7889 亿元，新增降费 1212 亿元。

（三）市场活力持续增强

2021 年上半年，全国新登记注册企业 100.2 万家，比上年同期增长 19.1%，注册资本金增长百分之 35%。全国实有企业 1191.2 万户，比上年底增加 54.7 万户，增长4.8%；其中私营企业903.5万户，比上年底增长6.9%。在全球疫情形势复杂严峻、跨国公司投资能力和意愿下降的情况下，我国利用外资大幅增长，全国新设立外商投资企业超过2.3万家，同比增长47.9%，累计设立外商投资企业超过106万家。前三季度，我国进出口实绩企业达52.67万家，同比增加3.4万家；民营企业进出口增长28.5%，占我国外贸总值的48.2%。

《全球独角兽企业500强发展报告（2021）》显示，2021年全球独角兽企业500强总估值为29436.05亿美元，相比2020年20170.81亿美元增长46%。中国独角兽企业的数量和总估值排名世界第一，分别为215家和12618.87亿美元，自2019年该报告发布以来连续三年稳居榜首。北京入选全球独角兽企业500强的企业共有72家，总估值为4580.03亿美元，相较于2020年总估值增长了7.9%，在全球独角兽企业500强城市排名中连续三年蝉联全球第一。

（四）创新创业持续深入

我国持续深入推进双创升级。各地各部门不断加大政策支持力度，搭建平台，强化企业创新主体地位，更大激发创新动力和活力，聚众智汇众力，提高创新创业效率。国家发展改革委作为支持民营企业改革发展的牵头部门，从拓宽民营企业投资空间、加大融资支持力度、支持民营企业参与国家重大战略和做好民营经济发展示范工作等四个方面强化政策实施，推动民营企业改革发展各项任务落到实处，为民营企业改革发展营造更好的发展环境。工业和信息化部等六部门联合印发的《关于加快培育发展制造业优质企业的指导意见》提出，提高优质企业自主创新能力，依托优质企业组建创新联合体或技术创新战略联盟，开展协同创新，加大关键核心技术、产品、装备攻关和示范应用。农业农村部深入实施农村创业创新带头人培育行动，推动建立国家、省、市、县级农村创业创新导师队伍，加大农村创业创新人才培训力度和辅导广度，总结链条创业、融合创业、绿色创业、抱团创业、网络创业等模式，2021年全年创建200个全国农村创业创新示范园区（基地）。

我国研发投入持续增长。2020年我国研发经费增长10.2%，GDP占比达到了2.4%，接近OECD国家平均水平。2021年财政部、国家知识产权局实施了专利转化专项计划，提升高校院所等创新主体知识产权转化率和实施效益。根据世界知识产权组织报告，2020年全球专利申请量增长4%，申请量达到27.59万件，创造了有史以来最高数量。其中，中国专利申请量同比增长16.1%，为全球专利申请量增速的四倍，以68720件稳居世界第一，多出排名第二的美国专利申请量9490件。企业专利申请量最多的是中国华为技术有限公司，后者连续第四年成为最大申请来源。申请量最大的前十所高校中，有五所来自中国。中国国家知识产权局数据显示，2021年上半年，我国发明专利授权33.9万件。截至2021年6月底，我国发明专利有效量为332.4万件，其中国内（不含港澳台）发明专利有效量为245.4万件，同比增长23.0%。受理专利合作条约（PCT）国际专利申请3.33万件，同比增长12.6%。

我国创新能力位居世界前列。由世界知识产权组织（WIPO）发布的全球创新指数表明，2013年以来中国全球创新指数排名已经连续9年稳步上升。2021年，中国排名第12位，较2020年上升2位，超过日本、以色列、加拿大等发达经济体。从创新投入看，中国的贸易、竞争和市场规模、知识型工人等大类指标均处于全球领先地位，国内市场规模、国内产业多元化、全球研发公司前三位平均支出、QS高校排名前三位平均分、产业集群发展情况等十项细分指标排名靠前。从创新产出看，本国人专利、商标申请，创意产品出口在贸易总额中的占比等细分指标处于领先行列。从全球"最佳科技集群"排名看，中国深圳-香港-广州地区、北京分列第二和第三名，仅次于日本东京-横滨地区；上海、南京和杭州排名分别为第8位、第18位和第21位，与上年相比均有明显上升。

（五）需求结构持续优化

2021年前三季度，高技术产业投资同比增长18.7%，两年平均增长13.8%，后者高出全国固定资产投资（不含农户）增速10个百分点。其中，高技术制造业和高技术服务业投资同比增长25.4%、6.6%，分别高出制造业投资增速10.6个百分点、第三产业投资增速1.6个百分点。高技术制造业中，计算机及办公设备制造业、航空航天器及设备制造业投资同比分别增长40.8%、38.5%；高技术服务业中，电子商务服务业、检验检测服务业投资同比分别增长43.8%、23.7%。新基建快速增长，截至2021年3月底建成5G基站81.9万个，占全球70%以上，形成全球规模最大的5G独立组网网络。全年我国将新建5G基站60万个，推动"双千兆"网络协同，4G和5G协同，新建5G网络全面支持IPv6（互联网协议第6版）。

2021年以来，政府加大新型消费政策支持力度，国家发展改革委、工业和信息化部等28部门联合印发《加快培育新型消费实施方案》，针对新型消费领域的短板和痛点难点堵点，着力破除制约居民消费的体制机制障碍，鼓励消费新业态新模式发展，围绕推动服务消费线上线下融合、加快新型消费基础设施和服务保障能力建设、强化新型消费发展要素保障、改善新型消费营商环境等四大方面，提出24项政策措施，推动直播带货、网络购物等消费新业态快速发展。前三季度，全国网上零售额91871亿元，同比增长18.5%，高出社会消费品零售总额增长2.1个百分点。其中，实物商品网上零售额75042亿元，占社会消费品零售总额的比重为23.6%。

我国新兴服务贸易蓬勃发展。贸易型企业与生产企业融合发展态势明显，许多生产企业由线下转到线上，数字化水平明显提升。前三季度，跨境电商进出口增长20.1%，市场采购出口增长37.7%。与此同时，我国对“一带一路”沿线国家货物贸易进出口增长23.4%，中欧班列累计开行超万列，同比增长29%。高水平外贸平台作用明显，前三季度我国综合保税区进出口增长26.3%，自贸试验区增长27.6%，分别快于整体增速2.7和4.9个百分点。

（六）产业结构持续升级

为了全面推进乡村振兴、加快农业农村现代化，农业农村部重点培育一批前延后伸、横向配套、紧密关联、高度依存的农业主导产业全产业链，全产业链“链主”企业不断涌现，全产业链“链农”参建动力明显增强。产业链创新推动了新的农业生产、经营、营销要素和技术发展，推动了订单农业、农产品电商、休闲观光农业等深化发展，农业大数据和智慧农业也取得了长足进步。调查显示，发展农业新业态的农业经营主体占比已经达到30%，农业经营主体参与比例由高到低的农业新业态形式依次为：设施农业（20.13%）、电商销售（17.25%）、农产品加工（14.34%）、休闲观光农业（13.2%）、有机农业（10.52%）和生态循环农业（9.63%）。农业新业态大量涌现，加速了农业与其他产业高度融合，进一步促进了农业产业结构转型升级。

全球新冠肺炎疫情持续蔓延不仅加快了中国制造走向世界舞台中心，也推动了工业结构更趋优化。2021年前三季度，全国规模以上工业增加值同比增长11.8%，两年平均增长6.4%。其中，高技术制造业增加值同比增长20.1%，两年平均增长12.8%，后者为工业总体增速的两倍。分产品看，前三季度新能源汽车、工业机器人、集成电路产量同比分别增长172.5%、57.8%、43.1%，两年平均增速均超过28%，超过高技术制造业增加值增速的两倍。

第三产业增加值同比增长9.5%，两年平均增长4.9%。其中，信息传输、软件和信息技术服务业，交通运输、仓储和邮政业增加值同比分别增长19.3%、15.3%，两年平均分别增长17.6%、6.2%，分别为服务业总体增速的3.6倍、1.3倍。

二、2022年新动能发展环境总体趋好

（一）有利因素

1. 营商环境初步实现法治化和市场化

随着“放管服”改革持续深化，以及行政审批制度改革和商事制度改革的统筹

推进，我国将在更大范围和更多行业推动照后减证和简化审批，将要求县级以上地方人民政府承担市场主体登记工作的部门（以下称登记机关）进一步优化市场主体登记办理流程，推行当场办结、一次办结、限时办结等制度，实现集中办理、就近办理、网上办理、异地可办，提升市场主体登记便利化程度。

2022 年上半年编制完成国务院部门权责清单，建立公开、动态调整、考核评估、衔接规范等配套机制和办法。在全国范围内实施涉企经营许可事项全覆盖清单管理，按照直接取消审批、审批改为备案、实行告知承诺、优化审批服务等四种方式分类推进审批制度改革，2022 年底前将建立简约高效、公正透明、宽进严管的行业准营规则，大幅提高市场主体办事的便利度和可预期性。全面实行政府权责清单制度，实施全国统一的市场准入负面清单制度，健全清单动态调整机制，定期评估、排查、清理各类显性和隐性壁垒，最大限度解除对创业的束缚。

国家对个体工商户发展的扶持政策将更加精准到位。随着市场监管总局牵头成立的扶持个体工商户发展部际联席会议制步入正轨，必将有利于加强对扶持个体工商户发展工作的组织领导和统筹协调，更好地指导督促各地区各有关部门抓好扶持个体工商户发展任务落实，更好地研究解决个体工商户发展中存在的重点难点问题，更好地总结推广先进经验和成功做法，从而能够更好发挥个体工商户在繁荣经济、稳定就业、促进创新、方便群众生活等方面的重要作用。

2. 创新创业生态全面升级

对初创实体的金融支持更加到位。人民银行将大力推动中小微企业融资增量扩面提质增效、持续优化银行内部政策安排，加大对中小微企业的信贷投放，加大普惠金融科技投入，依托人民银行征信中心应收账款融资服务平台，为供应链上下游中小微企业提供融资支持。进一步拓展创业企业直接融资渠道，健全投资生态链，加大初创期、种子期投入。提升创业板服务成长型创业企业功能，更好发挥创业投资引导基金和私募股权基金作用，支持符合条件的企业发行企业债券。加速北京证券交易所发展，大力支持创新型中小企业，特别是专精特新、隐形冠军企业上市融资，支持中小企业解决创新包容机制、资金供给机制、价格发现机制、人才激励机制等创新发展的几个关键机制问题，构建覆盖中小企业全链条的金融服务体系。

大学生创新创业政策更加优惠。根据国务院办公厅印发《关于进一步支持大学生创新创业的指导意见》，要深化高校创新创业教育改革，将创新创业教育贯穿人才培养全过程，建立以创新创业为导向的新型人才培养模式，加强大学生创新创业培训，打造一批高校创新创业培训活动品牌。优化大学生创新创业环境，鼓励各类孵化器面向大学生创新创业团队开放一定比例的免费孵化空间。提升大众创业万众创新示范基地带动作用，深入实施创业就业“校企行”专项行动。加强对大学生创新创业的财税扶持和金融政策支持，解决大学生创业融资难题，引导创新创业平台投资基金和社会资本参与大学生创业项目早期投资与投智。

创业资源开放共享机制更加完善。强化大企业在市场拓展、产业链协调、带动中小企业创业方面的作用，实施大中小企业融通创新专项行动，鼓励大企业向中小企业开放资源、场景、应用、需求，打造基于产业链供应链的创新创业生态。推动国家科研平台、科技报告、科研数据、科研仪器设施、高校实验室进一步向企业、社会组织和个人开放。建设特色化、功能化、高质量的创业平台载体，构建众创空间、孵化器、加速器、产业园相互接续的创业平台支持链条。

创业服务体系更加完善。政府将鼓励完善创业服务网络，支持为创业者提供政策咨询、项目推介、开业指导等服务。推广创业导师制、科技特派员制度等成功经验，鼓励科技领军企业、高技能人才、专业技术人才等到基层开展创业服务。积极组织各类创业大赛和创业推进活动，继续办好全国双创活动周。

3. 新型基础设施网络更加完备

按照相关规划，2021 年底基本完成国家工业互联网大数据中心建设，建设一批分中心，规划 5G 工业互联网专用频率，形成典型应用场景，高质量建设能源工业互联网与能源大数据专网，建成能源工业互联网专网统一在线监控平台，实现能源工业互联网平台连接 3 个部委、22 家能源央企和 46 家地方国有企业。

在强化网络承载能力方面，持续深化网络基础设施 IPv6 改造，提供覆盖全国、性能优良的 IPv6 服务能力，完成有线电视基础网络和运营支撑平台 IPv6 改造升级，推动广电传输网与宽带数据网全面支持 IPv6，推动 IPTV 集成播控平台、传输网络、终端全流程支持 IPv6。

在加快政务应用改造方面，开展省市两级政务外网 IPv6 升级改造，推动国家政务服务平台、各地区省级政务服务平台、国务院各有关部门政务服务平台加快 IPv6 改造，服务入口支持 IPv6 网络访问，完成县级以上政府门户网站 IPv6 升级改造。

在拓展行业融合应用方面，深化中央企业行业系统 IPv6 改造，稳步推进金融行业系统 IPv6 平滑演进升级，拓展工业互联网 IPv6 应用，推动 IPv6 技术在农业农村信息化中的应用，加快 IPv6 在教育、医疗、社保、养老、交通、邮政等领域的部署应用，加快中央媒体、省级媒体、市级媒体和县级融媒体中心网络和应用支持 IPv6 部署。

（二）不利因素

1. 外部环境趋于恶化

美国参议院 2021 年中通过的《美国创新与竞争法案》提出，保持或达成美国在科技方面的全球领先地位，全面应对来自中国的挑战，并取得竞争的胜利。要求加大人工智能与机器学习、高性能计算、半导体、量子信息科学与技术等十大关键技术领域的投入和发展，重塑国家创新体系，在强调开展对华战略竞争的同时，为中国企业在技术领域的国际合作和中美科技界双边交流设置大量障碍。

美国和欧盟成立了联合贸易和技术委员会，目标是加强合作，应对中国。美国还将与日本政府、欧洲发达国家开展合作，希望建立磋商出口限制问题的新框架，以防止基于民用目的开发出的技术、产品、软件等，在出口对象国被转用于军事目的。美国担心中国吸收新技术以推动技术革新，提出把人工智能、生物工程、机器人、量子计算机等 14 个领域的尖端技术作为出口限制对象。日本不仅担心技术和产品通过企业的出口流向国外，还担心从大学等研究机构流出，因而打算严格审查留学生和科研人员，特别是要调查其有无跟军方相关的经历。

2. 数据要素市场监管难度较大

我国是全世界最大的大数据市场，网民数量接近 10 亿，应用场景十分丰富，每天产生海量的数据，人均月流量达 9GB，高于 OECD 国家的 50%。据统计，2015 年以来，我国数据增量年均增速超过 30%，数据中心规模从 2015 年的 124 万家，增长到 2020 年的 500 万家，成为全球数据资源大国。这是中国新动能发展的一个优势，也是市场监管的一个难点。虽然从中央到地方，各级政府持续不断地推进数据公开和信息共享，许多地区都组建了大数据的主管部门，但对于辖区内的数据管理和有效控制依然有些力不从心，数据管控各自为政的现象依然明显存在，行业数据有效整合与大范围利用任重道远。各类互联网企业利用各自的路径攫取了海量数据，非法攫取及私自处理客户数据，一些数据甚至被利用在非法领域，对国家相关领域安全造成了威胁。个人数据非法窃取已成为互联网和大数据产业的最大灰色地带，个人信息倒卖黑市非常猖獗，甚至形成了较长的产业链，对个人人身、财产、生命安全造成了极大危害。这一切对数据要素市场监管提出了巨大挑战。

3. 互联网垄断对新经济新动能发展形成束缚

中国的互联网行业蓬勃发展，曾经是我国新经济新动能发展最大量的亮点。然而，在经过激烈竞争之后，互联网行业已经形成了高度垄断格局，对于新经济新动能发展开始产生了反作用。在互联网各主要领域，基本被几家各自细分产品高度垄断的互联网头部企业瓜分。这些居于垄断地位的龙头企业对市场上后来竞争者给予了强力打压，对创新性产品项目进行了剥夺性收购，在极大程度上消灭了推动互联网行业持续创新性的新生力量。经过政府大力整顿之后，上述现象有所缓解，但问题依然明显存在。这不仅不利于整体行业服务能力和质量的不断提升，也不利于促进经济社会新业态、新模式的发展。

三、2022 年新经济新动能将凸显三大发展方向

（一）数字经济步入快行道

数字经济正在成为世界各国经济发展新动能，其发展速度之快、辐射范围之广、影响程度之深前所未有，正在成为改变全球竞争格局的关键力量。十八大以来党中央对发展数字经济的高度重视，制定了数字经济的顶层设计，提高全民全社会数字素养和技能，不断推动数字经济和实体经济融合发展，利用互联网新技术对传统产业进行全方位、全链条的改造，提高全要素生产率。同时，不断加大数字经济领域投入力度，攻克并不断升级互联网、大数据、人工智能、区块链等关键核心技术，加快建设高速泛在、天地一体、云网融合、智能敏捷、绿色低碳、安全可控的智能化综合性数字信息基础设施。其中，以数据中心、超级计算中心等为代表的算力基础设施加快建设，正在成为支撑数字经济发展的重要底座。到 2021 年底，全国数据中心平均利用率力争提升到 55% 以上，总算力超过 120EFLOPS（每秒浮点运算次数）。预计到 2023 年底，全国数据中心平均利用率力争将提升到 60% 以上，总算力超过 200EFLOPS。相关研究显示，计算力指数平均每提高 1 个百分点，数字经济和 GDP 将分别增长 3.3‰和 1.8‰。

（二）低碳经济方兴未艾

习近平总书记在第 75 届联合国大会一般性辩论上宣布中国二氧化碳排放力争于 2030 年前达到峰值，努力争取 2060 年前实现碳中和。这是以习近平同志为核心的党中央经过深思熟虑做出的重大战略决策，事关中华民族永续发展和构建人类命运共同体。为此，中共中央和国务院于 2021 年 10 月下旬出台《中共中央 国务院关于完整准确全面贯彻新发展理念做好碳达峰碳中和工作的意见》，对碳达峰碳中和这项重大工作进行系统谋划和总体部署，明确要求全国一盘棋，强化顶层设计，发挥制度优势，实行党政同责，压实各方责任，根据各地实际分类施策，把节约能源资源放在首位，实行全面节约战略，持续降低单位产出能源资源消耗和碳排放，提高投入产出效率，倡导简约适度、绿色低碳生活方式，从源头和入口形成有效的碳排放控制阀门。意见提出了构建绿色低碳循环发展经济体系、提升能源利用效率、提高非化石能源消费比重、降低二氧化碳排放水平、提升生态系统碳汇能力等五个方

面主要目标。

该意见既是未来我国碳达峰碳中和工作总指引，也是低碳经济发展总引擎，将推进经济社会发展全面绿色转型，强化绿色低碳发展规划引领，优化绿色低碳发展区域布局，加快形成绿色生产生活方式；将深度调整产业结构，加快推进农业、工业、服务业绿色低碳转型，坚决遏制高耗能高排放项目盲目发展，大力发展绿色低碳产业；将加快构建清洁低碳安全高效能源体系，强化能源消费强度和总量双控，大幅提升能源利用效率，严格控制化石能源消费，积极发展非化石能源，深化能源体制机制改革；将加快推进低碳交通运输体系建设，优化交通运输结构，推广节能低碳型交通工具，积极引导低碳出行；将提升城乡建设绿色低碳发展质量，推进城乡建设和管理模式低碳转型，大力发展节能低碳建筑，加快优化建筑用能结构；将加强绿色低碳重大科技攻关和推广应用，强化基础研究和前沿技术布局，加快先进适用技术研发和推广；将提高对外开放绿色低碳发展水平，加快建立绿色贸易体系，推进绿色“一带一路”建设，加强国际交流与合作；将完善投资、金融、财税、价格等政策体系，推进碳排放权交易、用能权交易等市场化机制建设，从而从方方面面推动我国低碳经济加速发展。

（三）智能制造加速发展

制造业既是发展中国家经济增长的主要引擎，也从根本上决定着发展中国家的综合实力和国际竞争力。我国制造业增加值连续第11年居世界第一位，全球占比达28.1%（2019年数据），远远超过世界排名第二位美国的13.5%。庞大的市场规模为我国制造业结构升级提供了资金、人才和市场等诸多方面的支持。数据显示，我国研发支出占GDP的比重从2000年的0.90%持续提升至2020年的2.15%，推动了高端制造技术不断进步。在新一轮科技革命大潮中，我国新能源和以5G、人工智能、云计算为代表的新一代信息技术正走在世界前列，其中以华为、中兴为代表的中国企业在5G技术上占据全球领先地位，在前沿技术上首次超越发达国家。新一代信息技术的颠覆式创新为中国智能制造打下基石，不断推动传统制造优化升级，从机械化、电气化、自动化最终到智能化。我国光伏、动力电池、电动车制造等新能源技术已取得长足进步，在5G技术的加持下新能源汽车将逐渐具备智能感知、自动驾驶、智能网联等功能，加速蜕变成智能汽车，从单纯的交通运输工具逐渐转变为智能空间和场景生态服务体验终端。

四、政策建议

1. 加大数字经济技术攻关

我国数字经济蓬勃发展主要依靠的是超大规模市场效应，但核心技术不强、卡脖子问题始终存在。未来需要强化基础科学研究投入，从底层夯实技术创新基础，提出原创性理论。聚焦国家重大战略需求和产业发展瓶颈，攻克核心电子元器件、高端芯片、核心工业软件等关键核心技术，打造原创技术策源地，破解数字经济发展的瓶颈制约。

2. 制定并实施6G超前发展战略

6G是未来新经济新动能发展的制高点之一。在充分总结和借鉴我国5G成功经验基础上，加快细化国家层面6G顶层设计，制定配套政策和措施，打造良好产业生态，推动我国6G通信设备和终端形成产业规模，在未来国际产业竞争中保持领先优势。

3. 强化大数据利用和保护

完善数字经济相关立法政策，明晰数据分级分类，探索数据分类确权制度，对数据产权归属进行界定，确定可交易流通数据的类型、范围和流通规则；提升数据开放共享与治理水平，破解数据垄断；制定数据交易和技术等相关规范，加快推进数字交易体制机制的完善；全面加强数据安全监督管理，完善数据安全法制建设。

12　2021 年我国数字治理成效评估及 2022 年展望

丁　邡*

摘要： 利用新兴数字技术赋能“中国之治”是推动经济社会高质量发展的重要战略任务。2021 年以来，我国数字治理取得显著成效，不断为数字中国建设添动力，为平台企业注活力，为人民群众增便利。但同时，数字治理的制度基础有待进一步夯实，算法歧视和互联网平台垄断等问题亟待解决，国际化水平有待提升。基于此，提出三点建议：一是树立全局观、长期观和系统观。二是分类分级施策，聚焦重点领域精准发力。三是坚持高水平开放共享，共建全球数字治理新格局。

关键词： 数字治理　个人信息保护　算法歧视

一、2021 年我国数字治理取得显著成效

2021 年以来，我国数字治理体系不断完善，数字治理能力显著提升，持续为数字中国建设添动力，为平台企业注活力，为人民群众增便利。政府、企业和社会的数字化、数智化和数治化不断升级，为推进国家治理体系和治理能力现代化筑牢根基。

（一）数字治理体系不断完善

1. 国家层面的制度基础不断强化

2021 年以来，我国发布了一系列法律法规和政策性文件，在国家层面构建了数字治理的制度体系，大数据治理、算法治理和平台监管不断强化，推动数字治理向纵深发展。例如，2021 年 9 月 1 日施行的《中华人民共和国数据安全法》进一步厘清各方在数据保护中的义务和责任，提出建立健全数据安全治理体系，保障数据安

---

* 丁邡，管理学博士，国家信息中心经济预测部研究员，研究方向为信息化规划、数字经济、数字治理、智能数据分析。

全，保护个人、组织的合法权益，提高数据安全保障能力，规范数据处理活动，促进数据开发利用，维护国家主权、安全和发展利益。2021 年 8 月 27 日，国家互联网信息办公室就《互联网信息服务算法推荐管理规定（征求意见稿）》公开征求意见。其中提出，算法推荐服务提供者不得利用算法虚假注册账号、非法交易账号、操纵用户账号，或者虚假点赞、评论、转发、网页导航等，实施流量造假、流量劫持；不得利用算法屏蔽信息、过度推荐、操纵榜单或者检索结果排序、控制热搜或者精选等干预信息呈现，实施自我优待、不正当竞争、影响网络舆论或者规避监管。参与算法推荐服务安全评估和监督检查的相关机构和人员应当对在履行职责中知悉的个人信息、隐私和商业秘密严格保密，不得泄露、出售或者非法向他人提供。此外，平台反垄断、金融行业信息安全等管理条例的颁布不断夯实数字治理体系建设的制度基础。

2. 个人信息保护力度加大

2021 年 11 月 1 日实施的《中华人民共和国个人信息保护法》为构筑个人信息保护屏障提供了强有力的法律保障。《个人信息保护法》首先从企业层面规范企业采集、分析和使用个人信息的行为，强化企业主体责任。比如，《个人信息保护法》提出企业不得过度收集个人信息、大数据杀熟，对人脸信息等敏感个人信息的处理做出规制，坚决打击非法买卖个人信息、侵犯公民隐私等各类违法犯罪活动；并且从个人层面提出维护个人信息保护的合法权益，充分回应了社会关切。比如，《个人信息保护法》提出完善个人信息保护投诉、举报工作机制等，深入开展个人信息安全防护知识技能宣传普及，提升全社会个人信息保护意识。此外，《最高人民法院关于审理使用人脸识别技术处理个人信息相关民事案件适用法律若干问题的规定》《儿童个人信息网络保护规定》等相关规定也为筑牢个人信息保护屏障提供了法律依据。例如，2021 年 7 月，国家互联网信息办公室经检测核实发现“滴滴出行”App 存在严重违法违规收集使用个人信息问题，通知应用商店下架“滴滴出行”App，要求滴滴出行科技有限公司严格按照法律要求，切实保障 App 使用者的个人信息安全。

3. 积极参与全球数字治理新模式

2021 年 11 月 1 日，我国向《数字经济伙伴关系协定》（DEPA）保存方新西兰正式提出申请加入 DEPA，加快推进我国在数字经济领域的国际合作。2021 年以来，我国积极参与数字技术国际标准制定，在数据安全、数字货币、数字税等国际规则领域的话语权不断增强，与相关国家在数字治理领域的政策协调机制不断完善。此外，我国积极推动数字贸易开放发展与互利合作，建立数字贸易单一窗口，加快共建“数字丝绸之路”，推动建立更加公正合理的数字主权分配机制，加快实现数字空间全球共建共享共治。

（二）数字治理能力显著提升

1. 数字政府治理日趋精细化

各级政府以“互联网+政务服务”建设为抓手，利用大数据、云计算、人工智能等新技术赋能数字政府，初步形成全国一体化政务数据治理体系，推进政务服务智能化、均等化、普惠化。在新冠肺炎疫情暴发后，数字技术赋能城市治理已经成为各级政府的共识。例如，杭州市运用人工智能技术构建数字赋能城市治理的“城市大脑”，全力打造“数字治理第一城”，构建数据汇聚融合、智能计算、决策分析的全面感知型城市智能基础设施，实现城市治理精细化。

2. 数字经济治理水平不断提升

2021 年以来，我国在数字市场竞争监管方面不断发力，加强数字平台反垄断力度，一方面促进数字平台的健康发展，一方面防止平台垄断挤压中小企业的成长空间，为数字经济发展提供公平竞争的市场环境。同时，不断扩展“用数据决策”的应用场景，利用数字技术采集分析数据和发现问题，实现决策科学化。加快构建数字监管体系，初步形成数据联通、系统联动的数字监管系统。此外，数字行业协会积极构建政府与数字平台之间的沟通渠道，加强行业自律。

3. 数字社会的基层治理效能不断增强

基层社会的数字治理模式不断创新。例如，利用“大数据+网格化”的治理模式，将基层“网格”内相互链接的信息和资源进行高效汇聚、整合优化和动态分发，实时收集“网格”内的群众诉求和突发事件等信息，监测“网格”内的动态资源，为群众提供精准的个性化社会治理服务。尤其在疫情防控期间，基层组织利用“大数据+网格化”的可视化指挥平台，实现管理区域的信息互通和人员互动，大大提高了基层管理效率和管理质量。例如，京东数字科技集团研究开发的智能防疫产品，如疫情问询机器人和京东良研问卷小程序，可以进行网格化信息收集和分析，并建成“高危人群疫情态势感知系统”，协助政府开展疑似人群排查和高危人群分析工作。

二、存在问题及成因

尽管我国在数字治理领域已取得显著成效，但仍存在不少突出问题和短板，与全球先进水平相比尚存在较大差距。

1. **标准法规制定严重滞后于数字技术发展**

大数据、人工智能等新兴技术与经济社会快速融合发展，而管理和立法层面的研究和实践远远滞后于技术发展。目前国家层面的数字治理体系正在完善，而部门级和地方省市的实施细则尚未出台，建立国内统一、与世界通行规则接轨的数字治理体系仍处于初步探索阶段。

2. **标准法规制定滞后严重制约数字市场发展**

数据确权和市场交易等规制尚未形成，非法出售、非法提供、非法获取个人信息等违法数据交易行为屡禁不止。此外，因为法律法规的滞后性，执法部门打击数据黑灰产的执法成本偏高，执法部门只能弹性执法，造成从事数据交易的企业和从业人员缺乏安全感。数据黑市交易现象的存在，以及数据寡头破坏数字市场生态，造成原始数据的拥有者没有动力参与数据交易市场。

3. **算法歧视和平台垄断问题突出**

推荐算法相关的“信息茧房”和定价算法的“大数据杀熟”及数字平台垄断等问题突出。例如，部分商家通过大数据分析，为不同人群提供动态定价，以获得更大限度的消费者剩余，而对于被以高价供应的消费者群体而言，即是以更高的价格买了同等商品。2014 年，美国白宫发布的大数据研究报告指出，由设计者制造的“信息茧房”和“算法歧视”可能是无意识行为，也可能是利益团体对于消费者的蓄意剥削。因此，当平台广告商以貌似中立的特征描绘人群，而非以种族、性别、职业身份等归类人群时，“信息茧房”和“算法歧视”的操作被掩饰得更隐蔽，消费者成为更加无力的反抗者。

4. **国际化水平有待进一步提高**

我国数字治理与国际通行规则的对接机制尚未完备，在强化与国际先进水平对标方面，数字主权等问题与西方发达国家接轨难度较大。有些政府部门在处理涉外数字主权事务时避重就轻和选择性优化，过度关注短期更好操作、更少阻力的涉外领域，而针对关键领域的数字治理国际合作问题却进展缓慢。

三、2022 年我国数字治理展望

数字治理是一项长期工程，关系到经济发展质量、人民生产生活和国际格局发展。作为人口占全球 18%、经济总量占全球 16% 的世界主要经济体，我国迫切需要建设具有国际竞争力的数字治理规则，与国际通行规则对接和与国际先进水平对标。展望 2022 年，我国数字治理将迈入制度创新的崭新阶段，大数据治理、算法治理和平台治理将成为治理的重点领域，数字治理的国际化水平将进一步提升，成为网络强国和数字中国建设的重要驱动力和应对外部风险挑战的利器。

1. 数字治理迈入制度创新阶段

《数据安全法》和《个人信息保护法》的颁布意味着我国数字治理将迈入制度创新阶段。2022 年，数字治理体系建设将与数字治理能力提升工作协同推进，网络空间数字治理加速从“管理”迈向“法治”。各级政府将不断增加高质量政策、法律和法规的供给，确立数字治理关键环节的基本制度规范，形成一揽子制度性解决方案，制定具体细化落实方案，切实推进制度落地见效，形成制度创新合力，从制度层面为数字中国建设提供更为有力的保障和支撑。

2. 大数据治理、算法治理和平台治理将成为数字治理的重要领域

大数据行业在蓬勃发展的同时滋生了大量数据，黑灰产非法收集、使用数据问题严重。亟须规范数据收集、使用和分享行为，大数据行业将迎来强监管时期。此外，随着数字经济发展，算法治理和平台治理等领域的研究和实践将加快推进，并成为数字治理的重点发力领域。

3. 国际环境复杂多变将倒逼我国数字治理国际化水平不断提升

打造数字治理国际合作平台对我国参与全球治理至关重要，数字治理的国际合作需求将愈加强烈。数字领域的国际规则呈现高频变化态势，一些国家对数据跨境流动、数字主权等国际规则还存在一定分歧。为了有效应对国际规则变化带来的风险挑战，国内数字治理体系建设将与国际规则进行进一步对接，并不断强化与国际先进水平对标，我国数字治理的国际化水平将得到大幅提升。

四、政策建议

1. 树立全局观、长期观、系统观

数字治理是一项长期的、全局性的系统工程，涉及制度重构、科技伦理等诸多内容，涉及数字政府、数字经济和数字社会等多个领域。各部门必须树立大局观，以更长远的战略思维，建立顶层协调机制，积极鼓励每一位公民都成为数字治理体系的建设者、缔造者和影响者。要充分认识到数字治理的长期性和战略意义，中长期的举措可能需要一段时间的沉淀才能从量变发展到质变。坚持发展、安全和监管规范并行，着力构建数字治理规则体系，统筹推进系统治理、依法治理、源头治理，形成协同治理合力，优化国际国内布局，把握关键机遇，在数字治理国际规则创新中贡献中国智慧和中国方案。

2. **分类分级施策，聚焦重点领域精准发力**

从数字治理体系建设和数字能力提升的角度，认真研究现阶段的真正需求，围绕现阶段网络强国建设和数字中国建设的新特征和新任务，把握正确发力点，聚焦关键环节和重点领域，综合精准施策。高度关注人民群众反映强烈的数字乱象，开展违法和不良信息内容溯源和监测，压实数字平台主体责任，强化数字行业自律机制。规范互联网企业的运营，加强企业数据开发利用和数据安全。强化个人的网络安全和数据安全意识，积极鼓励每一位公民认真学习数字治理的相关法规制度。构建与数字平台特征相适应的政策法规体系，规范数字平台运营，以包容审慎为原则强化对数字平台的反垄断监管；鼓励社会各界建言献策，共同探索平台反垄断监管规则和制度，确保数字平台有序发展和规范运营。建立健全数据确权制度、数据交易规则、技术标准与管理规范；加快推进数据开放共享体系建设，实现数据要素安全有序流通和开放共享。加快推动政务数据、企业数据、个人数据对接互动、汇聚融合和智能应用，有序培育数据交易市场，促进数字交易平台和市场主体健康成长。聚焦大数据治理、算法治理和平台治理等重点领域精准发力，充分利用数字治理这一利器催生数字经济的强劲动能。

3. **坚持高水平开放共享，共建全球数字治理新格局**

认真研究现有数字治理国际规则，在数字空间加强与全球的互联互通和与国际通行规则的有效对接，在数字治理领域加强国际合作，争取规则制定的主动权，创造良好的国际制度环境。深入分析国内外数字治理的先进案例，积极对标国际先进发展水平，同时考虑到中国特色和发展实情，建立与我国经济社会发展相适应的个性化发展路径，切忌照搬其他国家、其他地区的做法，搞突击式或加码式对标。大力推进“数字丝绸之路”建设，在“丝路电商”领域精耕细作，积极参与数字技术、数字贸易、数据安全等领域国际规则的制定。加强同世界各国在数字主权方面的务实合作，搭建双边、区域和国际合作平台，破除信息壁垒，弥合数字鸿沟，着力打造高水平开放和高质量共享的全球数字治理新格局。

13　2021 年中国城市科技创新竞争力分析及 2022 年展望

沈　立*

摘要： 2021 年，我国城市科技创新竞争力呈现整体实力明显跃升、短板弱项更加凸显、区内区际分化叠加、越弱越分化现象显著等特征。展望未来，科创水平整体跃升但短板仍将存在，科技创新区域分化问题进一步凸显，区域内部分化问题或将有所加剧。建议加快培育一批科技创新企业，推进高等教育又好又快发展，推动科技创新资源合理布局。

关键词： 城市竞争力　科技创新　未来展望

近年来，我国城市科技创新能力取得了长足的进步，少数头部城市甚至跃升全球第一阵营，但是，依旧存在发展不平衡不充分的问题，需要进一步解决。通过深入研究我国城市科技创新竞争力发展现状和未来趋势，有助于提出有针对性的政策建议。

一、2021 年中国城市科技创新竞争力主要特征

（一）从国际对比看，顶尖城市跃升第一阵营，其他城市齐头并进，大学、科技企业和文化设施成为制约因素

1. 中国科技创新顶尖城市已经进入全球第一阵营

近年来，我国科技创新已经取得了长足的进步，特别是少数顶尖城市在科技创新领域获得跨越式发展，整体科技创新水平呈现明显跃升，在全球城市竞争中已然进入第一阵营。根据 2021 年全球城市科技创新竞争力指数排名（见表 1），在前二十位城市中，中国占有 4 席。其中，北京科技创新竞争力指数达到 0.954，位居第二位，仅次于日本东京，超越美国纽约和英国伦敦；上海、深圳、香港的科技创新竞争力指数分别为 0.853、0.831、0.805，分列第 11、14、18 位。由此说明，以北

* 沈立，国家信息中心经济预测部助理研究员，经济学博士，研究方向：城市经济、产业经济、房地产经济。

京、上海、深圳、香港等为代表的中国头部城市已经在科技创新方面跻身全球顶尖城市行列。

表1　科技创新竞争力指数排名全球前二十位城市

排名	城市	国家	科技创新竞争力指数	排名	城市	国家	科技创新竞争力指数
1	东京	日本	1	11	上海	中国	0.853
2	北京	中国	0.954	12	旧金山	美国	0.836
3	纽约	美国	0.952	13	圣何塞	美国	0.835
4	伦敦	英国	0.932	14	深圳	中国	0.831
5	首尔	韩国	0.904	15	圣地亚哥	美国	0.822
6	波士顿	美国	0.884	16	休斯敦	美国	0.821
7	西雅图	美国	0.871	17	费城	美国	0.819
8	洛杉矶	美国	0.868	18	香港	中国	0.805
9	芝加哥	美国	0.856	19	新加坡	新加坡	0.801
10	大阪	日本	0.853	20	斯德哥尔摩	瑞典	0.796

数据来源：中国社会科学院城市与竞争力研究中心数据库。

2. 不同层级城市科技创新水平齐头并进

中国城市科技创新竞争力呈现齐头并进的态势。除头部城市已经跻身全球顶尖科技创新城市行列外，其余城市同样在科技创新领域进步明显。根据2021年全球城市科技创新竞争力指数分布，在全球科技创新竞争力前50位、前100位、前500位城市中，中国城市的比重分别为16%、14%、19.8%（见表2）。与此同时，主要国家在科技创新层级方面的布局相对不太均匀。比如，美国城市在科技创新竞争力前50位、前100位、前500位城市中的比重分别为40%、34%、14.6%；印度城市在科技创新竞争力前50位、前100位、前500位城市中的比重分别为0%、1%、5.8%。由此说明，与其他国家相比，中国城市的科技创新水平分布较为均衡，呈现出稳步并进态势。

表2　各国城市科技创新竞争力层级分布

序号	国家	前50占比（%）	前100占比（%）	前500占比（%）	序号	国家	前50占比（%）	前100占比（%）	前500占比（%）
1	阿根廷	0.00	0.00	1.40	11	南非	0.00	0.00	1.00
2	澳大利亚	0.00	3.00	1.20	12	欧盟	24.00	24.00	13.60
3	巴西	0.00	2.00	3.80	13	日本	6.00	3.00	2.00
4	德国	6.00	7.00	2.60	14	沙特阿拉伯	0.00	0.00	0.80
5	俄罗斯	0.00	1.00	5.40	15	土耳其	0.00	1.00	2.60
6	法国	2.00	2.00	1.80	16	意大利	4.00	4.00	2.60
7	韩国	2.00	2.00	1.60	17	印度	0.00	1.00	5.80

续　表

序号	国家	前 50 占比（%）	前 100 占比（%）	前 500 占比（%）	序号	国家	前 50 占比（%）	前 100 占比（%）	前 500 占比（%）
8	加拿大	4.00	4.00	1.80	18	印度尼西亚	0.00	0.00	1.80
9	美国	40.00	34.00	14.60	19	英国	4.00	6.00	2.40
10	墨西哥	0.00	0.00	2.60	20	中国	16.00	14.00	19.80

数据来源：中国社会科学院城市与竞争力研究中心数据库。

3. 中国城市科技创新竞争力分项指标表现不一

中国城市在大学水平、科技企业、文化设施等方面与国际先进水平存在较大差距。近年来，中国城市在专利申请、学术论文等领域取得了明显的进步，但在科技企业、大学水平等方面仍然存在明显短板，成为制约我国城市科技创新竞争力的主要障碍。2021 年全球城市科技创新竞争力指数显示（见表 3），在 8 个主要国家中：中国城市科技企业指数均值为 0.085，显著低于美国的 0.342；大学指数均值为 0.129，同样明显低于澳大利亚的 0.725、英国的 0.625；文化设施指数均值为 0.224，大幅低于日本的 0.642、英国的 0.629。与此同时，中国城市的专利申请指数均值和学术论文指数均值分别为 0.303、0.356，较国际先进水平差距相对较小。总体来看，大学发展、科技企业培育、文化设施建设是制约中国城市科技创新竞争力提升的主要短板。

表 3　主要国家科技创新分项指标对比分析

国家	专利申请指数均值	学术论文指数均值	科技企业指数均值	大学指数均值	文化设施指数均值
澳大利亚	0.545	0.808	0.206	0.725	0.303
巴西	0.219	0.549	0.038	0.214	0.347
美国	0.593	0.709	0.342	0.482	0.513
南非	0.404	0.561	0.043	0.321	0.496
日本	0.702	0.679	0.47	0.407	0.642
印度	0.149	0.402	0.018	0.097	0.250
英国	0.575	0.792	0.252	0.625	0.629
中国	0.303	0.356	0.085	0.129	0.224

数据来源：中国社会科学院城市与竞争力研究中心数据库。

（二）从空间分布看，区内区际分化叠加共振，越弱越分化现象显著，沿海市群优势凸显

1. 从区域视角看，板块分化和区内分化叠加共振，南北差距相对不大

区域发展不平衡是我国科技创新竞争力的一大显著特征。一是区域板块之间分化十分显著。2021年中国城市科技创新竞争力指数显示，港澳台地区城市科技创新竞争力指数均值在所有区域中最高，达到0.545，东南地区和环渤海地区的城市科技创新竞争力指数均值相对次之，分别为0.359、0.327；与此同时，其他地区的科技创新竞争力相对较弱。比如，中部地区城市科技创新竞争力指数均值仅为0.204，东北地区、西北地区、西南地区的城市科技创新竞争力指数均值更是低于0.2，分别为0.182、0.151、0.187。二是板块内部科技创新竞争力分化现象同样十分明显。比如，环渤海、中部、西北、东北、西南等地区的科技创新竞争力指数变异系数均大于0.6，反映大部分区域内部均存在较为严重的分化现象。三是南北方之间在科技创新领域存在“南高于北”现象，但总体差距不大。2021年，南方地区城市科技创新竞争力指数均值为0.268，略高于北方地区的0.208，但差距不是很大（见图1）。

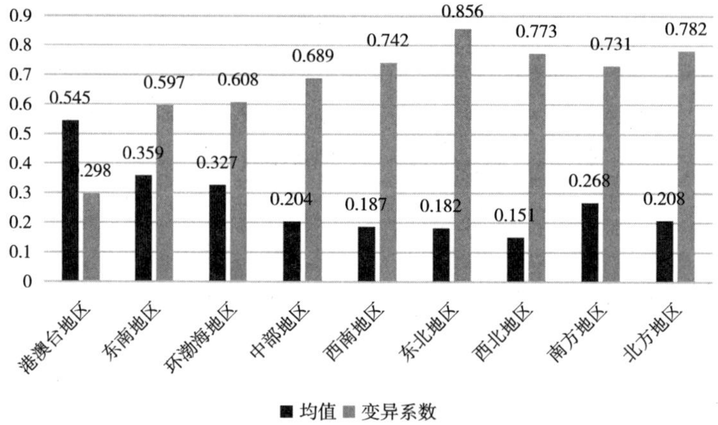

图1　中国城市科技创新竞争力指数的区域比较

数据来源：中国社会科学院城市与竞争力研究中心数据库。

2. 从省域视角看，科技创新竞争力呈现“越强越均衡、越弱越分化”态势

省域科技创新竞争力越强，其内部分化程度通常越小，而省域科技创新竞争力越弱，其内部分化现象则越为明显。比如，江苏省、浙江省、山东省的城市科技创新竞争力均值在全国各省区中位列前茅，分别为0.424、0.355、0.315，但是其变

异系数则分别为 0.400、0.519、0.528，在所有省区中相对偏低；与此同时，内蒙古、甘肃、黑龙江等省的城市科技创新竞争力指数均值仅分别为 0.109、0.130、0.138，位列倒数三位，但是其变异系数则高达 0.791、0.790、0.996，远高于江苏、浙江、山东等省份。

3. 从城市群视角看，沿海城市群在科技创新方面优势明显

沿海城市群的科技创新竞争力明显由于内陆城市群。2021 年中国城市科技创新竞争力指数显示，在 15 个城市群中，长三角、京津冀、珠三角、山东半岛、海峡西岸等五大沿海城市群的科技创新竞争力指数均值分别为 0.421、0.344、0.344、0.331、0.317，位居前五位，高于其他内陆城市群。其中，长三角城市群不仅在平均意义上具有相对最高的科技创新水平，而且内部分布相对最为均衡。2021 年，长三角城市群的科技创新竞争力变异系数仅为 0.492，在所有城市群中处于最低，并且显著低于京津冀城市群和珠三角城市群。

（三）从动态发展看，头部城市排名少许变动，南北分化有所加剧，不同省域和城市群有进有退

1. 从头部城市变化看，科技创新头部城市排名呈现一定变化

一方面，深圳、青岛、厦门、珠海、东莞等城市在科技创新领域进步显著。2021 年中国城市科技创新竞争力指数显示，深圳、青岛、厦门、珠海、东莞等城市分列第 3、10、15、19、20 位，较 2020 年上升 3、5、7、23、20 位。其中，珠海、东莞上升幅度最为明显。另一方面，香港、西安、台北等城市的科技创新竞争力出现不同程度的下降。根据 2021 年中国城市科技创新竞争力指数排名，香港由 2020 年的第 3 位下降至 2021 年的第 4 位，并且被深圳反超；西安由 2020 年的第 10 位下降至 2021 年的第 14 位；台北则由 2020 年的第 4 位下降至 2021 年的第 9 位。总体来看，科技创新竞争力头部城市排名呈现稳中有变的态势（见表 4）。

表 4　2021 年中国城市科技创新竞争力指数排名前二十位城市

排序	城市	指数	排名差	排序	城市	指数	排名差
1	北京	1	0	**11**	成都	0.691	0
2	上海	0.892	0	**12**	苏州	0.677	1
3	深圳	0.87	3	**13**	合肥	0.669	-1
4	香港	0.842	-1	**14**	西安	0.653	-4

续 表

排序	城市	指数	排名差	排序	城市	指数	排名差
5	杭州	0.823	0	**15**	厦门	0.617	7
6	武汉	0.812	1	**16**	天津	0.616	-2
7	广州	0.8	1	**17**	长沙	0.614	-1
8	南京	0.757	1	**18**	重庆	0.609	-1
9	台北	0.703	-5	**19**	珠海	0.6	23
10	青岛	0.701	5	**20**	东莞	0.596	20

数据来源：中国社会科学院城市与竞争力研究中心数据库。

2. 从区域发展变化看，南北分化和省域分化有所凸显，层级分化有所收敛

一是南北分化有所加剧。2021 年中国城市科技创新竞争力指数显示，在南方城市中，67 个城市的排名出现下降，85 个城市的排名有所上升，平均排名上升 2.795 位；而在北方城市中，79 个城市的排名有一定程度的下降，45 个城市的排名有不同程度的上升，平均排名下降 3.462 位。二是省域科技创新竞争力有降有升。根据 2021 年中国城市科技创新竞争力指数排名，江苏、广东、湖北、陕西、云南、广西的平均排名分别进步 5.769、8.476、7、10.1、13、9.143 位，而台湾、河北、青海、辽宁、贵州、新疆、吉林、江西、甘肃、内蒙古的平均排名分别下降 9.6、5.636、23、7.857、5、22、5.125、6.455、8.417、5.222。三是一、二、三、四线城市呈现“分化中有收敛”趋势。2021 年，一、二、三、四线城市的科技创新竞争力指数依次递减，分别为 0.851、0.552、0.293、0.141，但与 2020 年相比，四线城市平均排名上升 0.613 位，是唯一实现平均排名上升的一类城市，表明不同层级城市之间存在“既有分化又有收敛”的趋势（见表 5）。

表 5　不同类别城市的科技创新竞争力指数

类型	2021 年均值	2020 年均值	平均排名差	排名下降数量	排名上升数量
南方地区	0.268	0.253	2.795	67	85
北方地区	0.208	0.209	-3.462	79	45
一线城市	0.851	0.836	-0.333	2	2
二线城市	0.552	0.537	-1.486	19	14
三线城市	0.293	0.28	-0.826	38	29
四线城市	0.141	0.137	0.613	87	85

数据来源：中国社会科学院城市与竞争力研究中心数据库。

3. 从城市群发展变化看，不同城市群科技创新竞争力水平有进有退

晋中、辽中南、南昌等部分城市群科技创新竞争力出现显著下降，而珠三角、北部湾、武汉等城市群则呈现明显进步。根据 2021 年中国城市科技创新竞争力排名，晋中、辽中南、南昌等城市群的平均排名分别较 2020 年下降 17.714、8.857、6.5 位，下降幅度相对较大。同时，珠三角、北部湾、武汉等城市群的平均排名分别较 2020 年上升 9.722、8.364、7.364 位，上升势头相对较快。

二、2022 年中国城市科技创新竞争力发展趋势

1. 科创水平整体跃升但短板仍将存在

近年来，中国城市科技创新实力明显增强，无论是顶尖城市还是一般城市均有长足的进步。未来一段时期内，中国城市科技创新发展将主要呈现如下趋势：一是顶尖科技创新城市量增质升。目前，进入城市科技创新竞争力全球前二十位的城市有 4 座，随着更多新一线城市加大科技创新领域的投入，未来将有更多新一线城市进入全球城市科技创新竞争力前二十强。与此同时，北京、上海、香港、深圳等顶尖城市的科技创新竞争力也将稳步提升。二是腰部科技创新城市更多涌现。目前，在城市科技创新竞争力全球排名前 500 位的城市中，中国城市占 19.8%。未来一段时期，随着一批国家科技创新中心城市和区域科技创新城市的崛起，这一比例将进一步增加，中国在全球科技创新腰部城市中的地位将进一步增强。三是科技企业和大学水平仍将是制约中国城市科技创新竞争力提升的明显短板。无论是自身内部分项指标之间对比，还是主要国家同一分项指标对比，科技企业和大学水平都是阻碍中国城市科技创新能力进一步提升的重要因素。考虑到科技企业培育和高等教育发展是一个长期系统工程。未来一段时期，这两大领域仍将是制约中国城市科技创新竞争力提升的主要短板。

2. 科技创新区域分化问题进一步凸显

区域发展不平衡一直是现阶段我国经济社会发展的重要特征，特别是在科技创新领域，区域分化问题十分突出。未来一段时期，科技创新区域分化问题仍将长期存在并可能进一步加剧。一是科创资源加速向头部城市集聚。随着科技创新资源、科技创新人才越来越向少数头部城市集聚，大多数城市面临科技创新资源流失的挑战，使得科技创新发展不平衡问题进一步加剧，由此导致区域发展两极分化格局日益凸显。二是南北分化或将进一步加剧。目前，南方地区科技创新水平相对高于北方地区，并且这一差距还在逐步扩大。南方城市科技创新竞争力平均排名稳步上升，

而北方城市科技创新竞争力平均排名逐步下降。未来，随着越来越多的科技创新人才向南方迁移，南北方之间的科技创新差距可能持续扩大。三是省域之间的科技创新差距将进一步显现。目前，不同省域之间在科技创新方面的表现正在呈现两极分化的趋势。江苏、广东等沿海发达省份的科技创新实力持续上升，而河北、青海、辽宁等省则处于下降通道。未来，这一趋势有可能进一步加剧。四是城市群之间的科技创新差距也将凸显。目前，不同城市群之间也呈现出科技创新两极分化的态势。晋中、辽中南、南昌等城市群科技创新竞争力有所下降，而珠三角、北部湾、武汉等城市群则明显进步。未来这一趋势或将继续存在。

3. 区域内部分化问题可能将有所加剧

科技创新的区内分化问题也是当前乃至未来一段时期值得关注的问题。一是科技创新竞争力较弱区域的内部分化问题可能进一步加剧。目前，就城市科技创新竞争力而言，城市竞争力较弱的区域，其内部分化往往更为严重。比如，内蒙古、甘肃、黑龙江等省的科技创新竞争力指数均值位列倒数前三位，但是其变异系数则远高于其他地区。同样，东北、西北、西南等地区的科技创新竞争力指数均值明显偏低，但其变异系数明显偏高，反映其内部分化较为严重。未来随着“马太效应”的持续作用，欠发达地区的内部分化问题有可能进一步加剧。另一方面，京津冀、珠三角等城市群的内部分化问题有可能进一步加剧。目前，从科技创新竞争力指数变异系数看，京津冀、珠三角、成渝、合肥、南昌、北部湾等城市群的变异系数均高于0.7，这说明这六大城市群在科技创新布局方面很不平衡，中心城市与周边城市之间存在较大差距。未来如果不采取相应措施的话，其内部不平衡问题仍将持续甚至可能进一步加剧。

三、提升中国城市科技创新竞争力的几点建议

1. 加快培育一批科技创新企业

一是加大多元科技投入。鼓励企业加大研发投入力度，允许企业技术研发费用抵扣当年应纳税所得额。鼓励和支持发展创业投资公司或风险投资基金，允许风险投资公司符合条件的高新技术项目投资损失在企业所得税税前列支。二是完善科技服务体系。加快科技企业孵化器建设，鼓励企业、高校、科研机构等各类力量创办科技企业孵化器，设立科技项目专项孵化基金。鼓励科技中介服务机构发展，对提供科技成果评估、交易、仲裁等配套服务的科技中介机构给予所得税和营业税优惠。三是提升品牌标准能力。鼓励企业参与制定国家行业标准，支持企业提升品牌塑造

能力，对获得“中国名牌产品”的企业或产品给予一定资助。

2. 推进高等教育又好又快发展

一是优化高等教育结构。适度调整教育类型结构，夯实职业教育，做强本科教育，做精研究生教育。优化高校学科布局，建立与城市产业发展相适应的高等教育学科专业布局。二是推动高等教育开放。合理推进开放办学，支持高校加强国际交流合作。充分利用国外优质教育资源，引进一批一流国际人才，探索世界一流大学、一流学科的有效建设路径。三是激发高校创新活力。结合国家战略需求和经济社会发展需要，加强产学研协同创新，围绕关键领域“卡脖子”环节开展重大项目攻关，为突破前沿技术和核心技术奠定扎实的创新理论基础。

3. 推动科技创新资源合理布局

一是打造全球顶尖科技创新城市。结合未来发展趋势，立足现有自身优势，推动上海、北京、深圳等具备较好基础的城市打造具有全球影响力的国际科技创新中心。二是建设国家科技创新中心城市。强化战略引领，坚持总量控制，遴选若干具有一定创新基础的国家中心城市，打造具有内生动力的创新生态系统，辐射带动区域乃至国家创新发展。三是构建区域科技创新中心。把握区域创新发展的新趋势新需求，针对中西部、东北等地区，打造一批区域性科技创新中心城市，缓解创新资源高度集聚引发的区域分化问题。实施体现地方发展优势和定位的科技发展战略，按照“一地一策”原则，推动与区域科技创新中心建设相匹配的科技、教育、产业政策变革，不断提升区域创新能力。

Annual Report on
China and the World Economic Development（2022）

产 业 篇

INDUSTRY REPORTS

14　2021 年工业运行分析及 2022 年展望

魏琪嘉*　冯利华*

摘要：2021 年，得益于前期各项惠企支持政策落地见效，工业经济总体保持稳定运行。但国内外经济环境复杂多变，各类风险及不确定性因素叠加，对工业供给端造成一定冲击，工业稳中向好的基础仍不牢固，特别是制造业产业链不同环节、不同类型市场主体面临的一些深层次矛盾和难题，巩固产业恢复性增长势头还要持续加力。建议政策上坚持目标导向和问题导向，注重发挥产业政策对畅通经济循环的具体推动作用，促进供需实现动态平衡，不断提升工业经济发展质量和效率。

关键词：工业　经济增长　新发展格局

综合 2021 年以来的各类指标情况看，工业运行稳中向好的势头持续巩固，为加快推进供给侧结构性改革、不断提升经济增长质量和效率创造了良好条件。但同时也要看到，受疫情及其他突发因素影响，供需结构性矛盾、产业内部发展不平衡不充分等问题进一步凸显，稳定工业运行的难度有所增大。应抓住当前各方面有利的"窗口期"，抓紧推动解决我国工业领域中存在的结构性难题，防范和化解各类潜在风险。

一、工业企稳向好的积极因素不断积累，运行的质量和效益明显提升

1. 复工复产持续推进，产能利用率在合理区间运行

疫情得到有效控制，生产逐渐摆脱负面影响。供给复苏的态势在持续。前三季度，工业产能利用率为 77.6%，比正常年份 2019 年同期还高 1.4 个百分点，数值处于近五年来的较高水平（见图 1）。国际上合理产能利用率的标准区间为 75% ~80%，我国工业当前产能利用水平说明很多行业不仅是复工复产，而且有的已接近于满工满产。

---

* 魏琪嘉，经济学博士，国家信息中心经济预测部产业经济研究室主任，副研究员，研究领域为产业经济学。
* 冯利华，经济学博士，国家信息中心经济预测部助理研究员，研究领域为产业经济、社会信用体系建设。

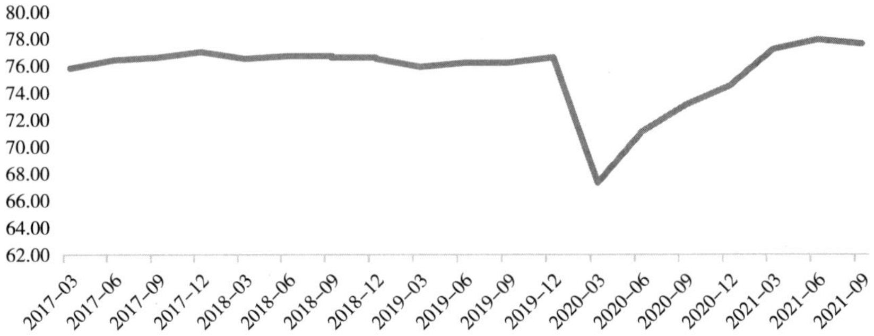

图1　2017—2021年工业产能利用率累计值（%）

数据来源：Wind资讯。

2. **出口增长超出预期，有效支撑生产端复苏**

疫情造成全球产业链供应链中断，率先恢复供应的国家有余力满足来自其他国家的市场需求。我国出口数据表现频频超出市场预期，原因就在于此。国内生产恢复得好，而国际上其他国家虽然需求在复苏，但疫情仍然未得到有效控制，生产很难回到疫情前的水平，我国在全球贸易市场的供给替代效应非常明显。1—9月份，规模以上工业出口交货值同比增长19.4%，连续两个月增速加快，两年平均增速为7.6%。工业下游的消费品生产加工行业是我国对外出口的大户，强劲的外需有利于提高国内生产积极性，助推工业稳定回升。

3. **高技术制造业保持较高增速，部分已经恢复到疫情前水平**

数据显示，2021年1—9月份，装备制造业和高技术制造业增加值同比分别增长16.2%、20.1%，明显高于其他行业板块，增速分别快于全部规上工业4.4、8.3个百分点，对全部规上工业增长贡献率分别达44.9%、25.2%；两年平均增速分别为10.3%、12.8%，均高于疫情前同期水平4个百分点以上。通用设备制造业、专用设备制造业、汽车制造业、铁路船舶航空航天和其他运输设备制造业、电气机械及器材制造业、计算机通信和其他电子设备制造业等行业保持较快增长，恢复性态势明显，彰显经济结构不断优化，高技术行业增长的活力和潜力在不断释放。

4. **政策保持稳定性连续性，有利于提振市场主体信心**

一方面，中央经济工作会议和政府工作报告明确强调，要保持当前政策的连续性和稳定性，向市场释放了“稳”的信号。另一方面，制造业研发费用加计扣除比例由75%提高到100%，是结构性减税政策的又一次尝试，有利于进一步减轻企业特别是先进制造业企业负担，同时对于提升产业发展质量具有很强的正向激励作用。此外，“放管服”改革举措不断落地落实，政务服务便捷化、集约化、一体化水平不断提升，对于优化营商环境、提高要素运转效率起到了重要促进作用。

二、当前工业运行面临亟待解决和破解的三方面难题

当前，工业发展积极因素不断增加，但也要清醒地看到，产业发展的不平衡不充分问题仍然存在，其中虽然也有诸如像大宗商品价格过快上涨等偶发因素影响，但归根到底只有加大力气破解结构性难题，才能提升产业的抗冲击能力，才能在保持合理增速的同时不断提升发展质量。

（一）大宗商品价格上涨对工业运行造成一系列次生冲击

2020 年 4 月份以来，受疫情全球蔓延、多国货币“放水”、产业链供应链中断等多重因素影响，全球大宗商品进入了新一轮涨价周期，且在 2021 年上半年尤为明显。大宗商品价格过快上涨最直接的危害就是，加重下游制造业企业成本负担，同时加剧上中下游发展的不均衡，加大输入性通胀发生的概率。在此背景下，制造业下游企业利润受到挤压，在产业循环中形成“堰塞湖”，造成“上游热、下游冷”的局面，从而影响经济大循环。潜在的风险在于，由于下游企业很难直接将涨价压力在生产循环中消化掉，很有可能将压力进一步向消费端传导，导致零售环节商品价格上涨。实践表明，大宗商品价格上涨很容易通过产业链进行传导，最终会把这种涨价效应传导给终端消费者。不仅如此，还容易在期货市场引发投机炒作，扭曲市场价格信号。同时需要警惕的是，部分大宗商品急涨后可能出现急跌，严重干扰上中游正常的生产秩序。

（二）行业内部企业景气程度分化问题凸显

PMI 指数显示，自 2018 年 1 月至 2021 年 10 月的 46 个月中，大型企业景气程度在荣枯线（50%）之上的有 43 个月，中型企业有 22 个月，小企业有 10 个月（见表 1）。行业内部企业景气程度分化的态势仍未有效缓解。这种现象反映出的本质是不同企业组织形式对要素资源的吸附能力。大企业凭借先进的技术、稳定的市场，客观上形成了一种“虹吸效应”。从这个角度看，企业经营存在一定差距也是合理的，不能追求所有企业平均式发展。但景气程度的明显分化，也反映出解决中小企业生产经营遇到的深层次矛盾，难度大、要求高，需要下大力气破解。深层次矛盾主要有两方面：一是企业规模与企业信用之间的矛盾。中小企业特别是小企业经营规模小，资产数量有限，在获取信贷资源方面天然处于不利地位。二是要素成本刚性上涨与中小企业抗风险能力之间的矛盾。我国制造业发展已经明显受到土地、人

工、水电等成本合理上涨的影响，加工制造类企业的利润空间受到挤压。中小企业抗风险能力弱，与营收增长空间受成本上涨影响有密切关系。

表 1　大中小企业 PMI 变化情况对比（单位:%）

日期	PMI：大型企业	PMI：中型企业	PMI：小型企业
2018-01	52. 60	50. 10	48. 50
2018-02	52. 20	49. 00	44. 80
2018-03	52. 40	50. 40	50. 10
2018-04	52. 00	50. 70	50. 30
2018-05	53. 10	51. 00	49. 60
2018-06	52. 90	49. 90	49. 80
2018-07	52. 40	49. 90	49. 30
2018-08	52. 10	50. 40	50. 00
2018-09	52. 10	48. 70	50. 40
2018-10	51. 60	47. 70	49. 80
2018-11	50. 60	49. 10	49. 20
2018-12	50. 10	48. 40	48. 60
2019-01	51. 30	47. 20	47. 30
2019-02	51. 50	46. 90	45. 30
2019-03	51. 10	49. 90	49. 30
2019-04	50. 80	49. 10	49. 80
2019-05	50. 30	48. 80	47. 80
2019-06	49. 90	49. 10	48. 30
2019-07	50. 70	48. 70	48. 20
2019-08	50. 40	48. 20	48. 60
2019-09	50. 80	48. 60	48. 80
2019-10	49. 90	49. 00	47. 90
2019-11	50. 90	49. 50	49. 40
2019-12	50. 60	51. 40	47. 20
2020-01	50. 40	50. 10	48. 60
2020-02	36. 30	35. 50	34. 10
2020-03	52. 60	51. 50	50. 90
2020-04	51. 10	50. 20	51. 00
2020-05	51. 60	48. 80	50. 80
2020-06	52. 10	50. 20	48. 90
2020-07	52. 00	51. 20	48. 60
2020-08	52. 00	51. 60	47. 70
2020-09	52. 50	50. 70	50. 10

续 表

日期	PMI：大型企业	PMI：中型企业	PMI：小型企业
2020-10	52.60	50.60	49.40
2020-11	53.00	52.00	50.10
2020-12	52.70	52.70	48.80
2021-01	52.10	51.40	49.40
2021-02	52.20	49.60	48.30
2021-03	52.70	51.60	50.40
2021-04	51.70	50.30	50.80
2021-05	51.80	51.10	48.80
2021-06	51.70	50.80	49.10
2021-07	51.70	50.00	47.80
2021-08	50.30	51.20	48.20
2021-09	50.40	49.70	47.50
2021-10	50.30	48.60	47.50

数据来源：国家统计局。

（三）制造业比重下降不利于巩固产业发展基本盘、维护产业安全

目前我国制造业比重面临下降过快风险。虽然当前我国制造业比重在世界上居于第一位（见图 2），但是仍然要关注该指标变化背后反映出的问题。近年来，受金融、房地产行业快速增长、制造业成本加快上升、部分制造业产业链环节出现向外转移苗头等因素影响，我国制造业增加值比重呈现过快下降的特征。从国际经验看，美国等发达国家制造业比重下降过程均经历了较长时间。美国制造业比重从 1953 年最高点的 27.6% 到 1980 年完成工业化时的 19.5%，整整花了 27 年，年均下降 0.3 个百分点。与之相比，我国制造业比重由 2011 年的 32.06% 下降至 2020 年的 26.18%，年均下降 0.65 个百分点，最近十年下降速度明显过快。

总的来看，制造业比重下降反映出我国实体经济与虚拟经济良性循环尚未形成。近年来，我国实体经济经营环境趋紧、下行压力加大，出现了增长放缓、结构性矛盾突出、效益下滑等诸多问题，其根源主要在于虚拟经济泡沫对实体经济造成的挤压效应。主要表现为：一是大量信贷资源流向虚拟经济领域导致实体经济融资难，即使有部分资金流入实体经济，也因为利率过高，超过实体经济可以承受的极限而导致融资贵问题。二是传统银行体系服务长尾客户的能力相对较弱，风险管理模式过于依赖抵押和银政合作，对实体企业贷款的风险定价能力较弱。三是我国融资担保体系发展滞后，担保公司实力普遍较弱，难以取得银行的充分信任，加剧了实体企业贷款难贷款贵问题。

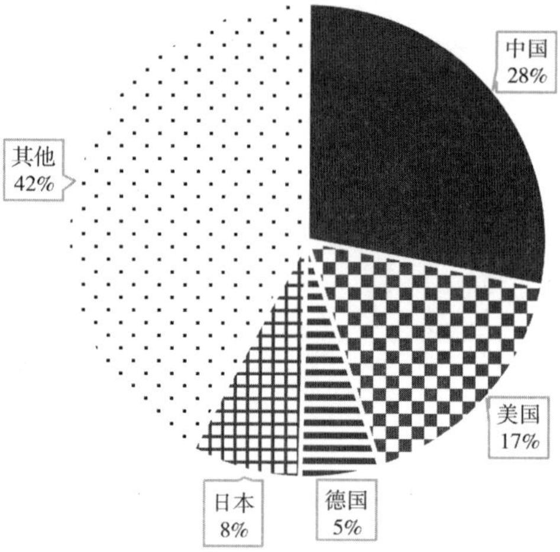

图 2　2019 年制造业比重国际比较

数据来源：世界银行（Word Bank Data）。

三、对 2022 年工业运行的展望

总体看，工业经济在四季度虽然有较大下行压力，但是持续向好的基本面没有变，各类有利因素也在不断积累，跨周期调节政策力度也在不断加大，2022 年工业经济将继续延续稳定恢复态势，新动能增长韧性也将不断增强。2022 年主要有两个方面有利因素积累：一是 2021 年各类支持政策效应将在 2022 年陆续集中显现。党中央、国务院高度重视工业等实体经济的平稳运行，对加快发展现代产业体系、推动工业体系优化升级做出了一系列部署。2021 年集中公布了一批在新形势下推进工业领域供给侧结构性改革的重要举措，协同配合、良性互动的政策体系正在加快形成，为工业平稳运行、加快发展提供了重要政策保障。二是数字化转型步伐加快，发展后劲有力。数字化发展全面渗透和深刻影响工业生产、流通、消费、进出口等各个环节，数字经济与实体经济深度融合，数字产业化、产业数字化良性互动，这些为传统工业提升改造、以信息化培育工业发展新动能、用新动能推动工业高质量发展，创造了扎扎实实的需求、应用场景。

四、政策建议

稳定工业运行，政策上要坚持系统观念，坚持稳中求进的总基调，扎实细致做好相应的政策储备，并根据具体问题对症施策。建议政策上统筹发展和安全，着眼短期和长期，兼顾增长和改革，注重投资政策和财税、产业、经贸等其他政策协同

配合，推动工业高质量发展。

1. **遏制原材料价格过快上涨势头**

一是最大限度做到信息的对称。要拓宽信息渠道密切监测国际大宗商品价格变动情况，快速、及时向市场主体发布价格监测和预警信息。专业行业协会要发挥大企业集聚的优势，率先发现大宗商品价格变化过程中苗头性和倾向性问题。二是完善大宗商品期货市场定价机制，强化市场运行监管和执法力度，严厉打击在商品价格上涨之际违规操作、投机炒作等行为。三是加强对原材料流通环节的规范管理。对在大宗商品国内流通环节层层倒手加码加价的现象、通过串谋等手段哄抬原材料价格的不法商业行为，保持高压打击态势，整治市场秩序。四是加强对原材料市场的调节和预期引导，扩大国内市场有效供给，缓解短期供需矛盾。

2. **着力扩大制造业有效投资**

以投资为有效抓手，贯彻好中央关于保持制造业比重基本稳定的决策部署，发挥好投资对巩固制造业基本盘的支撑作用。一是促进项目开工落地。推动列入“十四五”规划中的重工业项目尽快落地并尽早形成实物量。二是加强对工业投资的要素保障。从土地、资金、财政、税收等方面强化激励保障力度，引导各类优质资源向实体经济领域汇聚。三是增强产业关键核心技术突破能力。实施产业基础再造工程，加快补齐基础零部件及元器件、基础软件、基础材料、基础工艺和产业技术基础等瓶颈短板。四是培育壮大产业发展新动能，聚焦新一代信息技术、生物技术、新能源、新材料、高端装备、新能源汽车、绿色环保及航空航天、海洋装备等战略性新兴产业，加快打造一批新兴产业应用场景，带动先进制造业产业集群建设。

3. **探索推进大中小企业协同发展**

一是构建中小企业与大企业的稳定合作关系。建立大企业与中小企业的合作激励机制，积极引导具有创新活力的中小企业与大企业进行协作配套，促进中小企业产品进入大企业的产业链或采购系统，鼓励大企业将有关产品及零部件委托给中小企业生产，由大企业对产品进行质量检测，在大企业与中小企业协同发展中，对带动作用明显、成效显著的大企业予以税收减免等奖励。二是发挥大企业在产业联盟和专业协作体系中的主力军作用。成立专门引导基金，大力推动产业链上大企业与中小企业的“纵向联盟”，通过推动大企业与中小企业的合作，打通上下游企业的产业联系，保障企业原料和销售的稳定，实现大企业与中小企业的协同发展，推动中小企业借助大企业平台快速嵌入全球生产与贸易体系。三是优化协作环境，推进产业协作、生态链有效连接与融合。对于参与企业配套、生态链构建效果好、程度高的行业给予奖励支持。

4. 强化督促各类惠企政策落实

一是以推动优惠政策落实提振市场主体信心。持续做好前期涉企优惠政策的执行落实。鼓励各地结合自身财政情况出台有关继续实施惠企政策促进经济稳中求进的相关措施，对涉企优惠政策实、效果好的地区给予相应的激励措施。二是强化政策落实督促检查力度，统筹规范督查检查。有针对性地加强对各地在落实政策方面的指导，及时发现堵点问题并着力加以解决。三是加强政策宣传力度，多渠道线上线下向企业进行优惠政策告知，简化政策程序，提高便利化水平。四是做实做细政策效果评估工作。注重发挥协会、企业、智库及其他专业机构作用，定期开展政策效果评估。五是持续优化营商环境。在重点领域、关键环节继续放权，持续深化商事制度改革。进一步加大"互联网+政务服务""互联网+监管"平台建设力度，助力"放管服"改革。

5. 保持政策连续性稳定性可持续性

政策连续性稳定性可持续性事关市场预期稳定性。推动工业高质量发展，离不开产业政策和竞争政策的协调，离不开各类政策协同并保持连续性稳定性和可持续性。建议更加注重提升政策精细化水平。明确各类政策的适用范围，根据不同产业类别、产业发展不同阶段分类把控政策重点，同时为政策动态调整预留一定空间。

15　2021 年服务业发展形势分析及 2022 年展望

刘玉红*

摘要：前三季度，服务业延续稳步恢复态势，新动能快速发展，投资结构和外贸结构逐步改善，对经济增长的拉动作用继续增强，主要行业均呈现快速增长的走势。2022 年，国际货币政策转向、国内经济需求减弱等给我国服务业发展带来风险，但融合发展、现代服务业等新动能不断涌现、生活服务业加速恢复等也为服务业快速发展提供助力。为实现服务业的平稳健康发展，要保持政策前瞻性，积极应对国际金融风险，完善服务业基础设施建设，为服务业发展提供良好的市场环境；要加快服务业与工业融合发展，提高服务业的数字化特征，完善国内消费环境，为服务业快速发展提供增长动力。

关键字：服务业　分析　展望

一、服务业结构优化步伐加快

（一）服务业经济平稳运行

服务业对经济增长贡献率逐步提高。分季度看，一、二、三季度服务业增加值分别增长 15.6%、11.8% 和 9.5%（见表 1），两年平均增速分别为 4.7%、4.9% 和 4.9%，服务业增长对经济增长的贡献率分别为 50.9%、53% 和 54.2%，服务业对经济增长的贡献率逐步提高。前三季度，服务业增加值 296611 亿元，同比增长 11.8%，两年平均增长 4.9%，服务业增加值占国内生产总值比重为 55.7%，拉动国内生产总值增长 6.7 个百分点。

企业生产经营平稳增长。受到基数因素影响，2021 年前 8 月我国服务业指数呈现平稳回落的走势，但是从两年平均数据看，2021 年服务业指数基本在 5% ~6% 之间平稳运行，在 8 月份受到疫情散点暴发的冲击，服务业生产指数有所回落，9 月

---

* 刘玉红，国家信息中心经济预测部产业研究室，研究方向为景气指数、服务业。

份，服务业生产指数再次回升，当月指数为5.2%，两年平均5.3%。1—8月规模以上服务业企业营业收入同比增长25.6%，两年平均增速10.7%。分行业看，信息传输、软件和信息技术服务业及科学研究和技术服务业营业收入增长较快，前8个月分别增长28.8%和34.8%，两年平均增速分别为17.4%和11.8%。规模以上高技术服务业、科技服务业和战略性新兴服务业企业营业收入同比分别增长22.0%、22.6%和23.2%，两年平均分别增长15.4%、15.0%和14.3%，分别快于规模以上服务业企业营业收入两年平均增速4.7、4.3和3.6个百分点。

表1　服务业生产经营相关统计指标（单位:%）

	增加值增速	固定资产投资增速	规上企业营业收入增速	生产指数	商务活动指数
2021-02			37.8	31.1	50.8
2021-03	15.6	24.1	37.1	25.3	55.2
2021-04			34.4	18.2	54.4
2021-05			31.9	12.5	54.3
2021-06	11.8	10.7	29.5	10.9	52.3
2021-07			27.8	7.8	52.5
2021-08			25.6	4.8	45.2
2021-09	9.5	5.0		5.2	52.4

数据来源：根据统计局数据整理，服务业增加值、固定资产投资和规上企业营业收入增速为累计增速。

（二）服务业发展势头良好

服务业新动能引领作用不断增强。前三季度，信息传输、软件和信息技术服务业，金融业增加值同比分别增长19.3%和4.5%，两年平均分别增长17.6%和5.7%，合计拉动服务业增加值增长2.0个百分点。9月份，信息传输、软件和信息技术服务业，金融业生产指数同比分别增长15.9%和4.8%，两年平均分别增长16.0%和6.6%，合计拉动当月服务业生产指数增长2.3个百分点，对当月服务业生产指数贡献率达44.2%。

服务业新业态发展活跃。前三季度，社会消费品零售总额同比增长16.4%，两年平均增长3.9%；实物商品网上零售额同比增长15.2%，两年平均增长15.3%，占同期社会消费品零售总额的比重为23.6%，对社会消费品零售总额增速拉动超过3个百分点。前三季度，快递业务量较上年同期的增量超200亿件，远高于上年同期的122.3亿件。1—8月份，规模以上供应链管理服务企业营业收入同比增长50.0%，增速快于规模以上服务业企业营业收入24.4个百分点。工业软件快速普及，1—8 月份，工业软件产品收入同比增长 17.0%，占软件产品收入比重达 9.4%，较上年同期提高 0.5 个百分点。

（三）服务业投资稳步增长

高技术服务业投资增长迅速。前三季度，受到基数影响，服务业投资同比增速有所回落，1 季度、上半年和 9 月末，服务业固定资产投资同比分别增长 24.1%、10.7% 和 5%，两年平均增长 4%、4.8% 和 3.4%。2021 年以来高技术服务业固定资产投资增势较好，一季度和上半年分别增长 8.2% 和 9.5%，前三季度累计增长 6.6%，高出全部服务业固定资产投资 1.6 个百分点，两年平均增长 7.7%。分行业看，疫情对服务业正常生产产生的影响已经基本消除，2021 年恢复到疫情前的正常投资结构，电子商务服务业投资继续领跑，2021 年各月增速均保持在 30% 以上，前 9 月实现 43.8% 的增速；检验检测服务业投资也保持快速增长，前 9 月累计增长 23.7%；研发设计服务业投资在经历了 2020 年的负增长后，2021 年快速反弹，前 9 月增长 15.7%。

（四）服务贸易结构步伐加快

我国服务贸易保持良好增长态势，服务出口整体好于服务进口。2021 前 8 个月，我国服务进出口总额 32716.6 亿元人民币，同比增长 9.4%。剔除旅行服务，1—8 月我国其他服务进出口增长 22.1%，其中出口增长 30.5%，进口增长 13.4%。分结构看，2021 年服务出口表现明显好于进口，1—8 月服务出口 15499.9 亿元，增长 25.3%，服务进口 17216.6 亿元，下降 1.8%。服务出口降幅小于进口 27.1 个百分点，带动服务贸易逆差持续下降，截止到 8 月底，服务贸易逆差 1716.7 亿元，下降 66.7%，同比减少 3439.5 亿元（见表 2）。

表 2 我国服务贸易相关情况

年份/指标	服务进出口总额增速（%）	服务出口总额增速（%）	服务进口总额增速（%）	服务贸易逆差（亿元）	服务贸易逆差增速（%）
2021-02	-3.6	21.9	-18.6	432.8	-77.2
2021-03	0.5	22.8	-13.5	666.9	-74.7
2021-04	3.3	23.2	-10	720.4	-76.3
2021-05	3.7	20.1	-7.5	1144.9	-67.3
2021-06	6.7	23.6	-5	1204.6	-70
2021-07	7.3	23.2	-4	1347.5	-70
2021-08	9.4	25.3	-1.8	1716.7	-66.7

数据来源：商务部相关数据整理，所有数据均为累计指标。

服务贸易结构调整升级速度加快。2021 年以来，知识密集型服务贸易始终呈现较好发展态势。1—8 月，知识密集型服务进出口 14754. 2 亿元，增长 12%，比 2020 年同期加快 3. 5 个百分点，占服务进出口总额的比重达到 45. 1%，比 2020 年同期提升 10 个百分点。其中，知识密集型服务出口 8038. 2 亿元，增长 16%，占服务出口总额的比重为 51. 9%。服务出口增长较快的领域，一是个人文化和娱乐服务，2021 年各月基本保持在 30% 以上的增速，1—8 月增速为 34. 3%；二是知识产权使用费和电信计算机和信息服务，前 8 月分别实现 23. 8% 和 20. 6% 的增长速度。知识密集型服务进口 6716 亿元，增长 7. 5%，占服务进口总额的比重达 39%。进口增长较快的领域是知识产权使用费、电信计算机和信息服务，分别增长 14. 5% 和 14. 3%。

二、服务业发展面临更复杂的风险和挑战

1. 全球货币政策转向给我国金融市场带来冲击

全球央行超宽松货币政策立场面临转向。发达经济体央行开始释放货币政策转向信号，美联储 2021 年 6 月、9 月连续将 2023 年政策利率预测由 0. 1% 上调至 1%，并释放年末启动缩减购债的政策信号，首次加息时点预期也已接近 2022 年下半年。欧央行预计 2021 年四季度将降低购债速度，2022 年将退出紧急抗疫购债计划（PEPP）。部分新兴经济体率先启动加息，截至 9 月末，巴西、俄罗斯和墨西哥央行 2021 年已分别累计加息 425 个、250 个和 50 个基点，未来仍可能进一步加码。全球货币政策转向将对我国金融稳定性带来较大冲击，美元升值、资本外流和汇率波动压力加大。国际金融市场的波动对我国金融市场也会产生传导效应，我国金融市场下行压力增大，金融市场风险头寸集中爆发、市场波动突然放大、潜在金融风险可能集中释放。

2. 需求减弱拖累服务业发展进程

一是受环保安全限产政策和原材料等成本上升影响，2021 年以来工业生产边际继续走弱。9 月份工业增加值同比增长 3. 1%，8 月份为 5. 3%，回落 2. 2 个百分点，从环比看，9 月份，规模以上工业增加值比上月增长 0. 05%，较 8 月份的 0. 31% 明显走弱。二是房地产行业疲态尽显。10 月前 15 天 35 城地产销量增速降幅收窄至 -10. 6%，但跌幅仍达到两位数，其中一二线城市销量增速受 2020 年同期基数回落影响而有所上行，而三四线城市销量增速降幅仍在扩大。三是疫情散点爆发拖累国内消费需求。9 月，全国餐饮收入、限上餐饮收入增速较 2020 年同期分别上涨 6. 0、3. 6 个百分点，但较 2019 年同期分别下降 6. 3、1. 6 个百分点。2021 年以来，非制

造业从业人员指数一直低于 50%，9 月为 47.8%，比 8 月回升 0.8 个百分点。而分行业看，2021 年 9 月，建筑业从业人员指数为 52.6%，比上月上升 2.0 个百分点；服务业从业人员指数为 46.9%，比上月回升 0.5 个百分点，表明接触性服务业仍未完全恢复。

3. 服务贸易抵御风险能力有待加强

我国服务贸易仍以传统行业为主。无论出口还是进口，中国服务贸易都以传统的旅游、运输等资源型和劳动密集型行业作为支撑，而航空、通讯、建筑等资本密集型服务业及金融、计算机和信息服务等技术知识密集型服务业对中国服务贸易的贡献微弱。受到疫情和运输价格大幅波动的影响，2021 年以来我国传统服务贸易继续走弱，由于我国新兴服务在中国服务贸易总额中占比仅为 35% 左右，技术知识密集型服务业的快速增长无法抵消以旅行服务为代表的传统服务贸易下降大势。

三、服务业发展趋势展望

虽然中国服务业运行在短期内遇到一定的压力和挑战，但是就 2022 年而言，中国服务业面临着更多的积极因素，具有较强的快速发展潜力，主要体现在如下几个方面：

1. 融合发展将是服务业发展的重要趋势

融合发展是实现我国经济高质量发展的重要途径。制造业企业的创新实力和经营效率更强，服务业企业则在盈利能力上更为突出。我们有条件也应该从全产业链高度出发，发挥制造、服务各自的优势，推进制造、服务各个环节的融合发展，以制造的高效率带动服务效率的提升，反过来专业化服务业的优势又促进制造生产效率的提升，进而推动“微笑曲线”实现整体向上跃升。为此，2021 年 3 月份，国家发展改革委发布《关于加快推动制造服务业高质量发展的意见》，加速实现我国制造业与服务业的融合发展。

2. 服务业新动能增长方兴未艾

到 2020 年我国《外商投资准入特别管理措施（负面清单）》服务业条目已压缩至 23 项，银行、保险、证券、电信、分销等服务部门均已向外资开放。积极推进自由贸易战略，与 26 个国家和地区相继签署了 19 个自由贸易协定，加速了我国与贸易伙伴国在服务贸易、投资等领域的双向自由化进程。从 2013 年上海自由贸易试验区成立至今，我国自贸区数量已达到 21 个，覆盖全部沿海省份，海南成为自由贸易港；2021 年 4 月，服务业扩大开放综合试点首次扩容至天津、上海、海南、重庆 4

个省市。全面推广营业税改征增值税，实现增值税对货物和服务的全覆盖，技术先进型服务业企业所得税优惠政策正式推广至全国。

3. 生活服务业加速恢复

一是用户数量和质量稳步提高，快速扩张，随着收入水平的提高，一二线城市服务消费更加成熟，用户稳步升高，服务消费进一步升级，根据阿里健康的数据，线上体检项目市场稳步增长，其消费者近80%集中于以一二线城市。三四线城市的用户绝对数量不如一二线城市，但是增速明显高于一二线城市。二是文化和科技双赋能生活服务业。得益于我国国内有效的疫情防控，疫情以来外资品牌加速布局中国市场，北京环球影城9月份开园，地中海俱乐部未来18项投资计划中的一半将落地中国，默林集团近期在国内布局3家乐高乐园。交通运输行业中快递公司加快生鲜产品冷库与网销产品仓储网点建设，大力发展农产品“生鲜电商+冷链宅配”“中央厨房+食材冷链配送”等新模式。

四、政策建议

1. 采取多种措施化解政策转向的负向冲击

一是加强对美国金融市场和国际金融市场、跨境资金流动的跟踪监测，提高对跨境资金流出风险的预警能力。二是适度扩大人民币双向波动幅度，有序推进人民币自由兑换。扩大人民币在国际贸易结算、投资、外汇市场及国际储备中的交易和运用，同时加强人民币汇率的预期管理，防止出现美元加息周期人民币单边大幅贬值现象。三是加强货币政策的国际协调，联合新兴市场国家敦促发达国家提高货币政策退出决策信息的透明度，降低政策外溢效应对其他国家的冲击。四是维持适度合理的流动性环境，保持市场利率水平平稳波动，加强与市场沟通，引导和管理好预期。五是适度渐进压降美债投入，短期可以降低外汇储备美元集中度，降低投资风险；长期则有助于重置国际储备货币角色，逐步削弱美元霸权。

2. 切实有效促进“两业”融合发展

一是营造“两业”深度融合的产业生态。消除服务业和制造业在税收、金融、科技、要素价格之间的政策差异。对享受高新技术企业待遇的制造业企业，剥离成立生产性服务企业后，仍然享受高新技术企业待遇。二是补齐生产性服务业发展短板。着力发展工业软件、工业互联网、供应链管理等新兴服务业，以及发展数字经济等“跨界”融合的新业态、新模式，引领制造业向数据驱动型创新体系和发展模式转变。三是发展面向制造业服务化的新兴服务。实施“两业”融合众创金融试点工作，开展债券发行、信用贷款等金融产品和服务创新。依托中国自由贸易试验区、国家级自主创新示范区等创新开放载体，整合优势科研和教育资源等，建立一体化的制造业服务化公共创新平台和动态创新链。

3. 完善数字化基础设施

一是加强顶层设计的引领，通过明确各层级单位的责任分工、规范建设程序、统一技术标准，实现各部门的协同推进。二是加大新型技术设施建设投入的力度，把握数字化发展的时代机遇，着力打造高速、移动、安全的新型基础设施，推动传统基础设施数字化改造。三是明确数据作为参与分配的生产要素的属性，构建数据确权与利益分配机制。四是以数字化转型带动产业链的现代化，大力推广各类数字化新模式、新业态、促进企业生产方式转变，资源配置需求响应业务协同的数字化产业集群，提升产业链现代化的水平。五是联合政产学研用等各方的力量，打造对话与合作的平台，加强数字化转型供给侧和需求侧对接，强化跨行业的联动。

4. 进一步推动服务贸易高质量发展

一是完善体制机制。在服务贸易管理体制、开放路径、促进机制、政策体系、监管制度、发展模式等方面加强探索，加快体制机制和政策创新，逐步建立新时代符合服务贸易高质量发展特点和需要的发展路径。二是扩大对外开放，逐步扩大教育、医疗、文化等生活性服务部门的外资准入，对于这些风险系数低的部门在加大开放力度时可以保留必要的限制性措施；而对于风险系数高的金融业，在深化金融科技战略、加速推进数字化经营的同时，也要积极稳步提升其对外开放水平。三是深化服务贸易创新发展试点，着力打造服务贸易创新高地，建设好服务外包示范城市，推动服务外包产业转型升级，推动 13 个国家文化出口基地，积极拓展文化贸易。四是加强“一试点、一示范、多基地”建设。抓好加快数字化转型、推动重点领域发展、构建全球服务网络体系等 6 个方面工作。

16　2021 年房地产市场分析和 2022 年展望

邹士年*

摘要：在“房住不炒”的定位下，在限购、限贷等楼市调控政策的持续发力下，房价快速上涨的势头终于得到遏制。但是随着 2021 年房地产信贷的持续收紧，加上疫情带来居民收入的预期下降，房地产企业的风险不断暴露，房地产市场开始出现销售不断创下新低、开发商拿地积极性不断降低、市场预期不断下降等现象，叠加房产税试点的出台，9 月份房地产价格出现普跌。当前，各方要防范楼市出现明显的拐点，防止房价出现“断崖式”下滑风险。在“房住不炒”的总基调下，要关注房地产市场风险变化，注意政策的微调，进一步完善长效机制建设。各地要因城施策，适度留出行业发展的弹性空间。

关键词：房住不炒三道红线　风险

一、2021 年的房地产市场走势

2021 年随着我国对于疫情的有效控制，房地产市场需求继续得到有效释放，但是上半年在部分城市房价继续上涨的背景下，房地产调控也在不断加强，尤其是“三道红线”严格约束房企的盲目扩张，“因城施策”调控政策得到进一步深化。由于 2020 年基数原因，加上调控的作用，全年房地产市场走势呈现前高后低、逐步下滑态势，但是投资和销售仍会创出新高。

（一）国房景气指数整体逐步回落，全年景气指数低于上一年

包含房地产投资、资金、面积、销售等有关指标的房地产开发景气指数（简称“国房景气指数”）是最能反映房地产整体情况的指标，国房景气指数 100 点是最合适的景气水平，95 至 105 点之间为适度景气水平，95 以下为较低景气水平，105 以上为偏高景气水平。2021 年以来的景气指数在 1、2 月份延续上一年行情继续保持

---

* 邹士年，经济学博士，副研究员，研究方向为宏观经济、房地产经济等。

快速回升，2 月份达到阶段性峰值 101.42，自 3 月份开始，国房景气指数在开始逐步回落，到 2021 年 9 月已经回落到 100.74，虽然仍高于上年同期数值，但是已经低于 2020 年 12 月的景气值 100.86（见图 1）。按照四季度房地产市场的趋势，预计 2021 年底的国房景气指数会显著低于 2020 年。

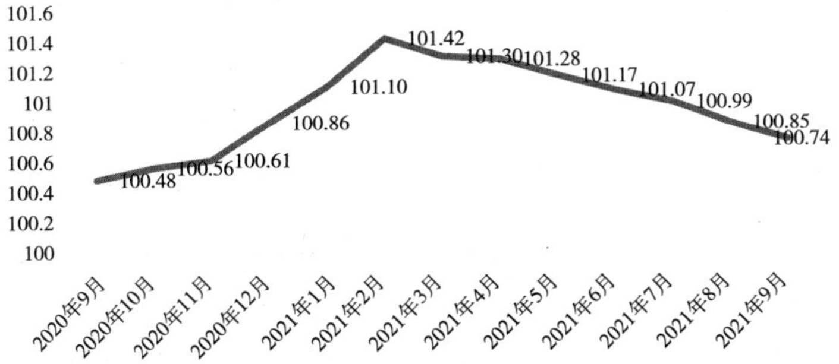

图 1　国房景气指数

（二）全年房地产投资总额仍会创新高，但增速将低于上年度

1—9 月份，全国房地产开发投资 112568 亿元，同比增长 8.8%（见图 2）；比 2019 年 1—9 月份增长 14.9%，两年平均增长 7.2%。其中住宅投资增长 10.9%。整体看投资仍保持稳定增长，但是同比增速显然在逐步下滑，增速也跌入个位数区间。分区域看，1—9 月份，东部地区房地产开发投资同比增长 7.9%，中部地区投资同比增长 14.3%，西部地区投资同比增长 6.9%，东北地区投资同比增长 3.7%。从 1—9 月份来看，各个区域都保持投资的稳定增长，但是各地增长的速度有一定差别，中部地区受 2020 年同期基数影响增长最快，西部地区在 2020 年同比增速较快的基础上仍然保持较快的增长。按照当前的市场形势，四季度房地产投资整体仍然会继续回落，全年房地产投资增速预计为 5% 左右。

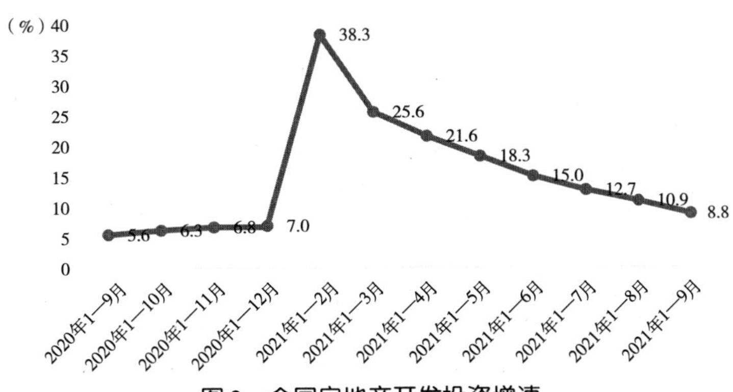

图 2　全国房地产开发投资增速

1—9 月份，房地产开发企业房屋施工面积同比增长 7.9%。其中，住宅施工面积增长 8.2%。而 2020 年同期分别增长 3.1% 和 4.0%，在上年基础上增幅继续扩大 4.8 和 4.2 个百分点。房屋新开工面积下降了 4.5%。其中，住宅新开工面积下降 3.3%。而上年同期分别是下降 3.4% 和下降 4.2%，可见新开工面积仍在持续下降。房屋竣工面积增长 23.4%。其中，住宅竣工面积增长 24.4%。而上年同期分别下降 11.6% 和下降 10.5%，显然，2021 年 1—9 月竣工面积的大幅上升一方面与上年度基数有关，另一方面也与“三条红线”约束下房地产企业加快房屋开发力度，加快资金回笼有关。

1—9 月份，房地产开发企业土地购置面积 13730 万平方米，同比下降 8.5%；土地成交价款 9347 亿元，增长 0.3%。而上年同期，房地产开发企业土地购置面积同比下降 2.9%，土地成交价款增长 13.8%。土地购置面积的持续下滑，为未来新开工面积下降埋下伏笔。2021 年以来的土地购置面积增速与土地成交价款增速的差距收窄，反映“双集中”供地下的土地价格上涨得到一定遏制。

（三）房地产销售增速逐月回落，全年销售面积增速基本与上年持平

2021 年一季度，房地产市场销售延续疫情恢复后的旺盛需求，保持较快的增长，同时也带来房价的攀升。在严格落实“房住不炒”的定位下，市场调控进一步严格，同时，由于基数的原因，房地产销售增速回落。1—9 月份，商品房销售面积 130332 万平方米，同比增长 11.3%；比 2019 年 1—9 月份增长 9.4%，两年平均增长 4.6%。其中，住宅销售面积增长 11.4%，办公楼销售面积增长 3.1%，商业营业用房销售面积增长 0.7%。商品房销售额 134795 亿元，增长 16.6%；比 2019 年 1—9 月份增长 20.9%，两年平均增长 10.0%。其中，住宅销售额增长 17.8%，办公楼销售额增长 0.5%，商业营业用房销售额增长 0.5%。房地产销售受到上年基数和严厉调控政策的影响，销售面积和销售额逐月回落趋势明显，四季度这一回落趋势仍将会继续，预计 2021 年全年销售面积增速将基本与上年持平。全国商品房销售面积和销售额增速见图 3。

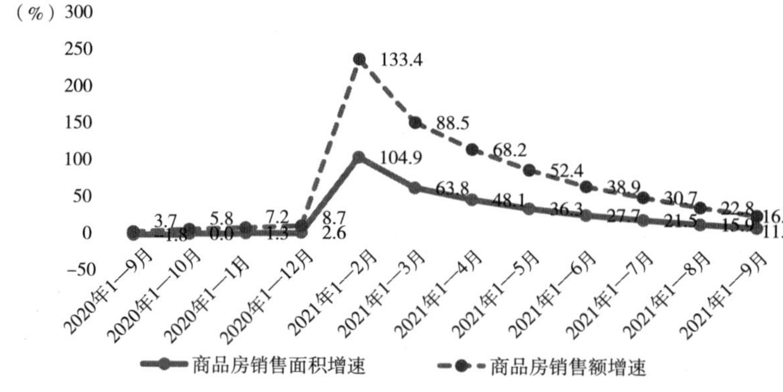

图 3　全国商品房销售面积和销售额增速

从区域销售情况来看，人口集中、经济发展较好的东部地区仍是房地产销售增长最快地区，中部地区由于基数原因同比增速较高，东北地区仍继续下降。1—9 月份，东部地区商品房销售面积和销售额分别同比增长 13.4% 和 20.9%，上年同期增速分别是 2.0% 和 8.9%。中部地区商品房销售面积和销售额分别增长 15.6% 和 19.1%，而上年同期分别下降 7.0% 和 5.7%。西部地区商品房销售面积和销售额分别增长 6.2% 和 6.1%，而上年同期销售面积下降 1.0%，销售额增长 2.1%。东北地区商品房销售面积和销售额继续保持双下降态势，但降幅有所收窄，同比分别下降 2.0% 和 4.7%，而上年同期分别下降 8.9% 和 5.0%。根据当前的房地产市场销售情况，四季度销售面积和销售额大概率会进一步回落，全年销售面积增速有望与上年持平，销售额增速会高于同期。

商品房待售面积比上年同期有所增加。2021 年以来商品房待售面积除 2 月底外基本逐月减少，但受调控影响，三季度待售面积降幅收窄。9 月末，商品房待售面积 50285 万平方米，比 2020 年同期增加了 704 万平方米，同比增长 1.4%。

（四）房地产开发企业到位资金增速逐月回落，国内贷款增速下降明显

“三道红线”约束下银行对房地产企业的贷款收紧，企业自筹资金进一步提升。1—9 月份，房地产开发企业到位资金 151486 亿元，同比增长 11.1%（见图 4）；比 2019 年 1—9 月份增长 16.0%，两年平均增长 7.7%。其中，国内贷款 18770 亿元，下降 8.4%；利用外资 59 亿元，下降 36.9%；自筹资金 47212 亿元，增长 6.1%；定金及预收款 56689 亿元，增长 25.6%；个人按揭贷款 24124 亿元，增长 10.7%。

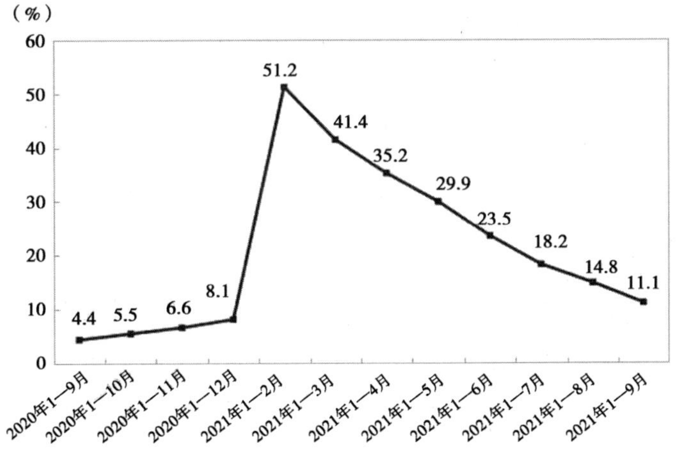

图 4 全国房地产开发企业本年到位资金增速

二、2022 年房地产市场展望

2022 年房地产市场总体调控基调难以根本改变，边际宽松政策难以对房地产市场形成较强刺激，房地产投资将会继续维持低位增长，房地产销售增速将进一步下滑，房地产市场分化将越来越严重。

1. 房地产市场调控在坚持“房住不炒”的总基调下会边际宽松

随着 2021 年下半年房地产市场下行趋势显性化，房地产市场政策也开始发生变化。9 月 24 日央行货币政策委员会 2021 年第三季度例会明确提出，要维护房地产市场的健康发展，维护住房消费者的合法权益。9 月 27 日央行、银保监会联合住建部和 24 家主要银行召开房地产金融工作座谈会，指导金融机构加快落实“两个维护”要求。11 月央行直接公布 10 月份个人住房贷款环比多增 1013 亿元，用数据证实了房地产贷款形势已转好。不仅是个人按揭贷款的合理需求正被“提速”满足，各地加快了个人房贷的审批投放，与房企直接相关的开发贷也在“解冻”。与此同时，第三轮集中供地的门槛较第二轮有明显降低。有城市下调了土拍保证金比例和首付款比例，部分地块的起拍价也被下调。2022 年面对房价上升压力降低的房地产市场，在坚持“房住不炒”的基调下，政策将会继续 2021 年四季度以来的边际宽松，毕竟调控目的不是打压房地产市场，而是为了维护房地产市场平稳健康发展。但是坚持中央关于房地产调控的战略和方针不会变，会继续坚持“房住不炒”的总基调，坚持不将房地产作为短期刺激经济的手段，坚持稳地价、稳房价、稳预期。但针对房企的信贷环境会慢慢调整，支持房企的合理融资需求，同时，也会确保住房合理需求得到满足。

2. 房地产市场区域分化将进一步加剧

2021 年上半年疫情得到控制后房地产市场前期遏制性需求得到释放，但 2021 年下半年在调控加码下，房地产市场无论是房价还是销售都进入下行状态。在“房住不炒”的基调下，房地产调控全面放松的可能性不大，保障房建设的力度仍在加速，房产税的出台加速存量房的释放，房地产会越来越加速脱离投资属性，回归居住属性。后疫情时代各城市产业发展和地理位置对人口吸纳能力的差距更加突出，房地产市场的区域分化也将更加突出，从近两年商品房销售面积增速就可以看出，强者恒强。2022 年，在东部沿海城市群地区，产业支撑能力强的地区房地产市场仍将会保持一定的活力。与此同时，部分三四线及以下的城市，原本产业支撑比较乏力，人口呈现净流出，加上当前经济增速放缓，居民收入增长放缓，这些区域的房地产市场调整压力会进一步加大。

3. 房地产投资增速可能会进一步回落

由于房地产投资包括土地购置投资和工程投资，而土地购置投资又影响工程投资。随着 2021 年三四季度房地产市场下行趋势的明显，房地产企业投资更加理性，从 2021 年的第二轮土地竞拍就可以看出。2021 年在供地“两集中”政策下，首批集中供地市场热度较高，但是中央提出加快完善“稳地价”工作机制，重点城市陆续调整第二批次地块出让要求，优化土拍规则。部分城市二批次地块延续“竞自持”出让方式或增加品质要求，房企自持和施工成本提升，房企利润预期下降，房企拿地积极性显著下降，重点城市土地市场整体降温，土地底价成交或出现流拍和撤牌情况。虽然热点城市优质地块吸引力不减，但是土地购置面积整体的大幅下滑影响未来新开工和销售带来的工程投资。在市场下行的预期下，无论是一二线城市还是三四线城市，都难以出现逆势增长，土地购置投入、新开工放缓、销售速度放慢是必然的，这也就导致 2022 年房地产开发投资增速会进一步下滑，全年投资增速乐观预计增长 1%。

4. 房地产销售将会进一步下滑

随着房地产市场调控效果的显现和房地产市场预期的改变，自 2021 年三季度商品房销售降温明显，重点城市商品住宅成交活跃度回落。2022 年在房地产市场进一步分化的背景下，一二线城市仍将是销售增长的主力军。三四线城市中处于都市圈的一些城市，依赖中心大城市的需求外溢，也就是外部人口的进入，在过去实现了商品房成交量的快速增长，但是在从严的调控政策和居民收入放缓的背景下，外溢的购房需求已经缺乏后劲。而一些依赖资源和自身产业发展的内生型城市，外部流入的需求偏少，商品房需求主要来自本地居民的需求释放，尤其是本地城镇化过程中的需求，当前随着城镇化率的放缓和城市就业压力的加大，部分城市的需求会进入到积累期，这类城市的商品房需求可能会有明显下降。2022 年，全国商品房销售面积增速低于 5%，而销售额增速低于 10%。

三、谨防房地产市场潜在风险

中国房地产市场长达 20 多年只有上升没有下降，房价只涨不跌，造就房地产“吸金”黑洞，反噬实体产业、抑制居民消费。与此同时，居民杠杆率、房企负债率大幅攀升，随着房地产市场供需趋于平衡，“房住不炒”定位的坚决落实和房地产调控的深入，房地产市场调整的风险不断加大。

1. **谨防房价拐点显现后加速下滑的风险**

2021年10月20日，国家统计局公布9月份70个大中城市商品住宅销售价格变动情况。数据显示，9月，全国70城共有36个城市的新房价格环比下跌，二手房价格环比下跌的城市达到52个，这也是楼市自2015年以来，二手房房价下跌城市数量最多的一次。而据易居研究院测算，9月全国70城新建商品住宅价格指数环比涨幅为-0.1%，这是自2015年5月以来，楼市出现的首次普跌现象。过去几年，部分三四线城市过分依赖棚改货币化拉抬楼市，如今棚改基本收官，叠加整体信贷收紧，即便不出任何楼市调控政策，三四线城市的房地产都已面临巨大压力。加上房产税的消息，目前房地产市场预期已经发生极大改变，无论是从供给方的土地购置面积还是需求方的新房和二手房销售来看，市场情绪已明显回落，购房者观望情绪浓厚，市场明显降温，房地产市场明显进入降温周期，房价拐点特点越来越明显。要高度重视这一拐点变化，警惕房价从“过热”转为“过冷”的风险。房价的下行有利于住房恢复其居住属性，但是过快下行会带来系统性风险。2021年上半年上市银行半年报披露显示，大部分银行在房地产领域的不良贷款余额、不良贷款率均出现“双升”。截至2021年6月末，中国工商银行、中国建设银行、交通银行的房地产业不良贷款余额分别较上年年末上升156.73亿元、25.53亿元、17.50亿元，房地产业不良贷款率分别较上年年末上升1.97、0.25、0.34个百分点。

2. **谨防信贷从紧下房企资金流动性和债务违约风险**

在房地产市场严厉的宏观调控及房地产需求触顶下降的情形下，房地产企业融资和回款难度都在加大，在市场销售端，热点城市银行按揭额度紧张，放贷周期放缓，房贷利率接连上调。尤其是个别大房企出现风险后，国内金融机构对房地产企业的贷款更加审慎。叠加部分三四线城市相继出台“限跌令”限制房企降价促销行为，2021年下半年以来房地产单月销售下行压力加剧，房企销售回款遭受重挫，房地产企业现金流严重紧张。虽然一些企业积极开展种种自救行为，但实际效果在市场下行压力之下可谓杯水车薪。销售回款难度增大的同时，融资成本在增高，并且融资有向龙头房企聚集的趋势，中小房企流动性压力更大。与此同时，房地产企业的海外市场融资遇到了更大的问题，房企的偿债风险也在不断加大，公开数据显示，2022年是海外债到期的主要年份，年度到期债务约为3620亿元。而2021年房企信用风险事件增多，尤其是个别中大型房企发生债务违约及负面信用事件，中国房企在海外美元债市场上遭遇恐慌性抛售。债券的二级市场价格波动大，影响了房企的再融资，同时房地产行业调控政策收紧，百强房企频频暴雷，也影响了投资人对房地产行业的信心，很多房企较难实现“借新还旧”。开发贷和信托也不乐观。倘若房企融资得不到边际性改善，未来房企违约风险可能仍将接踵而至。

3. 谨防可支配收入增速放缓带来的居民偿债风险

长期以来的高房价使得居民部门杠杆不断抬升，居民部门债务占 GDP 比重从 2000 年的 12.4% 提高至 2020 年的 62.2%。根据中国人民银行 2019 年中国城镇居民家庭资产负债情况调查显示，有负债的家庭占比为 56.5%，户均家庭总负债为 51.2 万元。家庭负债结构相对单一，负债来源以银行贷款为主，有负债的居民家庭中，户均银行贷款 49.6 万元，其中房贷占家庭总负债的 96.8%，成为家庭负债的主要构成。与此同时，衡量居民购房支付能力的房价收入比在我国一直较高，诸葛找房数据研究中心发布的数据显示，2020 年百城房价收入比均值为 13.2，其中 8 个城市分布于 20～30 和 30～50 区间，63 个城市房价收入比分布于 10～20 之间，29 个城市分布于 0～10 区间。与较高的房价收入比相对的是城镇居民可支配收入增速近年来显著放缓。受国内外经济环境发展放缓影响，企业整体盈利能力降低，城镇居民可支配工资性收入增长受到显著抑制，城镇居民可支配收入实际增长率由 2012 年的 9.6% 逐步降至 2019 年的 5.0%，2020 年由于疫情实际增长 1.2%，2021 年前三季度由于基数较低，实际增长 8.7%，而 2020 年前三季度实际下降 0.3%，两年平均实际增长 4.1%。可支配收入水平增速显著放缓，无疑会极大增加居民按揭贷款还贷风险。而房地产按揭贷款是居民部门债务中的重要组成部分，一旦居民由于债务负担过重导致违约，其风险将传导到银行体系。

4. 谨防房地产总供需基本平衡下的结构性风险

我国房地产市场经历 20 多年的市场化高速发展，城乡住房拥有率和居住面积都得到极大改善。人民银行的调查数据显示，截至 2019 年 10 月，我国城镇居民住房拥有率为 96.0%，高于同期美英日等发达国家水平约 30 个百分点；户均住房拥有量 1.5 套，与日本 1.16 套、美国 1.03 套及德国 1.02 套相比，已超过部分发达国家水平。即使是在我国收入最低的 20% 家庭中，住房拥有率仍高达 89.1%，高于美国 56.2 个百分点，居民住房拥有率也基本达到发达国家水平。同时，据国家统计局统计，我国 2019 年城镇居民人均住房建筑面积 39.8 平方米，农村居民人均住房建筑面积达到 48.9 平方米。由此可见，在总量上我国住房已经趋于饱和。虽然我国城镇化过程中还有一部分人要进城，但是 2020 年底我国的常住人口城镇化率已经达到 63.89%，城镇化进程显著放缓。随着人口峰值的到来及 20～50 岁主力置业人群规模的达顶，住房刚需难有显著增加。而且随着房产税的出台，存量房会加速释放。但是，这种整体趋于供需平衡下的区域不平衡显著。2021 年三季度以来这种不平衡特征更加明显，一线供不应求，北、上、深均保持较高热度；二线稳中有降，三四线加速下行。我国房地产市场长期以来存在供需错配，人口和产业聚集较快的地区房地产用地供给占比较低，而一些三四线城市土地供给反而过多。从过去的数据来看，三四线城市销售占全国比重在65%以上，在当前房地产市场整体面临较大的下行调整压力背景下，房地产市场风险较大就是三四线市场，所以目前已有多城出台“限跌令”。但是，从三四线数据来看，待开发面积回升，去化周期明显增加。克尔瑞的数据显示，二三线去化周期同环比齐增，三四线成交显著下行致去化周期激增至14.73个月，高于百城平均，去化风险浮出水面。而一些人口净流出的三四线城市，目前商品住宅消化周期均在30个月以上，即便供应不再放量，以目前低迷的成交走势来看，中长期库存风险依旧较大。

四、进一步保持房地产市场健康发展的政策建议

房地产市场的调控可以说是进入深水区，调控的效果越来越明显，难度和压力也越来越大，但是显然当前房地产调控要结合当前经济环境和当前房地产市场的发展阶段，在坚持“房住不炒”的定位下，灵活保持房地产市场应有活力是关键，同时，加快完善房地产市场的长效机制建设。

1. 坚持“房住不炒”定位，采取相机抉择调控措施

中国经济正在经历由高速增长向高质量增长的转型期，房地产调控引致的短期阵痛在所难免，绝不能囿于部分城市、部分房企出现了一些问题，便重走刺激房地产拉动经济增长的老路。当前宏观调控必须要继续坚持“房住不炒”的政策主基调，从紧的房地产金融政策不能出现实质性转变，以倒逼房企主动降杠杆、降负债。同时，也确保居民杠杆率稳中有降。但是，也须密切关注当前宏观经济环境变化和房地产市场风险变化，根据形势变化采取相机抉择的调控措施，适当对房地产行业采取边际宽松的金融政策，以保障房地产企业合理融资需求得到满足，住房消费合理需求得到满足，从而“维护房地产市场的健康发展，维护住房消费者的合法权益”。中央应进一步加强对地方因城施策的指导，进一步完善“双集中”供地政策。梳理和评估当前房地产政策实施效果及存在的问题，及时进行政策的纠偏和调整，保持宏观政策的稳定性，近期内延缓出台一些对房地产市场影响过大的政策，避免对房地产市场造成较大冲击。针对当前疫情对经济的影响和房地产市场存在的风险，可以适当提振全社会社融增速，利用我国当前货币政策空间，适当降低利率，减少了企业和居民部门的债务成本支出。

2. 进一步夯实地方主体责任，因地制宜实现“三稳”目标

在“因城施策”的调控方式下，各地方政府要进一步夯实主体责任。依据各城

市市场变化情况，科学灵活地调整应对策略，有针对性地局部放松或者加码调控政策措施，更好地实现稳地价、稳房价、稳预期的调控目标。在一些库存压力大的城市，要减少供地乃至阶段性不供地，有序引导市场供求关系逐步回归到良性的供求平衡区间范围。同时，通过实施购房补贴或者税费减免等措施，直接拉动房地产市场需求，积极引导城镇化刚性需求和改善性需求。对于房地产供需仍然偏紧，房价上升压力仍然较大的城市，仍须坚持调控政策不放松。同时，积极增加低价地供应，调低土地出让底价，既从源头降低房价也给房企一定的利润空间。

3. **避免房地产企业流动性危机，保障居民合理购房需求**

房地产行业作为国民经济重要行业，即使在发达国家现阶段仍占据重要地位，因此保障整个房地产市场的健康平稳发展对于整个经济发展具有重要意义。当前的调控是调控行业不合理的做法，确实需要纠正过去房地产企业从拿地到开放过程的高杠杆运行模式，但是不是打压整个行业，不能一下子突然断了企业的资金命脉，不能殃及正常的房地产企业的运营和老百姓的合理住房需求。面对当前整个房地产行业的高压态势和房地产企业面对的风险，我们要尽量保障房地产企业的现金流，避免房地产企业出现流动性危机。积极支持房地产企业债务的借新还旧。对一些经营状况良好但突然陷入流动性困境的房地产企业实施紧急救助贷款。同时，积极引导房地产企业兼并重组和产业转型。适度放松对住房抵押贷款政策的额度限制，坚持“因城施策”的原则，适当放松首套房按揭授信额度，支持居民自住及合理改善购房消费，更多依据商业原则来满足居民的住房抵押贷款需求，让房地产恢复自我造血功能。但热点城市仍须严控贷款资金流向管理，以严打经营贷为重要抓手，严防信贷资金通过各种渠道流入房地产市场。

4. **分步骤分区域退出行政调控，加快完善房地产长效机制**

过去几年，为了避免房地产市场大幅波动，采取限售、限价、限购、限贷等行政性手段，虽然这些措施在特定的时期有其合理性，但行政调控毕竟只能属于短期调控政策，时机成熟时，在全国“分步骤分区域”逐步有序退出行政化调控手段的必要性越来越强。只有加快完善土地供给、房地产税收、保障房建设等房地产调控的长效机制，才能真正促进房地产市场的平稳、健康发展。进一步完善住宅土地供给制度。打破农村和城市土地供给的隔阂，让土地指标随着人口流动而流动，让进城农民带着土地指标进城，通过市场化资源优化配置，增加大城市土地供应，满足城市化发展的土地需求。同时，又形成城市返补农村的局面，让农民获得资产性收入，促进共同富裕。城市按规划、人口、产业需要精准的供应土地，避免因土地短缺造成不合理的空间布局、畸高的地价和对产业发展的束缚。进一步根据各城市特点完善土地招拍挂制度，保障房地产企业有合理的利润。进一步完善能够强化“房住不炒”属性的房地产税收制度。按照公平、效率、简化、民生原则，对所有的存量房和增量房进行征收，对满足老百姓正常居住需求的房产要免税，对住房增值部分和豪宅要加大税收力度，增加多套房的持有成本，形成高端有遏制、中端有鼓励、低端有保障的差别化税率体系。但是，不能奢望房产税能解决所有问题，尤其不要希望通过房产税来解决地方财政困境。进一步完善中低收入群体的住房保障制度。以发展保障性租赁住房为重点，进一步完善政府公租房体系，进一步完善住房保障体系，增加保障性住房的供给，要使得以公租房为主体的保障性住房覆盖面达到20%以上，切实解决青年人、新市民住房问题，努力实现全体人民住有所居。

17　2021 年汽车形势分析及 2022 年走势展望

祁京梅*

摘要：2021 年以来，得益于我国疫情防控和经济社会发展双重推进，有效实施宏观政策跨周期调节，前三季度我国经济实现了 9.8% 的稳定增长。从产业看，高新技术产业对工业经济的贡献和拉动作用十分突出，产业结构优化升级的作用不断显现。但是，部分行业发展受到原材料价格上涨、疫情汛情持续反复、能耗双控、有序用电等因素的影响，生产经营面临一定困难，制造业供需两端增速有所放缓，特别是汽车行业受到芯片供应短缺等因素影响，行业运行压力较大，产销增速出现回落。展望 2022 年，随着世界经济不断复苏，出口需求增加，得益于国家支持实体经济发展的优惠政策不断落地执行，汽车企业预期有望趋于稳定，汽车行业发展将表现出强大的韧性和活力，支持国民经济行稳致远。

关键词：芯片短缺　氢能动力　造车新势力

一、2021 年 1—9 月汽车工业运行情况

（一）受芯片短缺和排放法规的影响，汽车产销同比下滑

1—9 月，我国汽车产销分别完成 1824.3 万辆和 1862.3 万辆，同比分别增长 7.5% 和 8.7%，增幅比 1—8 月回落 4.4 和 5 个百分点。与 2019 年同期相比，产销同比分别增长 0.4% 和 1.3%，但增幅比 1—8 月分别回落 0.9 和 1.4 个百分点。其中 9 月份汽车产销分别完成 207.7 万辆和 206.7 万辆，同比分别下降 17.9% 和 19.6%，产量降幅比 8 月缩小 0.8 个百分点，销量降幅比 8 月扩大 1.8 个百分点。

汽车产销同比回落的主要原因：一是乘用车受芯片供应不足导致产销明显下降。1—9 月，乘用车产销分别完成 1465.8 万辆和 1486.2 万辆，同比分别增长 10.7% 和 11.0%，增幅比 1—8 月继续回落 4.5 和 5 个百分点，累计增速继续大幅下降。其中

---

* 祁京梅，国家信息中心经济预测部，二级研究员。主要从事汽车、产业经济等领域的研究。

9月汽车产业受芯片短缺制约较为明显，直接影响企业的产销量。9月份乘用车产销分别完成176.7万辆和175.1万辆，同比分别下降13.9%和16.5%，降幅比8月分别扩大2和4.8个百分点。分车型来看，四类车型产销均呈现下降趋势。9月份，国内生产的豪华车也受到芯片短缺的影响，销量完成25.4万辆，同比下降14.5%，降幅比上月继续扩大，但好于乘用车整体水平。二是商用车受货车排放法规切换的影响产销大幅下降。1—9月，商用车产销分别完成358.5万辆和376.1万辆，产量同比下降4.0%，销量同比增长0.5%。分车型产销情况看，货车累计产销同比下降，客车累计产销同比大幅增长。与2019年同期相比，商用车产销增幅比1—8月分别回落3.4和3.3个百分点。9月，商用车产销分别完成31.0万辆和31.7万辆，同比分别下降35.2%和33.6%，降幅比8月分别缩小11和9.2个百分点。分车型情况看，货车、客车均呈现下降，但货车降幅较大。主要原因是重型柴油车国六排放法规在2021年7月1日切换实行，市场需求出现了较大的波动，叠加上年同期高基数因素，7月份以来货车销量呈现大幅下降的态势。从客货细分车型情况看，9月，无论是货车四类车型还是客车三类车型均呈现下降。其中重型货车减量最多，降幅最大。

（二）新能源汽车再现爆发式增长，产销连创新高

得益于国家大力推进完善新能源汽车相关基础设施建设，加大对氢能动力车的资金补贴政策措施，以及为了解决电动车充电等待时间长、续航里程短的问题，积极推广新能源电动车换电模式，确立11个城市作为换电模式的试点城市等，2021年以来我国新能源再次呈现爆发式增长，月度增幅连创新高。

1—9月，新能源汽车产销分别完成216.6万辆和215.7万辆，同比分别增长1.8倍和1.9倍。其中纯电动汽车产销分别完成180.3万辆和178.9万辆，同比均增长2.0倍；插电式混合动力汽车产销分别完成36.2万辆和36.7万辆，同比分别增长1.1倍和1.4倍；燃料电池汽车产销分别完成879辆和906辆，同比分别增长54.2%和56.5%。9月，新能源汽车产销进一步提速，继续刷新纪录。9月分别完成新能源车35.3万辆和35.7万辆，同比均增长1.5倍。其中纯电动汽车产销分别完成29.1万辆和29.6万辆，同比分别增长1.6倍和1.5倍。9月份新能源汽车市场渗透率继续维持历史高位，为17.3%；新能源乘用车市场渗透率达到19.5%。

（三）自主品牌占有率提高，但重点企业市场集中度低于同期

2021年以来，中国品牌乘用车市场份额保持增长。1—9月，中国品牌乘用车共

销售 643.3 万辆，同比增长 31.4%，占乘用车销售总量的 43.3%，占有率同比上升 6.7 个百分点。其中 9 月份，中国品牌乘用车共销售 82.1 万辆，同比增长 3.7%，占乘用车销售总量的 46.9%，占有率同比上升 9.1 个百分点。

随着汽车电动化、智能化、网联化、共享化的发展趋势不断强化，传统燃油汽车的发展受到造车新势力的极大冲击，排名前 10 位的汽车企业集团的销售情况出现分化状态，重点汽车企业集团的市场集中度有所下降，目前低于上年同期。1—9 月，汽车销量排名前十位的企业集团销量合计为 1601.7 万辆，同比增长 5.8%，占汽车销售总量的 86.0%，低于上年同期 2.4 个百分点。主要造车新势力企业销量合计为 59.8 万辆，同比增长 2.5 倍，占汽车销售总量的 3.2%，高于上年同期 2.2 个百分点。

（四）汽车库存上升，企业实现利润增幅大大低于平均水平

由于汽车产销增速持续回落，汽车企业库存呈现上升态势。截至 9 月末，汽车企业库存为 75.1 万辆，比月初上升 6.7%。其中，乘用车库存为 49.6 万辆，比月初上升 9.8%；商用车库存为 25.5 万辆，比月初上升 1.3%。从终端库存来看，根据中国汽车流通协会数据，9 月份汽车经销商综合库存系数为 1.24，库存系数连续四个月高于合理库存范围区间。根据国际同行业通行的惯例，库存系数在 0.8～1.2 之间，反映库存处在合理范围；库存系数> 1.5，反映库存达到警戒水平，需要关注；库存系数>2.5，反映库存过高，经营压力和风险都非常大。目前综合库存系数为 1.24，已经略高于合理库存范围，需要引起关注。

从经济效益看，2021 年以来，我国工业企业实现利润增长情况较好，1—9 月份，全国规模以上工业企业实现利润总额 63440.8 亿元，同比增长 44.7%，两年平均增长 18.8%。但是，汽车行业的经济效益却不尽如人意，1—9 月汽车制造业实现利润仅增长 1.2%，比规模以上企业增长速度低出 43.5 个百分点，占规模以上制造业企业利润总额的比重仅为 7.3%。1—8 月，汽车制造业完成营业收入 55227.80 亿元，同比增长 15.4%，增速比 1—7 月回落 5.3 个百分点，低于同期规模以上制造业营业收入增速 8.8 个百分点，占规模以上制造业营业收入总额的比重为 7.8%。另据中国汽车工业重点企业上报的经济效益数据统计，2021 年 1—8 月，汽车工业重点企业（集团）累计实现营业收入 26144.8 亿元，比上年同期增长 11.5%。累计实现利税总额 3103.9 亿元，比上年同期增长 6.6%，增幅大大低于规模以上企业平均水平。

汽车行业作为战略新兴产业一直是行业发展的优势先导企业，利润贡献一直保持在各行业的前列，但是 2021 年却出现逆转反差，这是多年来从未有过的，须引起重视。

二、当前行业运行存在的主要问题

（一）芯片等关键零部件供应持续紧张，对产量和成本产生不利影响

芯片供应短缺的问题从2020年底一直持续至今，特别是2021年以来突发的各类事件持续影响芯片的供应，主要表现为：一是德州暴风雪、日本瑞萨工厂着火、马来西亚疫情导致的芯片工厂停工；二是由于各企业对于芯片供应信息掌握不充分，纷纷采取扫货的方式“抢夺”市场资源，进一步恶化了芯片供应不足的状况；三是当芯片工厂产能逐步恢复时，由于生产资源大规模向原有短缺倾斜，造成其他类型芯片的短缺，如马来西亚麻坡工厂虽然产能明显恢复，但由于该工厂目前全力生产前期短缺的ESP芯片，导致同样是该厂生产的车门控制器芯片、ibooster控制芯片目前出现短缺，且短缺程度大于ESP芯片。据不完全统计，由于芯片短缺，8月大多数企业减产超过30%。

从价格影响方面，由于芯片短缺，芯片价格涨幅普遍在30%以上，一些高端芯片超过20倍、30倍，个别产品还超过200倍。高昂的芯片费用加重了企业的成本负担，整车企业因芯片成本增加带来的成本提升在几亿到十几亿元左右。此外，除直接影响到企业效益外，芯片短缺也造成企业订单交付期延长，导致一些产品延迟下线，对于企业长期生产经营也造成了极为不利的负面影响。

（二）原材料价格持续高位，引致相关零部件涨价

2021年以来，钢材、铝、铜、贵金属、橡胶及锂电池等原材料上涨，虽然在国家的调控下，部分原材料价格有所回调，但依然处于高位。从企业反映的情况来看，部分企业原材料成本占整车成本比重较大，因此原材料价格的高位运行令企业的生产经营压力持续加大。同时，原材料价格上涨已经传递到下游零部件供应商（见表1），而零部件价格的提升也进一步推高了整车企业的成本，加大了整车企业的经营压力。据反映，由于原材料上涨导致某企业成本增加了近30亿元，某企业单车成本普遍提高了2500元以上。

表1　原材料涨价引致汽车相关零部件涨价

涨价的原材料	相关涨价的零部件
钢材	外协冲压件、车身、传动轴
贵金属	排气系统催化器
铜	整车线束

续　表

涨价的原材料	相关涨价的零部件
铝	轮毂
橡胶	密封条、轮胎
塑料	保险杠、仪表板
碳酸锂	电池
原油	润滑油

（三）经销商税负压力增加，“有序用电”加大企业生产风险

受芯片供应不足导致的减产影响，整车企业批发到相关经销商的数量，明显小于经销商实销数量，从而导致经销商相当一部分的增值税销项税无法抵扣，从而增加了成本压力。虽然目前该问题只存在于个别企业中，但随着芯片持续的供应短缺，将会使更多的经销商面临该问题。

“拉闸限电、有序用电”增加了企业生产风险。近期，由于电力供应持续紧张，山东、江苏、浙江、广东等多个省市启动有序用电。而汽车产业的产业链较长，供应链遍布全国各个地区，因此全国大面积区域的限电将造成很大的供应风险。根据协会调研，“十一”期间，因有序供电引发的供应链断供导致了某企业减产，上百家配套企业受到限电影响或面临限电风险，涉及配套产品涵盖轮胎、发动机曲轴毛坯、变速箱用轮、轴等。

三、2022 年汽车行业运行环境及展望

2022 年得益于世界经济进一步复苏和疫情得以控制，汽车出口需求有望进一步增加，国内随着宏观经济稳中向好发展，汽车消费需求仍会稳定增长，因此，汽车工业产销仍将保持增长势头。但是，受芯片供应短缺、燃油汽车投资减缓、国际物流成本提高、新势力造车核心技术难以大规模投产运营等，汽车行业总体发展面临的困难和挑战大于机遇，行业发展不容乐观。

（一）汽车行业发展存在机遇和利好

1. 汽车工业承担着引领行业发展的重任

2022 年“十四五”规划将逐步落地实施，中国汽车行业站在迈向高质量发展、圆梦汽车强国的关键节点上，面对全球能源环境危机、产业链加速重构、消费结构

与客户需求深度变化、新兴技术快速迭代等一系列挑战，作为国民经济支柱产业和战略新兴产业，汽车工业涌现出补足芯片短板、发展智能网联、落实“双碳”目标、提高新能源渗透率、创新中国品牌、培育造车新势力等行业热点和重点领域，行业发展前景广阔、潜力巨大。

2. **国家和各地政府大力支持氢燃料新能源车发展**

国家政策明确表示，“十四五”时期要对发展氢能源汽车予以资金补贴支持，上海、广州、北京各地方政府纷纷出台新政策、新举措鼓励补贴企业大力发展氢燃料新能源车，氢燃料电池汽车发展迎来新的机遇和空间。根据中国氢燃料电池汽车技术路线图，预计2025年燃料电池车为5万～10万辆，2030—2035年是80万～100万辆，主体车型是商用车。研究预计，未来十年，氢燃料电池系统成本将下降80%以上，与锂离子电池过去十年下降过程相似。

3. **国家鼓励新能源车换电模式，确立11个城市作为换电模式的试点城市**

新能源汽车充电桩难找、充电时间长、续航里程短等问题一直困扰着车主，为解决补能难题，2020年5月国务院在《政府工作报告》中，首次将换电站建设纳入新基建基础设施建设范畴。为贯彻落实《新能源汽车产业发展规划（2021—2035年）》，促进新能源汽车换电模式创新发展，2021年10月8日工信部印发《关于启动新能源汽车换电模式应用试点工作的通知》，纳入此次试点范围的共有北京、南京、唐山、济南等11个城市。试点工作的预期总体目标是推广换电车辆10万辆以上，建立换电站1000座以上；节能减排效果分别达到年节省燃油70万吨以上，年碳减排达到200万吨以上。换电模式为新能源车发展赋予了新内涵、新领域。

（二）汽车产业发展面临困难和挑战

1. **冬奥会、冬残奥会赛事期间对工业企业可能实施的停限产将造成整车企业生产停滞**

根据行业协会信息，国家为保障冬奥会、冬残奥会赛事期间的空气质量，2022年1月28日至3月9日（39天）可能对华北平原的（非民生保障类，未纳入白名单）工业企业实施停限产。具体管理措施为：对未纳入白名单企业按照绩效分级（分级参考生态环境部《重污染天气重点行业应急减排措施制定技术指南》）实施生产调控，A级企业结合实际自助减排，B级企业按红色预警管控要求调控（停产、限制运输），C级及以下企业实施生产调控（停产、限制运输）。

根据了解，生态环境部《重污染天气重点行业应急减排措施制定技术指南》对汽车整车制造领域的减排限制主要集中在汽车涂装环节，因此本轮冬奥会、冬残奥会赛事期间对整车企业的生产限制也将集中在汽车涂装环节。对于汽车产业而言，任何一个生产环节的停摆都将造成最终产成品的生产进度的停摆，即减产。

2. 芯片供应不足对企业的影响仍将持续，企业减产在所难免

2021 年，由于芯片供应不足的影响，全年预计汽车行业减产超过 15%，企业库存水平也已降至历史最低水平。从 2022 年产业发展形势来看，芯片供应不足的影响仍将持续，甚至持续到 2023 年。因此在这样的背景下，企业为满足正常的市场需求及补库存需求，实际生产量本就难以满足计划量，若叠加冬奥会、冬残奥会赛事期间的减产量，企业更是难以完成全年既定的生产计划。根据国家统计局数据，京津冀地区产量占全国比重约为 14%。整车重点企业中有五家企业集团在京津冀地区有生产车间的布局，分别是长城、北汽、长安、一汽、吉利。如果冬奥会、冬残奥会赛事期间将实施停限产，经测算，仅天津地区涉及的 2 家企业集团的 3 家整车企业将可能减产 23 万台，约占 2022 年一季度汽车行业销量预估的 3.5%。如果再加上对北京、河北等地企业的减产量，上述比例还将提高。

3. 汽车行业企业利润下降，难以支撑我国一季度“开门红”的局面

由于企业生产量的骤减，汽车行业的企业效益也将受到明显影响，2021 年 1—9 月汽车行业实现利润增速居行业后几位，形势严峻。据不完全估计，如冬奥会、冬残奥会期间执行最严格的减排措施，仅天津地区因汽车生产减产带来直接经济损失就将超过 300 亿元，进而减少纳税超过 20 亿元。如果再考虑北京、河北等地的影响，这一数字将会更高。一季度是一年的开始。我国经济运行的传统一般是在一季度实现“开门红”，从而给予全行业全年发展的信心，汽车行业的稳定运行对我国经济的稳定发展有着不可替代的作用，但上述问题将对我国一季度“开门红”局面形成下拉影响，应引起重视。

（三）2022 年汽车行业走势预测

得益于世界经济和中国经济稳中向好发展趋势，国际市场出口需求旺盛、国内汽车消费稳定增长，2022 年汽车行业产销将继续保持增长态势。但受到芯片短缺、燃油车转型和冬奥会限产等因素的影响，总体增长速度不会太快，预计 2022 年汽车产销分别增长 3% ~5%，基本与 2021 年持平。其中乘用车继续维持较快增长，商用车受 2021 年低基数和 2022 年生产需求恢复的影响，增速也将有所提高。2022 在生产和销售鼓励政策作用下，新能源汽车将继续保持高增长，产销增速有望达到 50% 以上，全年新能源车渗透率可望突破 20%，比 2021 全年新能源车渗透率提高 5 个百分点。

四、政策建议

1. 多措并举推动汽车芯片行业健康发展

一是保证稳定的市场环境。当前，政府、行业协会应当通过多方面渠道平抑芯片价格，组织半导体行业开展自律，加强对芯片价格监管，维护芯片市场健康秩序，防止芯片垄断行为，严格管控哄抬价格行为，严厉打击芯片造假行为。二是建议将汽车芯片纳入首台套目录。加快推出首台套保险补偿政策，将汽车芯片纳入首台套重大技术装备目录，解决整车厂不敢用问题，同时地方政府也可以尽快出台配套政策。在上车应用方面，除了首台套政策，还应该实行企业应用国产芯片里程碑奖励机制，注重政策和资金的支持持续性。三是建议在政策和资金上持续支持芯片行业发展。芯片代工制造行业具有投入金额巨大、回报率较低等特点，需要长时间的技术沉淀才能完成技术的突破和市场占领。在政策支持和车厂高需求背景推动下，芯片厂家投入产线进入车规芯片市场。一旦政策停顿，市场需求减少，产线不能稳定生产，企业就会面临巨大经营压力。四是建议构筑中国自主的车规半导体标准体系。车规级芯片认证主要依据由美国汽车电子协会提出的 AEC-Q 认证标准，其认证周期长、费用高昂。应当让中国的整车、零部件、半导体企业及科研院所等广泛参与，加强沟通交流和信息互通，建立国内车规级芯片标准体系和认证测试能力。

2. 尽快明确面向碳达峰、碳中和的汽车产业实施路线图

为了稳步落实碳达峰、碳中和目标，在政府层面，建议在国家碳减排方案中厘清汽车产业碳排放的边界，明确汽车碳减排的定位、责任和目标，行业主管部门尽快明确汽车产业低碳发展的方向与路线，专门出台以低碳发展为导向的产业中长期发展规划，并破解制约产业低碳发展的潜在障碍。在行业层面，形成面向碳达峰、碳中和目标的汽车低碳发展共识，客观评价普通燃油汽车、混合动力汽车、插电式混合动力汽车、纯电动汽车、燃料电池汽车等不同技术路线的碳排放，鼓励各类企业为实现低碳发展采取共同行动。

3. 尽快优化双积分政策，促使积分管理更加灵活

一是尽早明确 2024—2025 年双积分政策调整内容，提前明确调整方向及幅度。二是建议双积分管理更加灵活，后续双积分考核参照 2019—2021 年合并考核的模式，2～3 年结算一次，即 2023 年进行 2021—2022 年的双积分抵偿结算。三是建立“积分池”管理机制，在保证公平公正和相对市场化的前提下，结合行业积分供需情况对积分进行收储，发布积分指导价，构建相对平稳的积分价格趋势，以确保企

业双积分达标的费用与风险相对可控。同时允许企业从积分池借贷积分并按一定利率偿还，以此调控市场供需结构、稳定价格预期，便于企业提前进行资源配置，降低经营风险。四是建立行业积分数据动态公示制度，建议部委、协会通过积分交易平台按季度或半年度公布行业整体积分数据，从而帮助企业动态评估积分合规形势，提前开展积分交易商务谈判及商定合理价格等工作，提供数据信息参考。

4. 稳定上游原材料运营状况，控制成本上升

一是健全原材料供应端市场价格管理规范，对于恶意哄抬、炒作原材料价格的行为予以处罚。与此同时，加强宏观调控并适当通过国家战略储备投放的方式来平抑市场价格。二是对原材料采购方给予短期政策上的支持，如给予相关补贴或减少企业税负，降低其经营和财务恶化的风险。三是在全球范围内寻找替代原材料供应渠道，如在贵金属采购资源配套上，通过国家间的交涉促进俄罗斯出口铂族金属原料。建议减少原材料出口，优先确保国内供应。

5. 着力为企业减负，缓解车企物流成本压力

一是建议税务部门延长税款缴纳期，以缓解经销商的经营压力。二是针对汽车企业出口物流给予支持。由于国际物流投入大、周期长，单个企业难以应对国际物流行业出现的大改变，目前我国汽车出口大幅增长，建议研究制定整车出口物流方面的扶持政策，以支持汽车出口企业可持续健康发展，建议从国家层面考虑加大国际物流产业布局，打破当前国际物流受制于人的困境。

6. 冬奥会、冬残奥会赛事期间，不采用“一刀切”方式管控企业生产

应在生态环境部《重污染天气重点行业应急减排措施制定技术指南》的要求下，综合考虑产业当前实际发展情况、产业对国民经济的贡献程度及企业实际对污染排放的贡献程度，细化 B 级、C 级企业的管控措施。

一是如果冬奥会、冬残奥会赛事期间对工业企业实施停限产，建议将非张家口地区的汽车生产企业纳入白名单，允许汽车生产企业按计划生产相关产品。同时梳理可能将受到管控的京津冀地区汽车生产企业核心零部件供应商，也将其纳入白名单。二是如果冬奥会、冬残奥会赛事期间对工业企业实施停限产，建议通过减免税收的方式，对张家口地区停产的汽车生产及相关企业给予一定的经济补偿。

18　2021年钢铁行业形势分析及2022年展望

董静媚*

摘要：2021年以来，在碳达峰的目标要求下，钢铁行业发展遇到了产能和产量"双限""能耗双控"等政策约束，但在强劲的国内外需求带动下，努力克服原燃材料价格高位运行，行业利润达到历史高位。在2021年特殊的发展环境下，钢铁行业的生产、价格、出口等方面呈现出较大的先升后落走势。展望2022年，预计国际市场钢铁需求保持增长，国内市场钢材需求基本平稳，碳达峰行动将提高钢铁需求品质，"双控""双碳"政策影响持续，钢企效益预计下降。钢铁行业要立足新发展阶段，贯彻新发展理念，融入新发展格局，统筹发展与安全，加强技术创新，推进绿色低碳转型，加快产业布局优化和结构调整，实现高质量发展。

关键词：钢铁行业　碳达峰　需求　双限　低碳

一、2021年钢铁行业运行情况分析

钢铁行业作为我国制造业中碳排放量最大的行业，在我国碳排放行业门类中仅次于电力排名第二，因此是碳减排的重点行业。2021年，国家针对碳达峰行动出台多项政策，对钢铁行业运行带来重要影响。

（一）多项政策硬性约束，钢铁生产前增后降

"双限"和能耗双控等系列政策对2021年的钢铁生产起到了硬性约束作用，钢铁产量呈前增后降趋势。钢铁行业作为我国第二大碳排放行业，压降其碳排放总量是实现"碳达峰""碳中和"愿景的重要组成部分。不同于以往只是去产能，2021年初起还同时强调了限产量的"双限政策"。国家部委组织开展了全国范围的钢铁去产能"回头看"检查及粗钢产量压减工作，主要产钢大省和大型钢铁企业先后出台控制粗钢产量措施。但上半年在国内外强劲需求的带动下，钢铁生产增长迅速，

---

* 董静媚，经济学博士，国家信息中心经济预测部助理研究员，研究方向为产业经济与区域发展。

直到 6 月份以后才开始逐月下降。8 月份国家发展改革委发布《2021 年上半年各地区能耗双控目标完成情况晴雨表》，有关省市纷纷出台对高排放、高能耗行业新一轮的日常监管措施，钢铁生产受到进一步硬性约束。从总量看，1—9 月份，全国生铁、粗钢及钢材产量分别为 67107 万吨、80589 万吨和 102035 万吨，同比分别增长 -1. 3%、2. 0% 和 4. 6%；其中，前 9 个月粗钢产量同比增加了 1580 万吨（见图 1）。从单月产量趋势看，粗钢和钢材产量自 6 月份起连续环比下降，全年将实现粗钢产量同比下降的目标。

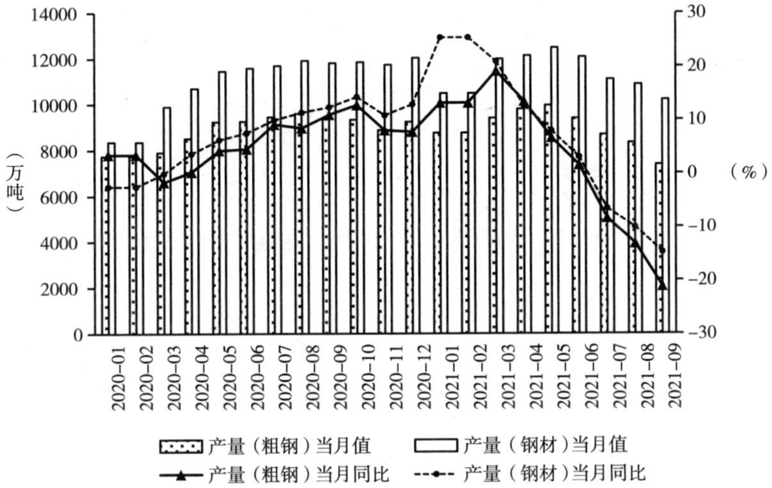

图 1　2020 年 1 月至 2021 年 9 月钢铁当月产量及同比增速

（二）取消钢材出口退税，单月出口先升后降

为减少初级产品及相关钢材产品的出口量，优先确保国内市场的供应，不把污染和碳排放留在国内，同时减少对国外铁矿石需求，促进钢铁行业转型升级、优化结构，5 月份起，国家取消部分钢铁产品出口退税，8 月份，国家再次对钢铁行业出口税费政策进行调整，提高了铬铁、高纯生铁的出口关税，取消了 23 个钢铁产品的出口退税，自此，国内原来享有出口退税的 169 个税号钢铁产品出口退税全部取消降为 0。出口方面，从总量来看，1—10 月份，全国出口钢材 5751. 8 万吨，同比增加 1309. 8 万吨，增幅 29. 5%。从单月来看，2021 年 1—4 月钢材出口增加，其中 4 月份当月出口达到 797 万吨；5 月份后国家两次取消钢材出口退税，钢材出口明显下降，其中 10 月份出口 492 万吨，环比下降 8. 6%，比 4 月份最高值下降 43. 6%（见图 2）。进口方面，1—10 月份，全国进口钢材 1184. 3 万吨，同比减少 515. 7 万吨，降幅 30. 3%；进口铁矿石 93348. 4 万吨，同比减少 4171. 6 万吨，降幅 4. 2%。钢材进口量下降的影响因素方面，一是海外供应缺口严峻，二是国际钢价随着需求

的复苏涨幅明显超过国内，进口资源成本显著提升，这些变化导致国内钢材进口下降。

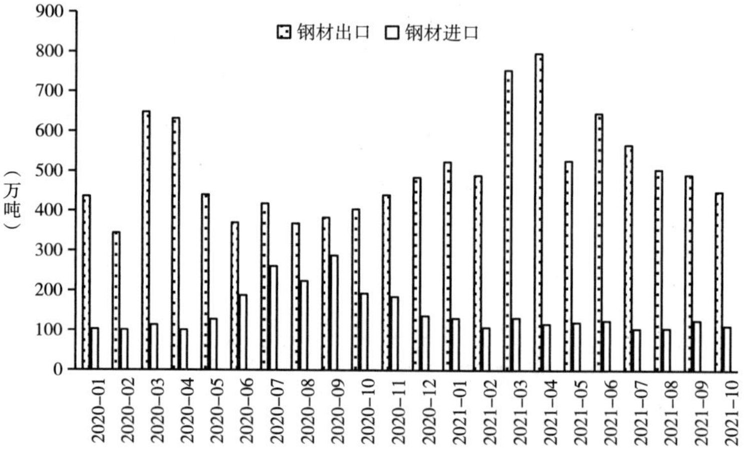

图2　2020 年 1 月至 2021 年 10 月全国钢材每月进出口量

（三）钢材价格大幅上升，进口矿价先升后落

钢材价格波动性大幅上升。1—9 月，中国钢材价格指数（中钢协月度数据）平均值为 143.26 点，同比上升 40.82 点，升幅为 39.9%。从分月情况看，1—4 月持续上升，5—6 月冲高回落，7—9 月呈小幅、波动上行走势（见图 3）。至 10 月 15 日，钢材综合价格指数为 159.09 点，同比上升 48.7%，比年初上升 27.76%。

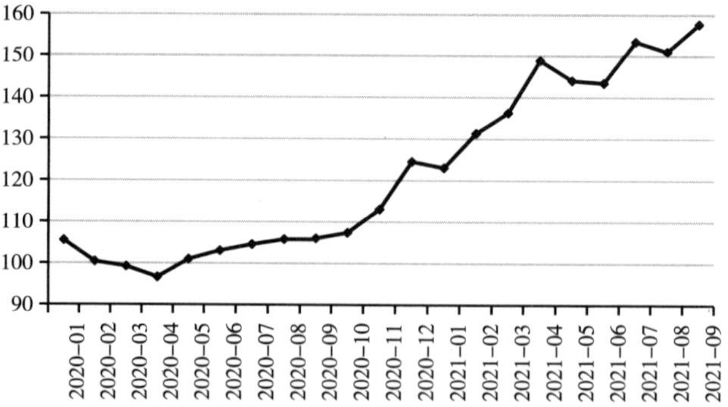

图3　2020 年 1 月至 2021 年 9 月钢材价格指数

进口矿价先大幅上涨后迅速回落。上半年，进口铁矿石价格快速上涨，在多方努力下，铁矿石价格在 8 月之后迅速回落。受进口铁矿石价格大涨大落影响，中国铁矿石价格指数（CIOPI）先是较年初大幅上涨，5 月最高点位时上升 255.52 点，上涨幅度 56.8%，之后快速波动式回落，截至 11 月 9 日，较年初下降 223.42 点，

下降幅度 39%，与上年同期相比，回落 76.8 点，同比下降 18%。其中，国产铁矿石价格指数也经历了先升后降走势，但幅度小于进口铁矿石，截至 11 月 9 日，国产铁矿石价格指数同比上涨 10.4%（见图 4）。

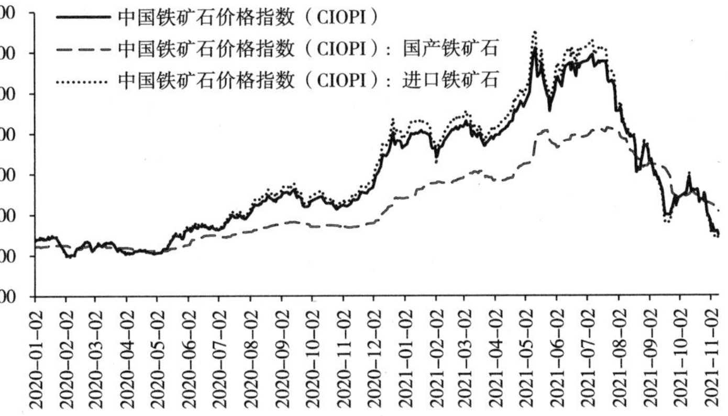

图 4　2020 年以来我国铁矿石价格指数走势

（四）企业效益处于高位，但呈先升后降趋势

2021 年以来，钢铁行业在强劲需求和较高价格支撑下利润累计增速处于历史高位，但呈先升后降趋势。前 4 个月，黑色金属冶炼及压延加工业（主要为钢铁行业）的利润总额增速不断提高，累计增速最高达到 416.1%；5 月份之后，利润总额累计增速逐渐下降，但仍处高位，至 9 月份，利润总额为 3665.8 亿元，累计同比增长 144.8%。后期利润减少的主要原因一是钢材产量持续下降，导致企业销售收入减少，二是进口铁矿等原燃材料价格大幅上涨，推动企业生产成本大幅上升。虽然铁矿石价格后期快速大幅回落，但对企业的影响有一定滞后期，未能在当前成本中体现。

二、行业运行中面临的主要问题

1. 原燃材料供应保障不稳，加大企业经营成本压力

2021 年以来，在各方努力下，进口铁矿石价格明显回落，已由最高时的每吨 200 多美元回落至 9 月中旬 100 美元/吨左右。尽管降幅较大，但仍处高位，且反弹的可能性较大，需要采取综合措施，缓解钢铁生产对进口铁矿石的依赖。进入下半年以来，煤炭和焦炭供应逐步趋紧，市场价格大幅上涨。截至 9 月末，炼焦煤价格升至 3965 元/吨，同比上涨 1.94 倍，焦炭 4118 元/吨，同比上涨 1.16 倍，企业成本压力仍较大。同时，在 2021 年电煤供应紧张的情况下，叠加“双控”考核因素，

全国多个省份采取限电措施，使钢铁及上下游企业被动减产、限产，也直接影响了企业的生产经营。

2. 高端供给依然不足，创新水平仍待提升

经过几十年的发展，我国钢铁工业产业链完整，创新能力持续提升，在标准、专利、产品和技术开发等领域取得一系列显著成绩，但在关键核心技术领域，创新短板依然突出。我国每年进口的1000多万吨钢材中有20%左右是国内不具备生产能力或国内产品存在质量性能差距的。虽然200万吨的进口量不大，但这些产品多用于国内重点工程、重大装备、国防军工等关键领域，质量要求严、研发难度高。此外，我国在低碳冶金、近终形制造、智能制造等技术方面仍处于跟随状态，部分核心检测和控制装备仍依赖进口。加强钢铁行业创新发展水平，增强高端产品供给能力，对于构建新发展格局具有更加重要的意义和紧迫性。

3. 绿色低碳有待突破，环保机制有待完善

一方面，钢铁行业超低排放与节能降碳任重道远。钢铁是世界各国关注的重点碳排放行业，尽管钢铁行业超低排放改造推行力度空前，但尚缺乏最经济可行的技术方案，稳定长周期运行、可供全面推广应用的成熟工艺装备仍须加快开发完善，企业环保成本高、经济性和绿色发展统筹协调的空间仍然很大，低碳冶炼等革命性技术方面仍须进一步突破。另一方面，企业间节能环保水平参差不齐，科学规范的环境保护长效机制尚未形成。尽管钢铁工业涌现出一批节能环保水平先进的绿色领跑企业，但仍存在鱼龙混杂、水平参差不齐的现象。绿色产品评价体系、环保信用体系尚未建立健全，对不同环保水平企业的公平、公正监管也有待进一步落实到位。

三、2022年钢铁行业发展走势预判

展望2022年，全球新冠肺炎疫情的走势将对经济发展带来重要影响，同时我国碳达峰的推进也将引领钢铁行业发展方向。

（一）国际市场钢铁需求保持增长，但新冠肺炎疫情之下仍存不确定性

2021年以来，全球经济持续复苏。联合国（UN）9月15日发布的报告预计2022年全球经济将增长3.6%；经合组织（OECD）9月21日发布的经济展望报告预计2022年全球经济增长4.5%。受全球经济加快复苏的影响，国际市场钢铁需求增速也将有所加快。据世界钢协（WSA）2021年4月份发布的短期预测，2022年全球钢铁消费量为19.25亿吨，同比增长2.7%；扣除中国后全球其他地区钢材消

费量为 8.90 亿吨，同比增长 4.7%。

需要注意的是，新冠肺炎疫情对经济的影响仍存不确定性。德尔塔毒株的扩散使全球新冠肺炎疫情再度面临严峻态势。如果新冠肺炎疫情无法得到有效控制，全球供应链就难以完全恢复正常，经济增长态势或将重新进入低谷。各主要经济体为刺激经济，普遍采取大规模的宽松货币政策和财政救助措施，导致全球公共债务不断攀升。全球贸易保护主义继续影响世界经济复苏，全球贸易摩擦造成的国际经贸关系紧张和地缘政治风险等因素，影响世界经济的复苏。上述种种因素加大了全球经济的不确定性，也对全球钢铁生产和需求带来较大不确定性。

（二）国内市场钢材需求基本平稳，碳达峰将提高钢铁需求品质

习近平总书记 7 月 30 日主持中共中央政治局会议，要求后期经济工作要坚持稳中求进工作总基调，继续做好宏观政策跨周期调节，宏观政策保持连续性、稳定性，保持经济运行在合理区间；积极的财政政策要提升政策效能，稳健的货币政策要保持流动性合理充裕；支持新能源汽车加快发展；加快贯通县乡村电子商务体系和快递物流配送体系；加快推进“十四五”规划重大工程项目建设，引导企业加大技术改造投资。四季度和 2022 年宏观经济有望继续运行在合理区间，钢材需求较为平稳。此外，《2030 年前碳达峰行动方案》提出的能源绿色低碳转型行动、节能降碳增效行动、城乡建设碳达峰行动、交通运输绿色低碳行动等将使得国内钢铁行业需求向高品质、高质量方向迈进。

（三）“双控”“双碳”政策影响持续，钢企效益预计下降

预计 2022 年钢铁行业会延续实行产能产量“双限”政策，并继续受“双控”政策影响，钢铁生产、出口难有大的提高；进口铁矿石价格预计继续有所回落，同时随着煤炭、焦炭保供稳价措施效果逐渐显现，上游产品价格的降低将带动钢材价格从高位有所回落，但不会回落太多；考虑到 2021 年钢铁企业效益处历史高位，2022 年预计难以再有增长，将呈下降趋势。

四、政策建议

2021 年钢铁行业利润情况较好，但在碳达峰碳中和的目标下发展仍然任重道远，要立足新发展阶段，贯彻新发展理念，融入新发展格局，集中力量多做补短板、利长远的事，统筹发展与安全，加强技术创新，推进绿色低碳转型，加快产业布局优化和结构调整，实现高质量发展。

1. **巩固去产能成果，加强市场预期引导**

我国新冠肺炎疫情防控取得巨大成就，经济增长恢复较快，钢铁需求较为旺盛，钢铁产能释放与需求增长基本匹配。要按照《2030年前碳达峰行动方案》要求，继续深化钢铁行业供给侧结构性改革，严格执行产能置换，严禁新增产能，推进存量优化，淘汰落后产能，加强对地方投资项目的监管，巩固去产能成果。同时，国家层面要有序落实各类投资，促进投资需求合理、稳健释放；做好信息公开、经济数据解读工作，加强对市场预期的引导，稳定市场信心。

2. **按自主可控原则，加强资源能源保障**

我国进口铁矿石对外依存度在80%左右，价格话语权严重缺失，进口铁矿石价格背离基本面大幅上涨，不仅严重影响钢铁行业效益水平，也对国家产业安全构成威胁。要按照中央经济工作会议的要求，增强产业链供应链自主可控能力，充分利用国内国际两个市场两种资源，建立多元化、多渠道、多方式稳定可靠的资源保障体系，提升钢铁行业产业链水平和抗风险能力。建议加大国内铁矿山投资力度，提高矿山项目建设便利性，取消不合理的限制开采规定，降低矿山企业税负，提升国内铁矿产能；推进境外项目投资和开发，提升海外权益矿比例；完善废钢铁资源回收、加工配送体系，有序推进废钢资源综合利用，增加国内市场铁素供给；加快推进形成新的铁矿石定价机制；完善期货市场规则和进一步加强监管。同时，做好钢铁生产用煤、焦煤、焦炭等能源供应保障，扩大进口渠道，满足企业正常经营需要。

3. **大力推进联合重组，构建高效产业分工体系**

我国钢铁企业数量众多，但产业集中度低一直制约行业健康发展。工信部2020年底发布《关于推动钢铁工业高质量发展的指导意见（征求意见稿）》，提出到2025年钢铁产业布局要更加合理，产业集聚化发展水平明显提升，前5位钢铁企业产业集中度达到40%，前10位钢铁企业产业集中度达到60%。“十四五”时期将是钢铁行业推进兼并重组的重要时间窗口，要按照环境保护和相关产业政策要求，依据市场化、法治化原则，推动企业兼并重组，优化生产力空间布局，形成高效的产业分工体系。

4. **加大创新发展制度供给，推动绿色低碳转型发展**

一是坚持低碳科技创新的市场化机制。低碳技术不仅仅是基础研究，更多的是应用研究和工业创新，要发挥有效市场与有为政府作用，更好发挥市场配置资源决定性作用，通过碳交易体现绿色溢价，引导资源配置；借助绿色金融等带动低碳领域产融结合；发挥政府采购对低碳科技创新激励作用；通过“揭榜挂帅”激发科研人员活力等。二是建立低碳共性技术研发平台。学习国际同行先进经验，以行业组织为牵头单位，以优势大企业为主体，多方参与、分工协作、联合开发、共担风险、共享成果。三是加大资金投入推广先进适用技术，促进钢铁行业结构优化和清洁能源替代，大力推进非高炉炼铁技术示范，提升废钢资源回收利用水平，推行全废钢电炉工艺，深挖节能降碳潜力，鼓励钢化联产，探索开展氢冶金、二氧化碳捕集利用一体化等试点示范。四是建立健全绿色产品评价体系和环保信用体系，提升对不同环保水平企业的公平、公正监管。

19　2021 年电子信息产业发展情况及 2022 年展望

徐　斯*

摘要：2021 年以来，全球疫情蔓延波动起伏，给全球经济复苏带来诸多不确定性，但是世界经济复苏的态势并没有改变，复工复产进程加快，消费需求加速恢复，尤其是我国疫情防控取得积极成效，经济稳步复苏，电子信息行业运行稳中向好。展望 2022 年，虽然全球电子信息产业链供应链不稳定因素仍然较多，同时，美国对我头部企业施压势头没有减弱，但我国经济长期向好的发展态势并未改变，消费新需求蓄势待发，国产化替代加速，前沿应用不断突破。综合来看，2022 年电子信息制造业增加值增速虽然较 2021 年有所回落，但仍将保持 8% ~10% 中高速增长区间。

关键词：新基建　新产品　新需求　电子信息产业

一、2020 年电子信息产业运行情况分析

（一）生产运行引领工业复苏

2021 年以来，统筹推进疫情防控和经济社会发展，电子信息产业稳步复苏，生产运行呈现快速增长态势。

一方面，行业增加值增速处于近年来的较高水平。1—9 月，规模以上电子信息制造业增加值同比增长 16.8%，较上年同期增速高 9.6 个百分点。电子信息制造业引领工业增长，与同期工业整体水平相比，1—9 月行业增加值较规模以上工业增加值增速（11.8%）高 5 个百分点（见图 1）。

---

* 徐斯，硕士研究生，中级经济师，从事电子信息制造业、数字经济等方面研究。

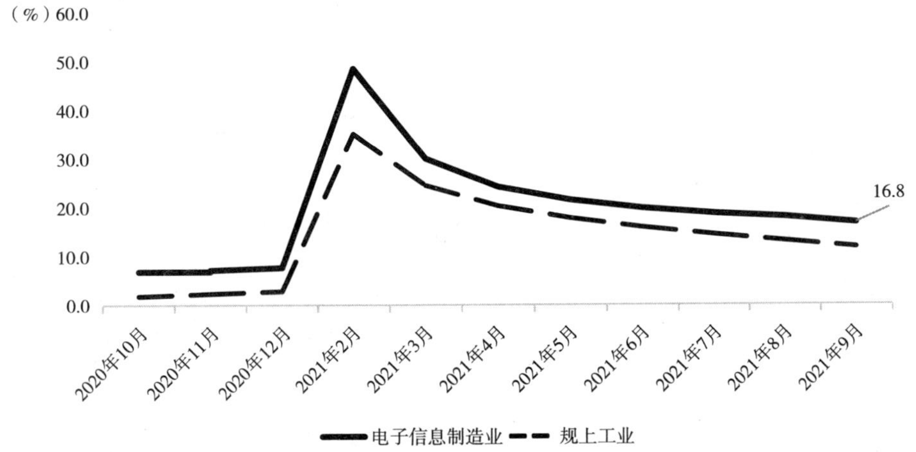

图1　2020—2021年电子信息制造业与工业增加值累计增速

另一方面，营业收入、利润总额保持2位数增长态势。1—9月，规模以上电子信息制造业营业收入98579亿元，同比增长16.3%（见图2）；利润总额5473亿元，同比增长38.7%。

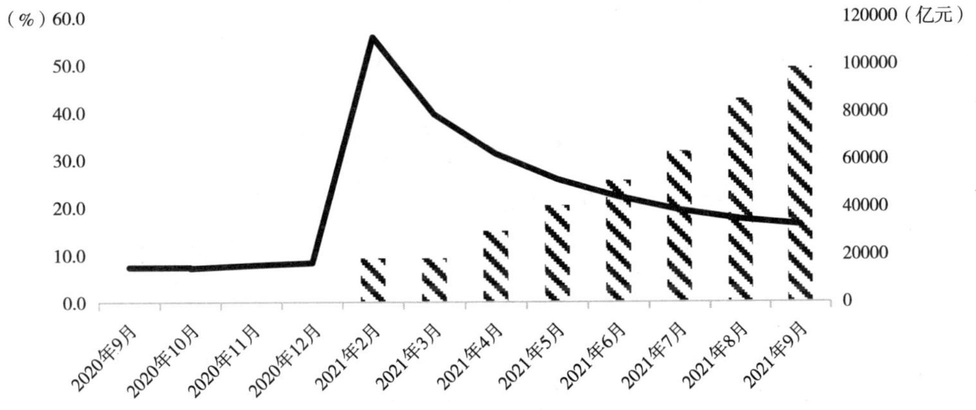

图2　2020—2021年规模以上电子信息制造业营业收入及增速

（二）投资呈现快速增长态势

1—9月，规模以上电子信息产业累计完成固定资产投资额25429.38亿元，同比增长24.4%，较上年同期增长高12.7个百分点，高于全国制造业平均增速9.2个百分点（见图3）。在全球电子信息产品需求快速复苏的背景下，在坚持统筹安全与发展，畅通国内大循环的引领下，电子元器件、电子材料、电子设备等基础领域受关注度不断提升，投资力度不断加大，产业基础能力进一步夯实，产业体系不断完善，产业链供应链抗风险能力稳步提高。

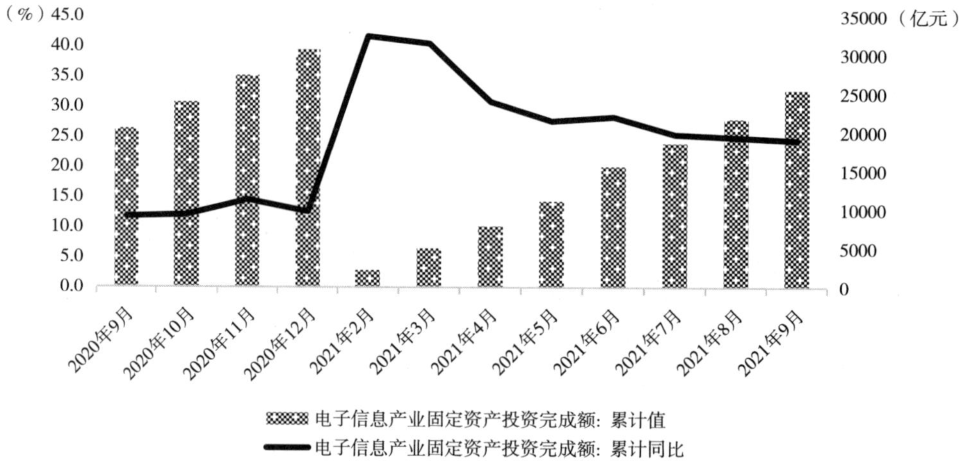

图3 2020—2021 年规模以上电子信息制造业固定资产投资额与增速

（三）外贸出口保持势头良好

1—9 月，规模以上电子信息制造业出口交货值同比增长 16.8%，增速较上年同期增加 9.6 个百分点，处于近年来的较高水平。当月出口增速先缓后升（见图 4），9 月份规模以上电子信息制造业出口交货值同比增长 17.2%，高于 6 月份 13.1 个百分点。主要产品出口态势良好，1—9 月，出口电脑及零部件 1795 亿美元，同比增长 21.4%；出口手机 963 亿美元，同比增长 24.0%；出口集成电路 1086 亿美元，同比增长 33.1%；出口液晶显示板 209 亿美元，同比增长 49.0%。这主要是因为，在国外需求持续恢复的同时，国内电子信息产业终端产品产能恢复好于东南亚等国，外贸出口持续增长。

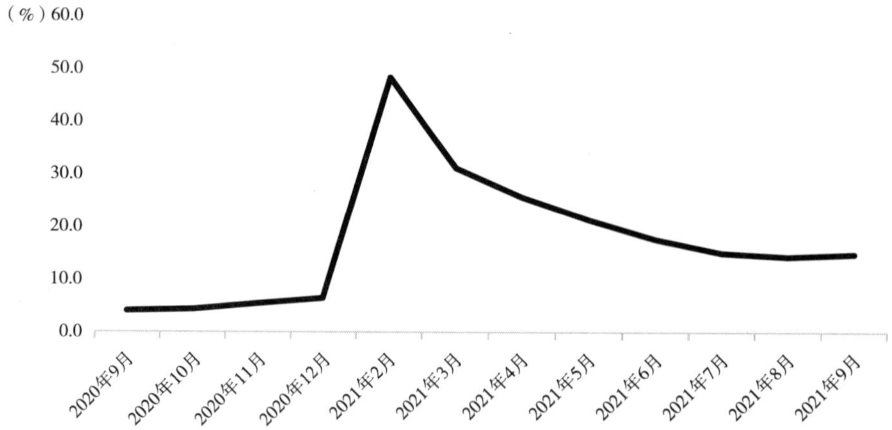

图4 2020—2021 年规模以上电子信息制造业出口交货值当月增速

（四）重点产品生产分化明显

主要产品呈现较为明显的分化态势。一方面，手机、计算机整机及集成电路等产品产量快速增长。2021 年 1—9 月，移动通信手持机产量 11.6 亿部，同比增长 7.6%；电子计算机整机 3.5 亿台，同比增长 30.7%；集成电路产量 2675 亿块，同比增长 43.1%。而另一方面，彩电、移动通信基站等产品产量同比下降。彩电产量下降主要受成本上涨和需求下降两方面因素所致；移动通信基站作为 5G 投资的最大受益产品，2019 年上半年产量增速一度超过 150%，而在 2020 年进入负增长后，降幅至今不断扩大，主要是受上年基数高及建设布局速度有所放缓影响（见表 1）。

表 1 2020—2021 年重点产品产量（单位：万）

	集成电路	电子计算机整机	微型电子计算机	移动通信基站设备	移动通信手持机	智能手机	智能手表
2020 年 1—9 月	18218000	27350	25600	767	101511	75750	
2020 年 1—10 月	21139000	31581	29539	810	114590	85450	
2020 年 1—11 月	23390000	35852	33478	860	130369	97619	
2020 年 1—12 月	26126000	40509	37800	894	147193	110301	
2021 年 1—2 月	5328000	6387	5725	67	20859	14448	726
2021 年 1—3 月	8205000	10683	9809	107	35087	26639	1296
2021 年 1—4 月	11037000	14463	13848	155	47794	36063	1706
2021 年 1—5 月	13992000	18648	17890	202	60662	46269	2396
2021 年 1—6 月	17120000	23032	21992	248	75402	57305	2898
2021 年 1—7 月	20360000	26691	25598	293	87846	66778	3411
2021 年 1—8 月	23989000	30701	29452	340	101343	77642	3893
2021 年 1—9 月	26748000	35164	33833	400	115947	88854	4418

（五）产业发展质量有待提高

企业利润率仍然偏低。1—9 月，规模以上电子信息制造业营业收入利润率为 5.6%，低于全国工业平均水平 1.4 个百分点。利润率偏低是我国电子制造业长期存在的主要问题，缺乏核心技术、价值链地位低、产业无序竞争等是造成该问题的主要原因，须进一步加大重视，推进行业高质量发展。行业营业收入成本增速有所加快，1—8 月规模以上电子信息制造业营业成本累计同比增长 15.7%，较上年提高 8.6 个百分点。

二、2021 年行业发展预测

（一）新需求多点释放促进产业加速发展

一方面，企业数字化、信息化升级改造需求进入扩张期。疫情暴发以来，国内诸多企业为了提升抗风险能力，纷纷加快信息化改造速度。艾瑞咨询数据显示，2020 年我国企业级 SaaS 市场规模为 538 亿元，预计未来三年市场将维持 34% 的复合增长率持续扩张。与此同时，政府不断推动工业互联网的发展，工业和信息化部《工业互联网创新发展行动计划（2021—2023 年）》显示，2021—2023 年是我国工业互联网的快速成长期。到 2023 年，我国工业企业及设备上云数量比 2020 年翻一番。

另一方面，5G、数据中心等新型基础设施建设进入加速期。随着新一代信息技术不断突破，技术应用不断成熟，新一代移动通信技术（5G）基站、数据中心、人工智能等新型基础设施建设布局不断加快。工信部数据显示，截至 9 月末我国的 5G 基站建站数量已经达到了 115.9 万个，到 2021 年底全国有望建成约 140 万个 5G 基站，将覆盖所有县级以上城市和发达乡镇。根据 4G 建设布局的规律，2022 年 5G 建设将进一步加快。同时，各省市也相继出台“十四五”时期新型基础设施建设布局专项规划，聚焦发展数字经济，拓展 5G 应用，工业互联网、数据中心等加快建设。部分省份“十四五”时期新型基础设施建设目标见表 2。

表 2　部分省份“十四五”时期新型基础设施建设目标

省份	“十四五”时期新型基础设施建设目标
《贵州省新型基础设施建设“十四五”规划》	到 2025 年，大数据产业集群规模达 3000 亿元，同时全省建成 5G 基站 16 万个，每万人拥有 5G 基站数达到 33 个，5G 网络实现城市和乡镇全面覆盖、重点应用场景深度覆盖。
《江西省“十四五”新型基础设施建设规划》	到 2025 年，全省 5G 基站数量要大于 7 万个，5G 网络要实现城市和乡镇全面覆盖、行政村基本覆盖、重点应用场景深度覆盖，行政村及以上区域实现千兆光纤网络全覆盖。
《四川省“十四五”新型基础设施建设规划》	5G 基站数量将达到 25 万个，数据中心机架规模达到 50 万架。
《江苏省“十四五”新型基础设施建设规划》	5G 基站数将增长到 25.5 万个，省级工业互联网平台达到 100 个，大数据中心在用标准机架数达到 70 万架。

此外，元宇宙时代即将来临，消费新需求进入井喷期。用户体验创新一直是数字化转型的核心目标之一，疫情更加速了各类新型技术与终端的应用，虚拟展馆、

AI 数字人、5G 智能视频客服、AR/VR 终端等不一而足。“元宇宙”定义为与现实世界平行的，可提供游戏、购物、社交、e 学习等沉浸体验的开放虚拟世界，2022 年这一概念将持续发酵，AR/VR 产品出货量将进入快速增长期。IDC 数据显示，2020 年全球虚拟显示市场规模约为 900 亿元人民币，预计 2020—2024 五年期间全球虚拟显示产业规模年均增长率约为 54%，预计到 2024 年市场规模将达到 400 亿元人民币。

（二）产业链供应链不稳定因素仍然较多

电子信息产业是供应链高度全球分工的典型行业。2020 年以来，全疫情蔓延波动反复，产业遭受多次冲击，全球“缺芯”问题凸显，尤其是 2021 年二季度，德尔塔变异毒株先后冲击我国台湾、马来西亚、越南等半导体重镇，多个企业被迫停产，进一步加剧芯片短缺问题。芯片短缺一方面会导致产业链供应链稳定性降低，电子元器件、关键零部件交付时间不断增加，进而导致企业生产受阻。美国投资公司 Susquehanna Financial Group 数据显示，夏季芯片订单的平均交付时间已经延长至 19 周。截至 10 月，“缺芯”情况进一步恶化，平均交付时间增加至 22 周。另一方面，芯片短缺也导致零部件成本不断升高，下游企业的生产成本增加。目前全球特别是东南亚等国疫情仍面临着期限拉长和反复的考验，产业链供应链仍存在较多的不确定性，一定程度上影响产业健康稳定发展。此外，美方对我电子信息产业打压阻遏的力度更具针对性，关键卡脖子问题仍然突出，极大地制约我国电子信息产业转型升级，迈向中高端，实现高质量发展。

目前，全球疫情仍在持续蔓延，但世界经济总体保持呈现复苏态势，国际国内消费市场加速恢复，同时新基建等重大项目投资加快启动，加上产业内国产化替代不断加速，产业链供应链稳定性有所增强。预计 2022 年电子信息产业仍将保持较快增长态势，2022 年电子信息制造业增速维持 8% ~10%。

三、政策建议

当前，我国电子信息产业仍然面临传统电子消费需求不足、缺芯少核、产业链供应链不确定性较多等问题，对此，建议从扩大内需、补链强链、优化结构等多方面下力气花功夫，推动电子信息产业高质量发展。

1. 激发国内市场潜力

加快消费电子产品的智能化、品质化、个性化升级，做大做强消费电子产业。大力支持可穿戴设备、消费级无人机、智能服务机器人、虚拟现实等高端智能产品创新，推动消费类电子产品智能化升级。通过充分利用5G、人工智能、物联网等信息通信技术，加快发展虚拟现实、增强现实、超高清视频、远程教育等领域创新应用，以创新应用促进智能手机、个人计算机等产品更新换代。

2. **保障供应链稳定运转**

瞄准产业核心基础环节的短板，加快建设若干制造业创新中心，加快创新成果产业化。积极布局新一代通信、先进计算等前沿领域，抢占未来发展制高点。拓展内涵外延，推进产业链发展。把增强产业韧性作为制造业高质量发展的支撑，加强建链、延链、补链、壮链，打好产业基础高级化、产业链现代化攻坚战。系统梳理我国信息技术领域基础技术，按照保障产业安全的底线要求，发挥新型举国体制优势，加快实现关键技术创新突破。构建更为密切的产业网络，加强产业链上下游的协同和搭接，以网络化、系统性的产业体系应对供应链风险。

3. **持续优化产业结构**

加快推进产业智能化、绿色化、服务化转型，大力发展智能制造、绿色制造、服务型制造，全面提升行业先进制造水平，培育发展新业务、新业态、新模式。紧盯5G、人工智能、智能汽车、量子计算等技术热点，鼓励智能家居、可穿戴设备、行业电子产品和服务创新，选择若干基础好、水平高的产业集聚区，做好新兴技术和产品超前布局，打造一批世界级电子信息产业集群。

4. **构建自主可控生态圈**

强化元器件、整机、应用与服务之间的协调配合，着力补齐产业短板，在重点领域构建具有全球竞争优势的产业生态体系。跳出跟随发展模式，以骨干企业为引领，以消费新需求为导向，以核心技术为基础，以互联网思维重构生产要素为手段，探索产业生态新范式。结合京津冀、长江经济带等国家重大区域战略，培育发展区域新增长极，推进东中西部地区差异化发展，打造优势互补的一体化发展新格局。不断优化产业发展政策环境，加快构建完善产业标准和评估检测体系。

5. **开创新局面，深化产业高水平开放**

着力强化全球产业链拓展、价值链增值、创新链整合，建立健全国际资源有机互动的产业生态体系和全球研发创新网络。紧抓“一带一路”建设新机遇，强化智能终端、光伏等领域国际合作，搭建产业、技术、项目对接合作平台，积极推动优势产能“走出去”。不断完善中日韩、中俄、中美、中欧等双边、多边工作机制，拓展国际交流渠道，强化国际产业合作深度。指导企业增强法律意识，强化合规经营。

Annual Report on
China and the World Economic Development (2022)

区域篇

REGIONAL REPORTS

20　2021—2022年区域经济发展分析

胡少维*

摘要： 2021年，我国各地区经济普遍呈现稳中加固、稳中提质的发展态势，但受基数、疫情动态变化及汛情等偶发性因素影响，各地区经济增速基本呈现由高走低格局，经济增幅同比差距明显。虽然两年平均增速格局变化不大，但地区间的差距明显呈收敛态势，表明我国区域协调发展取得积极进展。展望2022年，我国经济整体上下行压力依然比较大，各地区均不同程度会受大环境的影响。分大区域看，随着中部崛起战略深入实施，受益于产业转移及经济转型，中部地区增幅有望在2022年再次领先，但与东部差距不大；东部地区依然是区域经济的关键增长极，在国内大循环中扮演关键的角色，随着新动能逐步释放，经济增幅将与中部地区齐头并进；西部地区产业结构相对单一，相对依赖投资拉动，因此增速可能低于平均水平；东北地区依然增幅最低。为促进区域协调发展，建议：在正确看待区域差距的同时，按照优势互补、互利共赢的原则，构建区域经济协调发展的体制机制，促进区域协同发展，加快数字经济和区域经济一体化融合发展，加强区域发展新要素合作。

关键词： 区域　发展　趋势　建议

随着区域发展战略的实施，我国区域发展协调性不断增强，重大战略引领作用持续显现，区域协同发展红利正不断释放。国家中心城市、都市圈、城市群等作为区域发展的主要空间载体，发展潜力愈发凸显，拉动和辐射作用不断增强，但一些资源性地区发展转型面临困难较多，增速相对低迷，需要持续给予关注。从国内外实践来看，不断推动区域协调发展、增强区域间发展的平衡性协调性，可以不断培育新的区域增长极和动力源，稳定宏观经济发展全局。因此，新时代需要在全面贯彻落实国家区域发展战略思路的大背景下，更加精细化区域政策，引导不同区域差异化、特色化发展，使不同区域的居民共享经济发展成果。

---

* 胡少维，国家信息中心经济预测部正高级经济师，主要研究宏观经济、区域经济等问题。

一、区域协同发展取得积极进展

推动区域协调发展是新时代国家重大战略之一，是贯彻新发展理念、建设现代化经济体系的重要组成部分。以习近平同志为核心的党中央高度重视区域协调发展，“十四五”开局之年，我国深入实施区域重大战略和区域协调发展战略，区域空间布局更加优化，质量效益稳步提高，区域协调发展正向着更高水平迈进。

随着全国统一大市场的加快建设，各自为政、单打独斗的区域时代正在终结，抱团发展、区域经济一体化和区域价值共享成为相互需求。区域之间从简单的劳动力、能源、资源和商品供求关系逐渐向产业链价值链分工协作和信息市场共享关系演变，围绕创新链、要素链和政策链的区域合作更加紧密。

2021 年，区域协调发展取得积极进展。上半年，京津冀协同发展取得新突破，北京非首都功能疏解的顶层设计基本完成，中国星网作为首家央企总部在雄安新区注册落地。长三角一体化示范区共推出了 18 项制度创新成果，多领域推动“跨省通办”。其制度创新的成果不仅让示范区联系更加紧密，更带来了一体化红利。通过采取多元化发展模式，区域发展建设路线图逐渐明晰。一个要素有序自由流动、主体功能约束有效、基本公共服务均等、资源环境可承载的区域协调发展新格局正在加快形成。粤港澳大湾区综合性国家科学中心先行启动区建设提速，前海、横琴、河套等重大合作平台规划建设取得新的进展，规则衔接、机制对接迈向深入。

山东省印发《关于建立流域横向生态补偿机制的指导意见》，在现行纵向生态补偿体系的基础上，建立流域横向生态补偿机制，并在 2021 年 10 月底前完成县际横向生态补偿协议签订工作，实现县际流域横向生态补偿全覆盖。

重庆市、四川省联合印发《关于推进成渝地区双城经济圈建设共同开展国土空间生态修复工作的实施意见》，提出要共同推进长江等“六江”生态廊道建设，谋划和实施一批生态修复重大工程，促进生态产品价值实现，实现两地生态共建共享。

二、区域发展格局新变化

受疫情影响及增长动能的变化，各地区经济在整体向好的情形下也出现了一些细微的变化。

2021 年前三季度，全国各地区合计 GDP 同比增速达 9.68%，按省份来看，有 8 个省份 GDP 增速达到双位数，湖北由于上年基数低，加之加大基建投资力度，大批项目集中开工，对经济拉动作用明显，使得 2021 年前三季度湖北增速高达 18.7%，领跑全国。其他分别为海南（12.8%）、北京（10.7%）、浙江（10.6%）、山西（10.5%）、江西（10.2%）、江苏（10.2%）、安徽（10.2%），高于平均增速的还有重庆（9.9%）、山东（9.9%）、上海（9.8%）和广东（9.7%）4 个省份。黑龙江、内蒙古、吉林、河北、辽宁、西藏、河南、陕西、青海前三季度年 GDP 增速排名靠后，分别为 8%、7.8%、7.8%、7.7%、7.4%、7.2%、7.1%、7% 和 6.7%。

从两年平均增速来看，2021 年前三季度，有 19 个省份超过同期各地区加权平均 5.38% 的水平。其中，海南、西藏、浙江、江苏、安徽、江西分列前六位，增速分别为 6.8%、6.7%、6.4%、6.3%、6.3%、6.3%。低于 5% 的有河北、吉林、上海、天津、陕西、青海、辽宁、湖北、黑龙江、内蒙古，分别为 4.6%、4.6%、4.6%、4.2%、4.1%、3.9%、3.1%、3.1%、2.9%、2.85%。总体看，两年平均增速各地区之间的差距明显小于同比增速（见图 1）。

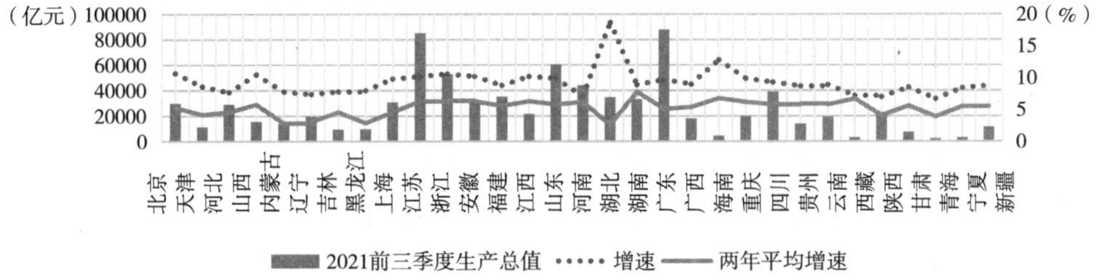

图 1　2021 年前三季度各地区生产总值及增速

分区域看，2020 年全年东部地区生产总值 525752 亿元，比上年增长 2.97%；中部地区生产总值 222246 亿元，增长 1.34%；西部地区生产总值 213292 亿元，增长 3.36%；东北地区生产总值 51125 亿元，增长 1.13%。2021 年前三季度，分四大区域看，由于疫情导致的基数因素，中部地区增幅最高；东部地区次之，与全国水平相当；西部与东北地区增幅低于全国水平。但若看两年平均增速，则出现了与前几年不同的增长格局，即东部地区领先增长，增幅高于全国水平；中部地区初步摆脱疫情基数影响，增幅略低于东部，也高于全国水平；西部地区增幅略低于平均水平；东北地区增幅依然最低，与其他地区存在明显差距（见表 1）。

表 1　分区域地区生产总值季度累计增速（单位:%）

	2019 Q2	2019 Q3	2019 Q4	2020 Q1	2020 Q2	2020 Q3	2020 Q4	2021 Q1	2021 Q2	两年平均	2021 Q3	两年平均
地区合计	6.77	6.67	6.52	-6.98	-1.16	1.05	2.6	18.36	12.80	5.46	9.68	5.38
东部	6.47	6.36	6.25	-6.00	-0.86	1.48	2.97	18.21	12.80	5.77	9.80	5.57
中部	7.79	7.70	7.35	-12.1	-3.77	-0.77	1.34	22.73	14.67	5.01	10.80	5.45

续 表

	2019 Q2	2019 Q3	2019 Q4	2020 Q1	2020 Q2	2020 Q3	2020 Q4	2021 Q1	2021 Q2	两年平均	2021 Q3	两年平均
西部	6.94	6.91	6.79	-3.83	0.50	1.99	3.36	15.60	11.49	5.70	8.70	5.29
东北	4.53	4.41	4.56	-7.59	-3.32	-0.67	1.13	13.27	10.20	3.22	7.65	3.41
南方	7.18	7.07	6.87	-7.50	-1.44	1.08	2.76	19.85	13.69	5.86	10.30	5.69
北方	6.00	5.94	5.88	-6.04	-1.17	0.79	2.30	15.67	11.18	4.73	8.55	4.97

东西部地区经济增长的不同表现根本上还是在于产业结构和产业层次的差距，以及增长方式上的差异。东西部地区最大差距在制造业。疫情之后，东部的增速较高，与其造业实力、产业布局和产业链条密切相关，尤其是最终消费品在全世界受疫情影响下，东部地区订单反而增加，而中西部地区产业大多以原材料为主，深加工不够，产业链条也短。从前三季度的数据来看，制造业尤其是先进制造业对东部地区的增长起到了关键的支撑作用。比如，北京工业生产增势良好，高端产业发挥引领作用。前三季度，北京规模以上工业增加值同比增长 38.7%，两年平均增长 17.7%。工业拉动了北京 GDP 的增长。增速领先的江苏也显示，工业生产增长较快，先进制造业支撑有力。前三季度，江苏省规模以上工业增加值同比增长 15.8%，两年平均增长 9.5%（见图 2）。40 个工业行业大类中有 36 个行业增加值同比增长，增长面达 90%。在第三产业上也表现出东西部的结构差别。东部沿海地区服务业以金融、物流等现代服务业为主，西部地区服务业则主要是餐饮、住宿、旅游等传统服务业，而这些行业受疫情冲击比较大。

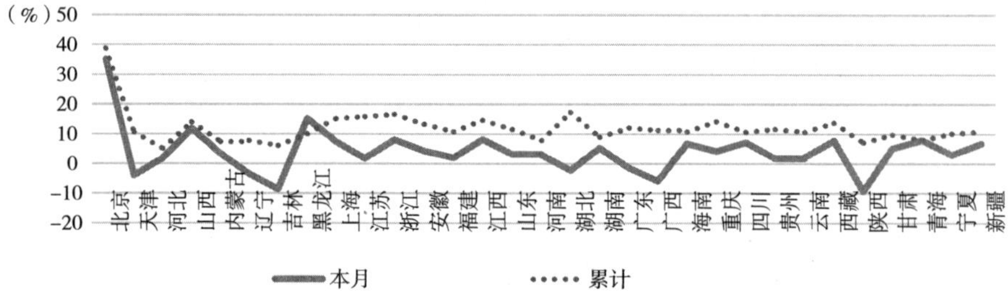

图 2 2021 年 1—9 月工业增加值增速

若以省级为单位划分南北方，将上海、江苏、浙江、安徽、福建、江西、湖北、湖南、广东、广西、海南、重庆、四川、贵州、云南、西藏等 16 个省市区为南部地区，其余 15 个省市区为北方地区。尽管受疫情影响，2020 年以来，同比增速差二者之间出现了波动，但若剔除基数因素，以两年平均增速看，南北地区经济增速差仍基本维持在 1 个百分点左右，变化并不明显，南北经济差距持续处于拉大过程中。

受煤炭供应不足、汛情等偶发性因素与结构性因素影响，三季度各地区经济增速普遍有所放缓。受上年基数抬升影响，预计四季度各地经济增速或将继续回落，但仍将保持稳中加固、稳中提质的发展态势。

三、影响区域经济发展的因素分析

区域之间经济发展不平衡是由多种因素影响造成的，目前看，影响区域经济发展的主要因素有以下方面。

1. 资源环境

在区域经济发展的初期，一个地区所拥有的资源种类的数量及质量的优劣是决定其经济实力、生活水平和发展的重要因素之一。但随着经济的发展，“资源诅咒”现象就会出现，资源丰富不再视为一个地区的优势，它反而会在一定程度上抑制经济增长，并造成多方面的问题。其原因在于资源产业的繁荣会抑制其他产业的发展。资源丰富地区通常大力支持资源产业的发展，在资源产业繁荣的同时，忽视了产业结构的合理性，导致制造业等其他产业的发展受到抑制，最终使经济发展出现一系列问题。特别是资源产业的扩张容易导致人力资本积累的不足，会导致这些地区产业结构和水平的低端化、低附加值化和低科技含量化，阻碍产业结构的更新换代。近些年山西、内蒙古经济增速的相对低迷就是典型，这也是这些年南北经济差距拉大的重要因素之一。

2. 区位条件

区位主要是由地理位置、交通条件、信息条件相互作用而形成的影响产业发展的综合条件。地理位置优越的区域，交通条件好，信息便捷迅速，蕴藏着巨大的发展潜力。受区位条件的影响，东部地区与中西部地区之间在发展机会上形成了事实上的不均等。东部地区借助区位优势，形成了市场体系相对完善、产业外向度高、区域经济良性循环的发展态势；而中西部地区尽管在国家加大中西部地区交通等基础设施投资的情形下，区位条件有了很大改善，但与东部发达地区仍有一定差距。

3. 城市群发展

随着重点区域战略推进力度加大，都市圈已经成为带动国家经济发展和参与国际竞合的主要载体，也是区域发展的最大推动引擎。由中心城市带动的都市圈将成为吸引资金、人才和产业，形成区域竞争新优势，带动经济整体转型升级的重要支撑。城镇化规律表明，城镇化中后期，随着人口流动逐渐由“乡–城转移”转变为“城市间流动”，以及更加依赖于集聚经济的现代服务业逐渐取代制造业成为吸纳城镇就业的主要载体，人口和各类生产要素将进一步向少数中心城市和大都市圈集聚，快速扩张城市和收缩城市将长期共存。“十四五”规划已经明确了长江经济带和黄河生态保护与高质量发展带两个经济带，长三角一体化经济区、京津冀协同发展经济区、粤港澳大湾区、成渝经济区和辽中南经济区五个经济区。围绕这些经济带和经济区，全国将建设若干都市圈，但通过大致分析就可看出，都市圈特别是集聚能力、发展潜力大的基本均位于东部发达地区，比如长三角城市群已经成为我国产业体系最完备、城镇化基础最好、综合实力最强的城市群之一。从经济发展指标来看，长三角城市群是我国经济总量最大的城市群，拥有六个 GDP 万亿城市，总数占到全国的 1/3。未来，随着长三角一体化不断深入，长三角各个城市之间的分工和协作增强，包括高铁等硬件基础设施不断改善，资金、技术、人才等要素将进一步向长三角城市群集聚。

4. **人力资本**

“七普”数据显示，西部地区人口为 38285.2295 万人，占 27.12%。与 2010 年第六次全国人口普查相比，西部地区人口所占比重上升 0.22 个百分点，东部地区人口所占比重上升 2.15 个百分点，中部地区人口所占比重下降 0.79 个百分点，东北地区人口所占比重下降 1.20 个百分点。东部人口占比的上升主要受经济增长拉大所致。西部地区人口占比的上升一方面是“一带一路”倡议的带动，另一方面主要是过去计划生育政策所致。不管怎样，人口占比的上升，一定程度上意味着劳动力的相对充裕和较大的消费潜力。特别是东部地区在人力素质方面也占有比较明显的优势，比如，根据中国统计年鉴数据，2019 年北京按受教育程度分的 6 岁及以上人口中，大学本科及研究生学历人口占比超过 35%，在全国各个城市中名列前茅。长江三角洲地区有上海复旦、上海交大、南京大学、浙江大学、东南大学等高等学府，具有较大的人才优势。在培养高端制造业人才方面，长三角也有着得天独厚的优势，张江、合肥两个综合性国家科学中心，1/4 的双一流高校，以及众多的科研院所，为长三角地区的发展提供了源源不断的人才及技术保障。

5. **产业集群**

长三角城市群共有 1000 多家上市公司，覆盖绝大多数行业。长三角地区有着深厚的制造业基础，重工业发达，在产业升级转型的浪潮中，高端制造业同样领先全国。长三角是我国先进制造业 500 强企业最为聚集的地区。已成为目前国内最主要的集成电路开发和生产基地，在国内集成电路产业中占有重要地位。2020 年，中国十大集成电路设计企业在长江三角洲地区有 6 家，已初步形成了包括研究开发、设计、芯片制造、封装测试及支撑业在内的较为完整的集成电路产业链。作为全国经济最具活力和科创氛围最浓厚的地区之一，粤港澳大湾区在 5G、新能源汽车、智能家电等领域走在全国乃至世界的前列。2020 年 5 月，广东省政府出台《广东省人民政府关于培育发展战略性支柱产业集群和战略性新兴产业集群的意见》提出，重点发展十大战略性支柱产业集群和十大战略性新兴产业集群。作为全国制造业最为活跃的地区，有望形成一批具有国际竞争力的战略性新兴产业集群。

6. 需求变化

东部地区是人口流入地，无论是新兴群体还是年轻人口都是流入，收入水平也比西部高，消费会保持稳定增长势头。由于国家对中西部转移支付力度加大、巩固拓展脱贫攻坚成果同乡村振兴有效衔接、相关区域发展战略逐步落实，近年中西部省份的人均可支配收入一直保持较快增速，中西部省份在居民消费水平方面与东部省份差距持续缩小，因此消费需求各区域增长差距不大。2021 年前三季度，东部地区投资同比增长 7.8%，中部地区投资增长 13.3%，西部地区投资增长 5.5%，东北地区投资增长 8.2%。2022 年，预计各区域投资增幅会有所缩小，但中部领先的格局不会改变，西部地区民间投资相对偏弱，且更易受疫情扰动影响，一旦出现疫情，生产生活空间被压缩，大规模的招商引资就难以持续。就外需而言，根据 IMF（国际货币基金组织）的预测，2022 年全球经济增长速度将从 2021 年的 5.9% 降至 4.9%，发达经济体和新兴经济体的经济增长速度则将从 2021 年的 5.2% 和 6.4% 分别降至 4.5% 和 5.1%。同时西方各国现在越来越意识到供应链的重要性，以及各国协作的必要性，若外部供应链问题得以缓解，我国供应链优势红利便将逐步消失，对我国 2022 年出口增长构成压力，这对东部地区的冲击会稍大些。

总体上看，随着中部崛起政策深入实施，在长江中游城市群抱团发展及高质量共建“一带一路”带动下，中部地区增幅有望在 2022 年再次领先，但与东部差距不大。在东部率先发展政策的驱动下，东部地区依然是区域经济的关键增长极，在国内大循环中扮演关键的角色。西部地区产业结构相对单一，相对依赖投资拉动，增速可能低于平均水平。东北地区经济尽管在逐步好转，但增幅仍然低于其他区域。

四、区域协调发展问题与建议

21 世纪以来，我国区域经济发展差距呈缩小趋势，但近年呈震荡态势（见图 3），原因在于东西差距扩大出现转机后，南北分野却不断加剧。中国是发展中大国，区域经济发展必然呈现差异性，一定时期内存在区域经济差距也将是一个必然现象。需要我们在正确看待区域差距的同时，发挥各个区域的比较优势，按照优势互补、互利共赢的原则，走出一条科学持续、协同发展的路子，不断形成新的经济增长极，打破区域分割、各自为政的状况，最后达到区域协调发展的目标。

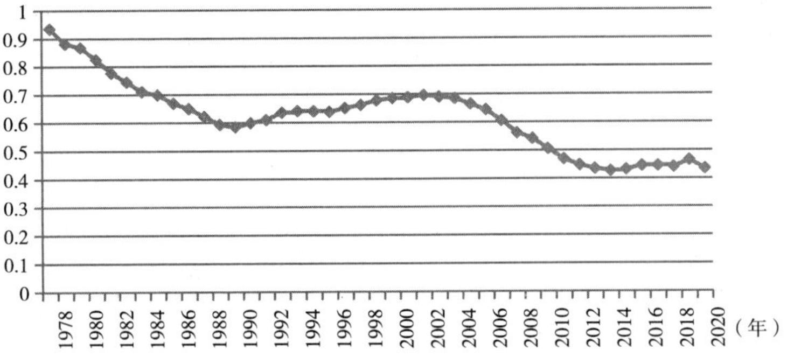

图 3　以人均 GDP 计算的差异系数

1. 促进数字经济和区域经济一体化融合发展

在以信息技术革命、知识经济和全球化大市场为基础的新经济时代下，区域空间已扩展为要素流动空间与地理场所空间交互作用的新型网络空间。数字技术具有跨越地理特征的优势。未来，随着新型数字基础设施的建设和普及，数字经济将会进一步突破地理条件限制，逐渐改变我国传统的经济发展模式和资源配置方式，为缩小区域差距注入新动能。不过，目前适应新经济时代的城市体系多维网络关系尚没有很好地建立。建议：一是开展区域数字经济发展战略和布局体系的顶层设计。从信息基础设施、数字科技、数字产业、数字治理等维度，开展数字经济发展战略和全域性布局体系的设计，科学布局物联网、数据中心等信息基础设施，统筹推进区域性数字科技创新中心、数字产业创新中心、数字技术创新中心、数字知识产权中心等建设，有序引导数字科技、数字产业、数字治理等协同发展，助力数字经济新动能释放。二是将数字经济关键要素纳入国土空间规划体系中，将数字经济所涉及的关键要素纳入新时期“多规合一”体制机制国土空间规划体系中通盘布局。将数字经济布局体系与区域经济空间体系相融合，打破各类行政边界，构建释放梯次性发展效能的空间发展体系，促进东中西部区域协调发展和城乡一体化发展。三是完善数据治理规则，构建一体化配置的空间治理模式。因地制宜，构建与数字经济相匹配的区域一体化协调机制和要素统筹配置机制，加快弥合各类“数字鸿沟”，有效控制数字经济发展中的区域性垄断，提高区域经济新型网络空间的整体稳健性。

2. 加强区域发展新要素合作

我国发展动力正经历由土地、资本、劳动力等传统要素驱动向创新要素驱动转变，叠加全国要素市场化配置改革的逐步深化，区域竞争正逐步由资金、原材料和项目争夺向人才、政策、制度较量转化，区域关系也由无序、恶性竞争逐渐向良性竞合转变，未来围绕知识、技术、管理和数据等新生产要素的区域竞争将日趋激烈。因此，为促进区域协调发展，新时代背景下，不仅要关注传统要素的协作，更要关注区域间新要素的协作。促进创新链、产业链、供应链跨区域贯通，减少科创领域低效竞争，提升科技发展力量的整合度，联合实施一批科技领域重大改革创新举措，进一步释放政策红利和改革动能，避免各地方对中央区域政策的一味攀比，特别是增强京津冀、长三角、粤港澳大湾区在科技创新政策方面的协同衔接，推动创新链、产业链和政策链融合。进一步完善各类发展平台，包括国家级新区、综合配套改革试验区、承接产业转移示范区等具有先行先试政策优势的区域性平台。

3. 构建区域经济协调发展的体制机制

完善财政体制，理顺中央和地方的关系，做到责权清晰，建立稳定的地方财政收入来源制度，创新财政转移支付方式，完善财政工具体系；完善绩效考核机制，根据不同国土类型区的要求确定考核方法，设置长期与短期的考核时间，将生态环境和社会事业指标纳入考核体系，建立激励相容的绩效考核配套体系，实现绩效考核重点与空间主体功能协调一致和良性互动；深化完善区域基本公共服务均等化的体制机制，促进公共服务资源在区域之间均衡配置，缩小基本公共服务水平差距。加大对老少边穷地区基本公共服务的建设投入力度，逐步缩小区域间居民生活水平差距，实现各地区居民享受等值化的生活质量，确保国土空间开发及其成果惠及全体民众。

4. 充分发挥各地区比较优势

明确各地区发展战略定位，充分发挥区域竞争优势，推进区域合理分工，统筹各地区的资源和要素关系，有序推进区域资源整合与产业重组，引导产业有序转移，促进生产要素及人口跨区域合理流动，健全合作机制，巩固区域合作成果，创新合作模式，进一步加强区域空间与合作，促进区域互动发展和区域一体化进程。引导产业布局优化升级，实现区域错位互补发展，避免同质化。对经济基础一般、产业布局相对不完善的区域，要根据当地的人才、技术、产业基础等状况，选择具有局部优势的产业或环节，打造区域性产业高地，逐步吸引各方面资源形成全产业链；对产业布局较为完善的区域，须着重补短板。扭转人口集聚滞后于经济集聚的态势，积极引导中西部资源环境承载力较低地区的人口向东部沿海地区、都市圈和城市群区域转移，促进人口规模与经济规模基本匹配。实现国土经济与资源环境承载能力的基本匹配，在集聚中实现区域均衡。

21　2021年西部地区经济形势分析及2022年展望

朱　敏*

摘要： 西部大开发战略实施以来，特别是党的十八大以来，西部地区经济社会发展取得重大历史性成就，西部大开发正在加快形成新格局。2021年西部地区经济稳定恢复，居民消费整体复苏回升，工业生产保持稳定增长。但西部经济复苏基础并不稳固，新冠肺炎疫情对经济影响尚未完全消除，经济发展面临较大下行压力，增速领跑全国局面有所变化。从发展趋势看，西部地区受多个利好因素影响，有望展现出较高增长动力，经济发展长期向好基本面没有变。未来西部要继续深入贯彻落实党中央、国务院各项决策部署，激发新活力，打造新优势，拓展新空间，加快构建新发展格局，书写新时代西部大开发新篇章。

关键词： 西部地区　经济形势　发展趋势

一、2021年西部地区经济稳定恢复，但增速领跑全国局面有所变化

西部大开发、"一带一路"等国家重大倡议实施以来，西部地区经济社会发展取得重大历史性成就，产业结构现代化步伐加快，基础设施显著改善，基本公共服务体系日益完善，城镇化水平不断提高，生态环境不断优化，经济发展在较长时期内保持快于全国平均水平的增长。然而，进入2021年以来，由于受新冠肺炎疫情冲击、产业结构及同期基数等因素影响，西部各省经济增速明显放缓，领跑全国的局面开始发生变化。

1. 西部经济整体呈现复苏回升态势，但增速相对落后于中东部地区

西部大开发促进了西部地区经济持续快速发展，1999年至2020年，西部地区生产总值年均增长10.2%，居四大板块之首，生产总值从1.6万亿元增加到21.3万亿元，占全国比重达到21%，提高了约3.5个百分点。人均生产总值从500多美元

---

* 朱敏，男，硕士研究生，高级经济师，在国家信息中心经济预测部从事宏观经济、区域规划、新动能、新能源等方面的研究工作。

增长到8088美元，与东部人均生产总值之比从41%提高到60%，相对差距显著缩小。2020年西部地区经济领跑全国的特征十分明显，GDP增速前十名的省区市中，西部地区占了七个，前六名都是西部地区，还有第八名四川省也是西部地区的，增速都在3.8%以上，远高于全国平均水平，其中西藏、贵州、云南GDP增速分别为7.8%、4.5%和4.0%，摘得全国省区市GDP增速前三名。2021年以来，西部经济整体呈现复苏回升态势，但在全国的位次排名有所下滑。从前三季度GDP增速看，湖北、海南、北京、浙江、山西、江苏、安徽、江西、山东、重庆10个省份跑赢全国9.8%的增速，其中湖北、海南、北京分别以18.7%、12.8%和10.7%的增速位列前三。相比之下，西部省份前三季度经济表现整体较为平淡，在增速跑赢全国的10个省份中，只有重庆一个西部省份，其余省区市均未能达到9.8%的全国平均水平。而在增速最慢的10个省区市中，西部就占了5个，其中陕西、青海在全国垫底，增速分别只有7%和6.7%。整体而言，前三季度东部地区经济增速领先，西部地区增速相对落后，从前三季度两年平均增速来看，西部也呈现整体滑落的迹象，虽然前三季度西部有7个省份高于全国5.2%的两年平均增速，但是相比东部地区的优势缩小，而且此前长期保持增速全国领先的贵州省位次也下滑多位，海南、西藏、浙江、江苏、江西和安徽夺得两年平均增速全国前六名，西部仅有西藏上榜。

2. 固定资产投资增长缓慢，增速在四大板块中垫底

长期以来，西部地区经济快速发展都呈现明显的投资拉动型特征，随着西部大开发的深入推进，基础设施不断完善，青藏铁路等一批重大基础设施项目相继建成或加快推进，“五横四纵四出境”综合运输通道初步构建，这些都拉动了西部投资的快速增长。2020年受疫情影响，西部地区受到的冲击相对较小，而东部地区相对较大，因此形成了西部地区相对较高的投资基数，这影响了西部地区2021年的投资增速，前三季度西部地区固定资产投资放缓，增速不及全国同期平均水平，明显慢于中东部地区。前三季度西部地区投资同比仅增长5.5%，增速比全国平均水平低1.8个百分点，分别比东部、中部和东北地区低2.3、7.8和2.7个百分点，但比上年同期加快了2.2个百分点。房地产开发投资增速也慢于中东部地区，前三季度西部地区房地产开发投资25129亿元，同比增长6.9%，而同期东部和中部分别增长7.9%和14.3%。西部前三季度投资负增长的省市就有五个，分别是西藏、贵州、青海、陕西和宁夏，同比分别下降19.2%、9.4%、7.8%、3.1%和2.1%，增速分别比各自上年同期放慢25.8、10.4、6.5、7和4.7个百分点。

3. 工业生产同比增速提高，但依然慢于中东部地区

2021年世界各国新冠肺炎疫情此起彼伏，而我国疫情防控措施得当，全国范围内除了个别地区有零星疫情外，整体上得到了较好控制，为各地区复工复产创造了良好外部环境，而海外由于受疫情影响严重，外贸订单纷至沓来，整体上拉动了我国工业的快速增长。但我国东西部地区制造业差距较大，疫情影响下，东部的工业增速反而越高，这与东部地区制造业的产业布局和产业链条密切相关，尤其是在全世界受疫情影响下，最终消费品东部地区订单增长明显快于西部地区，而西部地区产业大多以原材料为主，深加工不够，产业链条也短，直接影响到工业的持续稳定增长。2021 年前三季度西部地区工业生产同比尽管有较大幅度增长，但增幅低于中东部地区，仅略高于东北地区。2021 年 1—9 月，西部地区规模以上工业增加值同比增长 10.2%，增速同比提高 7.8 个百分点，比 1—8 月回落 1.3 个百分点，增幅分别比东部、中部地区低 3.5 和 2.7 个百分点，也比全国平均水平低 1.6 个百分点，仅比东北地区高 2.5 个百分点。从内部省市情况看，除了重庆和西藏工业增加值增速略快于全国平均水平，其余省区市增速均慢于全国平均水平。与上年同期相比，10 个省份增速提高。值得一提的是，前三季度西部地区工业企业实现利润比上年同期有较大幅度增长，1—9 月西部地区实现利润 1.4 万亿元，同比增长 79%，上年同期为下降 4.7%。

4. 居民消费整体复苏回升，但内部快慢程度不一

西部大开发以来，西部地区消费环境不断改善，人民生活水平明显提高，脱贫攻坚成效显著，加上西部地区旅游资源丰富，这些都为西部地区消费稳定增长提供了坚实基础。2020 年，西部地区居民人均可支配收入为 2.5 万元，2020 年底西部地区常住人口城镇化率超过 57%，较 2015 年提高 8.7 个百分点。尽管 2020 年受疫情影响消费有所下滑，但随着国内疫情整体得到有效控制，2021 年消费复苏回升态势明显。前三季度，西部各省区市消费增幅均比上年同期大幅提高，增长较快的新疆、重庆、四川、甘肃分别增长 24.6%、23.7%、18.9% 和 18%，增速分别比全国平均水平快 8.2、7.3、2.5 和 1.6 个百分点。然而，西部地区各省市内部情况差距较大，城镇化水平参差不齐，人口流动也是苦乐不均，如成渝经济圈新兴群体及年轻人口流入较多，收入水平也相对较高，因此消费保持快速增长势头。但西部有些地区由于自然条件差、交通闭塞、经济发展水平低，人口一直净流出，因而消费一直不愠不火，难有较大起色，如前三季度宁夏、西藏、内蒙古消费增长均为个位数，同比增速仅为 7.6%、8.6% 和 9.2%，与四川、重庆等省市呈现“冰火两重天”的局面。

二、西部经济复苏基础并不稳固，经济发展面临较大下行压力

西部地区在经济社会发展取得重大历史性成就的同时，也要看到，未来外部环境不稳定不确定因素依然较多，新冠肺炎疫情对经济影响尚未完全消除，内部发展不平衡不充分问题依然突出，经济稳定恢复面临多方面考验。这些目前存在的短板、弱项，既是西部地区实现自身高质量发展需要解决的问题，也是加快构建新发展格局的重要突破口。

1. 经济发展面临较大下行压力

尽管 2021 年西部经济恢复势头明显，但要看到，经济复苏的基础并不稳固，未来面临较多的风险和挑战，全球疫情和国际环境更趋复杂，不稳定不确定因素增多，国内阶段性结构性周期性因素交织，能源原材料价格上涨，供给约束显现，有效需求不足，企业生产经营困难加大，经济增速在全国位次排名明显下滑，经济发展面临较大下行压力。首先，投资增长后劲不足。2021 年前三季度西部地区固定资产投资增速不及全国平均水平，明显慢于中东部地区，前三季度投资负增长的省市达到五个，西部地区普遍存在创新型产业、高精特新产业发展动能不足，在对外开放新发展格局中，并未形成全方位、多层次的开放体系，这些都将影响投资后劲。其次，西部地区产业结构层次低、新动能发育不足。西部地区整体上创新发展动能不足，表现为技术引致的生产效率偏低，研发经费投入力度不大，致使创新产出不足、创新动能弱化。最后，企业经营压力加大。新冠肺炎疫情暴发以来，全球流动性极度宽松推动全球宏观经济复苏，叠加我国率先控制住新冠肺炎疫情，近期能源原材料等大宗商品价格大幅上涨。前三季度，全国工业生产者出厂价格同比上涨 6.7%，涨幅比上半年扩大 1.6 个百分点；工业生产者购进价格同比上涨 9.3%，涨幅比上半年扩大 2.2 个百分点。近期能源原材料价格上涨迅猛，导致下游企业成本增加、经营难度加大。

2. 新冠肺炎疫情对西部经济影响较东中部更为显著

目前新冠肺炎疫情暂时还看不到短时间内有终结的趋势，我国疫情防控已经进入了常态化阶段。在西部大开发之后的较长时期内，西部地区经济增速总体高于中东部地区，在 2020 年的疫情冲击下，西部地区经济增长也比东部地区要快，但是 2021 年以来，西部地区经济增长开始放缓，除了基数原因，更为主要的是在新冠肺炎疫情常态化冲击下，西部地区本身经济外向度低、产业结构落后、市场化程度低

等短板效应开始显现，而新冠肺炎疫情使得这种短板效应进一步放大化，直接影响到宏观经济的稳定增长。近年来，西部地区的高增长主要来自承接国内外的产业转移，更多的是规模增长，科技创新能力并不强。现在受疫情影响，生产生活空间被压缩，大规模的招商引资难以持续。从前三季度的数据来看，制造业尤其是先进制造业对东部地区的增长起到了关键的支撑作用。西部在资金、技术、人才上与东部差距很大，仍然处于以能源和资源基地及初级产品为主阶段，市场化程度不高。不仅如此，在服务业上也表现出东西部之间的结构差别，东部沿海地区服务业以金融、物流等现代服务业为主，而西部地区服务业则主要是餐饮、住宿、旅游等传统服务业，而这些行业受疫情冲击比较大。如作为西北第一经济大省的陕西省前三季度在疫情影响下，住宿业营业额两年平均下降5.4%，36个非能源行业中21个增加值两年平均增速仍为负增长，仍未恢复至疫情前水平。

3.“南强北弱”的基本格局依然没有明显改善

近几年来，西部经济发展一直呈现“南强北弱”的基本格局，西南各省市经济指标普遍好于西北省市，西南地区快速崛起，云南、贵州、重庆、四川等省份排名都在上升，云贵从下游挤进了中游，近些年来我国的西南地区经济扩张速度是各大区域中最快的。而西北省份的产业结构主要是重工业和矿产资源，经济结构较为单一，经济增长依赖于投资拉动，现在经济进入新常态，经济增速放慢，宏观政策也进行了调整，显示了以资源型、重工业和高强度投资拉动经济增长模式的衰减，所以北方省份发展慢于南方。对比2020年和2015年GDP排名变动情况，西部地区在全国排名上升的省份共有5个，分别是陕西、重庆、云南、贵州和新疆。其中云南和贵州上升位次最多，均升了5位；重庆升了3位；新疆上升2位；陕西上升1位。2015年和2020年的GDP总量后5位的省份比较固定，由低至高分别是西藏、青海、宁夏、海南和甘肃，除了海南外均是西北省区，经济长期在低位徘徊不前。从2021年前三季度GDP数据看，“南强北弱”格局依然十分明显，前三季度西部12省市中GDP增幅前六名依次为重庆、四川、广西、云南、新疆和贵州，除了新疆之外均是西南地区省市；而GDP增幅倒数前六位分别为青海、陕西、西藏、内蒙古、宁夏和甘肃，除西藏外均是西北省市。

三、西部地区经济增长后劲充足，长期向好基本面没有变

2021年以来世界经济持续复苏的大趋势没有变化，但由于需求复苏和供应受阻，通胀水平高于预期。展望2022年，全球经济依然面临风险和挑战，疫情短期内无法根除，脉冲式冲击、周期性往复的局面或将延续；财政刺激政策逐步退出，复

苏动力面临断档的风险；发达经济体货币政策开始转向，新兴经济体面临压力；高通胀可能维持更长时间。预计 2022 年全球经济增速将明显放缓，经济发展面临的不确定性增加。展望四季度和 2022 年中国经济面临的风险和挑战依旧不少，复苏进程仍有可能不断反复。随着疫情对经济增长制约的解除，特别是发展中经济体供给能力的恢复，中国偏高的出口份额很难继续保持。而发达经济体增长步入稳态，也意味着外需的拉动力量减弱，全球疫情逐渐常态化、全球供应链的修复可能会使我国的出口替代效应有所消退。当前中国的城市化水平仍然不够高，这背后是户籍制度、人口流动阻碍甚至是利益分配等问题，若未来城市地区的集聚过程由于城乡改革受阻而放缓，可能会对经济运行效率的提升造成掣肘。

尽管未来经济下行压力不小，但短板就是潜力，压力也是机遇。随着疫情影响逐渐消退，我国经济增长动力将大概率回归常态，内生动能将主导经济增长，经济增长后劲充足。首先，投资增速存在回升潜力。央行信贷政策频频向制造业倾斜，制造业贷款增速显著高于整体信贷增速，未来绿色工具的扩容也将进一步支持绿色制造业的发展，财政对半导体等高技术制造业的减税支持也不容忽视。从发展趋势看，国内定价的钢铁等工业品价格，面临需求偏弱和国内对于高耗能行业的持续限制，价格或将稳中趋缓，全球定价的铜、铝等工业金属，在海外供给瓶颈约束缓解的情况下，价格也将趋于走低，随着 2022 年上游供需矛盾的缓解，企业资本开支意愿可能会有所提升。其次，消费有望进一步恢复常态。三季度网上零售保持高增长，消费升级品种表现较好，中秋、国庆假期旅游收入较清明、“五一”假期有明显改善。随着疫情冲击逐渐弱化、人均可支配收入回归潜在上升轨道以及一系列促消费政策落地，我国的消费潜力将被逐步激发，消费增速也会持续复苏并走上正轨。最后，出口快速增长势头短期内不会逆转。目前沿海出口企业海外订单充足，出口需求依然旺盛，产能利用饱满。在前期订单旺盛的情况下，四季度到 2022 年上半年出口可能仍然相对较强，中美贸易关系缓和及海运价格趋向理性化也是未来利好出口的两个潜在因素。

从西部地区来看，西部地区 2020 年受疫情冲击相对较小，而东部地区相对较大，因此形成了西部地区相对较高的基数，这影响了西部地区 2021 年的增速水平。但从发展趋势看，西部地区受多个利好因素影响，有望展现出较高的增长动力，经济发展长期向好基本面没有变。2021 年西部地区 GDP 增速大幅变动属于暂时性现象，并不能完全反映各地区的经济活力，属于外部意外冲击下的暂时变化。随着疫情的稳定和对经济影响的消退，预计未来数年这种大幅变化将趋于缩小，逐步回归往年的窄幅波动常态。

1. 西部大开发支持政策进一步落细落实

党中央对西部发展一直寄予厚望，《关于新时代推进西部大开发形成新格局的指导意见》为西部地区发展擘画了新图景。在这一蓝图指引下，有关部门迅速行动，积极推出西部大开发的配套政策。为加强对西部大开发工作的统筹协调和督促落实，经国务院同意，在国务院西部地区开发领导小组下，建立西部大开发省部联席落实推进工作机制，2021 年 10 月，国家发展改革委印发了建立工作机制的通知。10 月 20 日，中共中央、国务院印发的《成渝地区双城经济圈建设规划纲要》发布，这是指导当前和今后一个时期成渝地区双城经济圈建设的纲领性文件，是制定相关规划和政策的重要依据。国家发展改革委修订出台《西部地区鼓励类产业目录（2020 年本）》（以下简称《目录》），自 2021 年 3 月 1 日起施行，此次修订重点体现了进一步支撑科技自立自强，促进产业有序向西转移，鼓励西部地区更好发挥特色优势，支持西部地区补短板、强弱项等几个方向。对西部地区鼓励类产业企业减按 15% 的税率征收企业所得税，是西部大开发的重要政策之一。新修订的《目录》将为推进西部大开发形成新格局，促进西部地区产业结构调整、产业布局优化、特色优势产业发展壮大，发挥重要的催化引导作用。

2. “一带一路”倡议将为西部发展持续注入新动力

随着“一带一路”建设深入实施，西部地区把握新机遇积极参与、深度融入，走向了开放的“前沿”，推动西部地区开放开发向更大范围、更高水平、更深层次、更多领域发展，将西部开发与向西开放结合起来，通过向西开放促进西部发展，通过西部开发促进向西开放。从对外开放看，西部地区能承担起“东联西出”的重要作用，是我国向西向北的“战略通道”，也是推动区域协调发展、持续扩大开放的重要一环。2020 年西部地区进出口总额 2.95 万亿元，是 1999 年的 26 倍，年均增长 15.5%。2021 年前三季度，我国对“一带一路”沿线国家进出口总额 8.3 万亿元，同比增长 23.4%。我国企业对“一带一路”沿线国家非金融类直接投资 148.7 亿美元，同比增长 14.2%，占同期对外直接投资总额的 18.4%。2021 年前三季度，中欧班列共开行 1.13 万列，同比增长 29%；运送 109.3 万标箱，同比增长 37%；综合重箱率 97.9%。

3. 西部地区将成为“国内大循环”的重要承载地

新时期我国提出“加快形成以国内大循环为主体、国内国际双循环相互促进的新发展格局”，西部人口大省既有劳动力红利优势，又有庞大的消费市场支撑，打造西部大开发“升级版”，形成新时代西部大开发新格局，对内培育新动能，构建西部地区现代化经济体系，未来西部正是“内循环”的重要承载地，将是我国最具经济增长潜力和活力的地区。西部地区总面积约 687 万平方公里，约占全国国土面积的 72%，总人口 3.8 亿，占全国人口的 27%，在维护国家生态安全、水安全、能源资源安全、国防边境安全等方面，西部地区具有十分重要的战略地位。西部省份还处于快速追赶的发展阶段，能够借助大规模的固定投资迅速拉动经济，而东部地区传统基建投资相对完善，固定资产投资对于经济增长的贡献空间已经不大。西部地区的基础设施建设和参与生产分工的能力都有较大提升空间，是实现东西部经济互补的“战略支点”，这既表现为资源、要素的互补，又体现为产业结构的互补。

4. 西部地区自然资源禀赋优势明显

西部地区土地广袤，矿产、水利、太阳能、风力、地热等资源蕴藏丰富，开发潜力巨大。西部的能源资源非常丰富，特别是天然气和煤炭储量，占全国的比重分别高达 87.6% 和 39.4%。在全国已探明储量的 156 种矿产中，西部地区有 138 种。在 45 种主要矿产资源中，西部有 24 种占全国保有储量的 50% 以上，另有 11 种占 33% ~50%。西部人均占有耕地 2 亩，是全国平均水平的 1.3 倍。耕地后备资源总量大，未利用土地占全国的 80%，其中有 5.9 亿亩适宜开发为农用地，适宜开发为耕地的面积 1 亿亩，占全国耕地后备资源的 57%。西部草地面积占全国的 62%，西南部生物资源非常丰富，特色农牧业和生物资源开发利用前景十分广阔。

综合来看，西部地区是我国经济发展的巨大战略回旋余地，是提升全国平均发展水平的巨大潜力所在。未来政策扶持力度不会减小，政策针对性进一步增强，进一步鼓励西部地区更好发挥特色优势，支持西部不同地区高质量发展具有当地特色的优势产业，发挥西部地区沿边、沿江等区位优势，使西部地区资源优势、区位优势更好转化为经济优势。西部陆海新通道加快建设，推动形成陆海内外联动、东西双向互济的开放格局，经济开发区、自贸试验区、综合保税区等开放平台持续发力，对外经贸合作规模将持续扩大。西部地区作为“国内大循环”的重要承载地，广阔的消费市场和消费升级势头，意味着消费长期向上的趋势是必然的，消费复苏的基础仍然稳健。因此，尽管世界经济复苏不稳定不平衡，疫情冲击导致的各类衍生风险不容忽视，但西部经济长期向好的基本面并没有变。预计 2021 年西部地区 GDP 增速将在 8% 左右，接近或略低于全国平均水平。2022 年由于基数相对较高，增速将与其他地区同步回落，预计将在 5.5% 左右，回归全国前列，新动能拉动作用持续增强，经济增长质量进一步提升，陆海内外联动、东西双向互济的对外开放新格局逐渐成形。

四、加快构建新发展格局，书写新时代西部大开发新篇章

未来西部地区要继续深入贯彻落实党中央、国务院各项决策部署，坚持稳中求进工作总基调，激发新活力，打造新优势，拓展新空间，扎实推进经济高质量发展，不断夯实经济回升向好基础，加快构建新发展格局，保持经济运行在合理区间，在“十四五”时期不断迈上新台阶，书写新时代西部大开发的新篇章。

1. 大力培育经济新动能，打造经济发展新优势

西部地区经济发展水平总体上与中东部地区还存在较大差距，尤其是西北地区，工业发展仍然依赖煤炭、石油、电力等能源产品的刚需拉动，资源投入产出比低，科技创新能力弱。从发展趋势看，未来新动能、新产业对经济的拉动作用将日趋增强，产业规模将不断扩大，经济转型升级是大势所趋。中美贸易争端中暴露出国内技术短板与“卡脖子”问题，疫情过后的产能短缺和“芯片荒”凸显产业链自主可控能力的重要性，我国在“十四五”规划纲要中将科技创新放到了前所未有的重要位置，将创新摆在现代化建设中的核心地位。西部地区也要发挥在促进我国科技自立自强等方面的重要作用，在强化科技创新、成果转化和提高产业链韧性的方向上持续发力，促进产业链供应链循环畅通和转型升级。西部地区是资源能源富集的地区，要利用好这种优势，大力提升自身对资源和能源进行深加工的能力，更多地将相关产业的高附加值留在当地，推动当地经济转型升级。深入开展关键产业链补链强链专项行动，增加高端芯片研发与生产，积极布局数控机床研发与生产、氢能燃料电池制造等产业，加快培育先进制造业集群。

2. 抓好常态化疫情防控，促进消费市场潜力稳步释放

西部地区拥有庞大的消费市场，是我国最具消费增长潜力和活力的地区。目前西部地区市场化程度尚不足、市场主体培育不充分，须加快对新产业形态和商业模式的应用，加速弥补市场发育方面的短板。西部地区应科学统筹抗疫和发展，毫不放松抓好常态化疫情防控，着力稳工稳产稳商稳市，维护生产生活正常秩序。充分利用当地优势，因地制宜实施一批重大项目，补齐民生领域短板弱项，千方百计增加居民收入，瞄准发展急需、升级急缺、民生急盼，积极扩大基础设施、公共服务等有效投资，加快推动“十四五”规划重大项目落地，安排预算内投资、专项债券和其他资金支持补短板强弱项。以激活区域消费为基础，以扩大外来消费为重点，以培育具有聚集辐射能力的消费中心城市为核心，抓住最具潜力的消费领域，巩固提升传统消费，促进增加服务消费，培育拓展新型消费，培育线上线下融合发展新

模式，着力打造一批消费增长极，助推西部地区建立起辐射周边、影响全国、吸引世界的梯度消费格局。

3. 持续深化改革开放，构建高质量全面开放新格局

西部地区毗邻中亚、东南亚等国家，拥有巨大的向西向北开放的地缘优势，“一带一路”倡议下构建高质量的全面开放新格局，既是推动国际大循环的客观要求，也是塑造我国国际经济合作和竞争新优势的战略抉择。西部地区应充分利用这一历史性机遇，发挥地区比较优势，构建现代产业体系，在更大范围、更高层次、更深程度上推进改革开放。深入推进“放管服”改革，着力打造市场化法治化国际化营商环境，加快推进要素市场化配置综合改革试点。当前，西部地区道路、航线等基础设施的链状化、网格化、枢纽化已取得显著进展，新型基础设施建设快速兴起。西部地区要更注重基础设施的跨国联通，特别是要抓紧完善陆路、内河运输与海运的衔接，发展好多式联运，打通国内国际物流，建设多层次高质量开放大通道。大力发展外贸新业态新模式，积极引进国外资金、技术、管理和人才，以改革促开放促恢复促发展。

4. 科学利用各类要素资源，推进区域协调发展

西部地区是我国的资源富集区，矿产、土地、水等资源十分丰富，旅游业开发潜力很大，这既是西部形成特色经济和优势产业的重要基础和有利条件，也是推进区域协调发展的立足点和重要抓手。西部地区与东中部地区的发展水平仍有差距，其内部各省份的发展水平也差异较大。进一步科学合理地开发利用资源，有力提高资源的使用效率和产出效益，将有助于促进西部地区资源要素与东中部地区资本要素的流动和交换，有助于西部地区将资源优势转化为现实生产力。对此，西部地区要立足自身优势，积极服务和融入新发展格局，以开发利用要素资源、激发消费市场潜力和优化营商环境等为抓手，既要提升当地对资源和能源进行深加工的能力，向价值链高端迈进，又要强化西部地区内部各地及西部地区与其他区域之间的协同发展。

22 2021 年长三角地区经济形势分析及 2022 年展望

江苏省战略与发展研究中心宏观经济研究所

孤举者难起，众行者易趋。推动长三角一体化发展是党中央立足全国发展大局作出的重大部署。2021 年以来，长三角各省市按照中央部署，有效应对局地暴发疫情，经济运行保持有序恢复态势。展望 2022 年，长三角各省市应积极应对经济下行压力，保持主要经济指标运行在合理区间，不断推动经济高质量发展。

一、前三季度长三角地区经济运行基本情况

2021 年以来，长三角地区经济运行保持“前高后稳”态势，继续向合理区间恢复，前三季度实现地区生产总值 200490.5 亿元，加权平均增速为 10.24%[1]。其中，上海实现地区生产总值 30866.7 亿元，增长 9.8%；江苏实现地区生产总值 84896 亿元，增长 10.2% （见表 1）；浙江实现地区生产总值 52853 亿元，增长 10.6%；安徽实现地区生产总值 31874.8 亿元，增长 10.2% （见表 1）。长三角地区经济增速快于全国平均水平，对全国经济贡献度进一步提高，在全国经济总量中占比由 2018 年的 24.1%上升到 2021 年前三季度的 24.36%。

表 1　2018 年以来长三角地区各季度累计 GDP 增长情况（单位:%）

季度/地区	上海	江苏	浙江	安徽	全国
2018 年一季度	6.8	7.1	7.4	8.1	6.8
2018 年上半年	6.9	7.0	7.6	8.3	6.8
2018 年前三季度	6.6	6.7	7.5	8.2	6.7
2018 年全年	6.6	6.7	7.1	8.0	6.6
2019 年一季度	5.7	6.7	7.7	7.7	6.4
2019 年上半年	5.9	6.5	7.1	8.0	6.3

[1] $G_{地区}=\sum_{i=1}^{n}G_i\times A_i$。其中 $G_{地区}$ 表示地区 GDP 增长率、G_i 表示第 i 省（市）GDP 增长率、A_i 表示第 i 省（市）占区域 GDP 总量的比重、$n=4$、区域 GDP 总量由区域内所辖省（市）GDP 加总获得。

续 表

季度/地区	上海	江苏	浙江	安徽	全国
2019年前三季度	6.0	6.4	6.6	7.8	6.2
2019年全年	6.0	6.1	6.8	7.5	6.1
2020年一季度	-6.7	-5.0	-5.6	-6.5	-6.8
2020年上半年	-2.6	0.9	0.5	0.7	-1.6
2020年前三季度	-0.3	2.5	2.3	2.5	0.7
2020年全年	1.7	3.7	3.6	3.9	2.3
2021年一季度	17.6	19.2	19.5	18.7	18.3
2021年上半年	12.7	13.2	13.4	12.9	12.7
2021年前三季度	9.8	10.2	10.6	10.2	9.8

（一）内部需求保持恢复性增长，外部需求超预期增长

一是投资保持恢复性增长。前三季度，沪苏浙皖固定资产投资分别增长为9.4%、6.7%、13.1%、10.4%，两年均速为9.9%、2.4%、8.6%、6.3%，除上海外两年均速仍低于疫情前水平。二是消费保持平稳增长。前三季度，沪苏浙皖社会消费品零售总额均超两位数增长，分别为19.6%、19.5%、12.9%、22.0%。三是外贸超预期增长。前三季度，沪苏浙皖出口同比增长9.9%、19.5%、18.2%、26.2%，两年均速为5.4%、13.3%、7.7%、17.8%，超过2019年增长水平。高新技术产品出口方面，上海下降2%，江苏增长7.8%，浙江、安徽高于全国平均水平（19.1%），分别增长34.4%、37.8%。

（二）产业结构调整不断推进，生产供给有所承压

一是工业经济保持较快增长。前三季度，沪苏浙皖规模以上工业增加值分别同比增长15.2%、15.8%、16.6%、13.3%，两年均速分别为6.3%、9.5%、9.6%、8.5%，有力支撑了前三季度地区经济增长。二是新兴产业增长快于规上工业整体。前三季度，上海战略性新兴产业产值增长15.9%，两年均速11.8%，高于全部规模以上工业2.6、5.9个百分点。浙江数字经济核心产业、装备制造业、战略新兴产业、人工智能、高技术产业制造业增加值分别增长24.2%、22.4%、20.3%、20.2%和18.9%，均高于全部规模以上工业。安徽高技术制造业利润增长1.7倍，对全部工业利润增长贡献率为38.6%。二是服务业稳步复苏，生产经营持续改善。前三季度沪苏浙皖规模以上服务业营业收入分别增长30.6%、26.4%、27.9%、23.5%。服务业内部结构优化，比如新兴的租赁和商务服务业，前三季度沪苏浙皖分别增长19.6%、33.4%、29.6%、39.8%。

（三）效益稳中提质，各项收入稳步并进

一是从居民部门看，前三季度，沪苏浙皖居民人均可支配收入实际增长7.8%、9.6%、10%、10.9%，城乡居民收入比缩小至1.85、1.94、2.18、2.33，居民收入基本与经济增长同步。二是从企业部门看，前三季度，沪苏浙皖规模以上工业企业利润分别增长9.3%、37.8%、27.6%、33.2%，两年均速为2.1%、21%、18%、14.9%，企业利润增长稳健，继续保持着较快增长势头。三是从政府收入看，前三季度，江苏一般公共预算收入增长13.1%、浙江一般公共预算收入增长18.2%、安徽一般公共预算收入增长14.4%，较上年同期均有明显回升。

需要看到，长三角各省市在经济恢复过程中也面临一些挑战，共性挑战是：一是经济下行压力显著加大。2012年以来，长三角地区经济面临转型调整，新旧动能转换，由原来关注发展速度转变为重视发展质量，各地区增速有所放缓（见图1）。2021年以来，虽受上年低基数效应影响，沪苏浙皖增速均明显提升，但全年经济增速出现“前高后低”态势，上半年相比一季度出现放缓趋势，回落幅度较大，前三季度经济增速又比上半年有所放缓，经济下行压力比较大。二是实体经济企业经营难度加大。从上半年能耗双控完成情况看，上海能耗强度降低进度目标和总量控制目标预警等级为三级，浙江、安徽为二级，江苏为一级，能耗双控压力仍较大。受原材料上涨、能源供应偏紧影响，煤炭和部分高耗能行业产品价格涨幅不断扩大，前三季度，沪苏浙皖工业生产者购进价格分别增长5.9%、12.2%、12.6%、10.1%，出厂价格分别增长1.4%、5.2%、5%、6.6%，两者差值分别扩大到4.5、7.0、7.6、3.5个百分点，表明工业原材料采购价格涨幅继续超过产品出厂价格，呈现“高进低出”态势，造成企业成本压力。

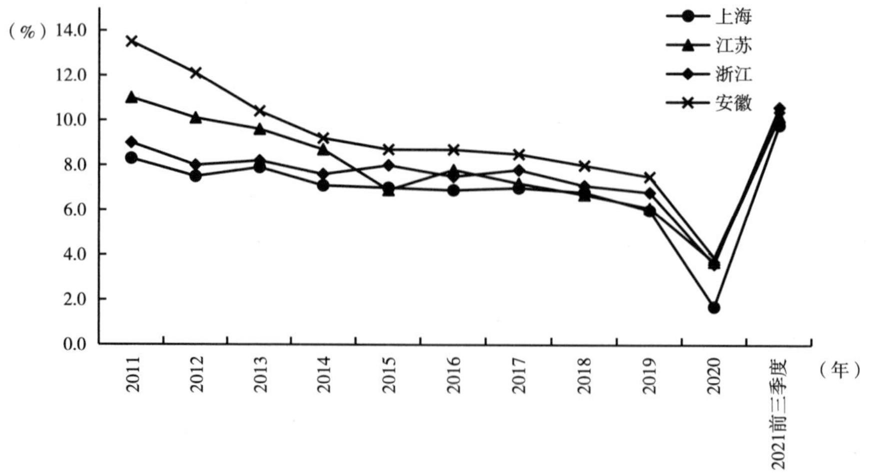

图1 2011—2021年长三角地区经济增长率演进趋势

二、2022 年长三角地区经济形势总体判断

国际方面，国际货币基金组织发布 10 月《全球经济展望报告》，下调 2021 年全球经济增速预期，2022 年全球经济复苏面临不确定性依然较大。长三角地区具有外向型经济特征，在原材料价格高企、海运物流不畅、全球供应链循环受阻等国际因素的叠加作用下，外部市场环境复杂严峻。随着国外部分地区和国家放开防疫限制，制造业回流带动订单回流，对出口带来较大压力，如 9 月江苏出口订单指数为 45.5%，为 2021 年以来最低值，已连续 6 个月位于荣枯线以下，2022 年出口外贸压力仍较大。全球大宗商品价格持续高位，实体经济企业面临成本高企与产品价格下行的双重挤压问题，稳主体、稳定单的任务比较重。

国内方面，在实现"双碳"目标的大背景下，能耗双控将严格执行，减碳压力会持续加大，钢铁、石化行业、建材、造纸等重点高耗能工业企业仍会面临产量缩减，关联物流业等服务业也将面临利润挤压，相关行业景气水平下降，产业冲击会给经济运行带来一定风险隐患。如钢铁行业，长三角地区是国内重要的钢铁生产基地，双控政策的实施造成粗钢的持续减产。需要看到，能耗双控政策倒逼传统产业技术创新，比如传统钢铁冶金工艺技术变革成为钢铁行业绿色发展的新趋势。

区域方面，在国家政策推动下，长三角发展处在战略机遇期。2021 年长三角自由贸易试验区联盟成立，承载区域核心经济功能，2020 年四省市将继续发挥特色优势，联动发展。长三角地区数字经济发展基础雄厚，数字经济规模占区域 GDP 比重约为 44%，占全国近三成（28%），未来可在数字产业升级、数字基建、数字治理、数字贸易等多个维度培育新动能。

据此判断：长三角地区经济继续向高质量发展阶段转换，保持稳中趋进的中高速运行态势，但下行调整压力将有所增大，预计 2022 年长三角地区 GDP 总量将达 2.6 万亿元，上海、江苏、浙江、安徽经济增速逐渐恢复疫情前水平，分别为 5.5% 左右、6.0% 左右、6.2% 左右、6.5% 左右（见表 2）。

表 2　2018—2022 年上海、江苏、浙江、安徽 GDP 增长预测（单位:%）

地区	2018 年	2019 年	2020 年	2021（预测）	2022（预测）
长三角地区	7.0	6.5	3.4	8.7	6.1
上海	6.8	6.0	1.7	8.1	5.5
江苏	6.7	6.1	3.7	8.6	6.0
浙江	7.1	6.8	3.6	8.9	6.2
安徽	8.0	7.5	3.9	9.3	6.5

三、政策建议

1. 着力提消费稳投资扩内需

顺应消费升级趋势明显，积极培育中高端消费市场，打造消费升级平台，扩大和培育农村消费。优化居民消费与公共消费结构，重视政府消费对居民消费和全部消费的拉动作用，继续保持公共消费强度，适度增加有效公共消费支出。切实加大有效投资，推进一批重大产业类、科技创新类、重大民生类、生态环保类重大项目建设。

2. 增强产业链供应链韧性

建立长三角产业链协同工作机制，联合开展产业链供应链研究，促进产业上中下游、大中小企业、传统产品与新产品生产的融合协作。加强产业核心竞争优势和比较优势，增强对全球产业链、供应链的把控。加快建立紧密、互补型合作关系，建设科技创新共同体，更加关注引资引技引智，为企业数字化转型提供条件。

3. 发挥区域一体化改革试验田作用

探索不同区位优势，推进相邻城市协同发展，优势互补，优化资源配置和生产力布局，强化各地产业分工和区域协同，培育各具特色的优势产业和区域经济板块。相对欠发达地区，可以通过对低产值产品进行高产值精加工，提升人均产值的工业附加价值，相对发达地区则可在工业产值基础上增加高技术价值。发展较快地区发挥辐射带动作用，提高投资门槛，筛选甄别先进的投资类别，分流部分资金向外扩散，扩大发展辐射圈。

（执笔：韩磊　滕菲）

23　2021 年北京市经济形势分析及 2022 年展望

北京市经济信息中心

2021 年以来，北京市统筹推进疫情防控和经济社会发展，经济保持稳步恢复，工业、信息、金融等产业成为经济恢复的重要动力，预计 2021 年全市 GDP 增长 9% 左右。2022 年，国际环境不确定因素增多，北京市还面临原材料短缺、平台企业整改、疫苗增量空间有限等困难和挑战，经济增速下行不可避免。叠加高基数影响，预计 2022 年全年 GDP 增速将回落至 5.3% 左右。

一、2021 年北京市经济呈现前高后低态势

2021 年，在科兴中维、国药北生研、小米通讯、中芯北方等龙头企业带动下，北京市经济加速恢复，高精尖产业体系和国际消费中心城市加快打造，经济增长的后劲不断增强。从恢复速度看，全年经济呈现前高后低态势，前三季度 GDP 累计增长 10.7%，分别较一季度、上半年回落 6.4、2.7 个百分点，预计四季度当季增长 4.8% 左右，全年累计增长 9% 左右。从结构看，受重点优势产业超预期增长、疫情对各行业冲击差异、政策刺激方向等因素影响，各经济指标修复进程出现分化，整体来看供给端修复快于需求端，工业恢复快于服务业。从效益看，呈现一定分化态势，工业生产加速恢复，产业循环持续改善，工业企业利润稳步回升，前三季度规上工业企业利润总额大幅增长 146.8%；受企业经营恢复利好，前三季度全市一般公共预算收入完成 4590.3 亿元，增长 13.4%，已连续七个月保持两位数增长态势，完成年度预算的 81.3%，超时间进度 6.3 个百分点；但全市居民人均可支配收入实际增速不及 GDP 增速，上半年全市居民人均可支配收入 38138 万元，扣除价格因素后同比增长 9.8%，低于同期 GDP 增速 3.6 个百分点。

产业端整体恢复较快。工业方面，受新一代信息技术和医药健康双引擎作用拉动，前三季度规上工业增加值增长 39%，两年平均增长 17.8%，高技术制造业和战略性新兴产业增加值分别增长 140.5%、111.6%。小米通讯、中芯北方等持续释放创新活力，带动电子行业增长 21.3%，科兴中维、国药北生研拉动规上工业增加值增速超过 30 个百分点，预计全年规上工业增加值增长 30% 以上。服务业方面，金

融、信息等重点产业高速增长后出现放缓态势，前三季度服务业增加值增长 7.4%，比上半年回落 2.7 个百分点。金融行业增速下行，在库项目进入还款期、贷款接续不足、债券违约和私募基金风险显现等因素导致传统金融行业增长乏力。平台经济监管的影响逐步显现，滴滴、美团、好未来等头部企业受监管影响较大。住宿餐饮业、旅游业、会展业等行业由于疫情反复经营困难，短期内难以对服务业增长形成有效支撑。预计全年服务业增加值增长 7% 左右。

需求恢复步伐逐渐减慢。消费方面，前三季度市场总消费增长 16.5%，较上半年回落 5.6 个百分点，其中社会消费品零售总额增长 14%，较上半年回落 7 个百分点，增速已连续 6 个月下滑。汽车消费受车型供应紧张、购车需求提前释放等因素影响出现两位数下降。预计全年总消费和社零额分别增长 10% 左右、8% 左右。投资方面，前三季度全市固定资产投资同比增长 7.9%，增速较上半年回落 1.3 个百分点，其中基础设施投资受交通、绿化等重点领域影响连续 5 个月负增长。四季度进入冬施和冬奥保障期后，部分建设项目投资强度可能进一步降低。预计全年固定资产投资增长 3% 左右。

二、2022 年北京市经济形势展望

考虑目前北京市经济仍然延续稳步复苏态势，多项促消费政策持续显效，科技创新带动发展动能持续增强，参考国内外机构对我国 2022 年经济增速的预测，预计北京市 2022 年 GDP 增长 5.3% 左右。

（一）总需求将出现分化

1. 消费对于经济增长的引擎作用将持续加强

2022 年，在一系列促消费政策显效、多个大型商业设施改造投用、居民就业和收入不断改善的带动下，北京市消费将延续升级步伐，预计全市总消费、社零额分别增长 7% 左右、5% 左右。一是北京市发布培育建设国际消费中心城市实施方案，开展促消费十大专项行动，环球度假区等新增长点不断释放活力，全市消费能级持续提升。前三季度北京市 12 个传统商圈和 8 家“一店一策”传统商场完成升级改造，首开龙湖熙悦天街等大型商业设施投用，696 家首店落地，消费基础设施更加完善。二是汽车消费 2021 年受“芯片荒”影响有所下滑，2022 年下半年“缺芯”问题缓解后，新车购置需求将会逐步恢复。同时“以电换油”进入加速期，中汽协预计未来五年国内电动汽车产销增速将保持在 40% 以上，北京市新能源汽车消费将实现快速增长。三是 2021 年电子信息消费在 5G 手机等设备带动下实现了较快增

长，目前 4G 手机出货量仍然高于 5G 手机，IDC 预测到 2022 年底 5G 手机将会反超 4G 手机，还有较大增长空间。AR、VR 等体验消费相关的电子信息设备呈现高速增长态势，将成为新的消费增长点。四是网络消费增长势头良好。网络消费额占全市社会消费品零售总额的比重超过两成，贡献率达到 80% 左右，预计 2022 年网络消费仍将保持两位数增长。

2. 固定资产投资增长将放缓

2022 年，全市固定资产投资增速受基础设施项目建设滞后、房地产投资不振、冬奥保障期开工周期缩短等影响，增速将有所放缓，预计全年增长 3% 左右。一是基础设施投资将延续负增长态势。2018—2020 年北京市基础设施投资分别下降 10.7%、3.8%、12.3%，2021 年前三季度下降 6.2%、下拉全市投资 1.5 个百分点。2022 年，交通领域、绿化领域依然存在重大项目征地拆迁进度缓慢、投资受用地不足、缺乏新项目接续等问题，基础设施投资增速难以出现显著改善。二是房地产开发投资增速可能出现零增长或负增长。占全市投资“半壁江山”的房地产开发投资增速已由年初的 27.7% 回落至前三季度的 10.8%。受部分项目拿地未开工影响，新开项目数量自 2020 年 12 月以来持续下降，在“三线四档”等一系列房地产调控政策下，房地产企业定金及预收款同比增速较上半年大幅下降，资金回笼速度和商品房销售持续下滑影响 2022 年投资，预计 2022 年房地产投资下行态势难以逆转。三是产业投资拉动作用将持续显现。前三季度高技术制造业投资两年平均增长 1.1 倍，北京市印发促进高精尖产业投资若干措施，产业投资促进力度不断加大，小米汽车、理想汽车、京东方生命科学产业基地等项目加快释放，预计产业投资仍可保持高速增长。

（二）产业端增长将趋缓

1. 工业增加值增速将出现较大幅度回落

2022 年，受疫苗价格大幅下降、海外制造业复苏冲击、原材料价格上涨等因素影响，北京市工业将出现负增长，预计 2022 年规上工业增加值下降 5% 左右。

分行业看，汽车制造业“缺芯”问题将在 2022 年下半年有所缓解，北汽集团预计 2022 年传统燃油车销量基本持平，主要增量来自新能源汽车的增长，预计新能源汽车销售 2022 年将增长 30% 以上，新能源汽车在乘用车中的渗透率不断提升。预计 2022 年汽车制造业增长 25% 左右。电子信息制造业仍将保持双位数增长，中金等机构预计 2022 年小米智能手机全球出货量平均为 2.39 亿部，同比增长 19.5%，中芯京城一期将在 2022 年底投产形成有效产能，每月约生产 10 万片 12 英寸晶圆。

预计 2022 年电子信息业增长 10% 以上。医药制造业受疫苗价格大幅下降、国际市场订单不确定、国内接种人群趋向饱和等因素影响将大幅下降。目前疫苗价格仅为 2021 年初的 1/10，多数省份接种率已超过 80%，国内疫苗需求大幅回落。2022 年的疫苗增量部分主要在国内的加强针和儿童接种及国外需求。预计 2022 年北京市医药制造业下降超 50%。电力热力行业预计增长 5% 左右，燃煤电价市场化改革将进一步扩大市场交易电价的上浮范围，从原来的不超过 15% 上涨至不超过 20%，提高了电力企业的售电价格，同时平滑电力生产成本。

2. 服务业将继续发挥经济增长压舱石作用

2022 年，北京市优势服务业领域将继续保持较快增速，同时文旅、会展、广告等商务服务业也将加速回升，共同带动服务业增长 7% 左右。

一是信息服务业增速受监管影响虽有回落，但仍可保持双位数增长。2021 年下半年以来，滴滴、美团、贝壳等头部平台企业收入普遍出现减速，仅有字节跳动等少数企业保持高速增长，2022 年国家将进一步对游戏、短视频、网络广告等领域监管，这些企业或将出现全线减速。但北京市加快打造全球数字经济标杆城市，千兆宽带、5G 信号等数字基础设施建设提速，道路交通、市政设施等 5G 特色应用项目和 5G+AR、VR 等新的应用需求加速释放，电信业收入将保持快速增长。数字产业化与产业数字化快速推进，随着智能工厂、数字化车间、京津冀联网等“新智造 100”工程加快建设，工业互联网、大数据、云平台等软件服务收入将大幅增长。预计 2022 年信息服务业增长 15% 左右。

二是金融业保持平稳增长。传统金融行业受贷款接续不足、直接融资成本下降、资管产品分流存款、偿还隐性债务等因素影响，增速将有所放缓。但证券业增长将明显加快，2021 年 11 月北京证券交易所开市，新三板市场精选层超过 68 家公司将全部平移进入北交所，预计 2022 年北京证券交易所将出现快速扩容。金融创新将为北京市金融发展注入新动力，股权投资和创业投资份额转让试点平台、国际大数据交易所、北京绿色交易所等一批创新性金融市场平台完成布局，数字人民币全场景应用试点逐步推广。预计 2022 年金融业增长 5% 左右。

三是商务服务业将继续回暖。其中，传统广告业务收入有望回暖，同时互联网媒介、短视频及直播等自媒体将继续保持高速增长，带动广告业保持两位数增长。旅行社业务有望进一步恢复，环球影城开园后人气火爆，将带动全市文旅发展。人力资源服务业逐步恢复，宏观经济改善、企业招聘需求上升等因素带动人力资源服务业营收恢复，同时企业灵活用工服务有望保持增长势头。预计商务服务业增长 10% 左右。

（执笔：奚春）

24 2021 年河北省经济形势分析及2022 年展望

河北省经济信息中心

2021 年，河北省积极融入国家双循环发展格局，深入推进京津冀协同发展，统筹疫情防控和经济社会发展，坚持稳中求进工作总基调，全面做好“六稳”“六保”工作，深入开展“三重四创五优化”活动，经济运行保持稳定恢复、结构调整持续推进。

一、2021 年经济形势分析

(一) 2021 年1—3 季度经济运行特征

经济运行稳定恢复。前三季度，全省生产总值 29060.7 亿元，居全国第 13 位；增速同比增长 7.7%，居全国第 26 位。分产业看，第一产业增加值 2335.0 亿元，同比增长 6.8%；第二产业增加值 11626.0 亿元，同比增长 4.0%；第三产业增加值 15099.7 亿元，同比增长 10.5%。三次产业增加值占全省生产总值比重为 8.0：40.0：52.0，第三产业比重超过第二产业 12 个百分点。

农业生产形势较好。蔬菜、水果生产稳定增长，同比分别增长 1.4%、1.3%。畜牧业生产企稳向好，生猪存栏同比增长 7.1%，猪肉产量同比增长 22.3%；禽蛋产量同比减少 0.3%；牛奶产量同比增长 5.2%。畜牧、蔬菜、果品三大支柱产业占农林牧渔业总产值比重为 73.7%。

工业生产平稳增长。前三季度，工业增加值 10136.5 亿元，同比增长 4.8%，规模以上工业增加值同比增长 5.1%。工业三大门类生产全面增长，制造业增加值同比增长 4.6%，采矿业增加值同比增长 7.2%，电力、热力、燃气及水的生产和供应业增加值同比增长 8%。规模以上工业战略性新兴产业增加值同比增长 11.4%，高新技术产业增加值同比增长 13.4%，快于规模以上工业 8.3 个百分点，占规模以上工业增加值的比重为 20.9%，同比提高 2.3 个百分点。

服务业较快增长。前三季度，服务业对经济增长的贡献率为 72.5%，对经济发展支撑作用进一步增强。住宿和餐饮业增加值同比增长 17.3%，信息传输软件和信息技术服务业增加值增长 16.5%，批发和零售业增加值增长 15.5%，交通运输仓储邮政业增加值增长 12.7%。

固定资产投资平稳增长。前三季度，固定资产投资同比增长 0.4%，增速与上半年持平。在建项目个数同比增加 1212 个，同比增长 7.3%。服务业完成固定资产投资同比增长 5.0%，是全省固定资产投资增长的重要动力。房地产市场增长平稳，全省房地产开发投资同比增长 11.7%，高于全国 2.9 个百分点。

消费品市场稳定恢复。前三季度，社会消费品零售总额实现 9475.3 亿元，同比增长 9.7%。其中，城镇市场消费品零售额 8061.6 亿元，同比增长 10.2%；乡村市场消费品零售额 1413.7 亿元，同比增长 6.6%。限额以上单位实现零售额 2967.3 亿元，同比增长 12.9%。

对外贸易持续向好。前三季度，进出口总值实现 3982.9 亿元，同比增长 26.9%。其中，出口 2182 亿元，增长 23.5%；进口 1800.9 亿元，增长 31.2%。实际利用外资 95.7 亿美元，同比增长 10.1%，增速比上半年加快 2 个百分点。

市场价格总体平稳。前三季度，居民消费价格同比上涨 0.6%，涨幅比上半年增加 0.1 个百分点。前三季度，工业生产者出厂价格同比上涨 15.8%，9 月份同比上涨 20.2%；工业生产者购进价格同比上涨 17.9%，9 月份同比上涨 25.0%。

（二）全年主要经济指标预测

四季度，全省继续坚持以推动高质量发展为主题，以深化供给侧结构性改革为主线，加快融入以国内大循环为主体、国内国际双循环相互促进的新发展格局，办好“三件大事”，巩固拓展三大攻坚战成果，加快创新发展、绿色发展、高质量发展步伐，培育新模式新业态，延长产业链，提升价值链，畅通供应链，提升产业质量效益和竞争力，努力夺取常态化疫情防控和经济社会发展“双胜利”。预计全年生产总值完成 39660 亿元，增长 7.5%，其中一、二、三产业增加值分别达到 4050 亿元、14810 亿元和 20800 亿元，分别增长 6.5%、3.9% 和 10.1%；工业增加值达到 12660 亿元，增长 4.5%，其中规模以上工业增长 4.8%；固定资产投资增长 2% 左右；社会消费品零售总额将达到 13800 亿元，增长 8.6%；进出口总额达到 5490 亿元，增长 24.5%；实际利用外资额 120 亿美元，增长 8.8%；城镇居民和农村居民人均可支配收入分别达到 40100 元、18400 元，分别增长 7.5% 和 11.7%；居民消费价格总指数增长 1.2% 左右。

二、2022 年经济展望

1. 宏观经济稳增长动力与压力并存

2022 年，河北省全面落实习近平总书记对河北工作的重要指示，深入推进京津冀协同发展、雄安新区、冬奥盛会“三件大事”，加快建设中国（河北）自由贸易试验区、大兴国际机场临空经济区等重大平台，将持续增强经济发展动力。但国内外形势复杂多变、我省内需疲软及产业转型缓慢等挑战压力客观存在，需要集中资源、聚焦重点、全力推动全省经济稳步发展。充分考虑 2021 年受疫情影响导致的基数较低等因素逐渐递减，疫情防控成为常态，经济将恢复正常运行态势。预计 2022 年，全省生产总值达到 43230 亿元，增长 6.5%，其中一、二、三产业增加值分别达到 4410 亿、16125 亿和 22695 亿元，分别增长 3.5%、3.8%和 9%。

2. 工业生产反弹动力不足

河北省积极落实作为全国产业转型升级试验区功能定位，将聚焦重点产业链，加快培育和引进上下游核心和基础环节优质企业，推动产业链锻长板、补短板。以雄安新区为引领强化科技创新，将以大数据智能化为主方向，突出综合性科学研究功能和京津冀协同创新作用，聚焦高端装备制造、生物医药、新材料、新能源等领域强化产学研用融通创新。以“双碳”目标为导向推动产业转型，将加快传统高耗能、高排放产业转型升级，大力推动数字产业化和产业数字化发展。但是，我省产业结构不合理，传统行业规模占比大，受环境容量限制，传统产业发展受制于“天花板”，对经济增长的贡献难有大的突破，并且受疫情反复、企业生产成本增加、生态环保要求等因素影响，工业生产难以大幅回升。预计 2022 年，河北省规模以上工业增加值增长 4.5%左右。

3. 投资需求呈恢复态势

河北省大力推进产业投资项目、基础设施投资项目、房地产投资项目、民生投资项目、城建投资项目、新型城镇化和特色小镇投资项目、美丽乡村投资项目、“空心村”治理和易地扶贫搬迁后续投资项目、各类开发区投资项目、民间投资项目等重点项目建设，将有效扩大项目投资量。持续推动重点项目滚动建设，加快建设一批、新启动开工一批、策划审批一批、招商引资一批，推动项目尽快开工、尽快投产、尽快达效。强化压实工作责任，全面落实项目投资政策，建立健全项目准入清单，科学合理配置要素资源，加快项目落地。但是，受疫情反复、环境容量、能源总量和资金土地等要素的制约，企业投资意愿仍然受到一定限制。预计 2022

年，河北省固定资产投资增速有望保持恢复态势，预计增长5.5%左右。

4. **消费需求保持较快增长**

宏观经济和就业形势保持总体稳定，居民收入稳步增长，一系列促进消费政策的落实，将有利于进一步激发市场潜力。坚持巩固拓展脱贫攻坚成果与乡村振兴有效衔接，推动农村一、二、三产业融合发展，畅通农民工外出就业渠道，农村居民收入保持快速增长，将有利于扩大农村消费市场。疫情推动消费者对新型消费的接受认可度持续提高，新型消费主体加速培育，数字技术对各个行业和应用场景加速渗透，生鲜电商、门店到家、无接触配送等新业态迅猛发展，“云购物”“云会展”“云教育”等新模式不断涌现，新型消费仍将继续保持快速增长势头。但同样受疫情影响，住宿、餐饮、旅游等行业消费能力减弱，同时也存在低收入群体和部分地区居民收入增长滞后等问题，将制约消费潜力的进一步释放。预计2022年，河北省社会消费品零售总额将达到15040亿元，增长9%左右。

5. **外需保持快速增长**

随着世界经济持续复苏，国际市场需求增加，河北省充分发挥国内超大规模市场优势，逐步形成以国内大循环为主体、国内国际双循环相互促进的新发展格局，将更好地利用国际国内两个市场、两种资源，对外开放水平不断提高，全省进出口仍将保持良好增势。预计2022年，河北省进出口总额达到6310亿元，增长15%，其中，出口总额3400亿元，增长11.5%；进口总额2910亿元，增长19.2%。

三、政策建议

1. **统筹疫情防控和经济社会发展**

严格落实常态化疫情防控举措，全面消除各类风险隐患，持续筑牢“外防输入、内防反弹”疫情防线，时刻紧跟防控形势的新发展、新变化，防范化解疫情冲击导致的各类衍生风险。坚持完整、准确、全面贯彻新发展理念，深化供给侧结构性改革，加快构建新发展格局，扎实推进京津冀协同发展、雄安新区建设、冬奥会筹办，大力发展沿海经济、民营经济、城市经济、县域经济和数字经济，不断提升经济发展质量和效益。

2. **强化科技创新和产业链供应链韧性**

深入实施工业强基工程，围绕关键元器件、集成电路、基础零部件等领域夯实制造业发展基础，提升基础件自给能力。加快构建“政产学研金服用”为一体的技术创新载体。促进军民融合深度发展，推动军用前沿技术转民用。加快推进“十四五”规划重大工程项目建设，不断提升开发区、高新区能级，培育壮大产业龙头企业、科技领军企业、产业技术联盟，引导企业加大技术改造投资。聚焦全省 12 大主导产业和 107 个县域特色产业，加强延链补链强链，不断提升产业链、供应链、价值链、创新链水平。

3. **挖掘投资与消费潜力**

着力挖掘国内市场特别是京津两大市场潜力，突出抓好大项目、好项目，进一步扩大有效投资。充分激发民间投资活力，完善支持社会资本参与政策，用好向民间资本推介项目长效机制，规范有序推广政府和社会资本合作（PPP）模式，发挥政府资金引导带动作用，吸引民间资本参与市政、交通、生态环境、社会事业等补短板领域建设。促进消费新业态、新模式、新场景的普及应用，提高实物商品的供给质量，持续改善消费环境，发展满足不同需求的健康、文化、旅游、体育等新兴服务消费。加快推进县、镇、乡、村各级道路和停车场等基础设施建设，以及电商物流网络、消费市场等消费基础设施建设，加快贯通县乡村电子商务体系和快递物流配送体系；激发县域消费潜力促升级，加大向县城、农村地区提供更好品质的商品和服务供给；落实好减税降费，加速推进农村“三块地”改革，增加农民财产性收入，以增收促进消费；加强县城对周边村镇的辐射带动能力，让村镇居民较为便利地在县城消费。

4. **加强改革攻坚和扩大开放**

加大改革攻坚力度，进一步激发市场主体活力，深化重点领域改革，优化营商环境。加大“放管服”改革力度，推动实施“证照分离”改革，推进照后减证并证，扩大简易注销范围，促进市场新陈代谢。深化投资建设领域审批制度改革，精简整合审批流程，便利项目尽早落地投产。探索“地券”制度改革，优化用地布局，开展村级工业园改造，为制造业高质量发展开拓空间。坚持高水平开放，积极扩大外贸出口，支持企业开拓国际市场，加快培育跨境电商示范主体和外贸综合服务试点企业，发展外贸新业态新模式，加快落实自由贸易试验区改革试点任务，积极融入“一带一路”建设，增强高质量发展的动力和活力。

（执笔：刘静）

25 2021 年山西省经济形势分析及 2022 年展望

山西省能源革命和区域合作中心

2021 年以来，面对严峻复杂的外部环境和改革发展稳定的繁重任务，全省上下深入贯彻落实习近平总书记视察山西重要讲话重要指示精神，认真贯彻落实省委、省政府决策部署，持续巩固拓展疫情防控和经济社会发展成果，全方位推动高质量发展。前三季度，全省经济继续保持稳定恢复发展态势，主要指标保持较快增长，发展新动能不断壮大，市场活力持续释放，质量效益明显提升，民生保障扎实有力，为实现全年目标、确保“十四五”开好局起好步打下了坚实基础。

一、2021 年全省宏观经济运行基本特征及全年预测

1. 经济总量快速增长

前三季度，全省地区生产总值完成 15584.85 亿元，同比增长 10.5%，高于全国（9.8%）0.7 个百分点。两年平均增长 5.8%，高于全国（5.2%）0.6 个百分点。从增量看，前三季度 GDP 同比增加 3138.74 亿元，超额完成全年增量任务，全省“补考进位”工作成效明显。

2. 三次产业增速全面赶超全国

第一产业增加值完成 663.07 亿元，增长 9.9%，高于全国（7.4%）2.5 个百分点。第二产业增加值完成 7331.96 亿元，增长 11.3%，高于全国（10.6%）0.7 个百分点。第三产业增加值完成 7589.82 亿元，增长 9.9%，高于全国（9.5%）0.4 个百分点。

3. 三大需求持续扩大

固定资产投资快速增长，全省固定资产投资增长 12.2%，比全国快 4.9 个百分点；两年平均增长 10.8%，比全国快 7 个百分点。民间投资、房地产开发投资、基础设施投资等重点领域均保持稳定增长。市场销售加快回暖，全省社会消费品零售总额 5631.9 亿元，增长 22.4%，比全国快 6 个百分点；两年平均增长 4.8%，比全国快 0.9 个百分点。全省限额以上消费品零售额 1881.0 亿元，增长 28.5%，比全国

快 10.6 个百分点。进出口高速增长，全省进出口总额同比增长 76.8%，明显快于全国（22.7%）。其中，出口增长 87.8%，进口增长 61.9%。

4. 转型动能不断壮大

从增速看，装备制造、食品、医药、有色等行业成为引领增长的主力军，增速分别达到 31.9%、29.4%、22.6% 和 20.6%，对产业转型形成有力支撑。从产量看，原煤、发电量和煤成气产量分别增长 11.6%、11.4% 和 25.7%，外送电量增长 23.1%，实现持续安全稳定供应。新兴产业快速崛起，手机、药品、光伏电池等新产品产量分别增长 69.8%、31.6%、14.1%，汽车产量增长超过 2.4 倍。

5. 市场活力不断增强

前三季度，全省市场主体数量突破 300 万户关口，达到 305.2 万户，增长 9.6%，新纳入"四上"单位超过 1500 个，较上年同期增长 1.1 倍。全省税收收入增长 26.7%，一般公共预算收入增长 26.4%，增速分别较 1—8 月加快 4.6 个、4.9 个百分点。1—8 月，全省规模以上工业营业收入增长 43.0%，利润总额增长 2.3 倍，明显快于全国。

6. 民生保障扎实有力

前三季度，全省城镇新增就业 44.2 万人，同比增加 5.5 万人，完成全年目标 98.2%；全省农村劳动力转移就业 44.4 万人，同比增加 14.9 万人，完成全年目标 134.5%；9 月末，城镇登记失业率为 2.2%，控制在 4.5% 目标以内。物价保持平稳，CPI 同比增长 0.7%，为近 5 年来最低水平。居民收入稳步增长，城乡居民人均可支配收入分别为 27718 元和 10754 元，增长 8.5% 和 11.8%。

7. 全年主要经济指标预测

当前，受疫情拖累和国际大宗商品价格持续走高影响，世界经济复苏动力减弱。9 月份中国制造业采购经理指数（PMI）降至 49.6%，19 个月来首次跌至荣枯线以下。国内外需求疲软，导致全省经济稳定增长外部环境存在较大不确定性。从全省看，受 2020 年下半年基数较高、严控"两高"项目、洪涝灾害等影响，四季度经济继续保持较快增长存在较大压力。但国际经贸关系缓和、国家宏观经济政策连续稳定、煤炭产量增加完成保供任务等，对全省经济增长形成有力支撑。综合研判，预计全年全省主要经济指标增速如下：GDP 增长 8.0% 左右、规模以上工业增加值增长 13.9% 左右、固定资产投资增长 10.8% 左右、社会消费品零售总额增长 30.1% 左右、CPI 增长 1.0% 左右、城镇居民人均可支配收入增长 9.6% 左右、农村居民人均可支配收入增长 14.5% 左右。

二、主要工作举措

1. 加快创新生态建设

制定高科技领军企业培育实施方案，出台科技战略研究专项、基础研究计划和科技计划项目等领域管理办法。太原第一实验室、山西省黄河实验室等重点实验室筹建工作加快推进，新认定省级工程研究中心 30 家等。制定出台省校合作实施方案，聚力建设“12 大基地”，打通校企合作通道，搭建学生实践平台，夯实创新人才支撑。持续激发“双创”活力，全省备案建设 10 个智创城，16 家企业入围第十届创新创业大赛全国赛。

2. 培育壮大新动能

按照一产提效率、二产调结构、三产强支撑思路，统筹推进产业基础高级化和产业链现代化。大力实施农业“特”“优”战略，聚力发展农产品精深加工业，1—9 月农产品精深加工十大产业集群实现产值增长 78%。新兴产业持续壮大，全国首个数据流量生态园落地山西，47 家企业入选国家级专精特新“小巨人”企业。修订完善技改专项资金使用办法，激励企业加大技改力度。服务业提质增效十大专项行动加快实施，“互联网+”等服务业新业态、新模式、新动能发展壮大。

3. 充分释放市场主体活力

召开全省民营企业家座谈会，积极培育壮大市场主体，推动实体经济健康发展。落实税费优惠政策，优化纳税流程，推行“一站式”办结服务，确保减税降费政策落实落细。制定金融提振赶超行动方案，加大金融支持力度。实施企业上市“倍增”计划，安排专项资金对在“晋兴板”“新三板”挂牌和进入精选层企业给予奖励。截至目前，上市后备库入库企业已达 1081 家。

4. 深入挖掘内需潜力

出台消费提质扩容行动工作方案、提振大宗消费重点消费促进释放农村消费潜力 15 条等促消费政策措施，促进消费提质扩容。聚焦零售、餐饮等领域，安排 6000 万元政府资金开展第二轮消费券发放，拉动省内消费近 5 亿元。加快推动文旅康养融合发展，打响“大美太行在山西”文旅品牌。前三季度，全省旅游经营收入同比增长 22.7%。

5. 深化重点领域改革

大力开展碳达峰碳中和“山西行动”，持续深化国资国企改革，稳步推进地方金融改革化险，加快打造“三无”“三可”营商环境，深入研究促进市场主体倍增1+N 政策体系，聚焦“三化一改善”全面启动乡村建设行动，推动山西省发展环境持续优化，转型动力不断增强。

三、2022 年山西省经济展望

展望2022 年，山西省经济将加快复苏，稳中有进。主要依据是：一是巩固拓展脱贫成果，全面实施乡村振兴战略；二是积极融入重大国家战略，与京津冀地区、中部其他省份等联动发展；三是“放管服”改革持续深化，营商环境不断优化；四是解决一批群众“急难愁盼”问题，社会环境稳定。预计 2022 年会有一个良好的开端，全年增长率预计 9.0% 左右。

1. 工业经济稳步增长

前三季度，全省工业用电量增长 12.2%，太铁货运量增长 6.8%，公路货运量增长 20.3%，PPI 上涨 23.2%，明显高于全国（6.7%），经济运行保持扩张态势。1—8月，全省规上工业企业营业收入增长 43%，实现利润增长 2.3 倍，明显快于全国（49.5%）。加上国内疫情可控，市场供需循环比较稳定，预计 2022 年，山西省工业经济将继续保持良好增势，整体会有较快的恢复和发展。

2. 投资增速企稳回升

山西省 10 月份遭遇严重的洪涝灾害，170 多万人受灾，直接经济损失 50 多亿元，加上房地产投资面临下行趋势，四季度投资增速将有所回落。但 2021 年全省储备前期项目、年度建设项目持续增加，省级重点工程数量大幅提高，伴随强化投资调度，强化项目建设要素保障，深化投资领域“放管服”改革等举措落地，预计2022 年，全省投资增速将企稳回升。

3. 消费市场加速回暖

山西省将继续加快实施服务业提质增效十大专项行动。大力发展生产性服务业，推动科技服务、现代物流、金融等服务类产业向专业化和高端化延伸。全面提升生活性服务业，推进生活性服务业品质化多样化升级。加快商业综合体、特色商业街区、电商小镇、直播平台建设。利用“双 11”、元旦等消费节点，开展系列促消费活动，进一步激发消费潜力和活力。加上城乡居民收入稳步增长，预计 2022 年，全省消费市场将加速回暖。

4. 进出口较快增长

前 3 季度，山西省实现外贸进出口总值 1703.4 亿元，同比增长 76.8%，贸易顺差387亿元，扩大158%。其中，新增市场主体（海关首次注册企业）进出口同比增长11.9倍，拉动山西省进出口增长31.7个百分点，对山西省进出口增长贡献率为41.3%。随着全省贸易结构不断优化，更加注重质量和品牌提升，预计2022年，进出口将较快增长。

四、政策建议

1. 做好灾后恢复重建工作

全力保障受灾群众基本生活，落实好各项救助政策。积极抓好农业生产，强化价格监测预警，确保重要民生商品供应和价格稳定。支持灾区灾后恢复重建，确保各类基础设施尽快恢复到灾前水平。安排受灾企业复工复产，推动受影响的重大项目恢复建设。

2. 加快培育壮大转型动能

持续强化企业创新主体地位，加快创新平台建设，夯实人才储备支撑。积极推动传统产业主体装备大型化、智能化、高端化，加大技术改造力度。全力打造一批标志性引领性新兴产业集群，推动信创、大数据、半导体等战略性新兴产业成为全省新的经济支柱。发挥消博会、中博会、晋阳湖峰会和太原论坛等招商引资平台作用，以开发区为主战场加大招商引资力度。

3. 全力激发民间投资活力

用好战略性新兴产业0.3元/千瓦时终端电价等政策，吸引省内外民间投资加快落地投产。稳妥加大对民营企业产品服务的政府采购力度，帮助民营企业回笼资金、扩大生产。探索建立分层次的项目投融资对接机制、贷款风险补偿机制，大力降低民营企业融资成本。继续大力清理针对民间资本准入的不合理限制，引导民间投资进入养老、医疗等社会民生领域。

4. 抓好重点领域项目建设

围绕“两新一重”、补短板重点领域，以科技创新研发基础设施、现代交通物流体系、城镇老旧小区改造、生态环保和污染治理、全域旅游基础设施等领域为重点，再谋划一批重大项目，加快补齐发展短板。滚动开展签约、开工、投产“三个一批”活动，实现全省工业投资继续保持高速增长。落实全省标准厂房建设三年行动计划，促进新兴产业投资加快落地。加快服务业提质增效，进一步激发消费潜力和活力。深入推动文旅康养融合发展，加快文旅小镇、康养小镇建设，打造文旅消费集聚区。

5. 构建区域发展新格局

加快要素和人口集聚，形成全省“一群两区三圈”的城乡发展新布局。重点建设太忻经济区，加快打造山西中部城市群发展的北引擎，高质量建设山西转型综改示范区，持续强化山西中部城市群发展的南引擎。在晋北、晋南、晋东南建设高质量城镇圈，推进以人为核心的新型城镇化，不断提高全省城镇化水平。

（执笔：冯健美）

26 2021年辽宁省经济形势分析及2022年展望

辽宁省信息中心

2021年以来，辽宁全面贯彻党中央、国务院决策部署，巩固拓展疫情防控和经济社会发展成果，更好统筹发展和安全，扎实做好“六稳”工作、全面落实“六保”任务，奋力做好结构调整“三篇大文章”，加快建设数字辽宁、智造强省，经济运行总体保持平稳健康发展，呈现稳定恢复、稳中向好的态势。

一、2021年辽宁经济形势分析

2021年前三季度，辽宁地区生产总值19722.7亿元，居全国第17位。增速同比增长7.4%，居全国第27位，涨幅较上半年回落了2.5个百分点。

（一）经济运行“稳定恢复”

1. 供给侧平稳恢复

一是规模以上工业持续增长。前三季度，辽宁规模以上工业增加值累计同比增长7.8%，较上半年回落3.7个百分点。全省40个工业大类行业中有34个行业增加值保持同比增长，增长面为85.0%，较上半年扩大2.5个百分点。二是服务业重点行业逐步向好。其中，批零住餐业不断恢复，批发业、零售业、住宿业和餐饮业零售额分别同比增长9.3%、12.8%、45.9%和25.1%。

2. 需求侧继续回暖

一是固定资产投资规模扩大。前三季度，辽宁固定资产投资同比增长5.1%，低于全国2.2个百分点，居全国第23位，较上半年提高1个位次。二是重点商品消费特征突出。社会消费品零售总额同比增长12.8%，居全国第19位，较上年同期提高6个位次。其中，汽车、石油等重点商品保持快速增长，消费升级类商品持续高速增长。三是出口增长较快。出口总额2442.2亿元，同比增长27.1%，高于全国4.4个百分点，较上半年提升了6.6个百分点。

3. 收入端稳定增长

一是财政收入继续保持增长，收入质量持续向好。前三季度，辽宁一般公共预算收入 2162.6 亿元，完成年初预算的 78.3%，同比增长 8.0%。二是企业效益快速增长，“原字号”涨幅明显。规模以上工业企业实现利润总额同比增长 68.8%，高于全国 24.1 个百分点，利润总额增速居全国第 11 位。三是农村居民收入增长较快，城镇居民收入增长趋缓。居民人均可支配收入 26499 元，高于全国 234 元，居全国第 9 位。其中，城镇常住居民人均可支配收入 32201 元，低于全国 3745 元，居全国第 14 位；农村常住居民人均可支配收入 15187 元，高于全国 1461 元，居全国第 9 位。

（二）经济运行“稳中向好”

1. 产业结构更趋优化

一是高技术制造业加快增长。前三季度，辽宁高技术制造业增加值同比增长 13.6%，高于全省规上工业 5.8 个百分点，高于上半年 2.0 个百分点。二是工业新产品生产势头较好。新能源汽车产量增长 1.5 倍，服务器产量增长 93.8%，集成电路产量增长 48.5%，工业机器人产量增长 19.2%。三是与数字经济相关的服务业增势较好。1—8 月，规模以上服务业中，互联网和相关服务业、软件和信息技术服务业营业收入分别同比增长 81.7% 和 10.3%。

2. 新动能不断积聚

一是高技术高附加值产业投资需求始终保持快速增长。前三季度，辽宁高技术制造业投资同比增长 91.9%，高于全国 73.2 个百分点，高于全省固定资产投资 86.8 个百分点，较上半年增速也加快了 3.8 个百分点。二是改建和技术改造投资增长持续加快。改建和技术改造投资增长 23.6%，较上半年加快 1.7 个百分点。三是新商业模式增长势头保持稳定。限额以上单位网上零售额同比增长 18.4%，高于全省社会消费品零售总额增速 5.6 个百分点，较上半年加快 1.8 个百分点。

（三）经济运行“稳中承压”

1. 工业增长动力不足

一是规模以上工业增速持续下滑，主导产业增速回落。辽宁工业规模以上工业增加值增速逐月放缓，9 月当月同比增速为-3.5%，低于全国 6.6 个百分点。其中，装备制造业、冶金工业和石化工业分别同比下降 2.5%、12.3% 和 14.5%。二是工业企业利润受价格因素主导，抵御风险能力不足。辽宁由于重工业占比较大，产业链上游企业居多，利润水平受大宗商品价格波动影响很大，工业企业利润增速虽然持续高速增长，但与工业增加值排名不相匹配，抵御外部风险能力不足。

2. 固定资产投资有所分化

一是民间投资增长持续回落。辽宁民间投资增速连续放缓、增长乏力，增速从上半年的6.6%下降至前三季度的1.7%。二是大项目储备不足。前三季度，亿元以上建设项目完成投资额增长4.3%，低于全省固定资产投资增速0.8个百分点；十亿元以上建设项目完成投资额下降2.1%，已经连续5个月负增长。三是房地产投资增速明显放缓。房地产开发投资同比增长1.1%，较上半年回落7.3个百分点，较一季度回落19.3个百分点。

3. 物价上涨压力显现

一是居民消费价格小幅上涨。前三季度，辽宁居民消费价格（CPI）同比上涨0.8%，涨幅高于全国0.2个百分点，较一季度扩大了0.6个百分点。其中，同比上涨最多的是交通和通信类（3.9%），其次是教育文化和娱乐类（1.9%）。二是工业生产者价格涨幅较大。前三季度，辽宁工业生产者出厂价格（PPI）同比上涨11.9%，涨幅高于全国5.2个百分点，较一季度扩大了6.9个百分点，较上半年扩大了2.2个百分点。

4. 先行指标走势乏力

一是工业用电量增速逐步回落。前三季度，辽宁工业用电量累计同比增长9.0%，涨幅较上半年收窄1.3个百分点，较一季度收窄2.0个百分点，增速逐季放缓。二是交通运输增速有所下滑。其中铁路货运量累计同比增长-4.0%，公路货运量增幅从一季度的58.3%回落至前三季度的15.7%。

展望四季度，地产调控、能耗双控将持续，能源价格大幅上涨，电力、煤炭供应收紧，大连疫情对经济的负面影响短期内难以明显改观，预计四季度辽宁经济恢复趋弱的态势或将延续。

二、辽宁贯彻落实中央经济工作部署的主要做法与成效

1. 坚持创新驱动，提升转型升级内生动力

一是不断完善科技成果转化政策和服务体系，制定出台《辽宁省科技创新条例》，在创新生态、鼓励突破、刚性约束、形成合力、责权利界定等方面做出明确

规定，进一步激发创新活力，为建设高水平创新型省份提供法治保障。截至 9 月末，全省技术合同成交额达 465.7 亿元，同比增长 30%。二是加快培育科技型中小企业，制定出台《辽宁省雏鹰瞪羚独角兽企业评价办法》，搭建大数据综合服务平台，以省内高新区为主要载体，建设雏鹰、瞪羚、独角兽企业集聚区。截至 9 月末，全省新增注册科技型中小企业 3672 家，较 2020 年同期增长 73%。三是实施“揭榜挂帅”科研攻关制度，企业出题、能者答题，布局了 24 个重点产业链和 31 个重点创新链，2021 年发布的 100 项榜单中，有 98 项已被“揭走”。

2. 加快数字化转型，注入振兴新动能

一是高度重视数字化建设，发布《数字辽宁发展规划（2.0 版）》提出到 2025 年，要实现数字辽宁整体发展水平跨越式提升；到 2035 年，要高水平建成网络强省，跻身创新型省份前列，高质量建成数字辽宁、智造强省。二是不断推进新型基础设施建设，加快构建广覆盖、高可靠的工业互联网网络体系。截至目前，全省已建成开通 5G 基站达到 3.5 万个。在建标识解析二级节点已达到 19 个，上线 11 个，在建 8 个，居东北首位，列全国第七位。三是推动制造业与数字化深度融合，出台制造业数字化赋能的相关行动方案，提出到 2023 年，形成一批赋能制造业高质量发展的典型应用场景。四是财政支持做好结构调整“三篇大文章”，2021 年，省财政安排了 20.8 亿元的数字辽宁智造强省专项资金，聚焦数字化转型和智能化改造。

3. 持续加大开放力度，打造对外开放新前沿

一是搭平台、连通道，打出对外开放“组合拳”。对接中蒙俄经济走廊，加强对日、韩开放合作，举办了 2021 辽宁国际投资贸易洽谈会、2021 全球工业互联网大会等多项展会，成功签约一批高质量合作项目，国际交流合作不断深化。二是促改革、优环境，赢得对外开放“好口碑”。辽宁自贸试验区大连片区先行先试，率先在国内海关监管场所推出海外矿山铁矿石“保税筛分+国际中转”模式并完成全国首笔业务，有力推动了进口贸易促进创新示范区及大连国际航运中心建设。辽宁自贸试验区营口片区构建的“审管联动闭环管理新模式”获得国务院自由贸易试验区工作部际联席会议简报推广。

4. 加强数字政府建设，建设一流营商环境

一是以信息化、数据化驱动改革再深化，搭建“1+N”规划制度体系，进一步明确、规范“数字辽宁”的总体框架、发展目标和改革路径。二是高度重视“放管服”工作，“只提交一次材料”“一件事一次办”等改革成效逐步显现。全省网办业务数量达到 1.09 亿件，全国排名第七位；归集电子证照 411 种，全国排名第九位。三是全省各地围绕“办事方便、法治良好、成本竞争力强、生态宜居”目标，统筹谋划、综合施策、全力推进。根据国家发展改革委最新公布的全国营商环境评价结果，沈阳、大连进入全国进步速度最快的14个城市行列，两个城市的营商便利度均比2019年提升超过10个百分点。

三、2022年辽宁经济形势展望

1. 国内外环境分析

从国外环境看，预计2022年全球经济持续复苏的大趋势不变，但复苏增长仍然面临不均衡的局面。疫情的反复可能会导致一些地区经济增长乏力和较大的就业问题，并给全球供应链增加压力，通胀进一步升温。从国内环境看，内需将继续恢复，提升幅度可能有限，通胀压力将进一步释放，“缺芯”以及能耗双控的负面影响将持续拖累工业生产，经济整体下行压力较大，在财政政策、货币政策维持稳定的支持下，经济增速仍将保持在合理区间。

2. 辽宁经济走势研判

展望2022年，随着内外部环境的深刻变化，辽宁经济发展面临的困难和挑战依然较多，包括落实“双碳”目标的约束、产业数字化的滞后、人力资本的制约等等，但经济高质量发展的积极因素也在不断积聚。一是沈阳现代化都市圈的加快建设，将促进城市组团发展的集聚辐射、产业协同和同城化效应更好发挥作用，为推动形成优势互补、高质量发展的区域经济布局提供有力支撑。二是《辽宁沿海经济带高质量发展规划》的实施，将推动传统产业转型升级、新兴产业培育、海洋经济发展取得新成效。三是《区域全面经济伙伴关系协定》（RCEP）的正式生效将为辽宁高水平对外开放、深化与日韩经贸合作带来新机遇。四是数字辽宁、智造强省建设的推进，将以数字化倒逼改革，加快“数字蝶变”，促进做好结构调整“三篇大文章”。综合来看，2022年，若疫情没有较大反弹，辽宁经济将继续恢复性增长，经济增速与全国平均水平的差距有望进一步缩小。

（执笔：边茜　徐翔　路鸣）

27 2021 年黑龙江省经济形势分析及 2022 年展望

黑龙江省发展规划研究所

2021 年以来，黑龙江省委省政府有效应对疫情，科学统筹疫情防控和经济社会发展，齐心协力、真抓实干，全省经济呈现稳步复苏态势，经济发展韧性逐步增强，主要经济指标发展态势向好，总体呈现稳中有进、稳中向好的态势，预计全年 GDP 增长 6.8% 左右。2022 年，随着国内外发展环境向好，经济增长内生动力增强，经济恢复基础持续加固，若 2022 年疫情对全省经济影响弱于 2021 年，预计全年 GDP 增速有望达到 6% 以上。

一、2021 年全省经济运行特点分析

前三季度，全省实现地区生产总值（GDP）9747.6 亿元，同比增长 8.0%，增速位居全国第 23 位，比上半年前进 1 位。前三季度我省 GDP 两年平均增长 2.9%，低于 2019 年同期 1.4 个百分点。其中第一产业实现增加值 1086.1 亿元，增长 8.1%；第二产业实现增加值 3093.7 亿元，增长 7.7%；第三产业实现增加值 5567.9 亿元，增长 8.1%，两年平均增速分别为 5.5%、3.0%、2.4%。

（一）从生产端看，供给恢复基础夯实

1. 粮食生产喜获“十八连丰”

年初以来，黑龙江省战胜局部地区发生疫情、农资价格上涨、局地旱涝等不利因素影响，2021 年全省粮食产量稳定在 1500 亿斤以上，肩负起维护国家粮食安全“压舱石”重任，成为名副其实的大粮仓。前三季度，全省畜牧业总产值同比增长 11.1%，生猪出栏 1644.6 万头，同比增长 29.5%，恢复到历史最好水平，是拉动全省农业生产向好的主要动力。

2. 工业生产动力持续增强

前三季度，全省规模以上工业增加值同比增长 10.1%，两年平均增长 4.6%，

增速高于2019年同期1.9个百分点，与全国平均水平的差距较上半年缩小2.1个百分点。全省规模以上工业增加值增速居全国第22位，在东北三省一区中居第一位。全省40个行业大类中，37个行业增加值实现同比增长，增长面92.5%，26个行业增加值增速超过全省平均水平。

（二）从需求端看，需求拉动表现强劲

1. 重点领域投资支撑有力

前三季度，全省固定资产投资完成额同比增长8.2%，比上半年同期回落7.0个百分点，高于全国平均水平0.9个百分点，居全国第17位。两年平均增长5.1%，高出2019年同期3.4个百分点。从重点领域看，前三季度全省工业技改投资同比增长9.7%，基础设施投资增长20.3%，民生领域投资增长26.8%，高技术制造业投资增长28.5%。从三次产业看，全省第一、二、三产业投资分别同比增长8.6%、7.9%和8.3%。

2. 消费市场持续回暖

前三季度，全省社会消费品零售总额同比增长16.6%，保持两位数较快增长，高出全国平均水平0.2个百分点，但两年平均增速为-1.5%，仍没有恢复到疫情前水平。从经营地看，农村快于城镇，前三季度全省城镇消费增长16.2%、乡村消费增长19.3%。从消费类型看，商品零售快于餐饮收入，前三季度全省商品零售同比增长16.8%、餐饮收入增长15.4%。

3. 外贸形势渐趋好转

前三季度，全省实现外贸进出口总额1455.5亿元，比上年同期增长23.5%，比上半年提高5.1个百分点，高出全国平均水平0.8个百分点。其中出口310.6亿元，增长15.9%，低于全国6.8个百分点。机电产品出口增长12.1%，高新技术产品出口增长54.1%。进口1144.9亿元，增长25.8%，高出全国3.2个百分点。

（三）物价总体稳定，生产价格高位运行

自5月份以来全省物价温和上涨。前三季度全省居民消费价格（CPI）同比上涨0.3%。分类别看，八大类商品及服务价格“四涨四降”，其中交通和通信类、医疗保健类、衣着类、教育文化和娱乐类价格分别上涨3.2%、1.2%、0.9%和0.2%；其他用品和服务类、居住类、食品烟酒类、生活用品及服务类价格分别下降0.7%、0.6%、0.6%和0.2%。年初以来，受大宗商品价格上涨等影响，全省PPI持续高位运行，前三季度PPI同比上涨10.3%，高出全国3.6个百分点。

(四) 2021 年主要经济指标预测

四季度，全省上下凝心聚力、百折不挠，各地市及时出台助企纾困稳经济促增长举措，全省有能力以最快速度在最短时间控制住疫情，实现经济稳步恢复。初步预计，2021 年第四季度全省 GDP 增长 4.8% 左右，全年增长 6.8% 左右，超过年初预期目标（6%），两年平均增长 3.9% 左右，全年第一、二、三产业增加值分别增长 6.4%、7.2% 和 6.7%。规上工业增加值增长 7.5%，固定资产投资增长 6.5%，社会消费品零售总额增长 12%，进出口总额增长 25%，城镇和农村居民人均可支配收入分别增长 8.8% 和 9%，居民消费价格指数上涨 0.6%。

二、全省保持经济平稳健康发展的有效做法

1. 稳农业生产的做法和经验

一是建立农业项目投资台账，实行“日调度、日排名、日通报”工作机制；二是制定《黑龙江省黑土地保护利用条例（草案)》，着力突出黑龙江特色，在保护措施的基础上，更加注重利用途径的设计；三是黑龙江省发布《2021 年黑龙江省秸秆综合利用工作实施方案》，进一步加大秸秆还田、离田等环节的政策支持力度。

2. 稳工业生产的做法和经验

一是建立“省工信厅包市地、市地工信局包县区、县区工信部门包企业”工作模式，开展网格化包保服务，帮助企业协调解决 500 余项问题；二是制定《黑龙江省促进中小企业发展条例》，为中小企业发展营造健康发展环境；三是出台《推动“数字龙江”建设加快数字经济高质量发展若干政策措施》，推动制造业数字化转型和中小企业数字化赋能，培育我省经济发展新动能。

3. 稳消费市场方面的做法和经验

一是出台《黑龙江省进一步扩大消费的若干措施》；二是组织开展“惠动金秋汽车节”“龙江美食季”“龙江名店流动商城工业品下乡”“龙江新米节”等线上线下促销活动；三是签署“携手合作 振兴龙江”的合作框架协议，加大县乡村三级物流体系建设、直播电商共享基地建设等；四是参加黑龙江省（上海）现代服务业项目招商对接恳谈会，签约项目 11 个，签约额 275.09 亿元。

4. 保投资增长方面的做法和经验

一是开展百大项目大会战。6 月 1 日至 9 月 10 日，全省开展百大项目“夏季大

会战”，集中时间、集中资源、集中调度、集中力量，实现百大项目建设速度、质量双提升；二是省发展改革委根据当前投资建设过程中存在的主要矛盾和制约性问题，建立《投资亿元以上项目》《省级百大项目》《中央预算内投资和地方政府专项债项目》《规上工业企业项目》4 个清单，聚焦重点关键，实地走访查看，逐一对标对表。

5. **稳房地产市场运行的做法和经验**

一是省住建厅出台《关于贯彻落实规范住房租赁市场秩序意见的通知》；二是哈尔滨市住建局等制定《关于促进我市房地产市场平稳健康发展的实施意见》；三是黑龙江省下发《关于加快推进装配式建筑发展若干政策措施的通知》，出台 33 项政策工具包；四是省住建厅印发《黑龙江省老旧小区改造项目绩效评价办法》。

三、2022 年全省宏观经济运行趋势展望

1. **粮食“压舱石”地位持续巩固**

2022 年黑龙江省将继续加快农业强省建设，争当农业现代化建设排头兵。一是“压舱石”基础牢固。“十四五”时期全省耕地保有量稳定在 2. 39 亿亩以上，粮食作物种植面积稳定在 2. 15 亿亩以上，稳居全国第一，筑牢粮食安全之基。二是粮食生产能力持续提升。2021 年全省粮食总产量稳定在 1500 亿斤以上，实现“十八连丰”已成定局，粮食生产能力显著增强。三是黑土地保护力度加大。制定《黑龙江省黑土地保护利用条例（草案）》，切实加强黑土地保护力度。

2. **工业增长动力增强**

2022 年黑龙江省工业将摆脱疫情影响，加快恢复。一是战略支撑强劲。《黑龙江省工业强省建设规划（2019—2025 年）》提出“433”工业新体系，为“十四五”时期我省工业发展指明方向。二是“百千万”工程共同发力。2022 年黑龙江省仍将以“百千万”工程为总抓手，提升现有企业、壮大潜力企业、培育新兴产业，拉动全省工业快速发展。三是传统制造业拉动有力。当前黑龙江省通用设备制造业、汽车制造业、专用设备制造业增速均高于全省规上工业增速，预计 2022 年传统制造业仍将是拉动全省工业增长的主力。

3. **投资发挥稳增长重要作用**

2022 年黑龙江省投资仍将在经济恢复中发挥关键性作用。一是百大项目支撑有力。2021 年黑龙江省投资百大项目 220 个，总投资 8451. 8 亿元，年度仅投资

1769.3 亿元，后续仍需要大量资金跟进，百大项目支撑强劲。二是新基建投资提速升级。2022 年黑龙江省将进一步加大“十四五”规划涉及的重大公共项目支出，包括 5G、人工智能、工业互联网、数据中心等新基建投资。三是招商引资力度加大。2022 年黑龙江省将进一步加大招商引资力度，完善招商机制，多渠道多方式实现招商引资项目落地见效。同时，受政策因素、恒大事件、销量下降等影响，全省房地产市场预期不明朗，预计 2022 年房地产行业仍将走弱。

4. 消费市场有望恢复疫情前水平

2022 年随着经济好转，黑龙江省消费市场有望恢复 2019 年水平。一是消费政策刺激效应逐渐显现。近日国家发展改革委印发《关于推动生活性服务业补短板上水平提高人民生活品质的若干意见》，提出 30 条任务措施，特别是大力发展普惠性生活服务供给等，促进居民消费。二是新型消费热度不减。受疫情反复影响，网络销售服务已成为常态，人工智能、大数据、云计算、虚拟现实等新型消费加快发展，医疗、教育、健身等新消费业态逐渐涌现，消费市场渐趋活跃。三是居民消费能力逐渐提升。预计 2022 年黑龙江省城乡居民收入水平稳步提高，有助于提升居民消费能力。

5. 外贸形势总体向好

2022 年，随着疫情防控措施及时得当，国内外发展环境逐渐趋好，黑龙江省外贸形势将进一步好转。一是外部环境逐渐趋好。中国正在加大对外开放步伐，尤其是金融服务领域和资本市场，预计 2022 年中国将继续吸引外资流入，外部环境进一步宽松。二是俄罗斯发展态势向好。近日，俄央行预测，2021 年俄罗斯经济增速将在 4% ~4.5% 之间，2022—2024 年将在 2% ~3% 之间，中长期通胀形势乐观，俄经济整体形势向好，有利于黑龙江省外贸发展。

6. 2022 年全省经济加快恢复

若 2022 年黑龙江省疫情发生时间、发生区域、影响范围等均弱于 2021 年，并综合以上分析判断，2022 年全省经济加快恢复，全年 GDP 增速有望达到 6% 以上，其中第一、二、三产业增加值分别增长 5.5%、6.4%、6%。规上工业增加值增长 6.5% 左右；固定资产投资增长 6% 左右；社会消费品零售总额增长 7% 左右；进出口总额增长 15% 左右；城镇居民人均可支配收入增长 5.8% 左右，农村居民人均可支配收入增长 8% 左右；CPI 上涨 2.5% 左右；PPI 上涨 3% 左右。

（执笔：郭新梅　曲阳阳　钟敏　丛静　崔霄　王茜）

28　2021 年江苏省经济形势分析及 2022 年展望

江苏省战略与发展研究中心宏观经济研究所

2021 年，面对复杂外部形势、局部突发疫情等多重压力，江苏经济保持恢复增长，主要宏观经济指标运行在合理区间，经济增长韧性持续显现，预计全年增长 8.6%左右，经济总量超过 11 万亿元，实现年初制定经济增长 6%以上的目标。展望 2022 年，外部环境严峻复杂性不减，国内经济保持平稳恢复，江苏经济仍旧处于向常态化增长恢复时期，初步测算全年经济增长 6.0%左右。

一、2021 年江苏经济运行形势回顾

2021 年，江苏经济运行呈现出供给好于需求、外需好于内需的结构性特征，主要经济指标增长恢复压力逐季提升，“前高后缓”运行态势比较明显，预计全年经济增长 8.6%左右，经济总量超过 11 万亿元。

1. 工业经济承压前行

前三季度规模以上工业增加值增长 15.8%，较上半年下滑 5.7 个百分点。主要原因有：工业生产从 2020 年二季度以来持续恢复，三季度增速已经超过疫情前水平（6.0%），这导致 2020 年工业规模基数逐步提升。9 月份江苏采取能耗双控和有序用电举措，对工业经济产生较大影响，当月规上工业增加值增长 1.8%，工业用电量下降 3.2%。制造业市场预期减弱，PMI 指数连续两个月在荣枯线以下，9 月份下滑至 47.4%，生产指数、新订单指数、原材料库存指数、人员指数均处荣枯线以下。

2. 服务业稳定恢复

前三季度服务业增加值增长 8.8%，两年平均增长 5.8%，尚未恢复到疫情前水平（6.5%）。三季度南京、扬州局部疫情对服务业运行造成短暂冲击，8 月份服务业开票销售增长 17.8%，比 7 月份回落 9 个百分点，服务业商务活动指数降至 39.9%。2021 年以来服务业恢复韧性较足，很快从局部疫情中恢复，1—9 月全省规模以上服务业营业收入增长 26.4%，用电量增长 21.8%，9 月份非制造业商务活动

指数达到51.7%，重回荣枯线以上。新兴服务行业较快增长，互联网平台、互联网数据服务、集成电路设计等新兴行业营业收入分别增长47.8%、117%、51.7%。

3. **投资增长平稳有序**

前三季度固定资产投资完成额增长6.7%，两年平均增速由一季度的-1.3%、上半年的1.2%回升至2.4%。制造业、高新技术产业投资贡献作用不断增强，前三季度制造业、高新技术产业投资分别增长15.9%、27.3%，拉动全部投资增长5.7个、3.9个百分点。房地产投资下降趋势明显，7月、8月、9月房地产开发投资下降5.7%、19.3%、8.6%。民间投资持续稳定恢复，前三季度增长9.6%。需要看到，企业投资意愿在四季度有所下降，调查显示，未来半年内有投资意向的工业企业占比由三季度的38%下降到35%，服务业企业占比由三季度的26%下降到22%。

4. **消费复苏有所放缓**

前三季度社会消费品零售总额增长19.5%，两年平均增长6.7%，恢复到2019年同期水平（6.7%）。受国内疫情多点暴发反复、居民收入实际增速放缓、节假日消费潜力释放不足等影响，消费持续恢复面临压力。消费增长受突发疫情影响出现波动，8月份疫情比较严重的南京、扬州及散点暴发的淮安、宿迁消费增速下降，导致全省社会消费品零售总额8月当月下降2.9%，年内首次出现负增长，初步测算疫情对三季度当季消费影响5个百分点。网络消费对消费恢复起到一定的促进作用，前三季度网上零售额增长10.9%，限额以上可穿戴智能设备、金银珠宝、计算机及配套产品等中高端商品增长较快。

5. **外贸增长超出预期**

前三季度进出口总额增长16.5%，两年平均增长8.3%，较上半年提高0.5个百分点，全年进出口保持高位运行。主要原因有：国外受变异毒株疫情影响，产品生产受阻、产能收缩，带动订单回流国内市场。出口金额受出口价格上涨带动实现高位增长，三季度国内出口价格总指数（HS2）两年平均增长3.5%，较二季度提高0.5个百分点，而出口数量总指数（HS2）两年平均增速与上季度基本持平。占比超过四成的机电产品出口保持高速增长，前三季度机电产品出口增长17.7%，对出口增长贡献超过60%。四季度港口拥堵、集装箱压港状况有所缓解，全球供应链趋紧有望改善。考虑到国外疫情形势趋稳，出口订单转移效应减弱，加上基数抬升，下半年进出口增速趋缓。

二、2022年江苏宏观经济形势判断

总的判断：2022年，在常态化防控举措下江苏疫情风险总体有限，经济运行有

望回归正常合理区间，预计全年经济运行基本情况是上半年下行压力大于下半年，一季度将是全年压力最大的阶段。在强调跨周期调节的政策取向下，扩大内需战略落地实施成为经济增长的关键支撑。

1. 全球经济复苏预期谨慎乐观

世界经济面临不均衡复苏、通货膨胀和债务风险，各主要国际组织预测 2022 年世界经济增长将有所放缓，最为乐观的预测值为 4.9%（IMF）。全球疫苗接种进度不一，发展中国家普遍面临疫苗短缺问题，世界范围内疫情防控和经济复苏的双重分化可能加剧，国际货币基金组织（IMF）最新预测报告指出发达经济体或成为唯一在 2022 年恢复至疫情前产出水平的经济体，而新兴市场和发展中经济体（中国除外）总产出直到 2024 年仍将比疫情前低 5.5%。此外，全球经济复苏表现出需求回暖阶段性快于供给恢复，芯片持续短缺、运费屡创新高，给大宗商品和耐用品价格带来较大上涨压力，全球通胀水平短期上升已成事实。

2. 宏观经济政策强调跨周期调节

宏观政策跨周期调节是对逆周期调节的拓展、完善和升级，既要克服造成经济波动的短期因素影响，也要解决制约中长期经济发展的结构性体制性问题。积极的政策实施要点是“提升政策效能”，兜牢民生底线、支持国家重大战略，支持打好关键核心技术攻坚战、支持全面实施乡村振兴战略等将是政策发力重点。稳健的货币政策实施要点是“保持流动性合理充裕”，

更注重发挥好结构化政策工具作用，加大重点领域薄弱环节支持力度。能耗双控政策、有序用电将成为一段时期内常态化管控措施，上半年企业处于政策消化阵痛期，生产能力释放受到制约。随着企业转型升级步伐加快和政策针对性精准度不断提升，预计下半年企业能够基本适应政策调整，对生产制约效应降低。

3. 经济增长大概率回归正常合理区间

受疫情冲击，2020—2021 年江苏经济增长处在正常合理区间之外，2022 年经济增长预计将回归到疫情前经济运行状态。依据是：利用 HP 滤波方法计算，2001—2019 年江苏经济实际增速与潜在增长率之间的缺口呈逐步缩小趋势，实际增速接近潜在增速（见表 1），“十四五”时期经济潜在增速区间为 5.0% ~6.0%，预计 2022 年江苏经济增速趋近潜在增长率水平。经济走势判断是“前低后高、小幅上行”的态势，即上半年下行压力大于下半年，一季度将是全年压力最大的阶段。依据是：从 2021 年四季度开始，能耗双控、有序用电等因素叠加大宗商品价格上涨，直接影响到经济运行，这些因素基本上会延续到一季度，加上一季度有春节等季节性因素且是一年经济活动准备期，所以一季度将是下行压力最大的时期。后续随着跨周期

调节政策特别是扩大内需政策的落地实施，经济增长内在动力也随之集聚，经济在政策促动和自适应能力作用下呈现稳步增长，预计 2022 年下半年消费、投资恢复至正常水平，经济增长压力将有所减弱，经济增速较上半年小幅回升。

表 1 2001—2019 年江苏经济潜在增长率及缺口（单位:%）

年份	实际增速	潜在增长率	增长率缺口	年份	实际增速	潜在增长率	增长率缺口
2001	10.2	12.2	2.0	**2011**	11.0	11.4	0.4
2002	11.7	12.6	0.9	**2012**	10.2	10.8	0.6
2003	13.6	13.0	-0.6	**2013**	9.6	10.1	0.5
2004	14.8	13.2	-1.6	**2014**	8.7	9.5	0.8
2005	14.5	13.4	-1.1	**2015**	8.6	8.8	0.2
2006	14.9	13.4	-1.5	**2016**	7.8	8.2	0.4
2007	14.9	13.2	-1.7	**2017**	7.2	7.5	0.3
2008	12.7	12.9	0.2	**2018**	6.7	6.9	0.2
2009	12.4	12.5	0.1	**2019**	6.1	6.3	0.2
2010	12.7	12.0	-0.7				

结合上述判断，利用江苏省宏观经济预测模型，全年增长中性预测值为 6.0%，乐观预测值为 6.5%，谨慎预测值为 5.5%。根据长期跟踪分析宏观经济经验判断，中性预测值较为契合江苏经济发展实际，预计江苏全年经济增长 6.0% 左右。其中，一季度经济增长大概率低于 6.0%，二季度开始恢复，下半年经济运行趋稳。

三、政策建议

1. 稳定投资预期，优化投资结构

一是专项债发行提速增效，更大力度聚焦重点领域及重大项目建设。利用地方政府专项债等政策工具熨平短期经济波动，带动基建等领域扩大有效投资，尽快形成投资实物量。二是优化投资结构，加快工业投资中传统产业改造升级步伐，快速推进中高端制造业投资，提升工业投资质量。三是稳定投资预期，畅通资本进入实体经济渠道，激发全社会投资潜力，在融资、财政支持方面给予民间投资适当倾斜。

2. 提升居民收入，继续释放消费潜能

一是提振居民消费信心，科学引导高收入群体大额消费，合理扩大中等收入群体即期消费，有效增加低收入群体日常消费。二是推进国际消费中心城市建设，进一步优化消费供给，满足群众的多样化、差异化、个性化需求，释放消费潜力，增

强消费动能，全面促进消费。

3. 进出口提质增效，实现产业结构转型升级

一是促进产业结构升级，提升外贸韧性。将产业链和供应链短期“补链”和长期“强链”相结合，继续实施并完善补链计划措施。二是找准和“一带一路”沿线国家合作的契合点、对接点，加快企业、城市和人才国际化进程，加强对“一带一路”建设重点项目的协调推进和跟踪服务，跟踪指导和支持重点项目发展。三是抓住 RCEP 机遇，聚焦服务贸易和贸易新业态发展，加快完善相关物流系统、支付系统、仓储系统、外贸服务平台、金融数据服务平台等配套设施，促进跨境电商发展。

4. 精准能耗双控目标执行，纠正运动式减碳

一是把握以碳达峰、碳中和倒逼生产方式根本转变机遇，鼓励碳捕集、利用和封存等绿色原始技术创新，探索省内能源互联网建设，加强产业绿色低碳改造，重视关键核心技术突破，向绿色低碳经济转型。二是树立减碳长效机制，避免执行双控目标一刀切，坚持运用法治化、市场化等综合手段开展减碳工作，尽快探索构建全省用能权交易市场，确保节能减污降碳政策措施达到最优效果和预期目的。

（执笔：韩磊　孟芊汝　滕菲）

29　2021 年安徽省经济形势分析及 2022 年展望

安徽省经济信息中心

2021 年以来，面对复杂严峻的内外部环境，安徽坚持稳中求进工作总基调，科学统筹推进常态化疫情防控和经济社会发展，经济整体呈现稳定恢复态势，质量效益稳步提高，为“十四五”开好局、起好步打下了坚实基础。展望 2022 年，在外部环境趋于改善、新发展格局加快构建、政策叠加效应持续释放等背景下，安徽经济将继续保持在合理区间运行。

一、2021 年安徽经济持续恢复增长

1. 经济综合实力显著提升

在各项政策措施作用下，安徽经济稳步恢复。前三季度，全省 GDP 达 31874.8 亿元，全国第 10 位的地位进一步巩固；同比增长 10.2%，位居全国前列，两年平均增长 6.3%。工业、投资、消费等主要经济指标也保持较快增长，增幅在全国排位靠前。其中，社会消费品总额接近 1.6 万亿元，居全国第 7、长三角第 3、中部第 1 位；同比增长 22%，两年平均 10.2%，居全国第 2 位。

2. 新动能新业态发展持续活跃

新产业新业态加快发展，对全省经济转型发展的支撑不断增强。规上高技术制造业、战略性新兴产业保持较快增长。前三季度，规上高技术制造业增加值增长 35.1%，高于规上工业 21.8 个百分点，战略性新兴产业产值增长 28.9%，高于规上工业产值 9 个百分点，产值占比达 42.1%。网上零售额两年平均增长 19%，高于社会消费品零售总额 8.8 个百分点。

3. 发展质量效益不断提高

结构调整稳步推进，高质量发展取得新进展。前三季度，全省三次产业结构为 6.1∶42.1∶51.8。工业企业利润增速受原材料成本等上涨影响有所下降，但增幅依然较高。前三季度，规模以上工业企业实现利润总额同比增长 39.6%，两年平均 16.6%；规模以上工业企业营业收入利润率为 6.42%，同比提高 0.7 个百分点。全

省有26个行业利润总额同比增长（或扭亏为盈），行业覆盖面达65%。其中，计算机、通信和其他电子设备制造业，医药制造业，黑色金属冶炼和压延加工业等实现了成倍增长。

二、安徽推进经济发展稳步恢复的经验做法

1. 大力支持实体经济发展

聚焦发挥企业主体作用和企业家的关键作用，召开安徽省优秀民营企业家和优秀民营企业表彰暨推进“十四五”民营经济高质量发展万人大会，出台“民营经济25条”，在全国省级层面第一个出台中小企业“专精特新”发展意见。坚持抓大、培优、扶小、育新相结合，打造企业梯次培育体系，培育了2818户省级专精特新企业，国家级专精特新“小巨人”企业229户，制造业单项冠军19家。鼓励支持创新发展，创建省级制造业创新中心38家，培育省级以上企业技术中心1537家，技术中心所在企业数量占规上企业的8.4%，实现营业收入和利润占规上企业的60%以上。举办首届中国（安徽）科交会，会上共发布科技成果1043项，集中展示科技创新成果487件，线上交易节直播销售1.4亿元，云签约项目金额282亿元。

2. 大力推动新兴产业发展

为培育高质量发展新动能，打造新兴产业聚集地，着重完善“双招双引”手法、步法和打法，把十大新兴产业“双招双引”工作持续推向深处。为新一代信息技术产业、新能源汽车和智能网联汽车、数字创意产业、高端装备制造产业、新能源和节能环保产业、绿色食品产业、生命健康产业、智能家电产业、新材料产业和人工智能产业等十大新兴产业“双招双引”划定路线图，并确定主要目标和主攻方向。截至目前，已签约项目1036个、总投资额6231亿元，已开工项目181个、总投资额1104亿元。统筹银行业、保险业优势，进一步加大对科技创新和战略性新兴产业的金融支持，在全省16个地市举办对接活动920场，走访对接企业1.58万户，累计融资签约及达成融资意向1681亿元。

3. 坚持“四化同步”加快皖北振兴

深入贯彻习近平总书记关于“四化同步”的重要论述和关于增强长三角欠发达区域高质量发展动能的要求，印发实施皖北“新10条”，制定出台皖北集聚区建设实施方案及12个方面的配套政策举措，建立“两考核一通报”工作制度，形成推进落实工作闭环。2021年前三季度，皖北承接产业转移集聚区在建的省外投资亿元以上的项目1153个，实际到位资金达2666.5亿元，同比增长36.8%；58个省属企

业支持皖北的大项目落地，总投资 1879.07 亿元；揭牌成立了中国（安徽）自贸试验区蚌埠片区，安徽与浙江自贸试验区的金义片区签署了战略合作协议；成功举办了世界新材料大会、太湖世界文化论坛、国际（亳州）中医药博览会，打造皖北重大展会品牌。

4. **深度融入长三角一体化**

按照“1+5+n”工作格局，打造一个集聚区，建设五个区块链接，实施多项重点工程。建设“一地六县”长三角生态优先绿色发展产业集中合作区，先行启动建设定埠港二期、沪皖大道、广德智能制造产业园等 54 个省重大项目，总投资约 188 亿元。在长三角率先出台“3+n”省际毗邻地区新型功能区支持政策，宁滁、宁马省际毗邻地区新型功能区管委会揭牌成立。推动各市城区与沪苏浙相关市城区对口合作：18 个省级以上开发区、特别政策区和服务业集聚区创建首批省际产业合作园区；14 个市与沪苏浙 17 个城市签订 26 个战略合作协议，22 个城区与沪苏浙 20 个城区开展对口合作。

三、2022 年全省经济继续向常态化增长轨道回归

2021 年安徽经济运行呈“前高后低”，主要经济指标两年平均增速逐步回到潜在增长水平附近，2022 年经济回归常态化增长态势将更加明显。综合考虑新冠肺炎疫情、中美经贸关系、国际地缘政治、全球债务风险等可能带来的不确定性，2022 年安徽面临的发展环境基本上可分为三种情景。

积极情景：全球疫情大幅好转，特效药作用显现，国际地缘政治矛盾缓和，中美经贸关系有所改善，全球产业链供应链保持稳定，国际物流运费逐步下降至常态水平。国内疫情基本可控，投资和消费需求持续复苏，全省迎来较好的内外部发展环境。此情景下，全省经济将实现较好的增长。

消极情景：全球疫情反复，产业链供应链趋于不稳定，新兴经济体债务风险持续上升，国际地缘政治冲突多发，国际发展环境更加复杂多变。国内点状疫情时发，投资和消费恢复进程较慢、有效需求不足。此情景下，全省经济增长更多依靠内生动力的增强。

中性情景：全球新冠肺炎疫苗接种战略实施下，疫情逐步好转或可控，国际经济和发展环境保持稳定；国内疫情或有零星突发，但对经济社会未造成明显影响，安徽外需保持稳定、内需持续好转。同时，绿色转型步伐加快，全面深度融入长三角一体化，经济回归常态化增长轨道。

综合各方面因素，2022 年安徽经济运行大概率处在中性发展环境中。在此情景

下，全省主要指标预测如下：

1. **第一产业运行稳定**

“十三五”以来，除受疫情影响的2020和2021年，安徽第一产业增速基本保持在3%左右，长期增长趋势较为稳定。2020年受疫情影响，全年增长2.2%。2021年，安徽农业复苏较快、生产较好，第一产业前三季度增长9.7%，两年平均增长5.5%。展望2022年，第一产业固定资产投资增长较快，高投资水平将保障未来稳步增长。2021年前8个月，全省第一产业固定资产投资增长45.5%，高于全国27.4个百分点；当前，生猪价格已在底部运行一段时间，根据猪周期趋势和即将进入年底猪肉消费旺季，2022年猪肉价格将有望进入上升区间；2022年是《乡村振兴战略规划（2018—2022）》的收官之年，安徽农村产业高质量发展成效将显现。综合考虑，2022年全省第一产业增速将逐步恢复至常态水平。

2. **第二产业总体平稳**

2015—2019年，安徽第二产业增速整体呈现下行趋势，2019年增长8%。2020年，新冠肺炎疫情对工业和建筑业的冲击较大，安徽第二产业增长5.2%。在低基数效应下，2021年前三季度增长10.8%，两年平均增速达6.9%，考虑到部分生产订单无法弥补，第二产业基本已恢复至长期增长水平。展望2022年，安徽大力实施十大新兴产业高质量发展行动，实施战略性新兴产业集群建设工程，高质量发展新动能将加快培育；加速全面融入长三角一体化，积极参与产业分工布局，促进生产要素融通融合，产业发展能级将进一步提高。但是，当前大宗商品价格高位运行、限电问题将延续到2022年，工业企业面临的芯片短缺或持续到2023年，都将对工业增长产生负面影响。

3. **三产趋稳向好**

2015—2019年，安徽第三产业增速从10%逐步下滑至2019年的7.7%，整体下行趋势明显。2020年，第三产业受疫情影响较大，仅增长2.8%。2021年，第三产业在低基数下持续复苏，前三季度增长9.8%，两年平均增长5.8%，逐步向常态化增长水平恢复。展望2022年，以新技术、新产业、新业态、新商业模式为代表的新经济发展迅猛，新兴服务业快速成长，对全省服务业的引领作用将持续显现；持续加快先进制造业和现代服务业深度融合，现代物流、科技服务等服务业有望实现较快发展。但是，需要高度关注当前疫情发展态势和加强2022年疫情防控力度。

4. **投资总体保持平稳**

由于企业投资信心未完全恢复，制造业投资、工业投资复苏相对较慢，2021年前三季度全省固定资产投资两年平均增长 6.3%。展望 2022 年，中国人民银行货币政策委员会第三季度例会上提出，“维护房地产市场的健康发展，维护住房消费者的合法权益”，坚持“房住不炒”定位下保持房地产投资合理增速，2022 年房地产投资有望触底企稳；随着十大新兴产业“双招双引”持续推进，新项目大项目好项目将持续增多。综合考虑，预计 2022 年固定资产投资增速将继续高于同期经济增长。

5. 消费有望加快复苏

2021 年，安徽消费市场持续复苏，但下半年，多省多点疫情对接触型聚集型消费带来负面冲击。展望 2022 年，实施中等收入倍增工程，居民收入增长有望持续高于经济增长；国内点状疫情或时有发生，但总体可控，居民潜在消费信心不断增强；《安徽省继续大力实施消费帮扶巩固拓展脱贫攻坚成果实施方案》及《安徽省“十四五”促进消费规划》将在 2022 年全面实施；安徽积极联动长三角开展消费促进活动、深入实施消费新业态新模式培育壮大工程、合肥申建国际消费中心城市，都将推动消费增长。综合考虑，预计消费将呈现较快的恢复性增长。

6. 外贸增速将逐步放缓

在海外需求复苏和生产替代效应带动下，2021 年安徽外贸持续保持强劲，前三季度进出口增长 25.8%，高于全国 3.1 个百分点。展望 2022 年，机电、高新产品进出口均为快速增长时期，同时对铜铁矿砂的进口需求也较大；自贸区建设提速，有助于更多参与国际分工与贸易；积极落实《中共中央国务院关于推进贸易高质量发展的指导意见》，创新发展市场采购贸易新兴业态。但是，进出口也存在较大的不确定性和波动性，出口方面面临集装箱短缺、国际海运效率低价格高、人民汇率波动大等问题；进口方面国外疫情反复、原材料价格高位运行、国际供应链失衡等，都会对进出口造成明显扰动。综合考虑，2022 年全省进出口增速可能进一步回落。

（执笔：李红梅 王铮 孙韩 何婷婷）

30　2021年福建省经济形势分析及2022年展望

福建省经济信息中心

2021年，福建扎实做好“六稳”工作、全面落实“六保”任务，持续推进“五促一保一防一控”重点工作，全力巩固拓展疫情防控和经济社会发展成果，经济延续稳定恢复态势。展望2022年，尽管疫情对经济的影响仍将延续，经济运行仍面临较大风险，但全省经济发展基础实、韧劲足，多区叠加政策红利持续释放，经济稳中向好态势有望继续巩固。

一、2021年福建省宏观经济运行特点及全年预测

（一）前三季度经济运行情况

1. 经济回稳向好

前三季度，全省生产总值35196.61亿元，增长8.8%，与2019年同期相比，两年平均增长5.6%。其中，第一、二、三产业分别增长4.2%、8.2%、10%。GDP增速比上年同期提高6.4个百分点，经济总体呈现稳定恢复态势。

2. 工业运行稳健

前三季度，全省规模以上工业增加值增长10.8%，与2019年同期相比，两年平均增长6.2%。全省38个在统的大类行业中，有34个行业实现同比增长，增长面为89.5%。

3. 服务业增势良好

前三季度，全省服务业增加值增长10%，与2019年同期相比，两年平均增长6.3%。分行业看，批发和零售业、交通运输仓储和邮政业、住宿和餐饮业、金融业、房地产业增加值分别增长17.8%、16.0%、16.9%、6.8%、6.3%。

4. 投资增长平稳

前三季度，全省固定资产投资增长4.9%，与2019年同期相比，两年平均增长

3.1%。全省基础设施投资增长 1.8%，制造业投资增长 7.8%，房地产开发投资增长 5.8%。全省高技术产业投资增长 41.1%，对全省投资增长的贡献率为 49.1%。

5. **消费持续恢复**

前三季度，全省社会消费品零售总额增长 12.1%，与 2019 年同期相比，两年平均增长 4.5%，比上半年高 5.8 个百分点。全省限额以上网络零售额增长 26.7%，占全省限额以上零售额比重 20.2%。

6. **外贸需求活跃**

前三季度，全省货物进出口总额增长 33.7%，比全国高 11.0 个百分点。其中，进口增长 37.0%，比全国高 14.4 个百分点；出口增长 31.4%，比全国高 8.7 个百分点。全省对“一带一路”国家（地区）进出口 3006.5 亿元，增长 15.1%，占全省外贸总值的 32.3%。

（二）第四季度和全年福建省经济运行预测

四季度，助企纾困政策将持续发力，全省经济有望加快恢复，预计全年经济增长 8% 左右。工业受“双碳”“双控”政策、传统产业增长放缓等影响，下行压力犹存，但在高技术产业和装备制造业加快发展、民营工业加快增长等因素作用下，预计全年增长 10% 左右。在促消费政策、新兴消费加快发展等因素作用下，消费市场将持续恢复，预计全年增长 10% 左右。投资在高技术产业投资、技改投资加速增长等支撑下有望平稳增长，但考虑到基础设施投资乏力、房地产投资增速放缓等因素影响，预计全年增长 7% 左右。全球疫情仍在蔓延，外贸发展面临的不确定因素仍然较多，但在稳外贸政策、外贸新业态新模式蓬勃发展、民营企业持续发力等有利因素支撑下，预计全年进出口增长 30% 左右。

二、福建省促进经济平稳健康发展的有效做法和典型经验

1. **提升科技创新能力**

一是深化福厦泉国家自主创新示范区建设，推动中国东南（福建）科学城、厦门未来科技城、泉州时空科创基地建设，打造福厦泉科技创新走廊、沿海科技创新产业带。二是实施优质创新企业培育工程，每年遴选一批创新龙头企业和“独角兽”“瞪羚”企业。实施高新技术企业“双倍增”和龙头企业“培优扶强”专项行动。三是布局建设高能级创新平台，加快建设“国字号”研发机构、重点实验室等创新平台，推进光电信息、能源材料、化学工程、能源器件等省创新实验室和制造

业创新中心建设。四是实施引才“百人计划”和“八闽英才”培育工程，实施青年拔尖人才“雏鹰计划”，面向全国发布科技重大专项“揭榜挂帅”榜单，汇聚科技创新人才。

2. 做强做优特色产业

一是推动数字经济创新发展。深化国家数字经济创新发展试验区建设，实施数字经济园区提升行动，建设“数字丝路”开放合作核心区。加快普及人工智能、区块链、5G 等典型应用场景，开展商业化示范应用，积极打造“数字应用第一省”。加快发展智慧海洋、卫星应用、超高清视频等数字产业集群，壮大特色数字产业。二是推动海洋经济高质量发展。加快实施海洋经济高质量发展三年行动，深化福州、厦门国家海洋经济发展示范区建设，布局深海养殖、临港工业、海洋装备等“蓝色产业”。出台推动远洋渔业高质量发展八条措施，加快建设福建（连江）国家远洋渔业基地，着力打造远洋渔业母港经济圈。三是推动绿色经济发展壮大。试点推动龙岩、南平创建全国绿色发展示范区，探索以生态产品为要素的产业发展路径。在连江、永泰、长汀、东山、顺昌等 8 个县开展生态产品市场化改革试点。四是推动文旅经济提质增效。加快福州、厦门、三明国家文化和旅游消费试点城市建设，深化武夷山、永泰、武平等 7 个县（市、区）国家全域旅游示范区建设。提升蓝色海丝、绿色休闲、红色文化三大生态旅游带品质内涵，打造福州、厦门、大武夷三大旅游核心区，完善“两区三带三核”全域生态旅游空间布局，持续提升“清新福建”“全福游、有全福”品牌知名度美誉度。

3. 持续优化营商环境

一是深入实施优化营商环境行动，推动实施一批突破性的改革创新举措。健全企业家恳谈会、服务民营企业“四访四通”等机制，办好企业家活动日，依法平等保护民营企业产权和企业家权益。完善减税降费落实工作机制，推行惠企政策“免申即享”。二是深化“放管服”改革，开展网上办事大厅“开卷式”审批，试点推动政务服务“跨省通办”。三是全面推行行政审批标准化规范化，实现投资项目审批线上线下办理全省统一标准、统一平台，无差别受理，同标准审批。

4. 扩大对外交流合作

一是深入实施“丝路海运”“丝路飞翔”等标志性工程，强化与共建“一带一路”国家和地区的互联互通，高质量建设“海丝”核心区，高标准推进厦门金砖国家新工业革命伙伴关系创新基地建设。二是积极拓展非洲、东盟等新兴市场，深化多元贸易。用好进博会、“9·8”投洽会等展会平台，主动对接中欧投资协定和 RCEP 协定成果。三是推进投资贸易自由便利化。推广“提前申报”，实施“两步申报”通关模式，开展进口货物“船边直提”和出口货物“抵港直装”试点。推进集装箱设备交接单、口岸作业无纸化，海运提单电子化。上线国际贸易单一窗口 4.0 版，拓展“单一窗口+”模式，推进关、港、贸、税、金一体化运作。

三、2022 年福建省宏观经济运行态势展望

2022 年，尽管福建省面临的国内外环境依然错综复杂，但随着省内生产需求持续回升，多区叠加政策红利持续释放，全省经济有望继续巩固稳中向好态势。预计 2022 年全省 GDP 增长 7% 左右，投资增长 6% 左右，消费增长 10% 左右，进出口增长 20% 左右。

（一）投资将企稳回升

有利因素：一是稳投资政策持续发力。营商环境持续优化，减税降费、地方政府专项债券发行等政策效应显现，将提振企业投资信心。二是实施“十四五”规划确定的一批重大工程项目，推动城市基础设施更新改造、实施乡村振兴战略、加快传统产业转型升级、补齐民生短板等将进一步释放投资潜力。

不利因素：一是调控政策趋紧对房地产投资的资金来源形成较大约束，随着房地产税改革试点推广，房地产开发投资难再快速增长。二是地方隐性债务监管趋严、传统基建投资相对饱和等因素影响基建投资增长。三是“能耗双控”“限产限电”等政策将限制部分制造业上游产能扩张，企业投资动能不足。

（二）消费将持续复苏

有利因素：一是就业形势总体稳定，民生保障更加有力，居民收入稳步增长，为消费复苏提供了收入保障。二是新型消费快速扩容，本地消费、周边消费、居家消费成为新热点，绿色消费、智能消费、健康消费更受青睐，线上线下加速融合，为消费复苏注入强劲动力。三是提振大宗消费重点消费促进释放农村消费潜力等一系列促消费政策将进一步落地生效，“全闽乐购”等促消费活动将助推消费增长潜力加快释放。

不利因素：一是疫情对消费的影响仍在持续，社交场景、聚集性场景消费仍会受到一定影响。二是汽车芯片供应短缺局面短期内难以有效缓解，仍将是制约汽车消费回升的主要因素。

（三）外贸将保持较快增长

有利因素：一是我国参与的双边、区域经济合作势头上升，“一带一路”朋友

圈不断扩大，为我省发挥海丝核心区优势推动高水平对外开放提供了重要手段。二是近年来我省加快建设和发展自由贸易试验区，出台一系列稳外贸增长政策措施，将进一步优化国际营商环境，支撑外贸稳定发展。三是离岸贸易、保税维修、跨境电商、外贸综合服务、市场采购贸易等外贸新业态新模式不断壮大，助推我省外贸加快发展。

不利因素：疫情影响广泛深远，经济全球化遭遇逆流，单边主义、保护主义、霸权主义抬头，贸易投资壁垒日益增多，给我省外贸发展带来诸多挑战。

（四）工业运行将稳中有进

有利因素：一是福建省出台的一系列促进工业稳定增长的政策措施将持续发挥效应，产业基础再造工程、龙头企业培优扶强工程、中小企业“专精特新”提升工程的实施将有力支撑工业经济加快发展。二是消费、投资等活动持续恢复，对工业生产的支撑作用将不断增强。三是2021年以来我国面临的外部环境更趋复杂，将倒逼省内加快研发投入，促进关键产品和技术的国内替代，推动高技术、装备制造业较快增长。

不利因素：一是能耗双控政策背景下环境容量、项目审批趋严，将影响煤炭、钢铁、水泥等高耗能工业品生产。二是工业原材料价格高涨、供给瓶颈及部分零部件短缺、全球物流不畅等因素造成结构性压力，将对企业生产投资带来不利影响。

（五）服务业将加快回升

有利因素：一是推进现代物流体系建设、促进旅游业高质量发展、加快医养结合发展等政策将持续发挥效应，推动生产性服务业加快发展、生活性服务业恢复发展。二是随着数字技术加速向生活领域渗透，带来服务应用和创新日益活跃，“云旅游”“远程教育”“远程医疗”等服务业新业态新模式成为服务业发展的新增长点。

不利因素：一是疫情仍在持续演变，生活性服务业完全恢复到之前水平还有一定难度，将影响服务业复苏速度。二是“双减”政策出台，各大学科类培训机构出现不同程度的生源减少、校区关闭、教师裁减的现象，影响教育行业增长。

课 题 负 责： 蔡荣富
课题组成员： 杨　东　林　庚　余晓红　张雪玲　陈体珠　李丽香　黄飞虎
执　　　笔： 余晓红　张雪玲　陈体珠

31 2021 年江西省经济形势分析及 2022 年展望

江西省信息中心

2021 年以来，全省上下坚决贯彻落实党中央、国务院决策部署，统筹推进疫情防控和经济社会高质量发展，扎实做好“六稳”工作，全面落实“六保”任务，全省经济持续稳定恢复，生产需求保持平稳。前三季度，全省 GDP 增长 10.2%，主要经济指标增速继续保持全国前列。预计 2021 年全省 GDP 增长 9.7%，2022 年 GDP 增长 7.5% 左右。

一、2021 年江西经济运行形势分析

虽然我省三季度受国内疫情多点散发、基数效应持续减弱等因素影响，主要经济指标逐月放缓，但持续恢复态势未变，全省经济运行保持总体平稳、稳中有进的良好态势。

（一）三次产业平稳增长

前三季度，全省地区生产总值为 21601 亿元，居全国第 14 位，较上年前进 1 位，同比增长 10.2%，增速居全国第 6 位。

1. 农业生产稳中有升

前三季度，全省农业总产值 2405.2 亿元，同比增长 11.1%，两年平均增长 6.4%。早稻喜获丰收，总产量 134.6 亿斤，比上年增加 5.3 亿斤，增长 4.1%，秋粮长势总体较好，全年粮食可以实现 430 亿斤以上的目标；畜禽稳定增长，前三季度，生猪产能全面恢复，猪牛羊禽肉产量 256.41 万吨，增长 34.6%，其中猪肉、羊肉、牛肉、禽肉产量分别增长 52.9%、19.1%、9.6%、3.1%。

2. 工业持续恢复向好

前三季度，全省规模以上工业增加值同比增长 14.7%，高于全国平均水平 2.9 个百分点，两年平均增长 8.5%。38 个工业行业大类中有 35 个实现增长，27 个行业大类实现两位数以上增长。其中，专用设备制造业、金属制品业、铁路船舶航空

航天和其他运输设备制造业分别增长30.0%、26.6%和23.7%。

3. **服务业增势较好**

前三季度，服务业实现增加值10583.2亿元，同比增长10.2%，高于全国0.7个百分点；服务业对经济增长贡献率达50.3%，拉动GDP增长5.1个百分点；规模以上服务业实现营业收入2540.09亿元，同比增长24.6%，高于全国1.0个百分点；规模以上服务业企业实现利润总额192.67亿元，同比增长33.7%。批发和零售业、交通运输、仓储和邮政业、住宿和餐饮业、其他非营利性服务业等传统服务业恢复基础进一步夯实，合计对服务业贡献率达58.2%，拉动服务业增长6.0个百分点；金融业、房地产业等现代服务业发展活力进一步增强，合计对服务业贡献率达41.5%，拉动服务业增长4.3个百分点，其中信息传输、软件和信息技术服务业两年平均增长14.6%，高出服务业两年平均增速8.1个百分点。

（二）三大需求总体稳定

1. **投资保持稳定增长**

2021年以来，全省"项目大会战"持续深入推进，"稳投资"工作成效显著，全省固定资产投资保持较快增长势头。前三季度，全省固定资产投资同比增长13.5%，增速较全国平均水平高6.2个百分点，居全国第6位。民间投资活力增强，前三季度，全省民间投资增长18.8%，拉动全部投资增长12.0个百分点，对全部投资增长的贡献率为88.4%；投资结构持续优化，全省工业投资增长17.8%，其中制造业投资增长19.9%，占全部投资47.4%，占比同比提高2.5个百分点；重大项目项目支撑有力，全省亿元以上在建项目8277个，同比增加1120个，完成投资增长8.1%，占全部投资的67.1%，拉动全部投资增长5.7个百分点。

2. **消费市场总体平稳**

前三季度，全省社会消费品零售总额8339.2亿元，同比增长23.1%，高于全国平均水平6.7个百分点，增速位列全国第4位，两年平均增长10.2%。消费品市场有力恢复，商品销售持续回升。前三季度，限额以上单位监测的27类主要商品中25类商品实现增长，增长面92.6%。

3. **外贸增速有所回升**

前三季度，全省货物贸易进出口总值3481.5亿元，同比增长13.8%，较1—8月上升3.2个百分点，扭转了2021年3月份以来累计增速持续回落的局面。9月，全省进出口总值470.9亿元，增长39.0%，单月规模创历史新高。

（三）动能转换持续加快

1. 结构持续优化

工业继续向中高端迈进，前三季度，全省规模以上工业中，战略性新兴产业、高新技术产业、装备制造业增加值分别增长 24.4%、19.5%、22.3%，均高于全省规模以上工业增加值增速，占规上工业增加值比重分别达到 25.1%、37.3%、27.7%。投资质量不断提高，前三季度，全省工业技改投资增长 34.3%，高出工业投资增速 16.5 个百分点。

2. 新动能发展持续加快

互联网经济加快发展，前三季度，全省网上零售额 1508.3 亿元，增长 32.2%。其中，实物商品网上零售额 1298.1 亿元，增长 30.4%，增速高于社会消费品零售总额增速 7.3 个百分点；限额以上商品网上零售额 272.3 亿元，同比增长 31.9%，两年平均增长 31.1%。幸福产业蓬勃发展，前三季度，全省电影放映服务业、休闲观光活动服务业、健身休闲活动服务业营业收入同比增长 132.7%、68.1%、54.3%，分别高出规模以上服务业营业收入增速 108.1、43.5 和 29.7 个百分点。

（四）民生保障持续改善

1. 就业总体稳定

截至 9 月底，全省城镇新增就业 39.6 万人，同比增长 11.4%；城镇失业人员再就业人数 12.1 万人，增长 0.8%；就业困难人员就业人数 3.9 万人，增长 9.5%；新增转移农村劳动力 50.7 万人，增长 4.7%。居民收入稳步增加，前三季度，全省居民人均可支配收入 21883 元，同比增长 10.6%，两年平均增长 8.5%。其中，城镇居民人均可支配收入 30643 元，增长 9.4%，两年平均增长 7.4%；农村居民人均可支配收入 12635 元，增长 11.3%，两年平均增长 9.0%。

2. 物价温和上涨

全省物价水平总体稳定，前三季度，全省 CPI 上涨 0.6%，比上半年回落 0.1 个百分点，与全国持平。八大类商品和服务价格同比“四涨四降”，交通和通信、教育文化和娱乐、居住、生活用品及服务类价格上涨，医疗保健、衣着、食品烟酒、其他用品和服务类价格下降。9 月份全省居民消费价格上涨 0.5%，涨幅较上月扩大 0.1 个百分点，环比上涨 0.2%。

二、江西推进经济社会发展稳步恢复的主要做法

（一）全力打造“四最”营商环境

1. 组织体系高位推进

建立由省长任组长的优化营商环境工作领导小组和18个专项小组，开展优化营商环境10大提升行动、18大攻坚行动，健全企业家参与涉企政策制定工作机制，出台产权保护、民营经济发展、要素市场化配置等专项政策，完善科学评价指标体系、开展第三方评估，上线营商环境全媒体平台，聘任56名社会监督员和15名咨询专家，形成上下联动、部门协同、全员参与的优化营商环境体制机制。

2. 惠企暖企政策高频出台

先后出台五批次182条降成本举措和“战疫情、促发展”系列惠企政策，持续降低企业税费、融资、用能、用工、物流等成本，累计为企业减负超6400亿元，是全国减负成效最明显省份之一。2021年，又在全国率先出台减税减费减租减息减支“32条”，前三季度为企业减负超1300亿元。

3. 深化“放管服”改革

大力推广“容缺审批+承诺制”“六多合一”集成审批等改革，省市县依申请类政务服务事项“一次不跑”或“只跑一次”比例分别达95.3%、90%和86%，59个地区（含开发区）实现“一枚印章管审批”。政务服务中心实现省市县乡四级全覆盖，村级便民代办点覆盖率达96.29%。“赣服通”升级至4.0版，近7000项事项实现“掌上办”“随时办”，用户数、日活跃量、上线服务和电子证照数量居全国同类平台前列。

（二）着力提升创新驱动能力

1. 加快创新能力建设

南昌国家级互联网骨干直联点获批建设，成功举办2021国家级大院大所产业技术及高端人才进江西活动，现场签约合作项目13项、总金额5.87亿元。1—9月，全省发明专利授权量同比增长75.9%，全省每万人有效发明专利拥有量达4.75件。

2. 优化产业链供应链畅通产业循环

大力打好产业基础高级化、产业链现代化水平攻坚战，优化提升产业链链长制，

加快推进产业基础再造，积极实施制造业产业链提升行动计划，研究制定产业基础再造行动计划，进一步提升产业链供应链稳定性和竞争力。健全产业链链长制运行机制，动态完善产业链“四图五清单”，围绕精准招商、产销对接、产融对接、人才对接、技术对接等重点工作，组织开展系列专项活动，打通产业链供应链堵点难点断点。

3. 全面推进数字经济一号工程

江西以省政府名义出台实施数字经济发展战略的实施意见，先后出台新型基础设施、智联江西三年行动等系列政策措施。强化基础支撑，大力发展物联网、5G、大数据中心、工业互联网，11 个设区市主城区、全部县城核心区、13 个 5A 级景区实现 5G 网络全覆盖；南昌国家级互联网骨干直联点获批建设。强化示范引领，着力推进 4 个数字经济试验区和 5 个试验基地建设，形成了南昌 VR、鹰潭移动物联网、上饶大数据等示范平台。强化开放合作，全力推进我省与数字经济龙头企业的战略合作，推动菜鸟智能物流、华为南昌研究所等项目落地。

（三）深入挖掘释放内需潜力

1. 精准扩大有效投资

2021 年以来，全省继续开展“项目建设提速年”活动，聚焦推进六大领域“项目六大会战”，同时，完善“旬调度、月通报、季约谈”制度，建立健全了清单调度、协调推进、挂点联系、考评奖励等项目推进机制，多措并举加快项目建设进度。截至 9 月底，全省 2021 年的 3067 个省大中型项目完成投资 9239 亿元，占年度计划 95.7%；第一批 459 个省重点建设项目完成年度投资 3357.1 亿元，占年度计划 99.6%。此外，为充分发挥政府投资作用，激发社会投资活力，颁布了《江西省政府投资管理办法》；为加快推动外商投资，全省各地出台加强招商引资促进产业发展的措施。

2. 着力扩内需、促消费

全力推进全省商贸消费升级三年行动收官战取得实效。着力引爆商贸消费的热点，持续举办丰富多彩的消费促进活动，让应季消费更旺、夜间经济更火、会展产业更兴；着力抓住商贸消费重点，从供需两端发力，顺应消费升级新趋势，全面实现产品供给与消费需求高度耦合，实现传统消费提级、服务消费提质、新型消费提速；着力补强商贸消费弱点，打通堵点，深挖更宽领域、更广空间的新消费潜力，进一步激发城市消费活力、农村消费潜力和流通体系动力；着力打造商贸消费亮点，打造绿色消费新品牌，挖掘意识消费新蓝海，打造满意消费新高地。

三、2022年江西经济态势分析与展望

（一）发展环境来看，全球经济复苏将趋于放缓

2021年，在新冠肺炎疫情持续大流行的情况下，全球经济复苏仍在进行，但疫情反复、大宗商品价格上涨、国际海运紧张、劳动力短缺和关键零部件供应短缺等多重因素影响，使得全球经济复苏步伐三季度以来整体放缓。同时，主要经济体的通胀水平持续升高，加剧了这些经济体政策转向的可能性，一定程度上制约全球经济复苏。近期，国际货币基金组织将2021年全球经济增速由上一次预期的6%下调至5.9%。其中，发达国家的经济增速由原来预测的5.6%下调到5.2%。再加上人口老龄化，以及能耗双控等约束，将影响到金融体系、供应链和消费者行为，短期经济下行压力加大，预计未来经济恢复增长动力趋弱，但仍有一定支撑。

（二）先行指标来看，未来江西经济延续恢复但增速将有所回落

1. 先行指数持续小幅回落，预示未来经济增速延续恢复，但增速将有所回落

从全省宏观经济景气系统合成的先行、一致指数的走势来看，先行指数平均领先一致指数半年左右时间。自2021年1月以来，江西先行指数持续小幅回落，预示着未来一致指数将继续回落，2021年全年经济增长速度将呈现“前高后低”走势，预计2022年江西经济将延续恢复，但增速将有所回落（见图1）。

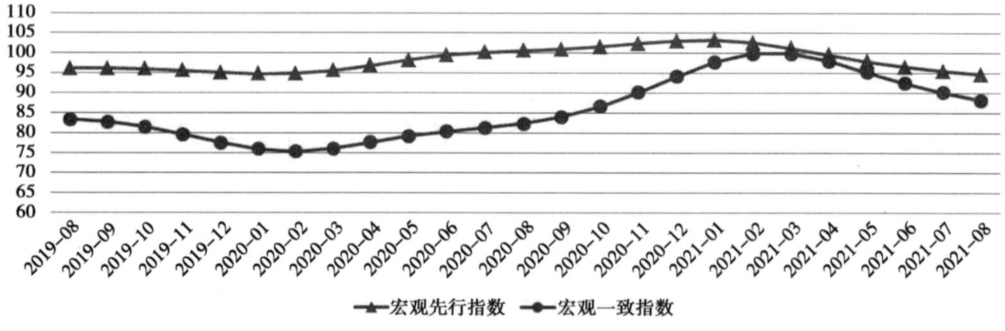

图1 江西省宏观先行指数和宏观一致指数走势情况

2. 经济延续恢复发展态势，但投资信心和投资意愿有所下降，经济下行压力加大

主要表现在两个方面：一是企业盈利水平有所下降，2021年三季度全省经济运行监测调结果显示，三季度企业盈利指数为43.6，比二季度降低6.9个百分点，盈利能力的下降直接影响企业未来的投资信心和投资意愿。二是企业投资意愿有所回

落。三季度，有 78.7% 的被调查企业表示在未来六个月内无再投资打算，较二季度提高 0.4 个百分点。

（三）经济延续恢复，预计 2022 年增长 7.5% 左右

1. 工业生产稳步增长

随着疫苗接种率的提升和经济内生性动能修复，全球经济有望回归趋势增长，市场需求方面将保持基本稳定，但大宗商品价格高企、芯片等关键零部件和原材料短缺等问题，导致部分企业成本激增、生产经营压力较大，再加上能耗双控约束影响，工业整体下行压力比较大，预计 2021 年全省规上工业增加值增长 12.5%，2022 年增长 9.0% 左右。

2. 投资增长总体平稳

民间投资活力虽有所增强，但部分制造业企业投资信心和投资意愿自 2021 年三季度以来有所下降，投资后劲不足有所显现，但高技术制造业、绿色新基建等投资增速较快的趋势有望延续，预计 2021 年全省投资增长 12.0%，2022 年增长 10.0% 左右。

3. 消费增长保持平稳

疫情以来，经济下行压力对消费增长起到抑制作用，但居民的消费能力并未受到显著破坏，在上年低基数影响下，2021 年消费增速将有较大幅度提高，2022 年进入“后疫情时代”，消费增速将逐步回归至疫情前水平。预计 2021 年全省社会消费品零售总额增长 18.0%，2022 年增长 11.0% 左右（见表 1）。

表 1　2022 年江西省主要经济指标增速预测表（单位:%）

指　　标	2018 年	2019 年	2020 年	2021 年前三季度	2021 年（预测）	2022 年（预测）
地区生产总值	8.7	8.0	3.8	10.2	9.7	7.5
第一产业	3.4	3.0	2.2	9.1	8.8	3.5
第二产业	9.7	8.0	4.0	10.4	10.0	8.0
第三产业	8.6	9.0	4.0	10.2	9.8	7.5
规模以上工业增加值	8.9	8.5	4.6	14.7	12.5	9.0
固定资产投资	11.1	9.2	8.2	13.5	12.0	10.0
社会消费品零售总额	11.0	11.3	3.0	23.1	18.0	11.0
外贸出口总额	0.6	12.3	17.0	14.7	12.5	13.0
居民消费价格指数	102.1	102.9	102.6	100.6	100.7	103.0
工业生产者出厂价格指数	104.2	98.9	98.3	109.6	109.7	101.0

（执笔：燕佳静）

32 2021 年河南省经济形势分析及 2022 年展望

河南省信息中心

2021 年以来，面对严重洪涝灾害、新冠肺炎疫情和错综复杂的国内外环境，全省上下坚定不移地以习近平新时代中国特色社会主义思想为指导，深入贯彻落实习近平总书记视察河南重要讲话重要指示精神，统筹推进疫情防控、灾后恢复重建和经济社会发展各项工作，在确保高质量建设现代化河南、确保高水平实现现代化河南上迈出坚实步伐。

一、2021 年河南经济运行的主要特征

受严重灾情疫情影响和上年基数逐步抬高等因素影响，2021 年前三季度河南多项经济指标增速出现不同程度回落，但总体保持恢复态势，向好积极因素增多，前三季度地区生产总值 44016.24 亿元，同比增长 7.1%，比上半年回落 3.1 个百分点。

1. 生产供给稳定恢复

一是种植业受灾情影响明显，畜牧业快速增长。前三季度河南第一产业实现增加值 4295.08 亿元，同比增长 5.6%。夏粮总产量 760.64 亿斤，比上年增长 1.3%；受洪灾影响，秋粮有一定程度减产，全年粮食产量预计超过 1300 亿斤。畜牧业生产持续向好，前三季度全省生猪出栏 4121.57 万头、存栏 4042.92 万头，分别同比增长 41.2% 和 13.0%。二是工业生产新动能发展态势良好，但供需两侧压力初显。前三季度河南第二产业增加值 18418.29 亿元，同比增长 5.0%。从重点行业看，五大主导产业增加值增长 11.4%，拉动全省规上工业增长 5.2 个百分点；工业战略性新兴产业、高新技术制造业增加值分别增长 16.2%、27.0%。9 月份制造业 PMI 降到荣枯线以下，内需不足问题凸显，工业供需两侧压力开始初显。三是服务业复苏总体放缓，结构分化态势明显。前三季度河南服务业增加值 21302.87 亿元，同比增长 9.2%，较上半年回落 3.2 个百分点。受灾情疫情等因素影响，交通、餐饮、酒店、娱乐、旅游等“面对面交互”式服务业增速出现不同程度回落。前三季度河南金融业平稳增长，9 月末河南金融机构人民币存、贷款余额分别增长 8.7%、11.7%。

2. **市场需求加快回暖**

一是市场销售增速回落明显，新兴消费表现较为活跃。前三季度河南社会消费品零售总额同比增长 11.1%，较上半年回落 6.0 个百分点。新兴消费表现较为活跃，前三季度河南可穿戴智能设备商品、新能源汽车零售额分别增长 29.2%、101.9%，限额以上批发零售企业通过公共网络实现的零售额增长 21.5%。二是固定资产投资增速放缓，工业投资增速持续加快。前三季度河南固定资产投资增长 5.1%，较上半年回落 2.7 个百分点。其中基础设施投资较上半年回落 9.8 个百分点，房地产开发投资较上半年回落 6.0 个百分点，工业投资增长 11.1%，比上半年提高 3.4 个百分点。三是外贸进出口创新高，综合保税区成为外贸发展重要支柱。中国（河南）自由贸易试验区制度创新作用不断彰显，“四条丝绸之路”联通世界。前三季度河南外贸进出口总值 5538.2 亿元，同比增长 46.2%，高于全国整体增速 23.5 个百分点，进出口总值居中部第一、中西部第三。前三季度河南跨境电商进出口业务货值 283.21 亿元，同比增长 64.25%。河南综合保税区进出口 3277.1 亿元，同比增长 58%，占河南进出口总值的 59.2%，对河南外贸的增长贡献率为 68.7%。

3. **市场预期持续企稳回升**

一是先行指标持续恢复。前三季度河南工业用电量 1600.23 亿千瓦·时，同比增长 6.04%，其中制造业用电量 1149.03 亿千瓦·时，同比增长 6.48%。前三季度河南铁路、公路客货周转量同比分别增长 14.7%、30.7%，均高于全国平均增速。前三季度河南金融机构各项贷款余额首次突破 7 万亿元，企事业单位贷款增速回升至近 14 个月以来高点，社会融资规模增势好转。二是 CPI 低位徘徊，PPI 不断攀升，两者剪刀差不断拉大。受食品价格波动影响，前三季度河南居民消费价格比上年同期上涨 0.8%，大幅低于 2020 年同期增速 3.6%，消费价格指数整体相对平稳，持续在低位徘徊。前三季度河南工业生产者出厂价格比上年同期上涨 6.2%，9 月份同比上涨 10.6%，生产价格指数不断攀升，创下历史新高。三是就业形势总体平稳。河南出台 28 条稳就业实施意见和 13 项护航高校毕业生创业就业的“硬核”举措，千方百计确保就业局势稳定。前三季度河南城镇新增就业 97.97 万人，城镇失业人员再就业 29.10 万人，新增农村劳动力转移就业 40.14 万人，均已完成年度目标任务的 90% 以上。

4. **营商环境软实力不断提升**

全面贯彻落实《国务院优化营商环境条例》《河南省优化营商环境条例》，直面市场主体需求，聚焦企业运营成本，破除各类要素流动壁垒，着力在健全机制、完善政策、以评促改等方面积极作为，促进正向激励和优胜劣汰，打造市场化法治化国际化营商环境。2021年以来，全省上下把优化营商环境作为重大工程、战略性基础工程，围绕企业关切，聚焦打造“六最”营商环境，坚持营商环境评价和建设两手抓，持续开展全省全域营商环境评价，将评价范围由17个省辖市扩展到市级、县级全覆盖，推动以评促改、以评促优。随着“放管服”改革的持续深化和扎实推进，基础性关键领域不断取得突破进展，减税降费政策走深走实，河南实体经济减负效应持续显现，市场主体大量增加，体量不断壮大，市场主体活力和社会创造力不断增强。截至9月底，河南实有市场主体数量达到833.2万户，同比增长9.5%，稳居全国第5位、中部第1位。

5. 高端创新要素加快集聚汇聚

河南省第十一次党代会把创新驱动、科教兴省、人才强省战略摆在“十大战略”首位，提出着力建设国家创新高地，努力实现一流创新生态基本形成的奋斗目标。2021年以来，创新提质增速，郑洛新国家自主创新示范区引领作用凸显，国家生物育种产业创新中心、国家农机装备创新中心等获批建设，国家超级计算郑州中心建成投用，高新技术企业数量翻两番以上。嵩山实验室、神农种业实验室、黄河实验室挂牌运行，一批产业研究院和中试基地启动建设。截至10月底，河南新增高新技术企业2676家，通过招才引智系列活动延揽各类人才29097人，走出一条提升引才规模质量、强化科技支撑的聚才汇智之路。在2021年召开的国家科学技术奖励大会上，河南省荣获17项国家科技奖励。

6. 产业供给侧结构性改革深入推进

一是推动传统产业转型升级。利用新一代信息技术对五大传统产业进行高端化、智能化、绿色化改造，淘汰落后产能，化解过剩产能，前三季度河南单位工业增加值能耗同比下降5.46%。实施上云用数赋智行动，前三季度河南新增智能车间129个、智能工厂34个。二是推动先进制造业发展壮大。出台《河南省先进制造业集群培育行动方案（2021—2025年）》，重点培育装备制造、绿色食品、新型材料等10个重大先进制造业集群。围绕氢能与储能、量子信息、类脑智能、生命健康科学、前沿新材料等未来产业前瞻布局，抢占发展先机。前三季度河南工业战略性新兴产业、高技术制造业增加值占规上工业的比重分别为23.5%、10.9%，比上年同期分别提高2.0、1.2个百分点。三是推动现代服务业提质增效。推动现代金融、现代物流、服务贸易等生产性服务业向价值链高端延伸，促进健康养老、文化旅游、商贸服务等生活性服务业向高品质、多样化方向升级。推动现代服务业和先进制造业融合发展，培育发展两业融合发展新业态新模式。前三季度河南服务业增加值占地区生产总值的比重为48.4%，比上年同期提高0.2个百分点。

二、2021 年河南经济运行存在的主要问题

虽然河南采取了一系列举措促进经济恢复、助力灾后重建，但灾情疫情叠加对经济恢复产生了不利影响，全省经济下行压力明显加大，经济实现平稳运行仍面临不少显性和潜在风险点。

1. 从短期供需看，生产需求两端较为疲弱

从生产端看，前三季度河南农业生产中蔬菜、瓜果、花生产量同比下降；工业生产增速放缓，受价格倒挂、电力供应紧张等因素影响，消费品制造业和能源原材料工业生产回落明显；服务业多数行业增速明显回落，其中货物和旅客周转量、邮政和电信业务量较上半年增速回落明显，批发零售和住宿餐饮业恢复态势受到短期抑制。从需求端看，前三季度河南固定资产投资增速放缓，特别是基础设施投资出现负增长，房地产开发持续低迷，投资增长内生动力不强；消费波动性明显加大，社会消费品零售总额增速明显放缓，其中限额以上批发零售业、住宿餐饮业增速持续回落，消费热点还没有充分形成。生产需求两端疲弱，供需匹配度不高，导致河南实体经济发展困难增加，经济企稳回升、恢复向好的基础和态势仍不牢固。

2. 从长期结构看，产业优化升级任务依然较重

从产业结构看，前三季度河南三次产业结构的比例为 9.8∶41.8∶48.4，现代产业体系雏形已基本形成，但第三产业占比远低于已实现碳达峰目标北京的 83.8%，产业结构层次偏低，尚未形成明显竞争优势。从工业内部结构看，前三季度河南高耗能产业增加值约占规模以上工业的 34%，远高于战略性新兴产业和高技术制造业占比，以数字经济为代表的新产业新经济新业态占比不高，竞争力不强。从产业之间关联融合看，河南产业发展存在农业与二、三产业融合度较低、低端制造业与高端制造业相互脱节、制造业与现代服务业相互脱节、高端制造业与生产性服务业相互脱节等断层现象，产业之间的关联融合能力不强，严重影响了河南整个产业体系的系统整合能力和内生发展能力。

3. 从发展主体看，部分企业生产经营还存在一些困难

随着部分应急性、阶段性惠企政策逐步回归常态，加之严重灾情疫情影响，部分企业面临原材料成本上升、流动资金短缺等困难。受全球疫情导致的供需缺口和原材料供应短缺等因素影响，国际新一轮大宗商品价格上涨，导致原材料价格和运输成本持续上涨，9 月份河南 PPI 创下新高，造成生产链中下游企业成本上升和竞争力下降，挤压企业利润空间。随着供给侧结构性改革的深入推进，要素瓶颈制约

和资源环境刚性约束更加趋紧，经济发展与环境保护之间的矛盾进一步凸显，特别是受能耗双控、限电限产、教育双减和房地产调控等政策的影响，四季度PPI将继续维持高位，进一步加剧中小企业的生产经营困难。

三、2022年河南宏观经济形势展望

从国际环境来看，2021年世界主要经济体采取强力政策，世界经济逐步复苏但势头趋缓，呈现出显著分化和不均衡态势，全球经济复苏仍很脆弱。IMF在10月发布的《世界经济展望报告》中预测，2021年全球经济增长率5.9%，2022年全球经济有望增长4.9%。从国内环境来看，面对严重疫情灾情冲击，中国经济恢复向好的基础尚不牢固：提振内需面临资本报酬边际收益递减、投资下滑、中等收入群体扩大乏力等诸多难题；科技创新水平亟须提高，一些关键核心技术受制于人；产业发展质量和层次不高，仍处于产业链和价值链中低端；受新冠肺炎疫情和地缘政治等因素干扰，供应链出现脱节甚至断裂，外部需求波动显著。

2022年，河南要深入学习贯彻党的十九届六中全会精神，全面贯彻落实省第十一次党代会精神，立足新发展阶段，贯彻新发展理念，紧抓构建新发展格局战略机遇，坚持稳中求进工作总基调，以推动高质量发展为主题，以深化供给侧结构性改革为主线，以改革创新为根本动力，锚定“两个确保”，实施“十大战略”，科学统筹疫情防控、灾后恢复重建和经济社会发展，充分发挥河南比较优势，促进经济持续健康稳定高质量发展。考虑到复杂多变的国内外环境，河南经济运行面临的下行压力依然较大，预计2022年经济增长将稳定在6%～7%的增速区间。

（执笔：张东阳　韩毅　郭申申　孙慧敏　张函）

33　2021 年广东省经济形势分析及 2022 年展望

广东省发展和改革研究院

2021 年以来，广东深入贯彻落实党中央、国务院经济工作决策部署，坚持稳中求进工作总基调，立足新发展阶段、贯彻新发展理念、构建新发展格局，扎实做好“六稳”“六保”工作，科学统筹疫情防控和经济社会发展，全面抓好经济发展的各项工作，经济持续稳定恢复，民生保障有力，物价总体平稳，营商环境不断优化，发展动力增强，全省主要经济指标增长处于合理区间，经济形势呈现稳中加固、稳中向好发展态势。

一、2021 年广东经济形势特征分析

1. 全省 GDP 保持平稳增长

根据地区生产总值统一核算结果，2021 年前三季度广东地区生产总值为 88009.86 亿元，同比增长 9.7%，两年平均增长 5.1%。其中，第一产业增加值为 3425.59 亿元，同比增长 8.2%，两年平均增长 5.6%；第二产业增加值为 34684.45 亿元，同比增长 11.1%，两年平均增长 5.0%；第三产业增加值为 49899.82 亿元，同比增长 8.8%，两年平均增长 5.2%。

2. 工业生产保持稳定

2021 年前三季度，广东规模以上工业增加值 2.67 万亿元，同比增长 12.1%，两年平均增长 5.2%。分门类看，采矿业增加值同比增长 10.1%，两年平均增长 7.3%；制造业同比增长 11.5%，两年平均增长 4.8%；电力、热力、燃气及水生产和供应业同比增长 19.6%，两年平均增长 9.9%。支柱行业较快增长，电气机械和器材制造业、汽车制造业增加值同比分别增长 20.5%、12.1%。现代产业发展较快，新能源装备、生物药品制造、电子元件及电子专用材料制造同比分别增长 27.3%、43.1%、24.6%。原材料加工行业保持较高增速，黑色金属冶炼和压延加工业、化学纤维制造业同比分别增长 25.6%、20.6%。战略性新兴产业重点产品产量增长形势良好，其中，工业机器人、服务机器人同比均增长 67.1%，新能源汽车

增长 176.8%，智能手环和智能手表分别增长 40.0% 和 56.7%。固态和气态生物燃料等清洁能源产品同比分别增长 27.9% 和 186.8%；清洁能源发电中，太阳能发电量增长 27.8%。

3. 固定资产投资保持较快增长

2021 年前三季度，广东固定资产投资同比增长 9.8%，两年平均增长 7.3%。民间投资意愿较强，完成投资同比增长 13.8%。工业投资自 2021 年 2 月份以来持续保持 20% 以上的增速，同比增长 21.1%，两年平均增长 8.2%，高于 2019 年同期水平 3.8 个百分点。高技术制造业投资加快，同比增长 22.9%，两年平均增长 13.2%。原材料制造行业投资快速增长，化学原料和化学制品制造业、有色金属冶炼和压延加工业投资同比分别增长 55.1%、34.6%，两年平均分别增长 14.0% 和 13.8%。房地产开发投资平稳，投资额同比增长 5.7%，两年平均增长 6.4%。民生领域补短板投入保持较高力度，教育投资同比增长 45.4%，两年平均增长 36.8%。新基建投资增势强劲，互联网和相关服务投资同比增长 116.7%，两年平均增长 46.9%。

4. 消费市场稳步恢复

2021 年前三季度，广东社会消费品零售总额 3.26 万亿元，同比增长 13.6%，两年平均增长 1.5%。乡村市场恢复好于城镇，零售额同比增长 21.5%，两年平均增长 4.3%；城镇市场零售额同比增长 12.7%，两年平均增长 1.2%。商品零售同比增长 12.4%，两年平均增长 2.1%。全省限额以上单位 22 个主要零售商品类别中，有 17 类商品零售额同比实现增长，其中 11 类商品增幅超过 15%。消费升级类商品零售保持较高增速，金银珠宝类、通信器材类零售额同比分别增长 52.9%、28.7%，两年平均分别增长 25.0% 和 13.7%。生活消费稳定，饮料类、日用品类零售额同比分别增长 43.1% 和 12.1%，两年平均分别增长 26.2% 和 10.1%；体育、娱乐用品类零售额同比增长 51.6%，两年平均增长 24.2%。新消费模式发展势头良好，限额以上单位通过公共网络实现商品零售额同比增长 25.1%，两年平均增长 22.7%。与此同时，全省居民收入不断增加。2021 年前三季度，广东居民人均可支配收入 35694 元，同比增长 11.4%，两年平均增长 7.7%。按常住地分，城镇居民人均可支配收入 43592 元，同比增长 11.0%，两年平均增长 7.2%；农村居民人均可支配收入 17619 元，同比增长 11.9%，两年平均增长 8.8%。

5. 外贸进出口持续较快增长

2021 年前三季度，广东外贸进出口总额 6.03 万亿元，同比增长 18.6%，持续 2021 年以来两位数增长态势，两年平均增长 8.0%。其中，出口 3.68 万亿元，同比增长 19.3%，两年平均增长 8.3%；进口 2.35 万亿元，同比增长 17.5%，两年平均增长 7.5%。当月进出口总量创历史新高，全省进出口 0.78 万亿元，同比增长 12.1%。其中，出口 0.49 万亿元，增长 20.6%；进口 0.29 万亿元，增长 0.2%。

6. 服务业运行稳中向好

2021 年前三季度，广东货运量同比增长 17.7%，其中公路、铁路货运量分别增长 24.7%、18.3%；港口货物吞吐量增长 6.7%，其中外贸货物吞吐量增长 13.4%；旅客出行更加注重效率，高速铁路、民航客运量分别增长 19.1%、20.3%，占整体客运量比重分别比上年同期提高 12.0 和 5.7 个百分点。快递业务增势强劲，业务量同比增长 37.8%，实现快递业务收入增长 16.5%。信息消费增长加快，5G 移动电话期末用户同比增长 42.0%，占全部移动电话用户比重 21.2%；移动互联网宽带接入流量增长 37.9%。2021 年 9 月末，广东中外资银行业机构本外币贷款余额同比增长 13.8%，其中制造业单位中长期贷款余额增长 41.7%，占制造业单位贷款余额比重 43.4%，比上年同期提高 8.1 个百分点；本外币存款余额增长 10.1%。

7. 财政收支运行良好

2021 年前三季度，广东地方一般公共预算收入 1.08 万亿元，同比增长 11.3%。其中，税收收入增长 14.5%，占预算收入比重比上年同期提高 2.2 个百分点。地方一般公共预算支出同比增长 3.5%。其中民生类支出占预算支出比重 69.4%，教育、社会保障和就业支出分别增长 4.5% 和 11.7%。

8. 农产品供应保障有力

2021 年广东早稻总产量 524.15 万吨，同比增长 1.1%，早稻总产量创近 16 年来新高、单产创 22 年来最高。蔬菜产量持续稳定增长，2021 年前三季度增长 3.1%。园林水果、茶叶较快增长，园林水果产量增长 3.2%，其中荔枝、龙眼分别增长 12.2% 和 11.9%；茶叶产量增长 9.0%。生猪产能恢复成效显著，生猪出栏增长 36.2%，猪肉产量增长 40.7%。水产品养殖稳定发展，产量增长 4.7%，其中淡水产品增长 7.6%。

二、2022 年广东经济展望

展望 2022 年，国家将保持宏观经济政策连续性、稳定性和可持续性，实施跨周期调节，以国家中长期发展战略和规划为导向、以财政政策和货币政策为主要手段，就业、产业、投资、消费和区域等政策协同发力的宏观调控体系必将进一步得到健全。保就业保民生保市场主体将被放到更加突出的位置，货币投放量也将更注重根据我国经济运行情况自主掌控，必将增强信贷总量增长的稳定性和预期性。同时，近年来国家先后出台了《粤港澳大湾区发展规划纲要》《关于支持深圳建设中国特色社会主义先行示范区的意见》《横琴粤澳深度合作区建设总体方案》《全面深化前海深港现代服务业合作区改革开放方案》等重大战略文件，为广东推进创新驱动、深化粤港澳合作、创新体制机制等方面注入新的更大的政策红利。总的来看，广东经济韧性足、活力强，在多种积极有利因素和较好的发展基础支撑下，全省经济将继续保持稳定增长，经济结构不断优化、经济高质量发展将进一步显现。考虑到2021年经济增长高基数影响，预计2022年广东GDP增速有望保持在5%～6%的合理区间平稳运行。

1. 全省投资将保持稳定增长

一是国家将继续发挥投资稳增长的重要支撑作用，加大对交通能源等重大基础设施、制造业设备更新、技术改造投资、民生福利等财政支出，加快推进城镇老旧小区改造，预计2022年中央预算内投资和专项债发债额度不低于2021年，考虑到基数效应，预计2022我国基建投资增速将保持平稳。二是外商直接投资保持恢复性活跃，为广东投资增长带来机会。随着全球新冠肺炎疫情影响趋缓，从全球外国直接投资看，联合国贸发会议预测2021年全球外国直接投资增速在10%～15%，仍然会比2019年的外国直接投资水平低25%左右，预测2022年外国直接投资将继续增长，最乐观的情景将达到2019年的外国直接投资水平。三是广东将大力推进能源交通、民生水利、重大科技基础设施及产业链关键环节投资。全省制造业效益明显好转，工业投资有望保持较快增长。通过采取措施，在稳增长、降杠杆、防风险的背景下，稳定房地产投资合理预期，大力激发民间投资活力。这些政策措施、积极有利因素为全省投资保持稳定增长提供了较好条件。

2. 全省消费将保持较快增长

广东将更加注重扩内需稳增长、发挥消费对经济增长的基础性作用。一方面，近年来国家出台了系列扩内需促消费、有效推动消费升级扩容的政策效应加速释放、内需消费大市场加快形成。另一方面，随着广东经济持续稳定恢复，疫情防控更加精准有效，广东将大力保就业稳收入促消费，加大汽车、家电、文旅等促消费政策力度，大力振兴夜间消费，打造消费地标，激发具有岭南特色的城市与乡村消费潜力。广州加快建设国际消费中心城市，新消费新业态不断壮大。预计全省2022年消费市场将会更加活跃，继续朝着回暖向好方向发展。

3. 全省进出口将保持平稳

2021年以来，世界经济保持复苏态势，国际货币基金组织、世界银行、国际经合组织等权威机构预测全球经济 2021 和 2022 年分别增长 6.0% 和 4.9% 左右。从全球贸易来看，全球商品贸易超过新冠肺炎疫情暴发前的峰值，WTO 在 2021 年 10 月发布《贸易统计及展望》，预测 2021 年全球商品贸易量将增长 10.8%，2022 年将增长 4.7%，好于预期。部分国家半导体短缺和港口积压等供应侧问题对全球贸易影响总体较小。广东作为我国外贸大省，其主要特点是：对“一带一路”贸易进出口恢复较快增长，民营经济在广东外贸中占比较大，广东对东盟、欧盟、美国等经济体出口市场份额较大，这些体量较大经济体保持较好恢复态势，这给广东积极利用高质量外资、保持外经贸平稳运行带来良好的外部环境，预计全省 2022 年进出口总额在 2021 年高增长基数上保持平稳运行。

（执笔：吴祖艳　蔡志敏　龚联华）

34　2021年广西壮族自治区经济形势分析及2022年展望

广西壮族自治区宏观经济研究院

一、主要指标处于合理区间，经济发展韧性持续显现

2021年，面对错综复杂的外部环境，疫情汛情、缺电缺煤等多重考验，广西以“起步就要提速、开局就要争先”的奋斗姿态，全力奋战一季度、攻坚二季度、拼搏三季度、冲刺四季度，聚焦困难问题精准施策，经济总体保持恢复态势，主要宏观指标处于合理区间，经济发展韧性和活力持续显现。

（一）经济延续快速恢复态势，增速回归正常区间水平

受上年疫情冲击到经济增长基数“前低后高”影响，2021年广西经济运行高位开局，延续了自2020年下半年以来的快速恢复态势，实现了近年来少有的两位数增长，但经济增速逐季回落趋势明显。从同比增速看，呈现快速增长、逐季回落态势，前三季度广西生产总值同比增长9%，分别比一季度、上半年回落7.1、3个百分点（见图1）。从两年平均增速看，经济增速已回归正常区间水平，前三个季度广西经济两年平均增速分别为6.0%、6.3%、5.4%，已接近广西“十三五”时期年均增长速度（6.1%），也接近“十四五”规划纲要提出的年均增长（6.5%）目标，表明广西经济恢复性增长的韧性和活力较强。

（二）供给侧生产保持平稳，多项指标实现高位增长

农业方面，增速持续创新高。自2018年以来，广西第一产业增加值持续保持5%以上的快速增长，2021年前三个季度分别同比增长7.7%、7.9%、8.7%（见图2），前三季度同比增速、两年平均增速（6.2%）均高于全国平均水平。工业方面，已超过疫情前增长水平。前三季度，广西规模以上工业增加值同比增长11.3%，两年平均增长4.9%，超过2019年前三季度同期（3.1%）增长水平，与“十三五”时期年均增长水平（5%）基本持平。服务业方面，交通运输及邮电增势较好。前

三季度，广西服务业增加值同比增长 8.8%，两年平均增长 5.9%，接近 2019 年前三季度同期水平（6.5%）。其中，前三季度全区限上批发业、零售业销售额同比增长 20.3%、15.3%，限上餐饮业、住宿业营业额增长 30.3%、31.4%，客货运输周转量同比增长 21.5%，邮政、电信业业务总量 1—8 月分别同比增长 21.3%、33.7%，规上其他营利性服务业营业收入 1—8 月同比增长 34%，比全国（25.8%）高 8.2 个百分点。

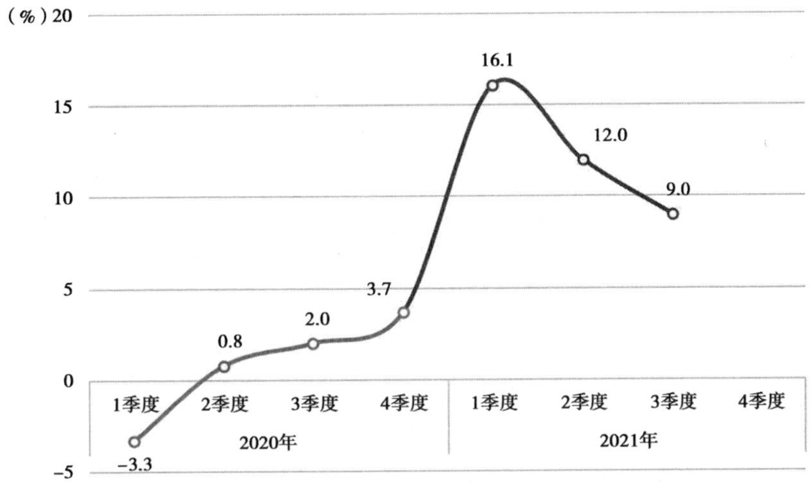

图 1　2020—2021 年广西 GDP 增速走势

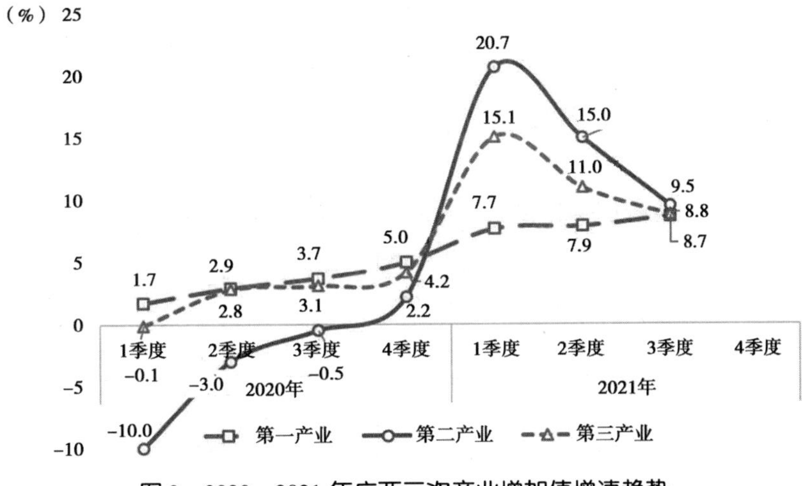

图 2　2020—2021 年广西三次产业增加值增速趋势

（三）需求端展现充足韧性，开放发展活力持续显现

外需方面，进出口贸易保持高速增长。前三季度，广西外贸进出口同比增长 29.3%，比全国平均水平高 6.6 个百分点，比西部平均水平高 6.4 个百分点。其中，

出口同比增长17.2%，自2021年1月起，月均进出口规模接近500亿元，创历史同期最好水平（见图3）。从贸易类型看，前三季度保税物流、一般贸易、加工贸易、边境贸易进出口分别同比增长59.5%、25.3%、20.2%、18.1%。从港口物流看，前三季度北部湾港货物吞吐量增速继续领先全国沿海港口，完成货物吞量26554.67万吨，同比增长19.7%；完成集装箱吞吐量418.6万标箱，同比增长19.11%。货物吞吐量列全国沿海港口第九，集装箱吞吐量列全国沿海港口第八。

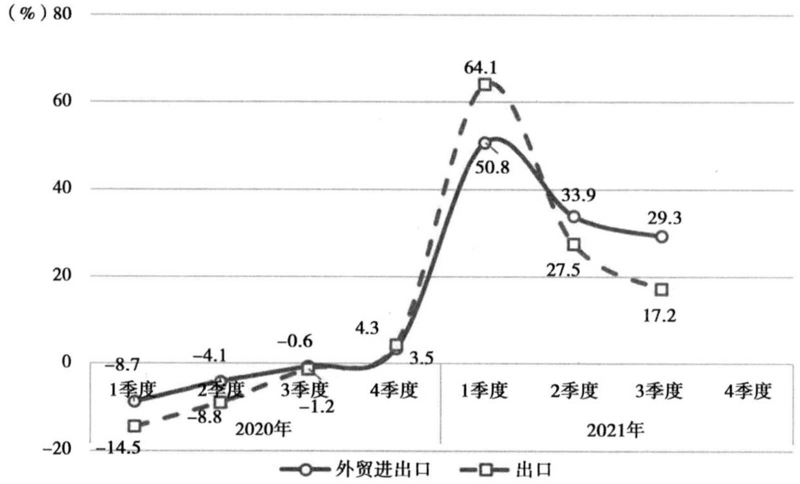

图3　2020—2021年广西外贸进出口增速趋势

内需方面，投资对经济增长的拉动作用强劲，新兴消费总体保持较快增长势头。前三季度，广西固定资产投资同比增长13.8%，比全国（7.3%）高6.5个百分点，比西部地区（5.5%）高8.3个百分点，位居全国第3位、西部地区第2位。其中基础设施投资同比增长29.6%，成为全区投资增长的第一拉动力。社会消费品零售总额同比增长12.4%，其中家用电器和音像器材类商品零售额增长19.9%，新能源汽车零售额增长1.6倍，实物商品网上零售额同比增长26.0%，对社会消费品零售总额增速拉动超过1.8个百分点（见图4）。

（四）民生保障工作扎实有效，城乡居民实现稳步增收

2021年以来，面对错综复杂的外部环境，广西始终把保障和改善民生放在经济社会发展的优先位置，扎实做好“六稳”“六保”工作，大力推进乡村振兴，拓宽脱贫群众增收渠道，采取措施保供稳价。居民收入方面，城乡居民收入与经济增长基本同步。前三季度，广西居民可支配收入19855元，同比实际增长9.4%，其中城镇居民人均可支配收入同比实际增长7.9%，农村居民人均可支配收入同比实际增长11.3%，城乡居民人均收入比值2.43，比上年同期缩小0.07。就业方面，巩固

拓展脱贫攻坚成果同乡村振兴有效衔接工作成效显著。前三季度，广西城镇新增就业人数 32.63 万人，失业人员再就业人数 12.39 万人，就业困难人员实现就业人数 4.85 万人，均已提前完成全年目标任务，截至 9 月末，全区城镇登记失业率 2.62%，比目标控制数低 1.88 个百分点。物价方面，CPI－PPI 剪刀差持续扩大。前三季度广西 PPI 与 CPI 剪刀差为 6.8 个百分点，较上半年继续扩大 1.3 个百分点，较一季度扩大 3.7 个百分点（见图 5）。其中居民消费指数（CPI）同比上涨 0.6%，涨幅比上半年收窄 0.1 个百分点；工业生产者出厂价格指数（PPI）同比上涨 7.4%，涨幅比上半年扩大 1.2 个百分点。

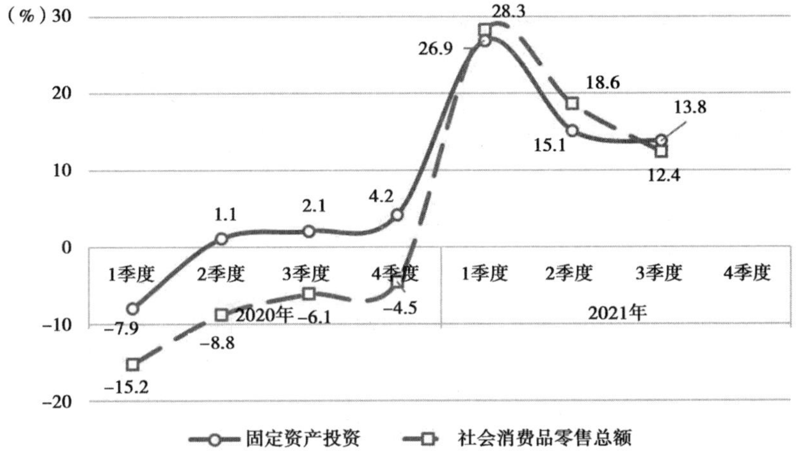

图 4　2020—2021 年广西投资与消费增速趋势

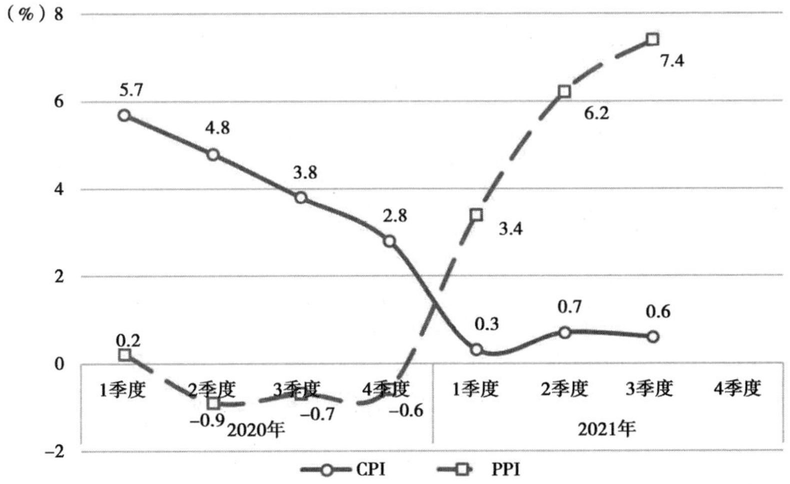

图 5　2020—2021 年广西 CPI 与 PPI 累计增长趋势

二、化危机为转机、抢抓发展机遇，2022 年广西经济发展形势研判

1. 从面临挑战看，内外环境不确定因素仍然较多，广西经济全面恢复的基础仍不牢固

一是原材料价格上涨，工业恢复压力加重。2021 年以来，新冠肺炎疫情的持续演变加剧了国际贸易形势的复杂性，极大地冲击了全球大宗商品供给，使大宗商品价格对需求的变动更为敏感，加之原材料紧缺及价格上涨提高了广西制造业中下游企业生产成本，挤压了经营利润，广西工业平稳恢复运行与高质量发展依然任务艰巨。二是产业结构偏重，电力电量“双缺”形势严峻。2021 年第三季度全国电力供需形势紧张，跨省跨区域电力协调需求增多，省区间电力余缺调剂存在一定困难，由于广西传统资源型产业比重大，产业能耗增长较快，进一步加剧广西电力电量“双缺”的形势。三是芯片保障困难，产业链供应链运行不畅。2021 年以来，以芯片为代表的高端基础零部件与关键基础材料供应厂商无法满负荷生产，市场芯片短缺严重，广西汽车制造业及铁路、船舶、航空航天和其他运输设备制造业增速下滑，企业产能无法得到有效释放，产业链供应链难以实现有序畅通运行。

2. 从发展机遇看，国家多重利好政策为广西发展带来难得的重大机遇

一方面，国家跨周期调节政策成效显著，为广西保持平稳较快增长带来信心。在国家一系列精准有力的调度措施下，我国经济稳增长展现出强大的发展韧性和活力，主要宏观指标总体处于合理区间。面对严峻复杂的国内外形势，中国经济在跨周期宏观调控各项举措推动下，总体保持恢复态势，两年平均增速基本平稳，各季度环比均为正增长，预计 2022 年全国经济依然保持加快恢复态势，经济增速总体将逐步回归至正常年份增长速度。另一方面，国家多重区域发展政策叠加，将为广西加快开放发展步伐带来积极效应。2021 年以来国家领导密集到广西考察指导，为经济稳增长营造了良好环境，同时叠加新一轮西部大开发、西部陆海新通道建设、《区域全面经济伙伴关系协定》（RCEP）签署、粤港澳大湾区建设、北部湾国际门户港建设、中国（广西）自由贸易试验区建设等区域开放政策，将有效推动广西加快开放发展步伐，提升对外贸易和投资往来，为推动广西高质量发展提供重要支撑。

三、聚焦重大战略和重点领域，持续夯实经济发展基础

1. 兜牢基层“三保”底线

根据“十四五”规划年度目标完成情况，以及经济运行的周期性规律，相机而动、适时调控，确保经济平稳较快发展。抓好常态化疫情防控，跟踪分析经济走势，保持宏观政策连续性稳定性，做好预调微调和跨周期调节，加强财政、金融、就业政策联动，稳定市场合理预期。挖掘增收潜力，提高保障能力，加强财源开发、盘活资产、激活存量，大力支持产品附加值高、地方税收收入贡献大的产业和企业发展，正确处理好财政增收与减税降费的关系。

2. 避免“运动式减碳”

准确把握“双碳”政策落地节奏，提前做好政策谋划，给市场主体留下一定的调整时间和余地，给予产业平稳转型的空间，不搞“一刀切”，防止运动式减碳，避免对宏观经济的稳定运行带来不必要的冲击。统筹做好碳达峰、碳中和工作，通过系统性设计双碳目标实现方案，进一步完善和强化能耗“双控”制度，指导全区各地扎实有力有序做好工作，坚决遏制“两高”项目盲目发展，合理把握减碳节奏，兼顾经济绿色转型与平稳增长。

3. 纾困中小企业和困难行业

针对受疫情影响的旅游、文化、教育服务、餐饮等行业的中小企业及个体工商户，及时提供针对性帮扶，做好前期政策平稳过渡。统筹做好企业煤、电、芯、原材料等要素供给，聚焦电子信息、新能源汽车等龙头企业均面临不同程度的芯片短缺问题，密切关注企业生产经营、投资、能源消耗、主要产品产量及价格等因素，制定科学高效的工业企业错避峰生产方案。加大财政和信贷支持力度，在金融与财政政策上为中小企业提供重点资金、专项资金扶持和融资担保，引导银行业金融机构改进小微企业金融服务，探索建立金融服务联盟和创新金融服务模式。

4. 加快推动消费全面复苏

持续开展形式多样的促消费活动，力争更大成效地激发消费兴趣和消费欲望，助力新兴消费发展壮大，促进传统消费增长。加快补齐生活性服务业短板，健全城乡服务对接机制，推进公共教育服务优质均衡发展，完善区域医疗中心布局，加快发展文化、旅游、体育服务。积极开拓农村消费市场，抓好电商和产业扶贫，健全和发展农村商业网点，加大农业基础设施建设的投入，完善城乡物流配送网络，加

快农商互联农产品供应链建设。培育壮大新型消费，推动重点商贸企业拓展网络营销，积极发展“云消费”“直播带货”等新模式，促进消费新业态、新模式、新场景的普及应用。

5. 持续发挥投资对经济增长拉动的关键作用

聚焦扩大工业投资，深入推进“双百双新”重大产业工程和“千企技改”项目，加大新一代战略性新兴产业投资力度，扩大制造业设备更新和技术改造投资，进一步提高制造业投资占比。加大新型基础设施投资力度，重点推进百项工业互联网新基建项目建设，推动传统基础设施和公共服务设施数字化改造，将新型基础设施建设与交通、能源、水利、市政等传统基础设施，以及教育、医疗、文化、广电、社保等公共服务设施建设统筹融合，建立跨界融合的产业集群数字生态圈。

（执笔：蓝荣侯　杨豫萍　张卫华　尚毛毛　李美莲）

35　2021 年重庆市经济形势分析及 2022 年展望

重庆市综合经济研究院

2021 年，全球经济形势复杂严峻，国内经济呈稳定恢复态势但下行压力逐步凸显。重庆积极融入国家双循环新发展格局，深入推进成渝地区双城经济圈建设，促进“一区两群”协调发展，着力稳定投资、消费增长，努力扩大开放，加快培育创新发展动能，经济保持恢复性增长但稳中承压，主要经济指标呈现前高后低走势。宏观经济景气指数[1]有所回落，但仍处于适度区间。预计 2021 年全市 GDP 增长 8.5%左右（见图 1）。

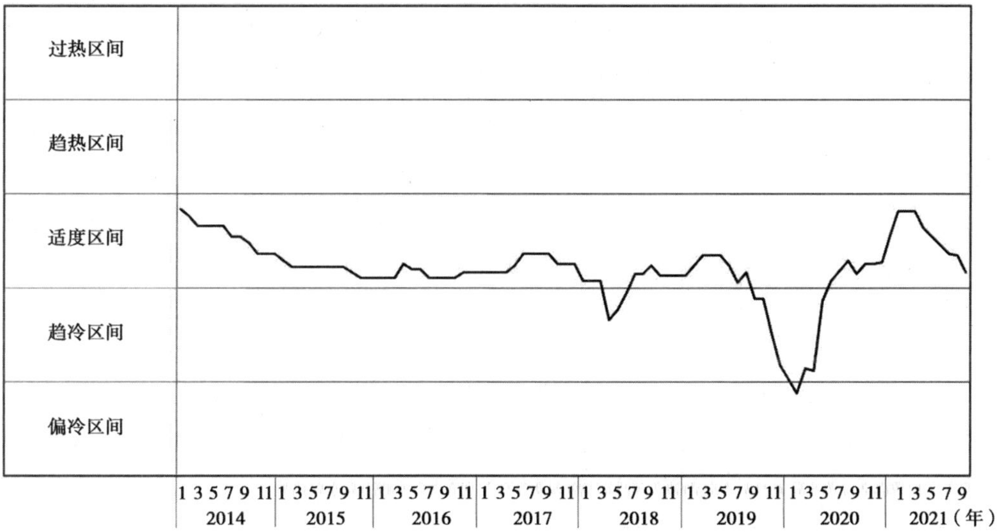

图 1　重庆宏观经济景气动向监测趋势图

[1]　由重庆市综合经济研究院宏观经济研究课题组研制，选取工业、投资、消费、外贸、信贷、财政收支、消费价格等宏观月度指标合成，主要反映全市宏观经济基本走势。

一、2021 年重庆经济运行特征

（一）产业运行保持总体稳定

农业生产保持稳定，工业运行总体良好，服务业发展稳中有升，前三季度第一、二、三产业对全市经济增长的贡献率分别为 5.7%、38.7%、55.6%。

1. 农业生产总体稳定

夏粮产量稳中有增，秋粮播种面积同比增加，全年全市粮食播种面积 3000 万亩左右、产量 1080 万吨以上，均为近年新高水平。农产品价格走势分化，1—9 月粮油、蔬菜价格稳中略升，但四季度以来受农资涨价、灾情疫情等影响，大部分蔬菜品种价格上涨较快；生猪存栏量恢复至 2017 年正常水平，生猪价格持续回落，猪粮比由 1 月的 14.05∶1 跌至 9 月的 4.93∶1，生猪养殖亏损面扩大，预计四季度生猪价格将有所回升。重庆西部片区国家城乡融合发展试验区建设加快，围绕农村经营性建设用地入市、生态产品价值实现等开展有益探索。乡村振兴深入推进，农村常住居民人均可支配收入同比增长 11.7%，高于上年同期 3.8 个百分点；全市农村“三变”试点村累计达到 2196 个，占全部行政村比重为 27.5%，试点村实现农户人均增收 460 元；“万企兴万村”行动启动实施，助力全市 1000 个以上行政村脱贫成果稳定巩固；“巴味渝珍”农产品电商平台上线农业企业 1800 余家。

2. 工业经济总体良好

1—9 月，全市规上工业增加值同比增长 14.2%，高于全国水平 2.4 个百分点，两年平均增长 9.2%，增速逐月略有回落，但总体保持稳定（见图 2）。从主要产业看，汽车、电子两大产业均实现较快增长，引擎作用显著。其中，在长安 CS75 系列、长城炮等车型热销拉动下，汽车产业增加值同比增长 17.7%，两年平均增长 12.9%；受订单充足、新产品放量等带动，电子产业增加值同比增长 21.5%，两年平均增长 16.8%。其他支柱产业支撑作用较强。其中，随着三一重工等新项目投产，装备产业增加值同比增长 21.4%；摩托车、医药、材料、消费品等产业持续保持较好增长态势，增加值分别同比增长 11.2%、15.3%、11.3%、10.5%；但受煤炭行业整体退出影响，能源工业同比仅增长 3.3%。高技术产业保持较快增长。1—9 月高技术产业增加值同比增长 22.1%，高于规上工业 7.9 个百分点。其中，新能源汽车、平板电脑、智能手机、液晶面板等生产较好，产量分别同比增长 220%、42.5%、33.1% 和 30.1%。工业运行效益总体较好。全市工业产品产销两旺，规上工业产品销售率较上年同期提高 1.1 个百分点。在汽车、材料等产业效益向好带动下，1—8 月规上工业企业利润同比增长 53.4%，高于全国水平 3.9 个百分点。

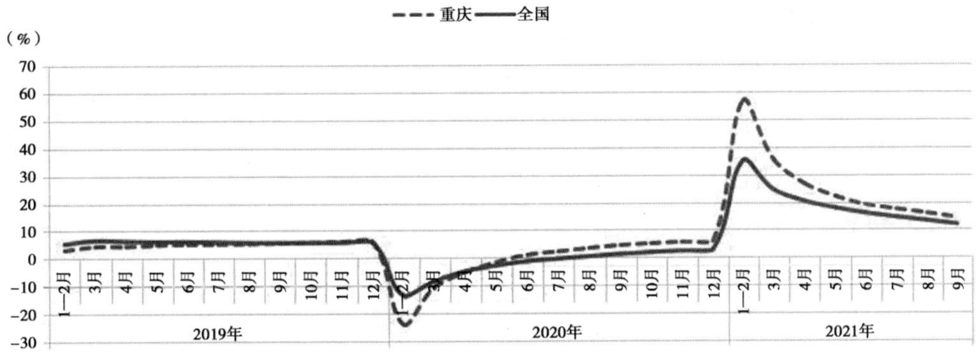

图 2　2019—2021 年全国及重庆规上工业增加值累计增长情况

3. 服务业发展稳中有升

前三季度，全市第三产业增加值同比增长 10.3%，高于 GDP 增速 0.4 个百分点。物流业加快发展。全市货运量、快递业务量[1]分别同比增长 21.7%、40.8%，高于全国 4.9 和 4.1 个百分点。中欧班列（成渝）发送货物量位居全国首位（占比 32%）。现代金融业稳步推进。全市新增社会融资规模 5870.9 亿元，高于近两年同期平均增量。跨境人民币结算量居中西部首位、全国第 9 位。普惠金融、绿色金融、科技金融取得积极进展，其中，普惠小微贷款、绿色贷款余额分别同比增长 27.8% 和 33.2%。数字经济蓬勃发展。数字经济占 GDP 比重超过 25%，其中数字服务业增加值同比增长 24.8%，规上软件和信息技术服务业企业营业收入两年平均增长 55%。区块链数字经济产业园聚集 IBM、浪潮、趣链、中科星泰等领军企业 110 余家，综合竞争力居全国第五。文旅、餐饮等生活性服务业保持恢复势头。旅游市场逐步复苏，前三季度全市接待境内外游客人数、旅游收入分别恢复至 2019 年同期的 71% 和 78%，好于全国水平。文娱消费需求增加，全市城市影院票房收入 8.7 亿元[2]。餐饮消费保持活跃，餐饮收入同比大幅增长 37.2%。

（二）需求动力恢复态势明显

1—9 月，全市投资稳定增长，消费持续修复，进出口高位运行。前三季度投资、消费和区域净流出对全市经济增长的贡献率分别为 49.8%、49.6%、0.6%。

[1] 数据来源于中国邮政管理局。
[2] 数据来源于灯塔网。

1. **投资保持稳定增长**

在“抓项目稳投资”等专项行动带动下，1—9月全市固定资产投资同比增长8.4%，高于全国水平1.1个百分点（见图3）。以基础设施为主的市级重大项目、工业技改投资、民间投资等加速推进，对全市投资形成良好支撑。其中，重大项目投资进度达到84%，9月工业技改投资同比增长39.5%，民间投资同比增速高于全市投资2.2个百分点。基建投资稳步增长。在渝湘高铁、渝西水资源配置工程等项目建设带动下，基础设施投资同比增长11.8%，两年平均增长9.9%，增速逐月回升。其中，城建、农林水利投资分别同比增长21.7%和27.3%。工业投资快速增长。在三一重工、京东方、华兴玻璃等项目投资带动下，工业投资同比增长12.3%，高于全国水平0.1个百分点。其中，装备、电子、消费品产业投资分别同比增长26.5%、18.8%、15.7%，均快于全市平均水平。房地产投资低位运行。受银行房贷“两道红线”、房企融资“三条红线”及“集中供地”等政策影响，房地产投资同比增长0.2%，较上半年回落0.9个百分点。

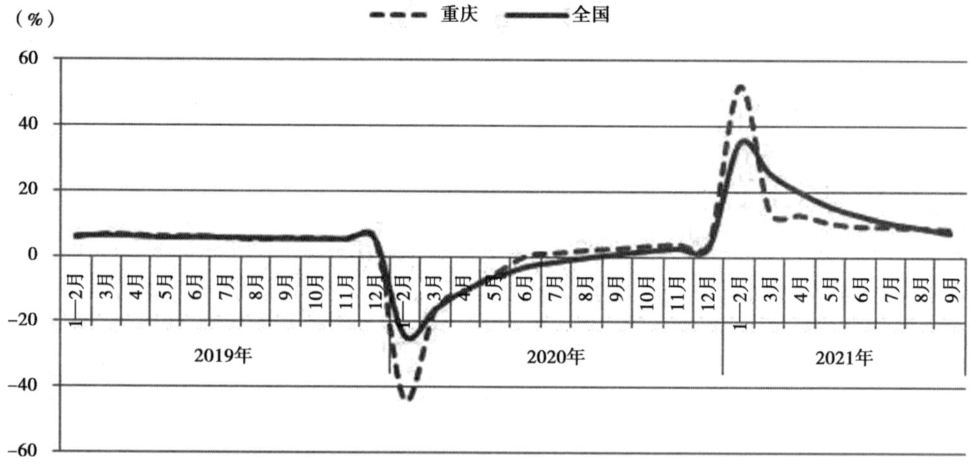

图3　2019—2021年全国及重庆固定资产投资累计增长情况

2. **消费延续复苏态势**

在经济稳定恢复及各类促消费活动和政策实施的带动下，全市消费市场保持恢复性增长。1—9月，全市社会消费品零售总额同比增长23.7%，两年平均增长10.0%，分别高于全国水平7.3、6.1个百分点。汽车、住房类等热点消费较快增长。在新一轮汽车下乡、新能源汽车免征购置税等政策推动下，汽车消费同比增长20.4%；两年平均增长10.9%，高于上半年1.8个百分点。随着商品房装修需求持续释放，家具、家电、建材等住房类相关消费分别同比增长30.1%、21.7%和

36.0%。升级类消费快速增长。在消费回流及消费升级带动下，金银珠宝、体育娱乐用品等消费分别同比增长52.7%、220%。新兴消费发展较好。随着全市加快消费新场景、新模式和新业态培育，网红经济、夜间经济、社区团购、电商直播等得到快速发展，其中，1—9月全市限上单位网上零售额同比增长27.2%。

3. **进出口保持高位增长**

在电子产品出口及大宗商品进口双向拉动下，全市对外贸易持续快速增长。1—9月，全市外贸进出口总值5770.3亿元，同比增长27%，高于全国水平4.3个百分点，连续14个月保持两位数增长（见图4）。其中，出口3656.2亿元，同比增长27.7%。电子产品仍是出口主力。受海外电子产品需求旺盛带动，笔记本电脑、集成电路、平板电脑出口额分别同比增长13.9%、54%和140%，其中，笔记本电脑出口占全市出口额的38.7%。进口方面，受全球大宗商品价格上涨因素等影响，铁矿砂及精矿、纸浆进口额分别同比增长180%和360%。对主要贸易伙伴进出口均实现快速增长。在全球疫情、经贸摩擦等背景下，重庆对主要贸易伙伴进出口逆势增长，1—9月对东盟、欧盟、美国进出口分别同比增长13.6%、24.2%、18%，合计占同期重庆外贸总值的46.6%。利用外资稳中有升。伴随营商环境改善、开放型产业集群不断壮大，全市外资吸引力增强。1—9月实际利用外资同比增长11.1%，高于上年同期9.8个百分点。

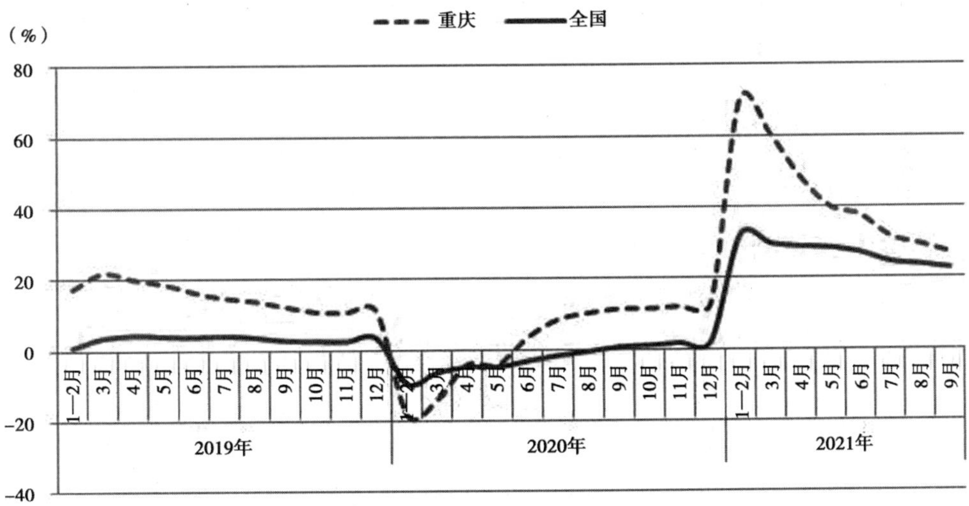

图4　2019—2021年全国及重庆进出口额（人民币）累计增长情况

（三）财政金融延续平稳增长

1. **财政收入恢复性增长**

随着经济稳步恢复、企业效益持续改善，全市财政收入保持稳定增长态势。1—

9月，全市一般公共预算收入同比增长10.9%；较2019年同期增长3.4%，收入规模已超疫情前水平。税收收入总体平稳，同比增长13.6%，较2019年同期增长0.5%。其中，在汽车、电子信息等产业带动下，增值税、企业所得税分别同比增长17.7%、23.1%，较2019年同期增长2.8%、17.3%。个人所得税、契税增收较好，分别同比增长24.8%、19.2%，较2019年同期增长19.2%、8.7%。非税收入同比增长5.1%，扭转下半年以来负增长态势。重点领域保障较好。1—9月，全市一般公共预算支出同比增长2.0%，较2019年同期下降5.7%。文化旅游体育与传媒、社保和就业、教育等领域仍得到重点保障。

2. 信贷增长总体稳定

9月末，全市金融机构人民币贷款余额同比增长14.1%，分别高于全国水平和上年同期2.2和0.8个百分点。其中，在企业经营周转资金需求带动下，短期贷款余额同比增长16.4%，增速自年初总体走高，并高于上年同期5.3个百分点；居民购车、信贷消费等带动个人贷款及透支同比增长18.4%，保持较快增长势头；在基建等项目融资需求支撑下，中长期贷款余额同比增长11.6%。全市股权融资规模扩大，非金融企业境内股票融资114.1亿元，同比增长2.6倍。存款增速稳中趋缓。全市金融机构人民币存款余额同比增长6.2%，分别低于全国水平和上年同期2.4和1.6个百分点。其中，非金融企业存款同比下降1.7%，是存款放缓的主要因素；在理财产品、基金信托等分流及居民收入增长放缓的影响下，住户存款同比增长9.5%，低于上年同期3.8个百分点。

（四）就业双创形势持续改善

就业形势稳中向好。随着稳就业保就业政策深入实施，全市就业形势持续改善。1—9月城镇新增就业59.7万人，同比增长21.3%，与2019年同期基本持平，完成目标任务60万人的99.5%。伴随高校毕业生、困难群体等就业保障力度加大，重点群体就业情况好于上年同期，其中，高校毕业生毕业去向落实率同比提高14个百分点。双创发展动力增强。创新平台加速集聚，中科院重庆科学中心、中国自然人群资源库重庆中心、北京大学重庆大数据研究院等开工建设，硅基混合集成创新中心和重庆（两江新区）国家级车联网先导区等国家级创新平台落户，对创新主体、人才、资金等吸引力增强。全市新设立各类市场主体41.2万户，同比增长14.2%。

（五）区域发展特色更加彰显

重庆加快推动成渝地区双城经济圈建设，“一区两群”各片区发展特色更加凸显。成渝协同发展有序推进。高竹新区、遂潼一体化发展先行示范区建设提速。川渝合作共建项目平稳推进，1—9月重大共建项目完成年度投资741.4亿元，占年度计划完成投资的 73%。主城都市区"极核"引领作用更加凸显。中心城区先进制造业和现代服务业发展取得积极进展。1—9 月大渡口区投资增速超 20%，九龙坡区、巴南区、北碚区工业投资增速超过 30%。其中，巴南国际生物城创新中心、中南高科重庆大健康智慧谷等重点项目加快推进。主城新区工业化主战场作用显现，工业项目投资加快推进。1—9 月綦江、南川、大足、潼南等区工业投资增速均超 20%，永川招商引资项目落地开工个数和市外项目到位资金位居全市前列，长寿市级智能化工厂、数字化车间建设提速。渝东北三峡库区城镇群聚焦绿色发展，产业生态化和生态产业化协同发展成效明显。万州新引进一批绿色照明、生物医药、人工智能等高新技术项目，1—9 月工业投资同比增长 124%；丰都智慧生态生猪养殖、奉节脐橙商品化包装冷链物流仓储等项目有序推进。渝东南武陵山区城镇群立足人文生态特色资源，文旅融合发展持续深入。围绕"乌江画廊、武陵风光、生态康养"主题，武隆、石柱、秀山等旅游优势区县引领示范作用不断增强，全域旅游成为区域经济发展的重要支撑。

（六）价格指数呈现回升走势

1—9 月，全市 CPI 同比持平；PPI、PPIRM 分别同比增长 2.3%、5.6%，高于上半年 0.8 和 1.6 个百分点（见图 5）。八大类商品和服务消费价格"五升三降"。受猪肉价格持续回落影响，食品烟酒价格同比下降 2.6%，连续 8 个月负增长。在成品油价上调等带动下，交通和通信类价格同比上涨 4.2%，高于上半年 1.4 个百分点；衣着、居住、生活用品及服务、教育文化和娱乐类价格指数分别同比上涨 1.9%、0.1%、0.6% 和 1.5%；医疗保健、其他用品和服务类价格指数分别同比下降 0.2%、3.3%。工业品价格继续走高。在铜铝等原材料价格快速上涨推动下，工业品价格持续攀升，PPIRM、PPI 剪刀差由年初的 0.5 个百分点扩大至 9 月的 3.3 个百分点，企业生产经营压力进一步增大。

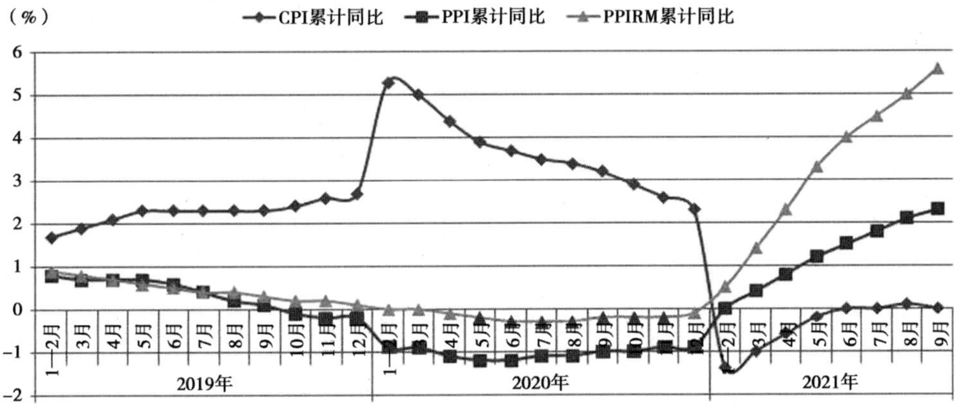

图 5　2019—2021 年重庆 CPI、PPI、PPIRM 累计同比增速比较情况

二、存在的问题

1. 经济增长内生动能不足

全市经济下行压力有所增大，投资、消费等内生增长动能不强，经济复苏基础有待夯实。一是投资增长后劲乏力。基建投资面临投融资能力下降、项目储备不足的制约，1—9 月全市基础设施备案项目计划总投资额同比下降 2.1%，已连续 5 个月负增长。工业投资面临大项目少、企业投资信心不足等问题，其中汽车产业投资连续 7 个月负增长。在集中供地政策背景下，重庆两次集中供地面积仅占 2020 年住宅用地供应面积的 51.6%，房地产投资短期下行压力增大。二是消费复苏基础仍不稳固。受宏观经济增长乏力、疫情不确定性等影响，全市社会就业、城乡居民收入等增长形势不容乐观，居民消费意愿和信心不高，餐饮、酒店、旅游等消费受疫情影响较低迷。同时，传统消费支撑减弱与新增长点不足并存，受汽车芯片紧张影响，市内部分 4S 店出现无车可售、提货周期延长的现象，9 月全市汽车消费同比下降 2.1%。时尚经济、免税购物等新业态新模式发展滞后，消费增长缺少新动能支撑。

2. 工业经济发展压力增大

在国家“能耗双控”、生产成本上涨等背景下，全市工业经济发展面临转型及较大的短期阵痛压力。一是重点产业增长存在隐忧。汽车产业生产受芯片短缺影响，预计长安汽车由于芯片供应不足，全年掉量 14.4 万辆左右。全球电子产品需求放缓及新兴制造业国家逐步复工复产，部分疫情期间“应急订单”外流，电子产业增速有所放缓。二是工业企业生产经营压力加大。受原材料价格高位运行、海运价格上涨、人民币升值等因素影响，企业利润受到挤压和侵蚀，工业制造企业尤其是中小企业经营更加困难，新增注销制造业企业数量有所增加。三是招商引资难度增大。受招商引资竞争激烈、工业用地紧张、长江干支流岸线一公里内禁止化工项目等因素影响，工业新项目引进难、落地难更加突出，导致全市工业大项目储备不足，工业经济发展后劲受到影响。

3. 要素保障瓶颈制约突出

全市资金、能源、人才等要素供给存在较多短板，影响经济持续复苏及生产生活的稳定。一是资金保障受到较多制约。部分区县面临融资难、财政收入减少与存量债务偿还等多重压力，交通、市政等建设资金保障难度增大。同时，全市供应链金融、天使投资、风险投资等发展滞后，中小企业融资渠道较窄，“融资无门”“融资贵”现象仍较普遍。二是人才利用面临“外流多”“引进难”困境。市内高校专业与本地产业人才需求契合度不高，毕业生外流现象较突出，企业自动化、智能化等方面人才紧缺，专业性、技术性人才招工相对较困难，影响企业转型升级和可持续发展。三是能源保障压力较大。在国家“能耗双控”、电煤保障困难、天然气短缺等背景下，全市电力、天然气等供需矛盾更加突出，企业、居民用能难以得到有效保障，影响正常的生产、生活秩序。

4. 营商环境有待优化提升

近年来重庆营商环境持续改善，但与市场主体期待仍有一定差距。一是政策吸引力仍须增强。与沿海发达地区、周边城市相比，重庆科技创新、产业发展、人才引进等政策力度还不够，政策环境仍须大力优化提升。譬如高层次人才认定标准高、覆盖面窄、待遇标准低，面向大学生、技能人才的政策欠缺，人才政策吸引力不足。二是政策执行不够到位。企业反映项目审批同城不同策，面向中小微企业政策门槛高、要求多，有的部门对文件、政策选择性执行，企业达到政府承诺政策条件后，存在兑现难、不兑现、少兑现等情况。三是政务服务水平还需提高。“放管服”改革仍须深化，政商沟通机制、企业服务保障体系不够健全，部分企业亟须解决的问题和困难不能及时得到政府关注和帮助，招商引进企业后续跟踪服务不到位。

三、经济运行环境分析及预测

1. 世界经济复苏形势复杂严峻

全球仍处于疫情反复期，变异病毒仍将挑战世界经济复苏的稳定性、持续性和平衡性。IMF 预测 2022 年全球经济增长 4.9%，较 2021 年下调 1 个百分点，复苏动力将有所减弱。疫苗接种率的差异将加剧全球经济复苏的不均衡性，以美欧为代表的发达经济体复苏形势将明显好于新兴经济体。随着疫情后经济刺激政策加快抬高公共债务和通胀水平，以美国为首的发达国家货币政策将面临收缩调整，这不仅将对全球股市、汇市、债市、大宗商品市场产生较大的外溢影响，更将使新兴经济体遭遇资本外流、货币贬值、债务压力等风险，增加经济金融脆弱性。疫情反复将继续推动全球产业链供应链回流收缩，制约全球贸易投资增长前景，RCEP、CPTPP 等区域性经贸合作将更加紧密。伴随全球经济复苏乏力，国际地缘政治冲突将明显加剧，大国之间特别是中美之间围绕科技、金融、贸易、能源、军事等领域的战略博弈将更趋激烈，社会动荡、领土争端、气候变化、政治危机等也将对产业链供应链重构及世界经济复苏产生深刻影响。

2. 国内经济注重宏观政策跨周期调节

2022 年，我国经济将延续复苏态势，但下行压力明显加大，面临全球疫情反复、政经博弈加剧，以及国内需求动力减弱、实体经济经营困难、风险隐患积聚等挑战。将坚持贯彻新发展理念，以高质量发展为主线，协调好稳增长、调结构和防风险的关系，加强宏观政策协同性和跨周期调节，确保经济运行在合理区间。我国经济社会对疫情的适应能力将继续增强，换届之年重大工程、重大项目投资有望得到大力支持。积极的财政政策将加大力度，落实好常态化财政资金直达机制，统筹做好两年财政政策衔接；将持续优化和落实中小微企业减税降费政策，通过发行国债和地方债保障“两新一重”基础设施投资建设。稳健的货币政策将适度宽松、更加精准，将大力发展科技金融、绿色金融、供应链金融，继续通过结构性货币工具强化对涉农、小微、民营企业的资金支持，引导市场利率下行。产业政策将继续发力，技术创新将为经济增长提供新动能，产业链供应链优化提升和安全稳定将持续推进，针对“专精特新”中小企业的支持力度将进一步加大。深层次改革开放深入推进，将以自贸区和海南自贸港先行先试为重点，加强与国际自贸协定规则对接；将加快 RCEP 建设、积极加入 CPTPP 和 DEPA 等国际协议，深层次融入国际经贸体系。区域发展将持续深化城市群都市圈建设，深圳中国特色社会主义先行示范区、上海浦东新区社会主义现代化建设引领区、浙江共同富裕先行示范区的先行先试效应将逐步显现，进而引领促进区域协调发展。

3. 重庆经济发展动力与压力并存

重庆经济发展韧性较强，“一带一路”建设、长江经济带、西部大开发、成渝地区双城经济圈、西部陆海新通道等战略将持续增强重庆发展动力，但面临的结构性周期性矛盾更加凸显，疫情反复、产业链供应链压力、内需不足及中小企业经营困难等挑战客观存在，需要集中资源、聚焦重点、全力推动全市经济稳步发展，增强全社会发展信心和预期。产业领域将注重产业链优化升级，将大力推动数字产业化和产业数字化，聚焦集成电路、新能源汽车等重点产业链图谱加快培育和引进上下游核心和基础环节优质企业，推动传统高耗能高排放产业转型发展。创新领域将强化科学城、两江协同创新区“双核”引领，突出西部（重庆）科学城综合性科学研究功能，以及两江协同创新区技术创新功能，聚焦智能制造、生物医药、新材料、新能源等领域强化产学研用融通创新。投资领域将强化基建投资的牵引带动，加快专项债等资金落地使用，推广专项债用作资本金项目和 REITs 试点，发挥政府主导类投资对社会投资的托底和带动作用。消费领域将围绕国际消费中心城市建设，高标准推进中央商务区、商圈提档升级和寸滩国际新城消费核心区规划建设，加强消费新模式新业态新场景的打造升级。开放领域将着重提升两江新区、中新项目、自贸区等平台开放引领功能，推动中欧班列、西部陆海新通道高质量发展，依托国际消费中心建设深入开展服务业扩大开放综合试点。区域发展将以双城经济圈为核心，加快建设高竹新区、万达开、泸永江等川渝毗邻地区功能性平台，探索经济区和行政区适度分离实践经验；将持续推动重庆“一区两群”协同发展，形成主城都市区与渝东北、渝东南携手并进的良好局面。同时，建设资金、人力资源、电气能源等要素保障将进一步加强，助力全市经济稳定运行。

4. 2022 年全市经济预测

利用《重庆市宏观经济预警系统》和《重庆市宏观经济短期预测系统》，结合当前宏观经济背景、宏观政策取向，以及全市经济运行面临的机遇和挑战，综合判断分析预计2022年全市GDP同比增长6.5%左右，全口径工业增加值、固定资产投资、社会消费品零售总额、外贸进出口总值分别同比增长6.6%、6%、7%、9.1%左右，居民消费价格指数同比增长2%左右。

四、政策建议

针对2022年经济形势，应紧扣高质量发展主题，持续深化供给侧结构性改革，在扎实做好“六稳”“六保”工作的同时，进一步促进创业就业、结构调整、消费扩张、改革开放，以及营商环境优化、市场信心提振等六方面发展，着力激发市场主体动力和活力，稳定增强全社会发展预期。

1. 加大创业创新支持力度，促创业带就业

构建服务完备、政策精准、要素完备的创业创新良好生态，激发创业创新活力。一是营造更优的创业创新环境。以西部（重庆）科学城和两江协同创新区为引领，提升各类创新平台能力，加快完善创业创新服务体系，着力破除创业创新体制机制障碍，以更优的创业创新环境打造民营、外商企业投资创业的热土，增强民营经济发展信心，吸引更多外商外资来渝投资。二是强化政策激励。加大全市创业创新政策集成和兑现落实力度，推动“科技创新财政金融政策30条”等政策举措落地见效，聚焦基础研究、技术创新、企业智能化改造等重点领域增强政策支持的精准性和有效性，激发市场活力。三是加强要素保障。拓展双创融资渠道，大力发展股权投资、创业投资等风险投资基金，引导资金更多投向早中期、初创期企业，破解双创企业融资难题。强化创新创业人才支撑，高水平举办各类创新创业大赛，加强重点群体创业创新教育培训。

2. 加快工业高质量发展，促结构调整提升竞争能力

深入推进工业供给侧结构性改革，着力提升产业核心竞争能力。一是壮大工业发展新动能。聚焦全市33条重点产业链图谱加快引进集聚上下游优质企业，着力推动高技术制造业、战略性新兴产业集群发展。加快促进互联网、人工智能、大数据与实体经济深度融合发展，前瞻布局引入包括元宇宙等前沿科技类企业，加快发展以新技术、新产业、新业态、新商业模式等为特征的新经济。二是推动产业链供应链优化升级。加快电子、汽车、装备等重点产业建链强链补链延链壮链，引导核心企业提升核心基础元器件、关键基础材料等的研发创新能力，支持“专精特新”中小企业突破高端芯片、智能传感等关键技术，强化产业链供应链关键环节补短板。三是加快传统产业绿色转型升级。系统谋划全市碳达峰、碳中和推进工作，加大对碳排放重点行业和企业的跟踪调研，推动建立科学合理的碳排放指标评估、分配体系，及时化解优质企业用能和扩产增效面临的困难。

3. 着力提振消费需求，促消费扩张体现市场优势

积极应对疫情影响，围绕提升消费能力、扩大有效供给和改善消费环境，增强消费市场活力。一是不断提升居民消费能力。稳步拓宽高校毕业生、退役军人、农民工等重点群体就业渠道，加快培育发展新型农业经营主体，着力稳定城乡居民工资性收入，扩大农村居民经营性、财产性收入，促进居民消费能力和消费信心有效提升。二是继续扩大有效供给。围绕国际消费中心城市建设，加快推进商圈提档升级，积极培育“四首”经济，大力推动无接触消费、直播电商、社交电商等新模式发展，着力构建与消费结构升级相适配的供给体系。三是持续改善城乡消费环境。积极落实国家汽车下乡、以旧换新等消费促进政策，强化城乡销售、物流网络衔接，加快引导消费设施建设向农村进一步下沉，挖掘农村消费潜力。

4. 发挥内陆开放优势，促深层次改革开放扩大发展空间

统筹要素流动型开放和规则等制度型开放，持续拓展外资外贸发展新空间。一是深化开放体制机制创新。全方位扩大对外开放，对接全球高水平经贸规则，实施新版外资准入前国民待遇加负面清单管理制度，推动由商品和要素型开放向规则等制度型开放转变。二是促进开放经济新业态新模式发展。强化自贸区、中新项目等开放平台引领作用，加快服务业扩大开放综合试点建设，完善开放平台、口岸功能，依托首批 10 个自贸试验区联动创新区等平台载体，推动跨境电商、保税商品展示展销等开放经济新业态、新模式发展。三是加快跨境经贸合作平台及通道建设。着力推进与 RCEP 成员国等区域经贸合作，深入推进西部陆海新通道、中欧班列等国际开放大通道建设，强化通关便利化、海外仓建设等国际合作，积极拓展海外市场。

5. 聚焦企业、人才发展诉求，促营商环境升级激发市场主体活力

营商环境是区域发展的竞争力，应进一步优化政务服务效能，营造适宜企业、人才发展的良好环境。一是促进投资贸易便利化。以自贸试验区先行先试为重点，进一步深化外商投资和对外投资管理体制改革，减少或取消外商投资的准入限制，推动建立与国际高标准规则衔接的制度体系，营造内外资企业、国有民营企业一视同仁、公平竞争的市场环境。二是深化“放管服”改革。最大限度精简行政审批事项和环节，全面推行极简审批投资制度，以市场主体办事“零跑动”为目标，推进政务服务事项网上办、掌上办、一次办、就近办、跨省通办等，进一步提升市场主体准入准营便利度。三是优化人才发展环境。进一步落实“塔尖”“塔基”人才政策，增强高层次人才住房、就医、子女入学等保障。适当放宽主城新区、“两群”地区的人才认定标准，加大对企业急需的技能型人才、本科学历人才引进和培育力度。

6. 加大实体经济支持力度，促发展信心提振增强发展预期

加大涉企政策支持力度，提振发展信心，增强市场预期。一是推进中小企业纾困减负政策再升级。继续执行国家制度性减税降费政策，深入落实“促进生产经营稳定发展 27 条”等政策举措，进一步研究制定中小企业支持政策，清理规范各类不合理附加费用，切实帮助企业纾困减负。二是缓解企业生产经营压力。积极落实原材料保供稳价政策，加大国内外煤炭等大宗商品采购力度和运输调度，确保原材料稳定供应。加大中小企业融资支持力度，推广供应链金融、知识产权质押等融资方式，支持金融机构开发面向中小微企业的首贷、信用贷、无还本续贷等金融产品，切实降低企业融资成本。三是发挥好政府性投资带动作用。继续深化实施“抓项目稳投资”专项行动，规范有序推广 PPP、REITs 等融资模式，吸引民间资本参与市政、社会事业等补短板领域基础设施建设，拓宽民营企业投资空间，提振发展信心。

重庆市综合经济研究院（重庆市经济信息中心）宏观经济研究课题组
主研： 易小光　丁　瑶　余贵玲　罗丛生　张　超　张　佳
施小兰　郑淑媛　杨　梅　陈　可　贺诗倪　赵　飞　成秋明
执笔： 张　超　张　佳　施小兰　郑淑媛　杨　梅

附表　2021 年及 2022 年重庆市经济发展主要指标预测表

指　标	2020 年（实际值）		2021 年（预测值）		2022 年（预测值）	
	绝对额	增速	绝对额	增速	绝对额	增速
	亿元	%	亿元	%	亿元	%
1. 地区生产总值	25002.79	3.9	28110	8.5	30750	6.5
第一产业	1803.33	4.7	1980	7.1	2100	4.0
第二产业	9992.21	4.9	11300	8.1	12280	6.3
工业增加值	6990.77	5.3	7850	10.0	8470	6.6
第三产业	13207.25	2.9	14830	9.0	16370	6.9
2. 固定资产投资	—	3.9	12590	7.7	13350	6.0
3. 社会消费品零售总额	11787.20	1.3	13990	18.7	14970	7.0
4. 外贸进出口总值	6513.36	12.5	7880	21.9	8600	9.1
出口	4187.48	12.8	5070	22.5	5600	10.5
5. 一般公共预算收入	2094.80	-1.9	2250	7.4	2370	5.3
6. 金融机构人民币存款余额	41270.20	8.7	43990	6.6	46600	6.0
金融机构人民币贷款余额	40960.64	13.2	46610	13.8	53000	13.5
7. 城镇常住居民人均可支配收入（元）	40006	5.4	43782	9.4	47550	8.6
农村常住居民人均可支配收入（元）	16361	8.1	18170	11.1	19930	9.7
8. 城市居民消费价格指数	—	2.3	—	0.3	—	2.0
工业生产者出厂价格指数	—	-0.9	—	3.0	—	5.0

注：1. 地区生产总值及增加值的绝对值为现价，增速为可比价。
2. 固定资产投资增幅、社零总额增幅未扣除价格因素。
3. 金融机构存贷款增长与上年同期比。

36 2021年云南省经济形势分析及2022年展望

云南省经济信息中心

2021年以来，云南坚持稳中求进工作总基调，科学统筹疫情防控和经济社会发展，经济延续稳定恢复态势，主要经济指标处于合理区间。工业稳步复苏、投资效率提升，消费潜力加快释放，服务业恢复进程加快，市场预期不断改善。但是，国际环境不确定性因素增多，国内经济运行也面临疫情散发、大宗商品价格高企、原材料短缺等问题和挑战。多数经济指标的恢复程度仍不及预期，经济增长内生动力不足的问题较为突出，稳增长的压力加大。预计2021年经济增速能够完成预期目标任务，2022年须采取切实有效措施稳定工业和投资，促进经济发展质量和效益的不断提升，确保经济运行在合理区间。

一、经济运行分析

（一）经济持续恢复发展，主要经济指标处于合理区间

1. 经济数据逐季回落，总体位于合理区间

2021年前三季度全省完成地区生产总值19607.76亿元，同比增长8.9%，两年平均增长5.8%。其中，第一产业增加值2168.23亿元，同比增长10.2%，两年平均增长7.1%；第二产业增加值6802.71亿元，同比增长8.6%，两年平均增长5.4%；第三产业增加值10636.82亿元，同比增长8.8%，两年平均增长5.7%。前三季度GDP增速延续回落趋势，一季度、上半年和前三季度增速分别为15.3%、12.0%和8.9%。工业、服务业、投资、消费、房地产等五大板块增速逐季下行。进出口增速虽然也呈逐季下行趋势，但总体仍保持较快增速，是前三季度经济增长的最大亮点。内需不足问题仍然突出，受到国内疫情和汛情的双重影响，全省内需恢复状况仍然不及预期。工业和投资的快速下降对经济运行产生不利影响，消费对经济增长的拉动作用依然疲弱。

2. 出口保持较快增长，进口增速逐季回升

前三季度，全省货物贸易进出口总额2241.10亿元，增长37.7%。其中，出口

1179. 32 亿元，增长 52. 4%；进口 1061. 77 亿元，增长 24. 4%。前三季度，对东盟进出口 914. 6 亿元，增长 16. 7%，占全省外贸总值的 40. 8%，东盟继续保持第一大贸易伙伴地位；民营企业进出口 1211. 8 亿元，增长 49. 9%，占全省进出口总值的 54. 1%，持续保持全省第一大外贸经营主体地位。进口增速逐季加快，部分进口商品增长较快。前三季度全省进口金属矿砂 309 亿元，增长 74. 9%；进口农产品 144. 4 亿元，增长 70. 1%。

3. 投资增速明显下滑，民间投资较快增长

前三季度，全省固定资产投资（不含农户）同比增长 8. 2%，两年平均增长 7. 3%。其中，民间投资同比增长 9. 9%，快于固定资产投资增速 1. 7 个百分点，两年平均增长 11. 2%，快于固定资产投资平均增速 3. 9 个百分点。从三大领域来看，基础设施投资增长 9. 9%，制造业投资增长 2. 4%，房地产开发投资增长 3. 3%。房地产投资明显下降，制造业修复进程仍未结束，基建作为托底稳增长的重要环节，在稳定固定资产投资中起到了重要作用。

4. 消费需求依然低迷，网络消费增长较快

前三季度，全省社会消费品零售总额完成 7828. 55 亿元，同比增长 12. 1%，两年平均增长 2. 9%。按消费类型分，商品零售 6736. 41 亿元，同比增长 10. 6%，两年平均增长 3. 0%；餐饮收入 1092. 14 亿元，同比增长 22. 6%，两年平均增长 2. 4%。在限额以上商品销售类值中，通过公共网络实现的商品销售额 64. 09 亿元，增长 50. 1%。服务业恢复发展仍然受到明显制约，旅游等消费潜力尚未得到充分释放。国庆假期，全省共接待游客 2193. 0 万人次，恢复至 2019 年同期的 80. 9%；实现旅游收入 155. 1 亿元，恢复至 2019 年同期的 71. 8%。

（二）经济恢复基础仍不稳固，经济下行压力有所加大

云南经济恢复仍然不稳固、不均衡，消费、投资和中小企业的风险点相叠加，导致经济运行面临较大下行压力。一是工业增速明显下滑。前三季度，全省规模以上工业增加值两年平均增长 5. 7%。平均增速低于 2019 年同期增速 3. 6 个百分点，工业经济持续低迷对全省经济恢复产生较大压力。二是消费增长速度快速下降。前三季度，社会消费品零售总额两年平均增长仅为 2. 9%，低于 2019 年同期增速 7. 3 个百分点。疫情形势变化造成的短期影响并未完全消除，消费倾向降低可能带来消费增速放缓的长期性影响因素。三是制造业和房地产投资增速持续下降。前三季度，制造业投资增长 2. 4%，房地产开发投资增长 3. 3%。制造业和房地产开发投资增速远低于整体投资增速，制造业投资和房地产投资增速的快速下降已经带动固定资产

投资的整体下滑。四是 PPI 增速远高于 CPI 增速。前三季度，CPI 上涨 0.1%，PPI 上涨 7.9%。消费领域价格低位运行，生产领域价格持续上涨，PPI 不断走高带来工业通胀压力。PPI 和 CPI 增速的反差将对中小企业和下游企业的利润、投资和产出产生很大的影响。

二、经济运行环境分析及趋势展望

新冠肺炎疫情严重打乱了全球供应链，国际循环面临大宗商品价格上涨、原材料短缺、物流成本上升等问题和挑战。国内循环面对全球疫情仍在持续演变，外部环境更趋复杂严峻，国内经济恢复仍然不稳固、不均衡。一方面我国经济运行常态化趋势正在形成，有充足的发展动能、充分的政策空间，能够展现足够的韧性。高新技术产业和碳达峰、碳中和提供了充足的投资机会，将会逐步带动市场的盈利改善和投资预期向好。扎实推动共同富裕，推进区域、城乡一体化发展，加大力度提高中等收入群体比重，为我国带来巨大的消费动能。外需依然会有一定幅度的增长拉动，发达经济体与新兴经济体外需交替接力，我国对越南和印尼等东盟国家的出口供给替代效应仍显著。另一方面我国正处在转变发展方式、优化经济结构、转换增长动力的攻关期，结构性、体制性、周期性问题相互交织，“三期叠加”影响持续深化，经济下行压力有所加大。一是新冠肺炎疫情仍在全球蔓延，世界经济复苏的基础尚不稳固，国际产业链供应链格局深刻调整，不确定不稳定因素增多。二是房地产投资下滑对固定资产投资增速影响较大，消费低增长和成本上升等因素继续制约工业经济发展，外贸不稳定因素增多对我国出口需求产生不利影响。三是大宗商品价格上涨持续增加中下游企业成本上升压力，上游工业品价格在缓慢地往消费端传导，有可能形成 CPI 上涨压力。四是个别大型房企风险暴露，金融机构对房地产行业的风险偏好明显下降。部分房企遭遇资金链危机，少数企业已处于违约的边缘，防范债务风险的压力加大。

展望 2022 年，在疫情趋缓的大背景下，复苏迟滞的服务消费将逐渐恢复，加之随着产业链的修复，全球供给能力将得到较大改善，全球经济有望延续复苏态势。随着我国对于疫情反弹的防控效果显现，将继续带动整体消费回暖及服务类消费的回升。统筹疫情防控和经济社会发展扎实推进，宏观政策跨周期调节有效实施，支持实体经济发展政策持续显效，企业预期有望趋于稳定。但受到收入增速放缓、防御性储蓄行为加强和房地产相关消费下降等因素的抑制，消费需求难出现明显改观。中游设备制造和高技术制造业发展，将拉动制造业投资温和上行。随着房地产税等房地产长效机制的加速落地，房地产市场观望程度将进一步加深，楼市供需结构将迎来一定程度的调整。一批重大项目陆续开工建设，地方专项债继续发挥作用，拉动基建投资增速持续回升，带动扩大有效投资。国内疫情整体可控、产业链完整与供给适应性强、海外订单回流等因素继续推动进出口保持较快增长。但疫情冲击影响不会完全消退，周期性的下行力量仍然存在，输入型通胀、房地产销售增速下滑等将会继续拖累经济增长。

三、云南经济趋势及主要经济指标预测

2020 年以来，云南出台了多项稳增长的政策措施，已经取得了明显的成效。持续打造世界一流“三张牌”。在“绿色食品牌”方面，打造具有云南特色、高品质、有口碑的农业“金字招牌”，加快形成品牌集群效应。发展绿色有机生产基地，促进农产品向高端市场迈进。在“绿色能源牌”方面，持续推进绿色能源战略与绿色先进制造业深度融合，着力打造“中国铝谷”和“世界光伏之都”。新能源发展将有效拉动投资，成为云南经济增长的新动能。在“健康生活目的地牌”方面，推动健康产业与旅游、体育、文化、教育等产业融合发展，创建国际康养旅游示范区。半山酒店、特色小镇和美丽乡村等成为旅游新热点。新产业、新业态、新模式加快发展。“绿色铝”“绿色硅”为首的电子信息制造业产能持续释放。数字经济新动能加速崛起，全力打造“数字云南”，推动大数据、人工智能、区块链等战略性新兴产业发展，数字经济产业将成为面向南亚东南亚辐射中心重要支撑。举办联合国《生物多样性公约》第十五次缔约方大会，集中展现生态文明建设排头兵成效，对云南继续深化扩大对外开放将起到积极的推动作用。继续发挥投资对稳增长的关键性作用。专项债券对地方经济社会发展的积极作用进一步显现，将有力支持我省制造业高质量发展；受房地产调控政策的影响，商品房销售、房地产开发企业到位资金增速明显放缓，但购房信贷环境预期改善有望带动房地产投资增速逐步回稳；重大项目集中开工，加紧建设，涵盖综合交通、城镇建设、生态环保等多个领域，基础设施投资仍是云南稳增长对冲经济下行压力的重要力量。

四季度随着专项债进入密集发行期，基建投资有望持续反弹。消费环境持续改善，居民消费潜力逐步释放，消费继续发挥对经济发展的重要支撑。世界经济复苏带动贸易增长，为进出口保持增长创造有利条件，外需仍有较大发展空间。但是国际大宗商品价格目前仍然保持高位，国内部分上游行业产品供求关系比较紧张，价格仍然存在上涨的压力。综合分析，经济运行受到疫情形势尚存不确定性、国际经济和政策环境变化、电力供应保障和生产恢复水平、内外部需求复苏状况、通胀走势和市场预期等多重因素影响。加上上年同期基数抬升的影响加大，2021 年四季度

和 2022 年初经济下行压力有所增加。

预计 2021 年云南经济增速将呈现“前高后低”运行趋势，全年 GDP 增长 8.3% 左右，两年平均增长 6.1% 左右。固定资产投资、社会消费品零售、进出口总额分别增长 8.0%、10.6%、20.8% 左右。同时由于 2021 年一季度经济大幅增长抬高基数，初步判断 2022 年经济运行总体将呈现“低开稳走”的运行态势。预计 2022 年全年 GDP 增速达到 8.8% 左右，3 年平均增速上升到 7.0% 左右。固定资产投资、社会消费品零售、进出口总额分别增长 9.3%、11.2%、13.6% 左右。

四、政策措施建议

“跨周期调节”将成为高质量发展阶段下我国宏观经济调控的基本框架和理念。要准确理解跨周期调节的内涵和重点，加大对新出台政策的权威解读，把握好政策执行的方向和力度。既要加强预期管理、稳定市场和社会预期，降低短期经济波动，又要重视解决结构性等中长期问题。进一步巩固拓展疫情防控和经济社会发展成果。

充分挖掘投资增长潜力，推进重大工程项目建设，扎实做好项目前期准备，引导企业加大技术改造投资，激发有效需求、丰富有效供给，促进固定资产投资增速回升。大力发展社区服务等面向民生的服务业，加快发展旅游业，积极拓展新型服务领域，促进消费结构优化升级。进一步优化收入分配结构、推进共同富裕，构建新型消费发展环境。

持续加大对中小企业发展的支持，加大对中小企业的公共服务体系的投入，着力解决中小企业面临的负担重、融资难等突出问题，支持中小企业创业创新，不断培育新增量、新动能。加大优化营商环境工作力度，继续精准实施减税降费、惠企纾困、稳岗就业及强化融资支持等政策，发挥中小企业对于优化产业结构、吸引民间投资的重要作用。

进一步加大对重点领域和薄弱环节的支持力度，平衡好稳增长和防风险之间的关系。经济恢复进程中面临的外部环境不稳定不确定因素较多，云南边境疫情防控压力较大，巩固稳定恢复发展的基础仍须努力。同时，要防范“双控”对产能释放的抑制、房地产调控对投资增长的抑制、金融严监管对房地产和实体融资的抑制。

（执笔：孔莉）

37 2021年陕西省经济形势分析及2022年展望

陕西省信息中心

一、2021年陕西经济运行特征

（一）三次产业持续稳定恢复，结构趋优

1. 农业生产稳中向好，畜牧业快速增长

一是粮食生产稳定增长。预计全年粮食播种面积4526万亩，总产量1286.3万吨，同比分别增长0.6%、0.9%。二是特色畜牧业发展较快。前三季度，猪牛羊禽肉产量84.9万吨，同比增长17.8%；生猪存栏数862.5万头，增长4%，出栏720万头，增长26.9%。三是经济作物产量平稳增长。前三季度，中草药材产量47.09万吨，同比增长1.9%；园林水果总体长势良好，园林水果产量607.93万吨，增长6.6%。

2. 工业转型升级稳步推进，企业效益表现亮眼

一是能源工业增势平稳。规上能源工业增加值同比增长5.6%，其中，煤炭开采和洗选业增长0.9%，石油和天然气开采业增长5.7%。二是非能源工业增长较快。非能源工业增加值同比增长8.6%，其中，电气机械和器材制造业增长33.1%，计算机、通信和其他电子设备制造业增长18.4%。三是企业利润快速增长。1—8月，规上工业企业实现利润总额2099.8亿元，同比增长98.2%，高于全国48.7个百分点。

3. 服务业稳步恢复，现代服务业发展势头较好

一是金融助推实体经济发展的作用进一步显现。9月末，全省金融机构人民币各项贷款余额43130.82亿元，同比增长12.7%，较年初新增4225.35亿元。二是旅游业快速发展。前三季度，全省接待国内旅游人数41915.6万人次，国内旅游收入3633.4亿元，同比分别增长70.7%、88.4%。三是现代服务业发展势头较好。前三季度，信息传输、软件和信息技术服务业增加值同比增长11.1%，高于服务业增加

值增速2.7个百分点。西安大力推动西安咸阳国际机场三期、蓝田通用机场建设，加快地铁1号线三期、8号线、14号线等8条线建设及西安站改扩建。

（二）投资、消费稳中趋缓，外贸成绩喜人

1. 投资增速回落，投资结构趋于优化

在疫情汛情、“能耗双控”等多重因素影响下，全省投资增速有所回落。前三季度，全省固定资产投资同比下降3.1%。2021年以来，全省持续加大高质量项目建设力度，投资结构持续改善优化。前三季度，全省工业企业技术改造投资同比增长23.3%，2021年以来持续保持两位数增长；高技术产业投资同比增长8%，高于全省投资增速11.1个百分点；民间投资同比增长7.5%，高于全省投资增速10.6个百分点，占全省投资的比重为51.8%，占比较上年同期提高5.2个百分点。

2. 消费市场恢复放缓，新兴消费发展迅速

全省消费品市场总体保持恢复态势，但是，受部分地区疫情反复和汛情影响，市场销售增速回落。前三季度，全省社会消费品零售总额7415.78亿元，同比增长12%，较上半年回落10.8个百分点，低于全国平均增速4.4个百分点。其中，限额以上企业（单位）消费品零售额3577.22亿元，同比增长10.7%，较上半年回落12个百分点。但是，新兴消费发展迅速，网上零售增势良好，前三季度，全省限额以上企业（单位）通过公共网络实现的商品销售583.42亿元，同比增长19.8%，增速高于全省限额以上企业（单位）消费品零售额增速9.1个百分点。

3. 货物进出口高速增长，外贸发展态势良好

我省全面贯彻新发展理念，不断推进外贸外资向好发展。前三季度，全省实现进出口总额3503.85亿元，同比增长25.4%，增速高于全国平均水平2.7个百分点。其中，出口1857.66亿元，同比增长32.4%，增速较上年同期提高33.6个百分点；进口1646.19亿元，同比增长18.4%，增速较上年同期提高1.3个百分点。实际利用外资76.77亿美元，同比增长6.9%，完成全年目标任务的81.2%。中欧班列长安号开行3002列，增长9%，开行量、货运量、重箱率稳居全国前列。

（三）三大收入呈现稳中向好态势，收入分配更趋合理

1. 财政收支保障有力，内在稳定器作用进一步显现

前三季度，全省地方财政收入2171.32亿元，同比增长29.6%。其中，各项税收1737.14亿元，同比增长35.3%，占地方财政收入的80%；非税收入434.18亿

元，增长11%。财政支出4482.89亿元，同比增长2.4%，比上年同期增支103.65亿元。

2. 农村居民收入增速快于全国，城乡居民收入差距缩小

前三季度，我省居民人均可支配收入21665元，在全国居第18位，与上年同期相比，排名下滑一位，同比增长10%，增速低于全国0.4个百分点。其中，城镇居民人均可支配收入31052元，在全国居第16位，位次下滑一位，同比增长8.5%，增速低于全国1个百分点；农村居民人均可支配收入11070元，在全国居第22位，位次上升一位，同比增长12%，增速快于全国0.4个百分点。城乡居民收入差距进一步缩小，城乡居民收入倍差为2.81，比上年同期缩小0.09。

3. 企业收入快速增长，效益大幅提高

1—8月，规模以上工业企业实现营业收入18169.7亿元，同比增长27.9%；营业收入利润率为11.6%，同比提高4.1个百分点。利润总额2099.8亿元，同比增长98.2%，高于全国48.7个百分点。

（四）主要先行指标回升，经济复苏步伐加快

9月末，人民币各项贷款余额4.31万亿元，同比增长12.7%，增速连续14个月保持在12%以上。普惠小微贷款、制造业中长期贷款余额同比分别增长40.7%、36.2%。前三季度，全省发电量、用电量分别增长15.3%、16.7%，其中工业用电量增长18.6%。

二、有效做法和典型经验

1. 多措并举稳定经济增长

落实工业稳增长促投资若干措施，开展工业稳增长督导调研，竣工的新增产能项目释放产值500亿元以上。电力外送537.4亿千瓦·时，增长45.8%，全面完成国家下达陕西省3900万吨煤炭保供任务。实施推进高质量项目建设行动方案，举办重点项目云观摩活动。组织重点产品促销活动，300多家制造类企业依托电商平台推广产品和服务。

2. 深化市场化改革扩大高水平开放

推进“数字赋能”，深化“放管服”改革，调整优化审批服务事项流程，实施优化提升营商环境三年行动计划。推行“亩均论英雄”和标准地出让改革，深入实

施国企改革三年行动计划。开行亚欧陆海贸易大通道日韩过境货物往返测试专列，欧亚经济论坛及经贸合作博览会正抓紧筹备。

3. 持续推动秦创原平台建设

与国家电网、中国联通等央企达成合作协议，18家省属国有企业、61家金融机构、45家专业服务机构入驻，组建13家共性技术研发平台和创新联合体，78个科创项目完成转化。推进先进阿秒激光、电磁驱动聚变等纳入国家“十四五”重大科技基础设施规划。推动23条重点产业链延链补链强链。

4. 狠抓县域城乡融合发展

出台支持县域经济高质量发展的政策措施，每县确定1～2个主导产业，给予资金、土地、人才等要素支持，以“一县一区”“一区多园”推动园区优化整合，县城建设示范县工作扎实推进。持续做大“3+X”特色现代农业，建设杨凌国家区域种业创新中心。推进巩固拓展脱贫攻坚成果与乡村振兴紧密衔接，启动农村人居环境整治提升五年行动。

三、需要关注的问题

1. 工业后续增长基础不牢

陕西省规模以上工业增加值增速9月当月由正转负，同比下降9.3%，较上月回落13.8个百分点。9月，非能源工业36个行业中26个增加值呈现负增长，下降面达72.2%。前三季度，全省规模以上工业增加值同比增长7.2%，增速较上半年回落4.4个百分点。其中，采矿业增长2%，增速较上半年回落6.8个百分点，制造业增长8.8%，回落3.3个百分点。

2. 投资增长缺乏后劲

固定资产投资累计值自2020年6月份以来首次负增长。前三季度，全省基础设施、教育投资同比分别下降12.2%、31.5%，分别下拉投资增速3.9、1.1个百分点；房地产投资同比增长4.7%，较上半年回落7.2个百分点；项目投资同比下降5.3%，新开工项目平均规模0.84亿元，平均规模同比下降20.6%。西安投资增速由正转负，同比下降5.6%，榆林、延安投资分别下降24.8%、19.6%。

3. 消费市场恢复放缓

受部分地区疫情反复和汛情影响，不少大型会议、活动停止，一些景点和商场停业，外来旅游人数减少，住宿和餐饮业客流下降。其中，穿类商品销售连续下滑，前三季度，服装、鞋帽、针纺织品类商品零售额同比增长 6.5%，较上半年大幅回落 21.2 个百分点。

4. 企业生产经营困难

9 月，全省 PPI（上年同期 = 100）上涨 13%，高于全国 6.3 个百分点。9 月 PMI 为 46.8%，连续 3 个月低于临界点，为新冠肺炎疫情发生以来最低点，预计四季度仍低于临界点。9 月全省停限产企业明显增多，仅西安、咸阳、铜川就有 1193 户规上工业企业停限产，导致 9 月减少产值 130 亿元。

5. 能耗双控形势仍然严峻

1—8 月，规上工业能耗增长 11.3%，较 1—7 月、1—6 月分别回落 3.4、2.4 个百分点，其中，六大高耗能行业能耗增长 13.5%，虽较 1—7 月回落 3.4 个百分点，但拉动全省规上工业能耗增长 10.6 个百分点，仍是当前和今后控能的关键。

四、2022 年陕西经济展望

（一）经济发展环境分析

1. 国际环境更趋复杂严峻

全球疫情形势依然严峻，美国央行“放水”引发通货膨胀，国际大宗商品价格高位运行仍会持续，能源危机可能持续蔓延，中美关系复杂性、不确定性增强和部分地区地缘政治紧张局势都将对经济恢复产生巨大的影响。

2. 国内经济恢复仍不稳固、不均衡

我国经济运行的需求端与供给端同时呈现收缩态势，三季度工业、投资、消费等指标回落速度快于前期，外贸发展面临不稳定、不确定性因素较多，经济下行压力或将持续到 2022 年上半年。但也要看到，我国经济继续保持恢复态势，就业物价总体稳定，主要宏观指标处于合理区间。

3. 陕西省经济运行机遇与挑战并存

机遇与挑战并存，困难与希望同在。受能耗双控力度加大、房地产调控趋严、停工限产、汛期灾情等因素影响，加之东部沿海地区一些重点供应链受阻、产业链断层的影响逐步传导至陕西省，经济发展面临众多挑战。但是，机遇往往与挑战同行。我们应清楚地看到，习近平总书记来陕考察为新时代陕西发展注入强大动力，国家一系列重大战略和政策也带来新的机遇，成功举办十四运会扩大了陕西影响力，各项工作举措效应加速释放，创新活力不断增强，长期发展中积累的诸多深层次问题、结构性矛盾正在有效破解。

（二）陕西省经济运行态势展望

2022 年，陕西省将继续巩固经济稳定恢复的态势，动能继续积聚，质效进一步提升。未来，我省经济发展的最主要的增长点是现代服务业和高端制造业。2022 年，预计全省工业将进一步得到恢复，工业结构进一步优化升级，非能源工业继续保持较快增长；固定资产投资增速将趋稳，投资结构优化，投资质量提升；消费市场将进一步恢复，新兴消费及升级类商品零售额较快增长，物价总体保持稳定，居民消费信心增强；进出口将保持较快增长态势，出口仍将维持强劲；可能出现下行压力和通货膨胀风险并存、债务风险等新的风险因素。

（执笔：聂东利　杨西萍）

38　2021 年甘肃省经济形势分析及 2022 年展望

甘肃省经济研究院（甘肃省信息中心）

2021 年以来，甘肃省以习近平新时代中国特色社会主义思想为指导，全面落实习近平总书记对甘肃重要讲话和指示精神，把握“三新一高”导向，统筹推进疫情防控和经济社会发展，经济运行保持积极向好、稳中有进、稳步提质的良好发展态势。初步预测，2022 年全省经济增速有望保持在 6% 左右。

一、2021 年经济运行分析

前三季度，全省经济持续稳定恢复，农业生产稳中向好，工业生产稳定增长，服务业继续恢复，投资项目建设加快推进，消费活力不断释放，外贸进出口快速增长，居民消费价格和就业形势总体稳定。全省地区生产总值 7401 亿元，同比增长 8.5%，两年平均增长 5.6%（见图 1）。

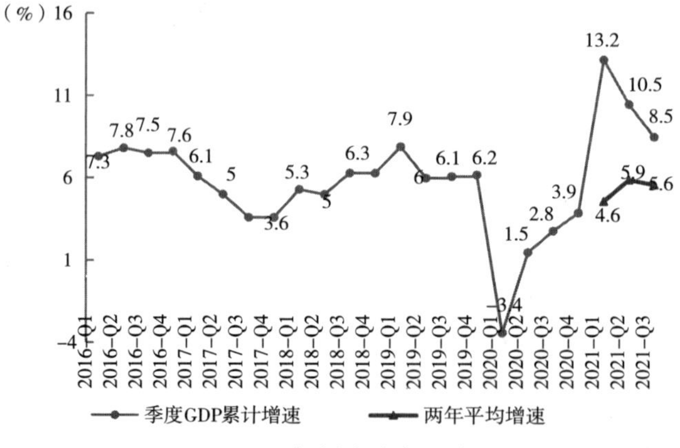

图 1　2016—2021 年甘肃省各季度 GDP 增速

1. 农业生产稳中向好

前三季度，全省把扶强龙头企业作为现代丝路寒旱农业倍增行动的突破口，加快构建现代农业产业体系，着力建基地、强龙头、延链条、聚集群、培园区、创品牌，持续提升特色产业规模、质量和效益。农业增加值 1076.4 亿元，同比增长

9.6%，两年平均增长 7.1%。启动实施龙头企业“2512”提升行动。已建设重点示范种养基地 786 个，绿色标准化种植基地面积达到 925 万亩。

2. 工业生产韧性持续显现

全省规模以上工业增加值同比增长 9.8%，两年平均增长 8%，增速稳定高于近三年同期水平（见图 2）。采矿业同比增长 7.4%，制造业、电力热力燃气及水生产和供应业“前高后稳”态势明显，分别增长 9.2%、13.8%。工业新动能不断增强，规模以上工业战略性新兴产业、高技术产业、装备制造业增加值同比分别增长 19.9%、35.8% 和 11.4%。工业企业效益持续改善，1—8 月规上企业利润 416 亿元，同比增长 1.4 倍。数字经济加快发展，一批大数据中心和产业园项目加快建设。

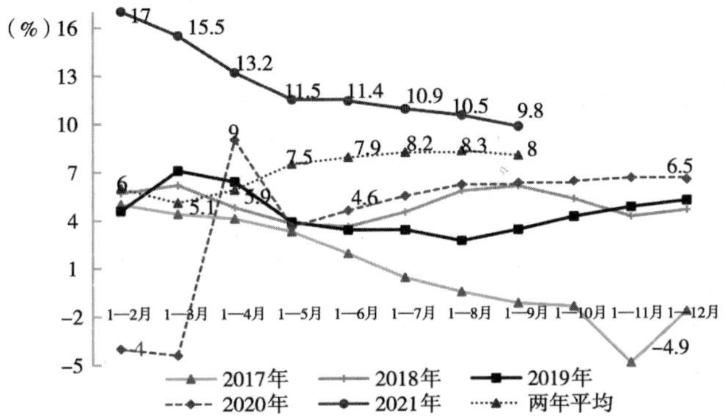

图 2　2017—2021 年甘肃省规模以上工业增加值增速

3. 服务业发展稳定回升

主要商品销售增势良好，商品零售 2689 亿元，同比增长 17%，两年平均增长 6.4%。餐饮收入 335.7 亿元，增长 26.7%，两年平均增长 5.2%。交通货运快速增长，铁路货运量 4783.4 万吨，增长 9.6%，两年平均增长 10.2%；公路货运量 53118.4 万吨，增长 20.1%。文旅新动能持续增强，文旅品牌效应持续提升。乡村旅游快速发展，全国乡村旅游重点村达到 38 个。

4. 固定资产投资平稳增长

固定资产投资同比增长 13.5%，两年平均增长 9.9%（见图 3）。工业投资增势良好，制造业投资增长 13.3%，连续 6 个月稳步提高，带动工业投资高位运行，增长 31.8%。重大项目建设成效显著，引洮供水工程主体全线建成，兰州中川国际机场三期扩建工程空管工程项目正式开工，兰州至合作铁路调整初步设计获批。省列重大项目累计完成投资 1478.37 亿元，年度计划投资完成率 78.7%。民间投资趋稳向好，同比增长 16. 2%，两年平均增长 13. 2%。

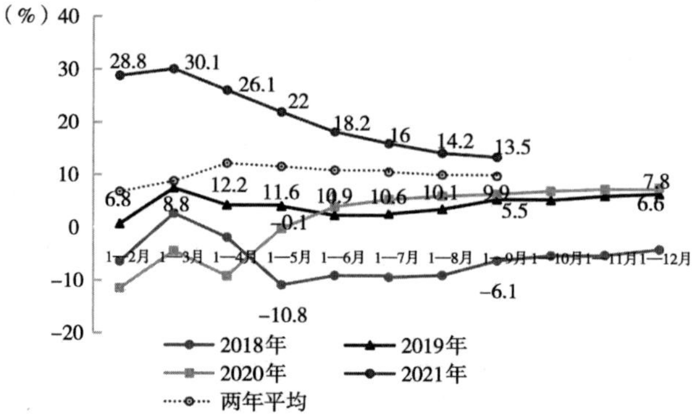

图 3　2018—2021 年甘肃省月度累计固定资产投资增速

5. 消费市场保持稳中有进

社会消费品零售总额 3024. 7 亿元，同比增长 18%，两年平均增长 6. 3%，高于全国 2. 4 个百分点（见图 4）。消费新模式新业态进一步提升，大力发展电子商务，全力推动“1+87+N”配送体系建设，支持 30 个县开展同城配送试点、17 个符合标准“中央厨房”建设项目。“甘味”品牌影响力持续提升，加快构建“甘味+市县区域公用品牌+企业商标品牌”三级融合、开放合作的品牌体系。

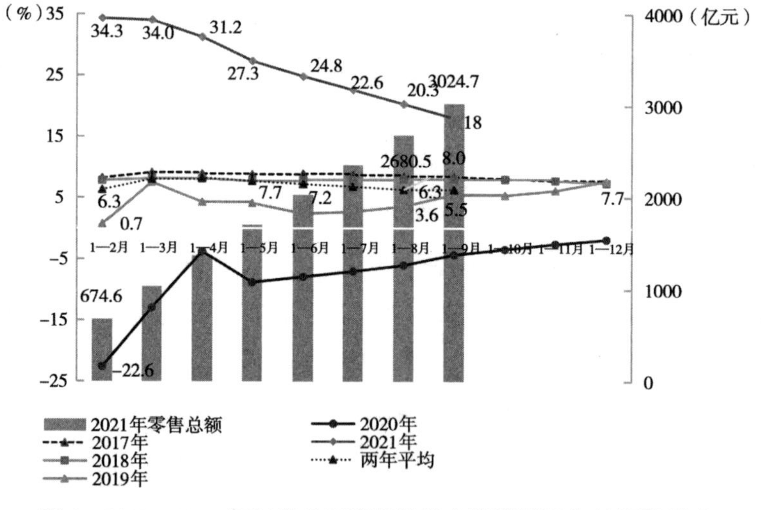

图 4　2017—2021 年甘肃省月度累计社会消费品零售总额及增速

6. 外贸进出口快速增长

外贸进出口总额达到 378. 3 亿元，同比增长 36. 2%（见图 5）。对“一带一路”沿线国家进出口大幅增长，进出口达到 180. 6 亿元，增长 40. 4%，占全省进出口的

47.6%，较上年同期增加 2.8 个百分点。高水平开放平台作用持续增强，兰州新区综合保税区进出口达到 56.7 亿元，增长 3 倍。

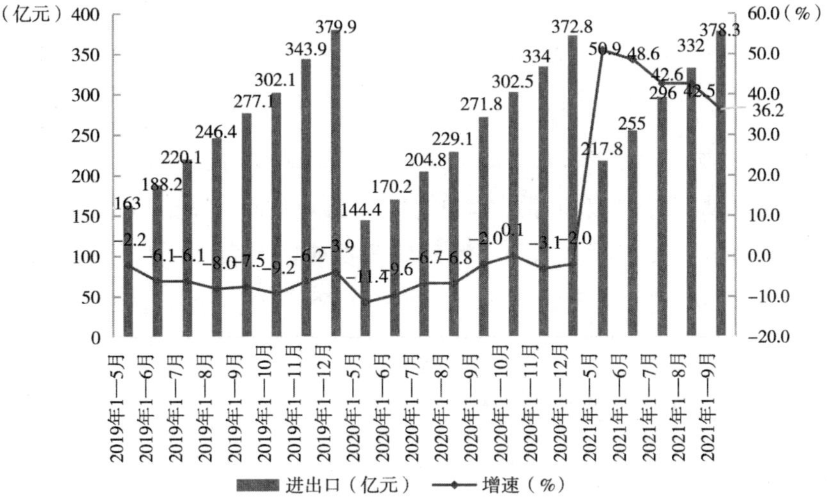

图 5 2019—2021 年甘肃省月度累计外贸进出口总额及增速

二、面临的挑战和制约因素

一是固定资产稳增长压力较大，基础设施投资下滑幅度明显，前三季度基础设施投资增速较上半年下降 10 个百分点，成为制约固定资产投资增长的主要因素。民间投资严重依赖房地产，恒大等事件有可能影响民间投资积极性，制约投资稳定增长。二是消费需求动力不足，居民收入较低，房贷、教育、医疗等刚性支出压力较大，汽车、石油等大宗商品消费增速回落。新型消费、虹吸效应、大规模城乡富余劳动力省外就业等导致消费外流。三是贸易逆差高位运行，进出口结构为 84：17，出口规模小，进口贸易额高增长主要由大宗商品价格上涨引起，进口规模并未有明显提升。四是关键经济指标存在回落风险，前三季度第二产业和第三产业增速均低于全国水平，规上工业增加值低于全国 2 个百分点，兰州本轮疫情抑制服务业加快恢复，对生产和消费都将产生负面影响。

初步预计，2021 年全省生产总值有望突破 1 万亿元，经济增速 8% 左右，两年平均增长 5.5% 左右，规上工业增加值增速 9% 左右，固定资产投资增速 12% 左右，社会消费品零售总额增速 15% 左右，外贸进出口总额达到 450 亿元。

三、2022 年经济发展环境分析

1. 世界经济将在不确定中缓慢复苏

世界百年未有之大变局加速演进，新冠肺炎疫情影响广泛深远，各国经济复苏进程受到明显扰动，疫情在未来一段时期持续将导致全球经济活动卡壳，影响供需之间循环畅通，原材料供应和芯片短缺持续冲击全球产业链，全面恢复基础薄弱，叠加逆全球化浪潮、大国博弈加剧、国际物流高企、“能源荒”等因素，各国经济政策不确定性升级，或引致世界经济增速放缓，IMF 预计 2022 年全球经济增长 4.9%。

2. 全国经济将在构建新发展格局中持续恢复

随着“三新一高”导向的深入推进和一系列硬核举措的深入实施，“十四五”规划重大项目将加快推进，我国经济结构将持续调整优化，发展质量效益不断提升。特别是新型基础设施投资增速将保持快速增长，产业结构升级换代和向绿色低碳经济转型步伐将加快，国内产业投资需求空间仍然较大，消费需求对经济增长的拉动作用将进一步显现，海外产出缺口仍将支撑出口韧性。

3. 甘肃经济将在供给侧结构性改革中稳步提质

随着“一带一路”建设、新型城镇化、黄河流域生态保护和高质量发展、共同富裕等国家重大决策部署深入实施，将不断提升全省对外开放水平，有效拓宽发展空间。国家加快构建“双循环”新发展格局、推进新时代西部大开发、实施乡村振兴和扩大内需战略、推进“两新一重”建设等重大举措，将有利于全省改善发展条件，不断夯实发展基础。国家“双碳”战略深入实施，为全省加快推动能源绿色低碳转型和培育新的支柱产业提供了新机遇，甘肃新能源产业发展将进入大有可为的政策叠加期和黄金发展期。“东数西算”“上云用数赋智”行动积极推进，全国一体化算力网络国家甘肃枢纽节点加快构建，将极大地促进全省数字经济加快发展。

综合预测，甘肃省 2022 年地区生产总值增速有望保持在 6% 左右，达到 10500 亿元，规模以上工业增加值增速 8% 左右，固定资产投资增速 8% 左右，社会消费品零售总额增速 10% 左右，外贸进出口总额保持在 400 亿元以上。

四、政策建议

1. 进一步优化提升营商环境

构建亲清新型政商关系。继续推进“放管服”改革，着力优化营商环境。坚持平等交往、坚持秉公用权、坚持依法办事，构建市场化、法制化高水平营商环境。坚持要素跟着项目走、跟着企业走，加强对资源要素的统筹整合。完善传统和新型基础设施网络布局，打造系统化、协同化、智能化、绿色化的现代基础设施网络。完善城乡建设用地增减挂钩政策，加大清理闲置土地和盘活存量土地。落实好财税、金融、人才培育等政策措施。在各类开发区实施“区域评估”，实现集中评价成果共享共用。在兰州新区等重点区域实施“标准地”出让试点。在各类园区推广和深化实施政务大厅一站式服务，实现“最多跑一趟、办事不出园”目标。打造开发区、园区政务超市，由第三方服务机构入驻，开展各类金融、咨询、人才等服务。

2. 不断夯实“三驾马车”动力基础

多措并举促投资稳增长。积极推进实施“十四五”规划确定的重大工程项目，积极支持先进制造业投资，不断完善和用好“揭榜挂帅”“赛马”等机制，引导工业企业加大“三化”改造投资，推进绿色低碳投资。做好项目储备，提高地方债券发行市场化水平，促进投资主体多元化。进一步调动民间投资积极性，规范推广政府和社会资本合作（PPP）模式参与市政、交通、生态环境、社会事业等补短板领域建设。统筹推动消费提质扩容。推动落实取消二手车限迁政策，扩大二手车消费。促进家电更新消费，刺激家装消费。推动餐饮服务提质升级，加快餐饮企业数字化赋能。发展特色街区、特色商圈，培育消费升级载体，释放消费潜力。继续大力实施消费帮扶，培育一批消费帮扶示范企业和社会组织。打造全国一流的消费环境，营造诚信销售网络，持续推进“放心消费在陇原”示范创建活动。继续扩大进出口总量。持续提升工业品、服务贸易、特色农产品等在“一带一路”沿线国家出口优势，形成“一带一路”沿线国家出口稳定市场。加快天水跨境电子商务综合试验区建设进度，提升中欧班列运营效率，稳定扩大资源性产品进口，保障全省全国原材料供应链安全稳定。

3. 全面推行产业链链长制

抢抓新一轮产业变革机遇，加快推进产业转型升级，认真贯彻落实产业链链长制，不断完善 14 条重点产业链，放大产业集聚效应，构建现代化产业体系。依托已经建立的产业链链长及责任部门名录，由链长制办公室督促责任部门分别精准绘制14个关键产业产业链图谱，每条产业链形成“1个图谱”和“N张清单”，强化省市携手“双招双引”，为精准实施一批延链强链补链项目提供具体抓手。强化考核评价，加快建立考核评价机制，细化延链补链强链实现路径，把产业链发展水平作为相关干部考核的实绩依据。执行链长部门进一步加强与土地、资金、人才、科技等部门的协同联动，共同打好政策组合拳。

4. 着力打造黄河上游生态安全先行区

坚定不移走生态优先、绿色发展的路子，突出水源涵养、水土保持两大关键任务，为维护国家生态安全、粮食安全、能源安全和保护传承弘扬黄河文化作出甘肃贡献；坚持节约优先、保护优先、自然恢复为主的方针。分区域实施“五水战略”，打造水资源高效节约利用配置体系。统筹推进“山水林田湖草沙冰”综合治理、系统治理、源头治理，协同加强黄河上游生态修复、水土保持和污染防治，打造黄河上游生态安全先行区。深化拓展黄河干流四川、甘肃段（黄河干流甘肃省、四川省为左右岸）开展首轮试点经验，推动补偿机制向黄河支流白河（又称嘎曲）甘肃、四川段延伸，加快与青海、宁夏积极开展协商，建立与接壤省份的流域生态补偿机制。

5. 积极推进城市群建设取得新进展

加快推进兰西城市群发展。建立健全兰西城市群毗邻地区横向协调机制，积极提升兰州西宁城市公共服务一体化水平，加快城市间产业链形成垂直一体化高效协同效应。加快河西走廊组团发展。加快酒嘉同城化发展，促进金昌武威城乡融合发展，放大敦煌国际文化旅游名城效应，打造兰州与乌鲁木齐之间河西新城市群，建设全国区域性的交通枢纽和物流中心。提高城市建设与治理水平。有序推进城市更新，加快改善老旧小区居住条件、推进老旧厂区转型培育新动能、推动老旧街区打造街区经济。推动城市智慧化运行，促进公共数据开放共享、引导社区服务线上办理、建设智慧停车信息平台。促进城市低碳化改造，推进园区循环化改造、清洁能源供暖和绿色建筑。

6. 统筹做好稳定就业和人才支撑工作

强化就地就近就业。正确面对全省人口减少和人才流失的客观现实，针对性出台吸引人才留甘入甘政策。科学推进省外输转就业，创造更多省内优质就业岗位，提升省内劳动力就近就地就业规模，通过推动大项目建设，支持中小微企业蓬勃发展等吸引更多劳动力入甘就业。着力集聚高层次创新和高质量管理人才。实施更加开放、更加灵活、更加特殊的人才政策，吸引各类人才扎根甘肃发展。推进人才发展体制机制改革，赋予用人单位和创新主体更大的自主权，健全创新激励和保障机制。健全激励干部勇于担当作为的容错纠错机制，坚持用事业引才留人，搭建优越的干事创业平台，有效激发干事创业激情。

（执笔：陈世星　张帆　马红祥）

39 2021 年青海省经济形势分析及 2022 年展望

青海省信息中心

2021 年以来，青海经济保持稳步恢复态势，供给需求逐步复苏，基本民生保障有力，结构调整持续推进，经济发展质量效益不断提升，但在外部环境复杂多变、疫情多点散发、基数效应显现等因素影响下，全省经济复苏步伐逐季放缓。展望 2022 年，随着疫情反复局面好转、政策举措成效不断显现，生产稳步恢复，需求潜力持续释放，全省经济平稳增长具备较好基础，但疫情冲击下凸显的长短期问题仍对全省经济稳定增长形成扰动。初步预计，2022 年青海省地区生产总值同比增长 5.5% 左右。

一、2021 年青海省经济运行分析及全年预测

（一）主要特征

1. 经济恢复稳中趋缓

前三季度，青海省地区生产总值同比增长 6.7%（见图 1），两年平均增长 3.9%，增速较上半年分别回落 2.4、1.1 个百分点，低于同期全国水平 3.1、1.3 个百分点。在基数效应、零星疫情反弹等因素影响下，全省经济恢复稳中趋缓，增速逐季回落，呈前高后低态势。三次产业增加值同比分别增长 4.6%、7.1% 和 6.7%，增速均较上年同期提升；两年平均增长 4.5%、5.0% 和 3.0%，平均增速较上半年有所放缓，其中第二、三产业放缓幅度较大。

2. 供给水平逐步回升

（1）工业生产稳步恢复。前三季度，全省规模以上工业增加值同比增长 8.0%（见图 2），增长面为 63.6%。企业经营效益改善，1—8 月规上工业企业利润总额同比增长 2.5 倍，超七成行业实现盈利，化学、电力、石油和天然气开采业利润较快增长。新兴产业占比提升，前三季度高技术制造、装备制造业增加值同比增速分别为 40.6%、34.6%，盐湖化工、新能源和新材料等特色优势产业增加值同比分别增长 20.6%、29.1% 和 43.1%。

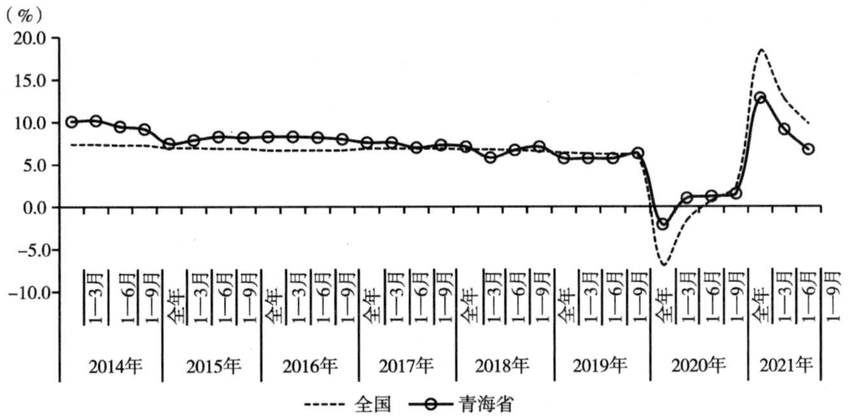

图 1 2014—2021 年全国和青海省 GDP 季度累计同比增速变化情况

(2) 服务业逐步回暖。前三季度，全省规模以上服务业增加值增速较上年同期回升 7.2 个百分点（见图 2），延续一季度以来的回暖态势。旅游带动效应显现，旅游人次及收入同比分别增长 25.1%、31.1%，住宿餐饮业营业额增长 25.6%，增速同比均回升。金融市场平稳运行，9 月末金融机构人民币存贷款余额同比分别增长 8.5%、1.3%，增速较 6 月末提高。邮政业较快增长，邮政业务量同比增速为 22.6%，其中快递业务量及收入分别增长 62.3%、34.4%。

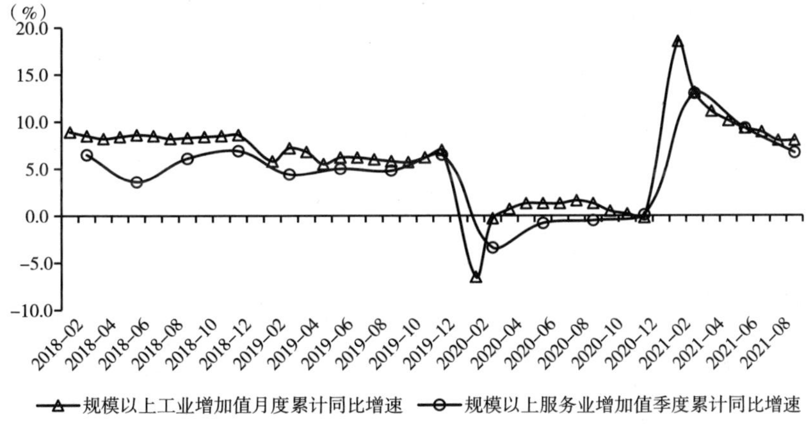

图 2 2018 年 2 月—2021 年 9 月规模以上工业、服务业增加值同比增速变化情况

3. 需求复苏动能趋缓

(1) 投资增长压力加大。前三季度，全省固定资产投资同比下降 7.8%（见图 3），降幅较上半年扩大 6.3 个百分点。分项来看，工业、新能源、电力和基础设施建设投资同比均下降；房地产开发投资增长 10.0%，增速较上半年放缓 7.2 个百分点；制造业投资同比增长 13.9%，增速较上半年提高，其中计算机通信和专用设备制造业投资分别增长5.0、13.8倍；民间投资活力增强，同比增速为15.2%，拉动整体投资增长4.8个百分点。

（2）消费市场逐步复苏。前三季度，全省社会消费品零售总额同比增长10.5%（见图3），增速较上年同期回升。主要分项消费平稳增长，零售、批发、住宿和餐饮业零售额同比分别增长8.8%、10.0%、26.8%和27.2%。升级类商品增势良好，金银珠宝、体育娱乐用品、文化办公用品和新能源汽车零售额同比分别增长32.9%、48.6%、67.5%和85.1%。线上消费规模不断扩大，限额以上批发零售业通过公共网络实现商品零售额增长12.3%，两年增速为1.1倍。

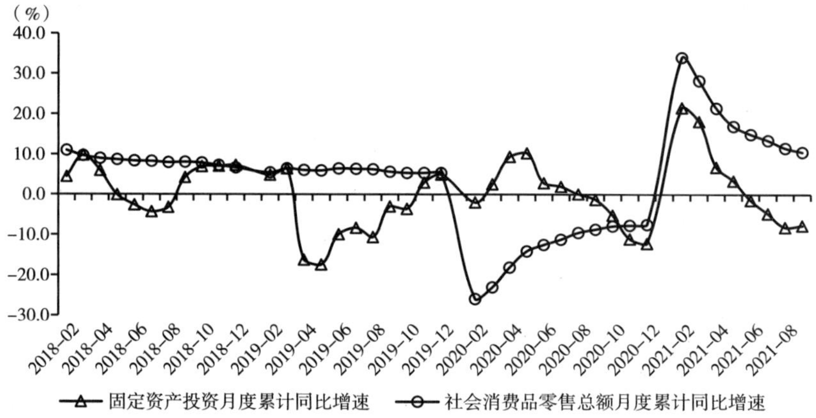

图3　2018年2月至2021年9月青海省投资和消费变化情况

4. **基本民生保障有力**

民生支出稳定增长，前三季度全省社会保障和就业、住房保障等民生领域财政支出同比分别增长14.3%、18.1%，惠民生投资中教育、卫生社会工作和社会保障投资增速分别为5.7%、51.4%。居民收入稳步增长，城镇和农村居民人均可支配收入同比分别增长6.7%、11.0%，增速较上年同期加快。居民消费价格涨势温和，同比上涨1.0%，八大类商品及服务价格“五涨三降”。就业总体平稳，城镇新增就业与农牧民转移就业与上年同期基本持平，城镇登记和调查失业率分别为2.0%、4.9%，均较上半年下降。

（二）全年主要指标预测

根据青海省近年经济运行趋势，结合外生冲击对当前经济的影响，预计2021年全省地区生产总值同比增长5.7%左右。三次产业增加值分别增长4.5%、5.7%、6.0%左右，规模以上工业增加值增长6.0%左右，固定资产投资降幅收窄，社会消费品零售总额增长7.0%左右，城镇和农村居民人均可支配收入分别增长6.0%和

10.0%左右，居民消费价格涨幅1.3%左右。

二、2021年青海省经济平稳健康发展做法和经验

1. 强化调度服务，确保经济平稳运行

工业方面，跟踪监测企业月度运行情况，紧盯电煤供应、运力协调、电量平衡等困难，不断增强工业生产要素调度，保障工业基本面平稳。投资方面，按月抓投资调度、项目建设、融资对接，190项重点项目开复工率达85.3%，完成投资739.6亿元。消费方面，开展系列消费促进月活动，安排省市州级促消费资金及服务业引导资金，发放亿元数字生活消费券、1800万元电子消费券，提振居民消费信心。金融服务实体方面，多措并举引导金融机构优化信贷投放，积极推动企业贷款本息延期、普惠小微信用贷款、绿色贷款工作，提升货币政策工具直达实体经济效能。

2. 抓好四地建设，培育经济内生动能

紧紧围绕习近平总书记视察青海重要讲话精神，依托资源禀赋，发挥区位优势，积极培育经济内生动能。聚焦"四地"建设目标，认真制定《行动方案》，围绕建设世界级盐湖产业基地，大力推进金属镁一体化项目盐湖水氯镁石脱水"卡脖子"技术攻关；围绕打造国家清洁能源产业高地，集中开工国家大型风电光伏基地项目；围绕打造国际生态旅游目的地，下达专项发展资金、推出200余项优惠措施，发布30条旅游精品线路；围绕打造绿色有机农畜产品输出地，着力发展牦牛、青稞、藏羊、油菜、枸杞、冷水鱼六大特色优势产业。

3. 持续改革攻坚，提升经济发展质量

立足"三个最大"省情定位和"三个安全地位"战略定位，统筹谋划部署"十四五"时期180项重大改革任务。坚持高位推进，建立省级领导领衔推进重要改革机制，落实各地区各部门及各专项改革领导小组主体责任，持续推动重点领域和关键环节改革落地见效。增强政策引领，出台全面深化改革、优化营商环境等方面政策条例，贯彻新发展理念，开展营商环境集中攻坚行动，加快解决落实应急管理体系和能力建设、生态环境损害赔偿制度改革、现代物流体系构建、生态产品价值实现机制等难点堵点问题。

4. 切实保障民生，夯实经济发展基础

乡村振兴方面，推进脱贫攻坚成果同乡村振兴有效衔接，建立省级领导乡村振兴联县包村制，搭建"1+5+7+N"制度体系，积极落实补助资金；全面统筹帮扶车

间、以工代赈项目、乡村公益性岗位等资源，促进脱贫群众就近就地就业；深化省区协作，落实援青和东西部协作资金。基本民生方面，加大城市群基础设施和基本公共服务一体化建设投入，推动以县城为重要载体的补短板项目；加强服务质量标准建设，推动健康养老等服务业多样化发展；开展大宗商品保供稳价，健全重要民生商品价格调控机制。

三、2022 年青海省经济运行趋势展望及主要指标预测

（一）经济运行趋势展望

前三季度青海经济修复呈趋缓态势，十月下旬本地疫情反弹对全省供需两端形成较为明显的制约，短期内全省经济恢复动能趋弱。展望 2022 年，在疫情总体仍可防可控前提下，全省消费将保持弱复苏态势；随着重点项目提速攻坚、产业政策持续发力，基建投资或有所回暖，制造业投资保持韧性增长，将带动整体投资反弹。但疫情演变不确定或持续影响需求恢复和供应稳定，能耗“双控”压力依然较大，生产端指标或有所回落，行业恢复不平衡、中小微企业融资经营困难增大、潜在财政金融风险逐步显现及内生增长动能较弱等长短期问题仍较为突出。结合计量模型分析结果，初步预计 2022 年青海省地区生产总值同比增长 5. 5% 左右（见图 4）。

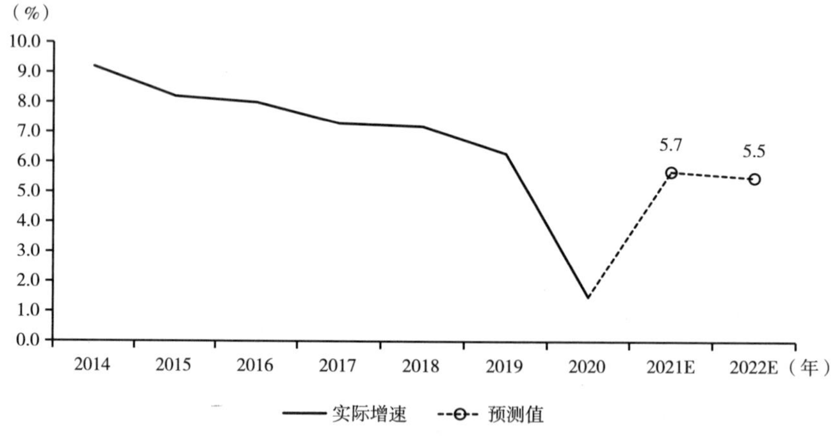

图 4　2021—2022 年青海省地区生产总值同比增速预测

（二）主要指标预测

工业方面，一是短期内受疫情持续影响，内需恢复仍较缓慢，加之海外产能逐步恢复，外需下行压力将有所显现，工业企业生产需求偏弱。二是要素供给保障基

础不稳固，传统能源供应趋紧，新能源发电缺乏稳定性，电力供需失衡矛盾短期内仍对工业生产形成一定扰动。三是工业企业成本压力依然较大，盈利空间和融资需求持续收缩，扩产能、引投资意愿不足，加之存量工业企业产能趋于充分挖掘、新建入库企业拉动作用有限，工业稳定增长缺乏有效接续动能。但同时，随着运动式减碳和环保“一刀切”趋于纠正，“两高”行业大幅压减，高技术制造业有望带动全省工业转型升级。初步预计，2022年青海省规上工业增加值同比增长5.5%左右。

投资方面，一是项目支撑不足，省内投资项目普遍分散、体量小，主体经营管理实力相对较弱，项目预期投资收益率难以匹配专项债等财政资金拨款要求，短期内项目质量难以实质性提升。二是资金支持力度减弱，地产投资下滑带来土地出让金减少、经济增长趋缓背景下企业经营效益下滑等原因导致财政增收压力上升，政府资金支持力度趋弱。三是公路、林草、住建等项目面临无法按期开工建设、实际施工人员和时间缩减、审批手续烦琐等困难，短期内要素保障和经营环境难以有效改善。但同时，下年疫情反复局面有望好转，宏观政策保持连续性，专项债仍存相应额度，地方政府统筹推进投资稳增长，加之2021年基数较低，全省投资有望改善。初步预计，2022年青海省固定资产投资同比实现正增长。

消费方面，一是2021年以来国内局部地区疫情反复，影响居民收入恢复及增收预期，预防性储蓄意愿不断增强，下年消费持续复苏基础不稳。二是汽车芯片供应短缺局面短期内难以有效缓解，石油类消费品价格仍具备一定上涨动力，大宗消费对整体消费的带动趋弱。三是下年局部地区疫情可能再现，或继续影响服务消费复苏，而我省服务业从业人员占比较高，“消费疲软-服务业景气度低-服务业从业人员增收难度大-居民消费能力及意愿趋弱-消费疲软”的循环或延续。但随着加强型疫苗接种有序开展，下年发生大范围疫情反弹的可能性较小，加之扩内需促消费政策举措不断显效，消费稳步恢复仍有一定支撑。初步预计，2022年青海省社会消费品零售总额同比增长7.0%左右。

物价方面，一是全球供应冲击造成通胀短期内无法快速缓解，此轮通胀压力或逐渐从商品价格向服务价格传导，最终可能导致要素价格上涨。二是能源转型阵痛期内，传统能源产品产能弹性下滑，清洁能源发电韧性不足，能源缺口进一步推升供给成本，而疫情影响下的劳动力供给约束也逐渐抬升企业经营成本。三是省内生猪存栏同比增速已触顶回落，出栏增长将加快存栏量的降低，本轮猪周期或在下年二季度左右结束，食品价格将在新一轮猪周期影响下有所上涨。但在市场需求全面复苏仍需时日的前提下，省内商品和服务价格可能难以继续走高，加之PPI翘尾因素影响渐弱，生产端价格或小幅回落。初步预计，2022年青海省居民消费价格同比上涨2.3%左右。

（执笔：李秀阳　韩锐）

40　2021年新疆维吾尔自治区经济形势分析及2022年展望

新疆维吾尔自治区信息中心

2021年是我国“两个一百年”奋斗目标交汇与转换之年，是“十四五”开局之年，是我们党建党100周年。2021年以来，在自治区党委的坚强领导下，全区上下坚持以习近平新时代中国特色社会主义思想为指导，完整准确全面贯彻新时代党的治疆方略，牢牢扭住社会稳定和长治久安总目标，立足新发展阶段、贯彻新发展理念、构建新发展格局，全面贯彻落实自治区党委“3+1”重点工作部署，全力推动经济高质量发展。前三季度，全区经济呈现“高开稳走、稳中有进、进中固基”的良好发展态势。

一、2021年新疆经济运行分析

（一）1—9月宏观经济运行特征

1. 经济运行稳中有进

1—9月，新疆实现生产总值11396.14亿元，按可比价格计算，同比增长8.8%，增速较上年同期提高6.6个百分点。分三次产业看，第一产业实现增加值1484.43亿元，增长6.9%；第二产业实现增加值4204.69亿元，增长10.4%；第三产业实现增加值5707.02亿元，增长8.2%。

2. 农业生产大幅增长

1—9月，新疆实现农林牧渔业总产值3243.71亿元，按可比价格计算，同比增长8.3%，增速较上年同期提高4.2个百分点。其中，农业产值增长6.6%，林业产值增长7.9%，牧业产值增长13.2%，渔业产值增长30.7%，农林牧渔专业及辅助性活动产值增长9.1%。

粮食产量再创新高。2021年，新疆粮食播种面积同比增长5.6%，预计粮食总产量增长10.8%。棉花生产稳中有增。2021年，新疆棉花种植面积同比增长

0.25%，预计产量增长 3.1%。畜牧业生产总体向好。1—9 月，新疆猪牛羊存栏 5558（万头、只），同比增长 7.5%。畜产品产量全面增长。1—9 月，新疆猪牛羊肉产量 117.94 万吨，同比增长 14.5%；禽肉产量 15.62 万吨，同比增长 18.2%；禽蛋产量 29.99 万吨，同比增长 0.8%；生牛奶产量 157.14 万吨，同比增长 11.8%。

3. **工业生产稳定增长**

1—9 月，新疆规模以上工业企业增加值同比增长 10.8%，较上年同期提高 4.7 个百分点。其中，轻工业增加值增长 8.5%，增速比上年同期提高 4.7 个百分点；重工业增加值同比增长 11.1%，增速比上年同期提高 4.7 个百分点。

工业品产销衔接良好。1—9 月，新疆实现销售产值 9948.79 亿元，比上年同期增长 33.7%，产销率 99.4%，比上年同期提高 2.7 个百分点。

4. **固定资产投资持续增长**

1—9 月，新疆全社会固定资产投资（不含农户）同比增长 23.2%，增速较上年同期提高 5.9 个百分点。其中，第一产业投资同比增长 40.7%，第二产业投资同比增长 24%，第三产业投资同比增长 21.1%。

5. **消费品市场恢复性增长**

1—9 月，新疆实现社会消费品零售总额 2561.23 亿元，同比增长 24.6%，较上年同期提高 44.2 个百分点。其中，限额以上批发和零售业零售额 1056.5 亿元，同比增长 29.7%；限额以上住宿餐饮业实现营业额 48.7 亿元，同比增长 23.8%，其中，住宿业和餐饮业均增长 23.8%。

城镇市场回升较快。1—9 月，新疆城镇实现消费品零售额 2203.8 亿元，比上年同期增长 24.8%；乡村实现消费品零售额 357.43 亿元，增长 23.6%。九大消费行业仅日用品类下降 1.1%，其他均保持增长。旅游业仍保持高速增长。1—9 月，新疆 139 家 4A、5A 级景区累计接待国内外游客 6662.16 万人次，比上年同期增长2.1 倍。

6. **金融形势稳健，财税收入增长明显**

1—9 月，新疆一般公共预算收入 1172.88 亿元，增长 24%。其中，税收收入 802.99 亿元，增长 30.7%。新疆一般公共预算支出 4134.63 亿元，同比增长 5.2%。其中，卫生健康支出增长 11.8%，社会保障和就业支出增长 3.3%，节能环保支出增长 21.7%。

1—9 月，新疆金融机构人民币各项存款余额 26366.84 亿元，比年初增加

1542.19亿元。金融机构人民币各项贷款余额24475.48亿元，比年初增加2097.86亿元。

7. 城乡居民收入差距缩小

1—9月，新疆城镇居民人均可支配收入27785元，同比增长9%，扣除价格因素，实际增长7.7%；农村居民人均可支配收入4864元，同比增长11.5%，扣除价格因素，实际增长10.2%。城乡居民收入之比由上年同期的5.84缩小为5.71。

8. 居民消费价格小幅回落

1—9月，新疆居民消费价格总指数为101.2，较上年同期提高1.2个百分点，涨幅比上年同期回落0.7个百分点，高于全国0.7个百分点。其中，城市和农村均上涨1.2%。居民消费的八大类商品及服务价格仅教育文化和娱乐类、其他用品和服务类下降，其他价格均保持增长。

1—9月，新疆工业生产者出厂价格指数（PPI）同比上涨15%，涨幅较上年同期提高23.5个百分点；工业生产者购进价格指数（PMI）同比上涨10.8%。

9. 外贸进口总额小幅增长

1—9月，新疆外贸进出口总值实现1107.9亿元，同比增长2.9%，增速较上半年回落16.2个百分点。其中，出口总值875.9亿元，同比增长14.9%；进口总值232亿元，同比下降26%。

（二）2021年新疆主要经济指标预测

2021年以来，新疆大力推进工业强基增效和工业转型升级、民营经济发展、数字经济、创新发展、核心区建设、绿色发展、安全生产等重点工作，工业经济平稳快速增长；紧扣贯彻落实自治区党委重点工作部署，着力扩大有效投资，建立健全“六重”清单、推进“十大机制”，有力有序有效推动全疆项目建设，固定资产投资保持了较好增长态势；新型消费和升级消费不断拓展，无接触配送、无人零售、直播零售等消费新模式、新方式得到快速发展，推进了我区消费品市场转型升级和供给结构优化。总的来看，新疆经济运行呈现稳中有进、整体向好的良好态势。但也要看到，当前国际环境不确定性因素增多，国内经济恢复仍不稳固、不均衡。下一步，全区上下持续加快工业发展、释放消费潜力、扩大有效投资、加大能耗双控，努力保持经济运行在合理区间，确保完成全年经济社会发展主要目标任务。初步预计，2021年全区生产总值增长9%左右，规模以上工业增加值增长10%左右，固定资产投资完成额增长20%左右，社会消费品零售总额增速增长15%左右，居民消费价格上涨控制在1.4%以内。

二、2022 年新疆经济运行环境分析及主要指标预测

从国际看，当今世界正经历百年未有之大变局，国际环境日趋复杂，不稳定性不确定性明显增加，新冠肺炎疫情影响广泛深远，经济全球化遭遇逆流，世界进入动荡变革期，但和平与发展仍然是时代主题。

从国内看，我国已转向高质量发展阶段，制度优势显著，治理效能提升，经济长期向好，物质基础雄厚，人力资源丰富，市场空间广阔，发展韧性强劲，正在形成以国内大循环为主体、国内国际双循环相互促进的新发展格局，继续发展具有多方面优势和条件。

从区内看，新疆经济社会发展具有重要机遇和优势：第三次中央新疆工作座谈会为做好新时代新疆工作指明了方向、提供了根本遵循。对口援疆优势独特，各方力量对口援疆的工作格局为援受双方加强产业合作、畅通经济循环奠定了基础。随着扩大对外开放、西部大开发、共建“一带一路”等不断推进，新疆从相对封闭的内陆变成对外开放的前沿，有利于加快构建新发展格局、融入国内国际双循环。与此同时，自治区社会大局持续稳定，为促进经济高质量发展营造了良好环境。

初步预计，2022 年全区生产总值增长 7.5% 左右，规模以上工业增加值增长 7% 左右，固定资产投资完成额增长 15% 左右，社会消费品零售总额增长 7% 左右，居民消费价格上涨控制在 2.5% 以内。

三、政策建议

（一）推进产业基础高端化、产业链现代化，提高经济质量效益和核心竞争力

坚持“稳粮、优棉、强果、兴畜、促特色”，推动农业供给侧结构性改革，健全产销链接、利益联结机制，推动农业由增产导向转向提质导向，加快构建现代农业产业体系、生产体系、经营体系。加快建设国家“三基地一通道”，推动传统产业转型升级。推动工业强基增效和转型升级，深化工业供给侧结构性改革，坚持把发展经济着力点放在实体经济上。积极发展战略性新兴产业，加快壮大数字经济、先进装备制造业、新能源、新材料、氢能源、生物医药、节能环保、新能源汽车等产业，提升产业规模和市场竞争力。

推动产业链供应链优化升级。立足现有产业规模和优势，以延链、补链、建链、强链为主攻方向，推动补短板和锻长板相结合，培育一批产业链核心企业，打造具

有更强创新力、更高附加值、更安全可靠的现代化产业链。以产品技术升级“带”动“双循环”更好地“转”起来，提升产品服务的品质，通过技术创新和商业模式创新提高企业核心竞争力，并注重借力资本市场来进行资源整合，优化产业布局，推动数字化转型。加快绿色低碳先进适用技术研发和推广，聚焦重点领域、重点行业技术攻关，推动碳达峰碳中和，促进经济社会发展全面绿色转型。

（二）释放消费潜力，探索智能技术推动消费升级

释放消费潜力，增加有效供给，持续增加智能家居、智能家电及绿色低碳等产品的生产，有效满足人民对美好生活的需要。顺应消费升级趋势，完善促进消费体制机制，提升传统消费，培育新型消费，合理增加公共消费，增强消费对经济发展的基础性作用。持续扩大新型消费，大力发展“互联网+”消费模式，发展无接触交易服务，打造新零售全渠道商业模式，促进线上线下消费融合发展，探索智能技术推动消费升级，满足人民群众对更高质量精神消费的需求。持续扩大旅游消费，加快旅游消费恢复性增长，刺激关联产业扩大生产消费，促进实物消费和服务消费。

（三）通过资本市场发挥优化资源配置的作用，激发数字经济创新活力

发挥资本市场优化资源配置的作用，用市场的力量把创新活力激发出来，支持新能源充电桩、高速轨道交通和 5G 等新基建领域的投资，增加区块链、云服务、人工智能、数据中心等数字基础设施的投资强度。坚持用改革的办法、市场化运作方式，统筹传统和新型基础设施建设，发挥政府投资撬动作用，激发民间投资活力，围绕交通、水利、能源、通信等重点领域实施一批重大项目，夯实经济社会发展基础。

（四）以推进丝绸之路经济带核心区建设为驱动，促进“双循环”新发展格局形成

充分把握新疆在国内大循环和国内国际双循环中的位置和比较优势，把构建新发展格局同“丝绸之路经济带”核心区、“三基地一通道”建设等有机衔接起来。充分发挥“西引东来”“东联西出”的区位优势，充分利用国内国际两个市场两种资源，积极参与国内国际双循环。深化国际产能合作，加快乌鲁木齐国际陆港区建设、推进喀什、霍尔果斯经济开发区高质量建设、加快口岸经济带建设，办好中国-亚欧博览会，大力发展线上线下会展经济；加强境外经贸合作园区、边境经济合作区建设，带动商品、技术和装备出口，拓展与丝绸之路经济带沿线国家、RCEP 沿线国家和地区多层次、多领域务实合作，推动设立中国（新疆）自由贸易试验区。

（执笔：王乾润　马天平）

41　2021 年哈尔滨市经济形势分析及 2022 年展望

哈尔滨市大数据中心

2021 年初以来，面对复杂严峻的经济形势，哈尔滨全市上下认真贯彻落实市委市政府决策部署，统筹疫情防控和经济社会发展成效显著，全市经济运行继续延续"稳定恢复、稳中加固、稳中向好"的发展态势。展望 2022 年，全市将坚持稳中求进工作总基调，强化创新驱动，全面推动高质量发展。

一、2021 年经济分析及预测

（一）2021 年前三季度经济分析

1. 经济总量持续增长

前三季度，全市实现地区生产总值 3802.6 亿元，同比增长 8.0%，高于上年同期 11.3 个百分点。其中，第一产业实现增加值 213.6 亿元，增长 8.7%；第二产业实现增加值 933.8 亿元，增长 7.4%；第三产业实现增加值 2655.2 亿元，增长 8.1%。

2. 农业生产形势向好，牧业生产加快恢复

前三季度，全市实现农林牧渔业总产值 385.5 亿元，同比增长 10.1%。其中，农业产值 138.0 亿元，增长 2.7%；林业产值 20.3 亿元，增长 9.1%；牧业产值 183.9 亿元，增长 16.9%；渔业产值 12.3 亿元，增长 5.3%；农林牧渔服务业产值 31.0 亿元，增长 3.8%。

3. 工业生产稳中有增，行业恢复提速扩面

前三季度，全市规模以上工业增加值同比增长 9.1%。从主导产业看，四大主导产业增加值增长 10.1%。其中，装备制造业、食品工业、医药工业、石化工业分别增长 24.6%、5.6%、7.7%、3.1%。从登记注册类型看，国有企业增加值增长 2.1%，集体企业增加值下降 6.4%，股份制企业增加值增长 12.5%，外商及港澳台

投资企业增加值增长 1.3%。从企业规模看，大中型企业增加值增长 7.5%，小微企业增加值增长 13.4%。

4. 固定资产投资稳步回升，重点项目支撑带动明显

前三季度，全市固定资产投资同比增长 9.2%。从三次产业看，第一产业投资增长 26.2%，第二产业投资增长 17.6%，第三产业投资增长 7.6%。从经济类型看，国有及国有控股投资增长 15.1%，民间投资增长 2.3%，港澳台及外商投资增长 25.1%。从投资规模看，总投资亿元以上项目投资增长 9.0%，总投资亿元以下项目投资增长 11.4%。

5. 消费品市场持续恢复，升级类商品增势强劲

前三季度，全市实现社会消费品零售总额 1647.8 亿元，同比增长 14.9%。从限额以上批发零售贸易业商品销售类值情况看，饮料类、烟酒类零售额分别增长 5.8%、14.8%；通信器材类、家用电器和音像器材类零售额分别增长 3.2%、1.3%；汽车类、石油及制品类零售额分别增长 23.4%、29.3%。

6. 进出口总值较快增长，出口产品结构不断优化

据海关统计，前三季度，全市进出口总值 265.0 亿元，同比增长 31.9%。其中，出口总值 123.6 亿元，增长 21.1%；进口总值 141.4 亿元，增长 42.9%。从贸易方式看，一般贸易实现进出口 231.5 亿元，增长 39.8%，占全部进出口总值的比重 87.4%；对外承包工程出口货物实现进出口 21.3 亿元，增长 41.8%；加工贸易实现进出口 6.7 亿元，下降 6.9%。从企业性质看，国有企业实现进出口 117.7 亿元，增长 81.2%；外商投资企业实现进出口 23.9 亿元，下降 1.5%；民营企业实现进出口 120.5 亿元，增长 11.0%。从商品看，农产品进出口 104.0 亿元，增长 45.6%；机电产品进出口 103.2 亿元，增长 16.2%；高新技术产品进出口 52.7 亿元，增长 20.4%。

（二）2021 年经济预测

1. 经济形势分析

2021 年，全球主要国家呈现经济增长不确定性增加、供需矛盾加剧、通胀压力加大、宽松货币政策温和收紧的格局，国际货币基金组织（IMF）预计 2021 年全球经济将增长 5.9%。

2021 年我国经济增长积极因素包括：一是国民经济实现恢复性增长，实际产出水平已基本回到长期增长趋势线。二是生产供给持续高速增长，产业复苏的短板领

域加快补齐缺口。三是消费和投资实现恢复性增长，并不断强化内需增长动力。四是宏观经济景气程度显著回升，市场预期和信心明显改善。我国经济增长的挑战包括：一是内需恢复仍不充分，供需结构仍不平衡，区域分化仍在加剧，使得经济复苏动力在边际上出现弱化势头。二是国际大宗商品价格上涨，国内价格传导机制不畅，给宏观经济运行和货币政策实施带来干扰。三是企业出现库存积压、资金周转困难等问题。

2. 哈尔滨市经济预测

前三季度，哈尔滨市经济运行继续呈现稳定恢复增长的良好态势。但同时也要看到，哈尔滨市部分领域行业恢复仍需时日，经济稳增长基础尚须进一步巩固。四季度，全市上下继续乘势而上，坚定发展信心，坚持问题导向，精准施策，保存量、扩增量，加快惠企纾困政策落实落细，保护和激发市场主体活力，实现经济稳定增长。预计哈尔滨市 2021 年实现生产总值 5523. 7 亿元，同比增长 8. 1%。其中，第一产业增加值为 651. 3 亿元，同比增长 8. 9%；第二产业增加值为 1242. 5 亿元，同比增长 7. 6%；第三产业增加值为 3629. 9 亿元，同比增长 8. 2%。

预计 2021 年哈尔滨市固定资产投资同比增长 9. 7%，社会消费品零售总额同比增长 14. 8%，外贸进出口同比增长 25. 3%。

二、哈尔滨市推动高质量发展的做法

1. 创新驱动高质量发展，切实增强产业竞争力

一是以创新做强和催生更多市场主体。发挥企业创新主体作用，搭建校所企对接合作平台，积极发展“孵化+创投”“众创空间+孵化器+加速器”等新型孵化载体。二是以数字经济带动工业强市。夯实数字经济发展基础，实施“5G+工业互联网”工程，完善龙哈工业云功能。谋划建设一体化、全方位的智慧城市治理和指挥调度体系，形成更多应用场景，促进企业集聚、产业集群发展。三是以系列政策鼓励支持创新。深入实施“雏鹰计划”“展翅计划”“瞪羚计划”“紫丁香计划”，出台《关于加快推动哈尔滨制造业高质量发展实现工业强市的若干政策措施》，强化企业创新体系建设、鼓励企业转化科技成果、支持工业互联网引领数字化转型。

2. 畅通融入大循环，深入参与双循环

一是释放消费活力。促进生产性服务业向专业化和价值链中高端延伸，加快生活性服务业向高品质和多样化升级，开发更多高品质特色消费场景。二是抓项目扩投资。突出抓好产业链龙头和补链强链延链项目，完善产业项目招商引资和建设管理协调推进机制，提升招商引资成功率和实效性。三是扩大对外贸易。发挥对俄合作中心城市优势，加快释放与俄罗斯、中东欧、日韩等合作潜力。启动全面深化服务贸易创新发展试点三年行动，着力在跨境电商、运输、旅游、技术、中医药等对外服务领域取得突破。四是保障循环畅通。依托哈尔滨地处东北亚中心的区位优势和省会城市集聚辐射功能，坚持南联北开、错位发展，突出供给特色和质量，提高人员流动、货物畅通和资金融通水平。完善金融服务体系，落实国家关于稳企稳岗等金融政策，扩大对中小企业信贷支持，提高企业在资本市场直接融资能力。

3. 深化重点领域改革，充分激发市场主体活力

一是持续优化营商环境。进一步精简行政审批事项及要件、时限，理顺政府各层级权责关系，优化办理流程，推动更多政务事项一件事一级办、一件事一次办，让信息多跑路、群众少跑腿。二是扎实推进国企改革三年行动，不断完善现代企业制度。董事会建设不断加强，制定出台市管企业外部董事管理办法、董事会和董事评价暂行办法等6个文件。三是积极帮助企业应对疫情影响，科学引导社会预期，制定《关于有效应对疫情影响助企纾困稳经济促增长若干政策措施》，全力推动稳企稳岗稳就业，保障经济循环畅通、加快恢复、平稳增长。

三、2022年经济展望

（一）经济形势分析

2022年，疫情引起的中长期变化仍具有影响力，各国进一步推动经济的政策体现出“与疫情共存”的特征。在经济周期的作用下，全球经济恢复面临不同步、不均衡的情况，全球制造业的恢复仍将面临制约，但对我国的出口份额仍然构成支撑。

2022年我国经济在国际需求走弱压力持续、库存周期向下、大宗商品价格回落、供给约束进一步缓和、基数抬升等因素的共同作用，经济增长将呈现平稳态势。预计制造业投资维持平稳，房地产投资延续回落，基建投资稳定回升，消费内生改善，出口前高后低。

（二）哈尔滨市经济预测

2022年哈尔滨市坚持稳中求进工作总基调，以推动高质量发展为主题，以深化供给侧结构性改革为主线，以改革创新为根本动力，以满足人民日益增长的美好生活需要为根本目的，统筹发展和安全，全面融入以国内大循环为主体、国内国际双循环相互促进的新发展格局。

展望2022年，从哈尔滨市三大需求分析：一是消费增长面临较大压力。虽然疫情形势缓解有利于经济复苏，但受疫情影响的部分经济活动恢复至正常水平可能需要一段时间，影响居民预期收入增长，导致消费增长压力较大。二是固定资产投资增速可能出现放缓。2022年经济将延续复苏，货币政策预计将继续维持中性，财政政策延续宽松取向，基础设施投资和制造业投资将保持增长，房地产投资由于房地产企业融资持续收紧，预计投资将下降。三是出口有望继续保持稳定。全球经济复苏有利于外需继续增长，但由于2021年哈尔滨市出口增长基数高，预计2022年出口增速平稳。

预计哈尔滨市2022年实现生产总值5965.6亿元，同比增长8.0%。其中，第一产业增加值为709.9亿元，同比增长9.0%；第二产业增加值为1335.4亿元，同比增长7.8%；第三产业增加值为3920.3亿元，同比增长8.0%。

预计2022年哈尔滨市固定资产投资同比增长10.0%，社会消费品零售总额同比增长10.0%，外贸进出口同比增长22.0%。

（执笔：王岩松）

42　2021 年宁波市经济形势分析及 2022 年展望

宁波市经济信息研究中心（宁波市信用中心）

一、经济运行基本情况

2021 年以来，宁波市坚决贯彻落实中央和省委、市委决策部署，统筹疫情防控和经济社会发展，扎实推进共同富裕建设，生产需求运行平稳，新兴动能持续增强，全年经济增速呈现“前高后稳”走势。总体呈现三个特点：

（一）经济运行总体稳定

1. 经济增长稳中有升

在生产需求逐步回升的带动下，全市经济前三季度地区生产总值首次突破万亿元，达 10332.9 亿元，同比增长 10%，两年平均增长 5.9%，增量达 1571 亿元，超过以往年份全年增量。预计全年经济增长 8% 以上。

2. 三大产业各有亮点

前三季度，第一、二、三产业分别增长 3.4%、12.8%、8%，两年平均分别增长 2.7%、6.5% 和 5.5%。工业经济产销两旺，规上工业增加值增长 15%，其中金属制品、通用设备、计算机通信电子、电气机械制造业增加值增速分别为 31%、29.9%、27.4% 和 23.2%，工业产销率达 98.5%。服务业运行平稳，商贸、金融、交通等重点行业增长较快，限上商品销售总额、金融机构本外币存、贷款余额分别增长 34.1%、10.2%、13.8%，港口运输保持稳定，宁波港域集装箱、货物吞吐量分别增长 12.7%。农业生产稳中向好，蔬菜播种面积增长 1.6%，水产品总产量增长 5.5%。

3. 市场需求延续复苏

前三季度，固定资产投资 3228.6 亿元，增长 13.2%，其中工业投资、高新技术产业分别增长 29.8%、41.5%；自营进出口总额增长 22.5%，其中出口、进口分别增长 20.1% 和 27.1%；社会消费品零售总额增长 13.9%，其中新能源汽车零售额增长132.1%，通过公共网络实现的零售增长28.2%。

（二）新兴动能持续增强

1. 新兴产业加快发展

前三季度，规上工业数字经济核心产业、高技术、战略性新兴、装备制造业、人工智能、新材料等产业增加值分别增长22%、19%、18.6%、19.9%、28.8%和24.7%。列入国家“三新”的新产品产量快速增长，集成电路、智能手机、工业机器人、城市轨道车辆等产品产量分别增长90.1%、47.8%、42.6%和39.2%。

2. 重点平台不断发力

自贸试验区建设加快推进，截至上半年，宁波片区累计新增市场主体2634家，储备重点项目64个，协议投资额逾2000亿元，中资非五星旗国际航行船舶试点沿海捎带、合格境外有限合伙人业务等16项创新成果落地，港口国监督远程复查、外汇金管家获评全省制度创新十佳案例。中国–中东欧国家经贸合作示范区建设持续深化，中东欧博览会累计采购意向成交107.8亿元，比上届增长439%，签约双向投资项目97个，总投资182.1亿美元；中东欧国际产业合作园加快建设，17个项目签约落户，总投资78.3亿元。

3. 创新成果加速转化

前三季度，规上工业企业研发费用投入增长31.3%，保持较快增势；新增专利授权量49548件，增长11.1%，其中新增发明专利5800件，增长56.8%。规上工业新产品产值增长29.5%，高于规上工业增速4.4个百分点；新产品产值率达34%，同比提高1.1个百分点。

4. 市场主体持续壮大

前三季度，新设各类市场主体16.1万户，增长15%，截至9月底，全市共有各类市场主体117.6万户，增长9.3%；规上工业企业8771家，同比增加418家。

（三）经济运行稳中有忧

1. 企业经营成本高企

海运价格、原材料价格、人工成本等持续上升，10月29日，宁波出口集装箱运价指数为4006.76点，较上年同期上涨203.4%。前三季度，全市工业生产者购进价格（IPI）上涨18.8%，出厂价格（PPI）上涨7.5%；规上工业企业平均用工人数增长5%，但应付职工薪酬增长28%；规上工业利润同比增长17.9%，增速较上半年大幅回落35.6个百分点。

2. **部分领域风险隐患仍须关注**

房地产市场明显趋冷，前三季度商品房、二手房销售面积分别下降7.2%、69%，受信贷政策调控和房地产贷款集中度管理制度影响，个别房企已出现资金紧张问题。潜在金融风险上升，有4家上市公司股权质押率超过80%。受各项成本持续上涨、应收账款增加等影响，部分中小微企业资金周转压力加大。

二、2022年经济形势展望

（一）全球经济增长趋缓

展望2022年，全球经济依然面临很多挑战：疫情短期内无法根除，脉冲式冲击、周期性往复的局面或将延续；财政刺激政策逐步退出，复苏动力面临断档的风险；发达经济体货币政策开始转向，新兴经济体面临压力；高通胀可能维持更长时间。国际权威组织对2022年全球经济增速的预测均值为4.9%，同上次预测均值持平（见表1）。

表1　国际权威机构对2022年世界经济增长预测

预测机构	预测数值（%）	预测时间	上次预测数值（%）
IMF	5.9	2021年10月	6.0
世界银行	4.4	2021年10月	4.3
经合组织	4.5	2021年9月	4.4
平均值	4.9	—	4.9

（二）国内经济增速回落

政策面上，我国货币政策将保持适度宽松，基于对未来潜在的房地产领域风险、海外金融债务风险等考量，预期央行会更多地采取结构化的政策手段来调节货币市场。财政政策将适度发力，对基建（特别是新基建）、公共服务等领域的财政支出力度将会进一步加大。宏观面上，受商品价格上涨及新业态新模式带动，国内消费需求有望实现恢复性增长，但市场投资意愿逐渐回落，外需拉动将回归常态，在房地产严监管和碳减排加速推进的背景下，2022年国内经济仍存在着较大的稳增长压力。随着低基数效应消退，预计我国经济增速将有所放缓，国际权威机构对2022年中国经济增长预测的均值回落至5.5%，低于上次预测均值0.15个百分点（见表2）。

表2 国际权威机构对2022年中国经济增长预测

预测机构	预测数值（%）	预测时间	上次预测数值（%）
IMF	5.6	2021年10月	5.7
高盛	5.2	2021年10月	5.6
亚洲开发银行	5.5	2021年7月	5.5
OEDC	5.8	2021年9月	5.8
平均值	5.5	—	5.65

（三）新形势下宁波经济发展面临的机遇和挑战

新形势下，经济社会发展已步入了全新阶段，技术创新持续推进，消费、生产模式快速迭代升级，国际贸易规则不断调整，这也为宁波经济的发展带来了机遇。

一是消费模式迭代的机遇。宁波是全国重要的消费品制造基地，纺织服装、文具、家电等领域产业链完善，同时也是跨境电子商务综合试验区，跨境电商网购保税进口占全国四分之一。在直播电商、短视频社区团购等新型消费业态快速发展背景下，宁波积极开展创新布局，打造了宁波（前洋）直播中心，引入了阿里巴巴集团淘宝直播产业带基地。聚焦前沿、把握机遇，在新兴消费浪潮中，宁波作为货源地有望获得更多的消费流量。

二是生产模式升级的机遇。随着机器人、工业互联网等领域技术的不断成熟，智能化生产模式已逐步替代传统的劳工生产模式。宁波作为我国首个“中国制造2025”试点示范城市，工业经济基础良好，占GDP的比重超过45%，随着生产模式的不断升级，工业企业生产效率将会得到显著改善，有望推动宁波经济发展质量提升，夯实城市竞争力。

三是RCEP实施的机遇。RCEP保管机构东盟秘书处通知，RCEP将于2022年1月1日开始生效，这将大大降低成员国之间的贸易壁垒，作为外向型经济发达的城市，宁波的对外贸易也将迎来新的中长期增长空间。

但宁波发展过程仍然面临着一些挑战：产业结构偏“重”，在“双碳”、能耗双控政策导向下，新项目能耗指标紧张，部分新投产项目因缺少能耗指标而延期投产；劳动力结构与企业需求不匹配，招工难度不断加大，这些将对经济增长形成一定制约。综合来看，新形势下，宁波经济发展的机遇大于挑战，若能把握机遇，顺势而为、积极有为，经济发展有望再上新台阶。

（四）宁波经济发展趋势预测

随着内外需求动力减弱、疫情影响边际弱化、低基数效应逐步消退，2022年宁波经济增长将回归正常状态，消费将呈现滞后性复苏，工业、投资增长有望趋稳，出口增速预计有所回落，2022 年全市地区生产总值将实现 7% 左右的增长。

1. 工业经济回归正常增速

从重点行业看，汽车产业发展趋好，随着缺芯问题的逐步缓解，汽车行业产能有望实现进一步释放，叠加汽车置换高峰临近，行业基本面总体向好；石化行业发展稳中趋缓，2022 年石化产品价格有望下行，但 2021 年检修因素及 2022 年部分项目陆续投产将为行业产值增长提供支撑；纺织服装业增长动力减弱，随着疫情后期东南亚生产的逐渐恢复，企业部分订单预计会流向海外。综合判断，预计 2022 年规模以上工业增加值将增长 8.5% 左右。

2. 投资有望保持平稳

2022 年底续建待完工项目 160 个，计划投资金额 1300 亿元左右，存量项目支撑力足。《宁波市推进新型基础设施建设行动方案（2020—2022）》计划的 100 个重大新型基础设施项目将在 2022 年前落地，基础设施建设投资有望保持增长。受三道红线规定、融资信贷政策收紧及集中供地规则调整等因素影响，房企资金面趋紧、拿地开发速度下降，叠加市场需求趋冷，房地产投资预计将出现回落。工业企业投资意愿总体不强，三季度重点工业企业监测显示，反映未来三个月内有投资计划的企业仅占 21.45%，较上个月下降 2.48 个百分点，处于历史较低水平。预计 2021 年全市固定资产投资增长 5% 左右。

3. 消费有望企稳回升

随着芯片短缺状况缓解，汽车市场有效供给将增加，叠加新能源汽车下乡活动和汽车消费刺激政策，汽车消费需求有望持续释放。服务消费有望进一步恢复，随着疫情影响边际弱化，商务社交类活动开始活跃，旅游、娱乐等也将进一步恢复，再加上亚运会等大型活动的带动，住宿餐饮、交通通信服务、文化娱乐服务等服务型消费将逐步得到恢复。但随着房市趋冷，地产后周期消费产品如家电、家居装潢类等增速将回落。预计 2022 年社会消费品零售总额增长 8% 左右。

4. 出口增长将回归到疫情前水平

随着疫情影响边际弱化，海运价格的回落、运输效率逐步提高及供给端生产的恢复，全球贸易基本回归正常，世界贸易组织预计 2022 年全球商品贸易量增长 4.7%，接近疫情前发展趋势。叠加低基数效应的消除、出口订单回流效应减弱等因素，预计宁波外贸出口增速将回归 10% 左右的疫情前增长水平，且美国有望取消部分关税，将为出口贸易带来一定支撑。

5. **物价水平将有所上升**

从食品价格看，猪周期拐点将至，猪肉价格预计将会反弹；拉尼娜现象导致异常气候频发，蔬菜等各类作物产量预计会下降，将在一定程度上推高价格。从商品价格看，原料端涨价因素将逐步传导至产品端，海天集团、洽洽食品、海欣食品等消费龙头企业已正式宣布涨价。预计 2021 年 CPI 将上升至 103% 左右。

（执笔：戴娜　章源升　刘青　干天霖　许海燕）

Annual Report on
China and the World Economic Development (2022)

世界经济篇

REPORTS ON INTERNATIONAL ECONOMICS

43 2021年世界经济形势分析与2022年展望

程伟力*

摘要：2021年，疫情变化导致全球经济复苏跌宕起伏，多重因素推动全球通货膨胀持续上升，“用工荒”和“就业难”并存现象阻碍经济复苏，全球贸易复苏力度明显超过经济复苏，能源危机席卷全球。展望2022年，全球经济在短暂修复后面临放缓的压力，“现代货币理论”及其实践在新冠肺炎疫情后的负作用日益显现，通货膨胀预期形成之后可能导致物价螺旋式上涨，全球经济增长动力不足，滞胀风险提升。目前需要避免全球短期经济调整中的滞胀向中长期演化，为了遏制这一趋势的蔓延，需要加强国际政策合作。

关键词：能源危机　供应链　用工荒

一、2021年世界经济形势分析

（一）疫情变化导致全球经济复苏跌宕起伏

受疫情影响，2021年第一季度各国经济出现停滞或衰退，二季度开始出现爆发性增长，三季度经济复苏再度因疫情受阻，受解封因素影响四季度乐观情绪上升。

从发达经济体情况来看，上述特征尤为明显。2021年一季度，美国GDP同比涨幅只有0.6%，欧元区、日本和英国分别下滑1.2%、1.3%和5.8%。随着疫情的好转及基数因素影响，二季度各国经济均出现大幅增长，英国最为显著，同比涨幅高达23.4%，美国、欧元区和日本涨幅分别为12.2%、14.5%和7.6%。不过，除美国之外，GDP总量都没有恢复到2019年同期水平。三季度则出现分化现象，美国GDP环比年化增速只有2%，出现明显的放缓迹象；欧元区环比增长2.2%，年化增速为9.1%，远远快于美国。

新兴市场国家经济走势与发达国家大致趋同，但存在细微的差异。2021年一季

* 程伟力，经济学博士，国家信息中心研究员，主要研究方向为世界经济、计量经济。

度，俄罗斯 GDP 同比下降 0.7%，但其他主要新兴市场国家则保持增长，印度、巴西和越南同比增长分别为 1.6%、1.0% 和 4.7%。从二季度情况来看，俄、印、巴、越四国同比增速分别为 10.5%、20.1%、12.4% 和 5.6%，GDP 总量也都超过 2019 年同期水平。受疫情因素影响，三季度新兴市场国家经济复苏明显放缓，越南尤为突出，同比增速只有 1.4%。

四季度开始，受疫情管控措施放松因素影响，全球均出现了乐观预期，各类采购经理指数（PMI）持续上升。例如，10 月东盟国家制造业 PMI 从 9 月的 50 上升至 53.6，这是该指数 2021 年 5 月之后首次达到 50 点以上，也是该指数自 2012 年 7 月开始编制以来的最高水平。再如，10 月美国服务业 PMI 由 9 月的 61.9 升至 66.7，高于此前预期且创新高，显示美国服务业仍保持强劲增长势头。

（二）多重因素推动全球通货膨胀持续上升

2021 年全球经济的特征之一是通货膨胀持续上升。截至 10 月份，美国和德国 CPI 同比上涨 6.2% 和 4.5%，分别创 31 年和 28 年来最高纪录；欧元区同比上涨 4.1%，创有此统计数据以来的最高涨幅；日本 CPI 虽然较低，但生产价格指数同比上涨 8%，创 40 年新高；俄罗斯和巴西 CPI 分别上涨 8.1% 和 10.7%。

其实，当前全球通货膨胀成因并不复杂，主要原因如下：一是经济刺激政策扩大了全球总需求，最终将形成需求推动的通货膨胀。二是供应链梗阻导致全球出现短缺经济现象，供不应求推动物价快速上涨。三是工资上涨导致成本推动型通货膨胀。四是极端天气变化导致食品和原材料价格上涨。2021 年 10 月份，联合国粮农组织食品价格指数同比上涨 31.3%，成为推动物价上涨的重要因素。五是货币超发。为应对突如其来的疫情，以美联储为代表的发达经济体央行加大了量化宽松货币政策的力度，由此导致货币供给剧增推动的物价上涨。以资产价格为例，货币供给增加将会导致资产价格上涨。以美国为代表的股市不断上涨，财富效应的增加导致需求拉动的物价上涨。同时，长期量宽政策也加剧了房地产价格的上涨，房地产是产业链条最长的行业，房价的上涨导致这一链条上所有产品价格的上涨。

（三）“用工荒”和“就业难”并存现象阻碍经济复苏

2021 年全球经济的另一重要特征是“用工荒”和“就业难”这一看似矛盾的现象并存。截至 10 月份，美国失业率为 4.6%，欧元区失业率仍高达 7.4%，均远离充分就业状态，但都出现“用工荒”现象。在所有的经济增长模型中，劳动力供给都是关键变量，劳动力短缺必然影响全球经济复苏。

出现这一现象的主要原因也是多方面的：一是供给和需求不匹配的结构性问题，

这在欧洲更为突出，技术、数字、绿色经济领域需要大量高素质劳动力，但大量失业人员不符合要求，在这种情况下，10 月份西班牙和意大利的失业率高达 16% 和 10%。二是人口结构问题。根据英国就业研究所的报告，一方面年轻人接受教育的年限增长，另一方面老年人按期甚至提前退出劳动力市场，这导致英国劳动人口比疫情暴发之前大幅减少。三是疫情导致劳动密集型服务业出现大量工人流失，如餐饮、养老院等行业容易被感染但收入较低，劳动者就业意愿降低。四是数字化发展导致年轻一代劳动力就业观念发生巨大变化，劳动者开始规避那些工作时间不灵活、工资水平低的岗位。五是全球疫情导致跨国移民工人入境的难度加大，从而加剧了劳动力短缺现象。六是劳动力参与率降低。

（四）全球贸易复苏力度明显超过经济复苏

2021 年 10 月份，国际货币基金组织下调了美国及全球经济增速，与此同时，世界贸易组织则将全球货物贸易增速由之前的 8% 上调至 10.8%，一降一升形成了鲜明对比，背后是各国尤其是美国经济刺激政策对全球贸易的增长产生了重要影响。

从表 1 可以看出，2020 年前两个月美国零售和食品销售增速正常，受疫情影响随后三个月出现下降，受经济刺激政策影响，6 月份开始加速增长。2021 年前九个月，只有二月份增速为 9.8%，其余八个月增速均超过 12%。从历史数据来看，这是一种非常罕见的现象。1993 年 1 月至 2020 年 9 月，只有三个月增速超过 10%，分别是 1994 年 3 月、1999 年 8 月和 9 月，增速依次为 11.6%、10.7% 和 10.1%。

表 1　美国零售和食品销售额增速（单位：%）

	1月	2月	3月	4月	5月	6月	7月	8月	9月
2018 年	3.9	4.5	4.5	4.5	6.1	5.2	5.8	5.3	2.9
2019 年	2.0	1.4	3.2	3.0	2.2	2.9	3.0	3.9	3.2
2020 年	4.5	4.5	-2.9	-15.3	-1.1	5.5	6.0	5.9	8.9
2021 年	12.9	9.8	28.9	48.0	23.9	16.5	12.9	13.5	12.2

数据来源：美国商务部。

由于国内消费品生产不足，大量的商品只能依赖进口，2021 年，美国商品进口和商品贸易逆差增速分别为 22.3% 和 22.1%，进口和逆差总额分别为 20645 亿美元、7901 亿美元。换言之，美国刺激消费的政策在很大程度上促进了全球贸易的繁荣。

（五）能源危机席卷全球

2021 年还有一个显著特征是出现了席卷全球的能源危机，欧洲则处于这场危机的中心。2020 年 12 月 11 日，欧盟理事会批准新的协议，将温室气体减排目标由此前的 2030 年相较于 1990 年降低 40% 进一步提升至 55%。因此，从 2020 年 12 月开始，伴随着减碳新标准的实施，欧洲碳价开始了持续上涨，碳排放交易许可价格由 2020 年 12 月的 30 欧元左右升至 2021 年 8 月的 60 欧元，9 月底一度突破 65 欧元。根据西班牙央行有关研究的估计，电价涨幅中，碳价因素占到 25%，另外占比高达 50% 的则是天然气价格。在欧盟减碳新标准下，欧盟各国增加了对天然气等能源的使用，以逐步取代并最终淘汰煤电。在这一背景下，同时受其他因素影响，2021 年全球天然气价格大幅走高，推动了欧洲多国电价的抬升。英国天然气期货价格每色姆由 2020 年 12 月 50 便士左右上升至 9 月底的 251 便士，10 月初一度接近 300 便士，涨幅惊人。作为天然气的替代品，在天然气价格大幅攀升的情况下，原油价格呈现大幅上涨态势。受能源危机等多种因素影响，欧洲多国 PPI 同比涨幅突破 10%，创近 30 年之最。在此背景下，居民消费意愿和支出受到了严重影响。

二、2022 年世界经济增长影响因素分析及趋势判断

（一）影响 2022 年全球经济发展的主要因素分析

1. 全球经济在短暂修复后面临放缓

目前全球经济增长动力得以强化的主要因素是经济刺激政策及基数效应，展望未来，政策刺激带来的短期增长因素趋于弱化，2022 年经济增速较 2021 年放缓基本是确定性事件。从第一大经济体美国来看，无论是特朗普执政时期还是拜登上台后推出的刺激计划，其重点都不在于解决供给问题，因此，超常规的刺激虽然避免了疫情可能造成的经济停摆和崩溃，但是无论对于当前全球性供应链问题还是美国的长期增长动力，都作用甚微。此外，财政刺激带来的个人收入和支出不具备可持续性，在 2021 年 9 月财政救济和补贴结束后，面临回落趋势的压力，从而对经济增长形成拖累。

2. “现代货币理论”及其实践在新冠肺炎疫情后的负作用日益显现

现代货币理论兴起于 2000 年前后并在近年来影响力逐步增大。尽管拜登当选后并未明确主张采取这一理论，但事实上拜登政府采用了现代货币理论的主张，即强调功能财政的作用，而美联储此前宣布的“无限制”量宽为拜登的宽松财政打开了政策空间。2021 年 3 月，拜登政府 1.9 万亿的财政刺激法案宣布实施，其中大约 8000 亿美元以补贴、减税和失业救济等形式年内直接进入家庭和个人账户（尤以补

贴和减税为主，多数人群受益），这固然提高和改善了家庭和个人收入，推动房地产和零售等行业的改善，但是同时也造成了房地产、房租及二手车等一系列耐用消费品价格的上涨，成为 2021 年下半年美国通货膨胀超出美联储年初预期的最直接原因。

3. 疫情下的供应链中断叠加油气价格暴涨，正在成为滞胀的重要诱因

本轮供应链危机产生的原因主要有两个方面，一是全球疫情，二是美国的逆全球化行为。事实上除了芯片危机导致的马来西亚等多国停产，在服装制造等领域，全球供应链也在重塑过程中。供应链的重塑叠加油气价格暴涨，使得全球企业面临的成本压力仍将持续存在。全球疫情近期难以消失且存在反复的可能，美国的逆全球化行为也没有停止，在此背景下，全球通货膨胀存在持续上涨的压力。

4. 通货膨胀预期存在自我形成机制

通货膨胀预期形成之后会导致物价螺旋式上涨，使经济出现明显下滑。事实上，2008 年 9 月份次贷危机全面爆发前实体经济已经出现了明显的回落，从 GDP 数据来看，2007 年美国增速只有 2%，2008 年一季度环比折年率为 -1.6%，二季度只有 2.3%；从工业生产数据来看，工业生产总值自 2007 年三季度到 2008 年二季度已经持续四个季度环比负增长，已经陷入衰退状态。但是，这都无法阻碍通货膨胀的加速上涨。当前，美国及全球通货膨胀预期已经形成，未来面临螺旋式上涨的压力。从现实因素考虑，工资成本上升有可能成为未来物价上涨的重要推手。根据结构性通货膨胀理论及历史经验，不同职位之间工资绝对水平存在差异是合理的，但工资增速应保持基本一致。因此，结构性工资上涨容易演化为工资全面上涨，由此导致工资-物价螺旋上升。

（二）2022 年世界经济增长趋势判断

当前全球经济形势与 1974—1982 年滞胀时期有诸多类似之处，全球经济增长动力明显不足，滞胀风险进一步提升。一是能源价格的飙升及供应链的中断，二是宽松的货币政策没能解决供给侧结构性问题，三是财政膨胀扩大了社会总需求，四是劳动力供求结构性矛盾导致工资普遍上涨，五是极端天气导致粮食和食品价格大幅上涨。

由此可见，全球经济有滑向滞胀的风险。如果滞胀（或者类滞胀）持续时间在一年左右，则仅仅是经济周期的自我调整和修复，尽管在此过程中以中游制造业和零售业为代表的企业盈利水平也将面临较大的压力。但是，如果由于各种因素导致油气价格居高不下或者趋势性抬升，加上全球供应链的缓慢重塑和调整，一旦重演

20 世纪 70 年代滞胀，则全球经济将在较长时间内承压。

（三）两轮滞胀及其借鉴意义

从历史上看，发达国家经历过两轮滞胀，一是 1973 年石油危机之后，二是 2008 年次贷危机全面爆发之前。

1. 第一轮滞胀时间漫长，促成了大规模国际产业转移

20 世纪 50 年代初到 1973 年，这一时期是西方发达国家持续高速发展的“黄金时代”，1973 年第一次石油危机爆发之后，美国和其他西方发达国家同步陷入了漫长且痛苦的调整期。1982 年，美国经济衰退幅度为 1.8%，但通货膨胀率却高达 6.2%。直至 1983 年，美国经济增长 4.6%，通货膨胀率下降到 3.2%，才标志着美国经济逐步摆脱滞胀的困扰。

以美国为代表的发达国家面对国内生产成本高昂和产能过剩，只能将产业转移到第三世界，东南亚制造业由此崛起。1965—1990 年，亚洲四小龙的出口在国际市场上的份额由 1.2% 增加至 6.4%，此后该比例继续上升，扭转了长期以来发展中国家出口初级产品、发达国家出口产成品的国际贸易格局。另外，1974 年美国总统，1975 年法国、联邦德国、英国、意大利等国家领导人纷纷出访苏联，大都和寻找摆脱经济危机的出路有关。而苏联也看准了这一有利时机，形成了苏联历史上引进西方资金、技术和设备的新高潮。

2. 第二轮滞胀相对短暂，但诱发了全球金融危机及世界经济格局的变化

第二轮发生在次贷危机之前。2007 年美国经济增速回落到 2% 的较低水平，全年物价不断上涨，10 月份之后开始加速上升到 3.5%，随后两个月均超过 4%，全年达到 2.8%。2008 年上半年经济同比增速回落到 1.5% 之下，但通货膨胀压力有增无减，7 月份仍高达 5.6%，呈现出显著的滞胀特征。不过，这一过程随着 9 月份次贷危机全面爆发而结束。

这一滞胀过程相对于第一轮滞胀虽然时间短暂，但影响同样深远。危机爆发前，全球各国均承受高通胀压力，危机后全球经济陷入衰退，世界经济格局发生新变化，以 G20 成立为标志，新兴和发展中经济体在全球治理中发挥愈来愈重要的作用。

三、政策建议

目前需要避免的是全球短期经济调整中的滞胀向中长期演化，为了遏制这一趋

势的蔓延，一是需要加强国际政策合作，稳定全球生产和供应链，并在应对全球疫情的短期政策和中长期平稳发展中取得协调，避免或减少短期应急性政策的中长期负面后果；二是以此为契机加快中美贸易谈判，尽快结束贸易战，在物价高企的背景下，美国有取消关税的需求和动力；三是借鉴历史经验，为我国争取发展机遇。

44　2021 年全球贸易形势分析及 2022 年展望

张　鹏*

摘要：2021 年全球贸易处于疫情后的修复阶段，在 2020 年低基数、各国大规模刺激政策、国际大宗商品需求增长等诸多条件下实现了快速增长。WTO 预测 2021 年全球商品贸易增速将达到 10.8%。与此同时，疫情反复、供应短缺、物流瓶颈、物价攀升等不利因素干扰了国际贸易正常运行。2022 年，全球贸易处于疫情后修复阶段的延续期，继续保持较快增长，但增速将明显回落，同时也将面临更大的风险挑战，WTO 预测 2022 年全球贸易增速有望达到 4.7%。

关键词：全球贸易　新冠肺炎疫情　供应链梗阻

一、2021 年全球贸易形势分析

2021 年 10 月 4 日，世界贸易组织（WTO）发布的《贸易统计及展望》指出，2021 年上半年，全球经济活动进一步复苏，商品贸易超过新冠肺炎疫情暴发前的峰值。据 WTO 预测，2021 年全球商品贸易量将增长 10.8%，高于该组织 2021 年 3 月份时预测的 8.0%。2021 年全球商品贸易额的年增长率如此之高，主要因为 2020 年全球贸易出现了严重衰退。由于基数效应，2021 年第二季度全球贸易同比增长 22.0%，但预计第三季度和第四季度同比增速将降至 10.9% 和 6.6%。

（一）商品贸易快速增长

新冠肺炎疫情暴发造成全球物流、人流、服务流严重受阻，使得全球贸易在短时间内急剧萎缩，但 2020 年三季度后，随着欧美消费需求迅速恢复，以及抗疫急需的医疗产品需求大幅提高，带动全球工业生产和商品贸易重启。根据德国智库基尔世界经济研究所发布的报告显示，受疫情影响的美洲、亚洲和欧洲的船舶运输在短暂中断后，2020 年 8 月份就回升至正常水平，而在 2008 年金融危机时船运量经过

---

* 张鹏，国家信息中心经济预测部世界经济研究室主任，副研究员，主要研究世界经济、经济政策分析和数量经济模型等。

了一年多时间才恢复到正常水平，这表明世界贸易在 2020 年内就已经完成了“V”形复苏。全球贸易的韧性在很大程度上得益于以中国为核心的东亚经济体，其在德尔塔变异毒株出现前，大都取得了缓解疫情的早期成功，并借助于全球旺盛需求，实现了经济和贸易的快速反弹。

进入 2021 年，全球商品贸易继续快速增长。根据 WTO 估计，2021 年第二季度全球贸易同比大幅增长 22.0%，这一方面是因为低基数效应（2020 年第二季度全球贸易萎缩 21%），另一方面应归功于以美国为首的发达国家普遍实施了积极的财政货币政策。美国拜登总统上台后，先后推出了美国援助计划、美国就业计划和美国家庭计划等一系列财政扩张政策，使得美国居民收入不仅没有受疫情影响而下降反而上升，进而造成美国消费需求异常高涨，对全球需求和贸易恢复起到了极其重要的支撑作用。此外，疫情封锁限制措施的进一步减少、大宗商品价格持续上涨、贸易保护主义政策被削弱等积极因素也为全球贸易增长提供了良好条件。2021 年以来，美国、欧盟、日本等主要经济体商品出口均实现较快增长。2021 年 1—8 月，日本出口月均增长 24.6%（算数平均值），其中在 2 月份创下了 154.7% 的同比增幅。美国和欧盟（27 国）的出口也实现了较快增长，1—8 月增速分别达到 26.4% 和 24.1%（算数平均值），如图 1 所示。

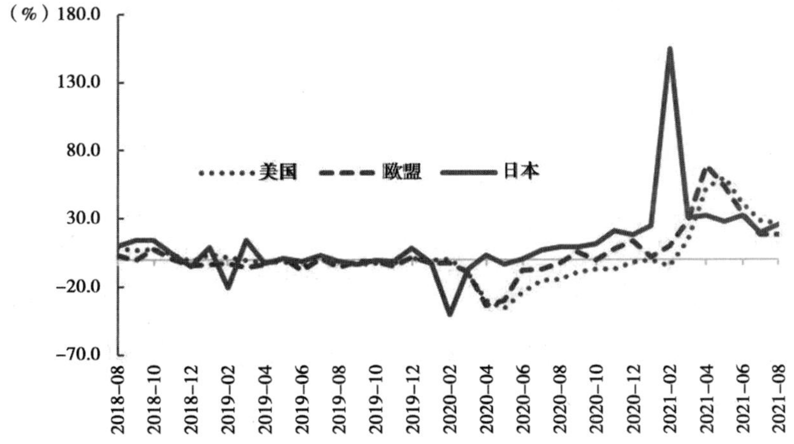

图 1 2018—2021 年美日欧出口增长

资料来源：WTO。

（二）贸易增长地区差异较大

虽然 2021 年以来全球贸易保持较快增长，但复苏进度不平衡，一些经济体的反弹要比其他经济体更强劲、更快，出现了较为明显的地区差异。首先是出口增速存在差异。根据 WTO 预测，从出口来看，2021 年亚洲、欧洲、北美增长较快，分别达到14.4%、9.7%和8.7%，南美、非洲、中东和独联体增速较慢，分别为7.2%、7.0%、5.0%和0.6%。这种出口增长的差异性实际上反映出了各主要经济体与中美经济联系的紧密程度。疫情后，中美两国为全球经济复苏提供了主要驱动力。受到经济格局的影响，全球贸易暂时回归了中美大循环模式：需求端由美国拉动、供给端由中国拉动，这是由美国强政策刺激拉动需求增长、中国疫情控制有力实现产业链正常生产的客观经济现实造成的。墨西哥、加拿大、韩国、日本、东盟等与中美经济深度融合的国家出口均率先恢复，已经超过疫情前水平。而非洲、中东、独联体与中美产业联系较为疏离，中美贸易大循环对其溢出效应较小。

其次，全球贸易逆差继续扩大。全球金融危机和欧债危机后，国际贸易增速放缓，全球贸易总赤字（各逆差国贸易赤字之和）也呈现收缩趋势。但在2020年，由于医疗设备、远程办公电子设备、家庭电子消费品需求急剧增长，全球贸易逆差出现反弹。2021年，主要由于美国消费需求大幅增长，造成全球贸易总赤字继续扩大。9月份，美国商品贸易逆差达到982亿美元的历史高位，1—9月累计商品贸易逆差达到7901亿美元。根据WTO预测，2021年在全球各区域中，南美、独联体、北美进口增长最快，分别达到19.9%、13.8%和12.6%。由于南美和独联体的进口增速大大超过出口增速，这两个区域的贸易赤字也有所扩大。由于贸易逆差扩大，目前巴西和俄罗斯均出现了商品供应不足和物价上涨，2021年以来两国均已6次上调利率以应对较为严重的通货膨胀。11月5日，为遏制通货膨胀，巴西决定调低该国87%的进口货品的进口税率，降幅达10%，这一临时性措施虽然有助于抑制通胀，但无疑将进一步增大贸易赤字。

（三）服务贸易恢复相对滞后

相对于商品贸易，服务贸易恢复明显滞后。新冠肺炎疫情一度导致了国际旅游、国际航空等行业几乎完全停滞，虽然随着大规模疫苗接种，国际服务贸易有所恢复，但复苏步伐异常迟缓。

国际航空运输协会（IATA，简称“国际航协”）估计，2021年全球客运总量为23亿人次，2022年将增长至34亿人次，与2014年的水平相似，但远低于2019年的45亿人次的客运量。与此同时，航空货运形势较好，2021年需求比2019年水平高7.9%，2022年则高出13.2%。据国际航协估算，2020—2022年全球航空业累计亏损高达2010亿美元。其中，2020年行业净亏损预期为1377亿美元，2021年行业净亏损预期收窄至518亿美元。2022年，这一数据进一步收窄至116亿美元。在收入方面，2021年全球航空业预计达到2019年水平的40%，2022年将升至61%。

联合国贸易和发展会议（UNCTAD）和联合国世界旅游组织（UNWTO）6月30

日共同发布研究报告估计，2020 年国际旅游人次比 2019 年新冠肺炎疫情暴发前下降了 73%，对旅游业和相关行业造成的损失估计约为 2.4 万亿美元。报告列出了 2021 年的三种可能情形，预测国际旅游人次将比疫情前下降 63% 至 75%，造成 1.7 万亿至 2.4 万亿美元的损失。国际航协（IATA）根据航空客运数据分析，目前各国国内旅游市场恢复较快，可能将在 2022 年接近疫情前的水平，但国际旅行市场因各国实施的旅行限制措施仍处于严重低迷状态，需要较长时间才能恢复到疫情前的水平。

（四）全球供应链仍面临梗阻

2021 年，全球供应链仍未能顺畅地运转衔接，出现局部供给不足。德尔塔变异毒株对东南亚造成严重冲击，马来西亚、越南等国纷纷采取封城和关闭工业园区等措施。作为全球制造业密集聚集地，东南亚疫情形势恶化加剧了全球芯片、电子零部件甚至服装鞋帽的供应紧张。阿迪达斯 28% 的产品在越南生产，自 7 月中旬后，其在越南的大部分供应商工厂都无法开工，阿迪达斯称这将导致下半年销售额低于预期。当前全球供应短缺最突出的是芯片短缺，已经导致汽车供应不足，是美国 CPI 上涨的最主要诱因之一。9 月 10 日丰田汽车表示，由于东南亚疫情导致零部件短缺，公司将全年产量计划下调约 30 万辆。9 月 23 日，美国政府邀请台积电、英特尔等芯片巨头一起寻找解决芯片短缺的方法，但在美国仍对芯片出口实施限制的情况下，芯片供给短期内仍无法充分满足各方需求。

2021 年出现全球能源危机，也对国际贸易格局造成较大影响。之所以出现能源危机，从需求端看是因为疫情后能源需求大幅上升，供给端原因则较为复杂。例如，欧洲成为能源危机的“震中”是诸多因素叠加造成的。一是 2020 年北半球冬天异常寒冷，消耗了欧洲大量天然气库存，而 2021 年受疫情影响天然气库存短缺没有及时弥补；二是 2021 年夏季和秋季，欧洲出现干燥、低风天气，造成风力发电不足；三是煤炭等传统能源在能源消耗中所占比重迅速降低，使得欧洲能源体系韧性下降；四是欧盟电力市场采用边际定价机制，在该机制下最优竞价上网电源排序是：可再生能源发电、核电、煤电和气电，当前天然气价格上升大幅抬升了欧盟整体电价。能源短缺不仅影响了很多国家和地区的工业生产，进而影响了进出口贸易，还对国际能源贸易产生影响。随着能源危机愈演愈烈，欧洲国家开始与东亚国家“争抢”天然气资源。2021 年 10 月初，亚洲 LNG（液化天然气）现货价格创下历史新高，较上年同期价格翻了 5 倍以上。截至 10 月底，日韩两国从美国进口的 LNG 总量创下历史新高。尽管欧洲能源贸易商也在加紧进口天然气，却难以满足其供需缺口。

（五）全球航运系统陷入混乱

2021 年全球物流系统不畅，出现混乱。根据联合国贸易和发展会议（United Nations Conference on Trade and Development）统计，全球约 80% 的货物贸易是通过船舶进行的。全球经济重启后，商品需求恢复，全球航运系统却长时间受到新冠肺炎疫情的影响而陷入混乱。在疫情期间，大量港口封闭，进入港口受到严格限制，使得海员们只能长时间隔离在船上或港口，身体和精神受到极大损坏。代表全球约一半海员的国际运输工人联合会（International Transport Workers' Federation）表示，在这次疫情期间，许多海员被各国政府阻止上岸，使得货轮成了“漂浮监狱”，因此在疫情管制放松后大量海员停止工作并返回家园。除此之外，国际航班停飞、各国签证数量急剧减少、检疫措施更加严格均限制了海员的换班，使得大量货轮找不到足够的工作人员维持运行。

2021 年国际航运价格大幅上涨。随着国际商品贸易迅速恢复，对海运和集装箱的需求快速增长，但受到疫情影响，导致港口拥堵、集装箱压港，船舶运行效率和空箱周转率大幅下降，由此产生了严重的供求矛盾，推升了国际运价。波罗的海干散货运价指数从年初的 1300 点左右上升到 10 月份最高 5650 点，涨幅达到 4 倍（见图 2）。进入 11 月，为圣诞、新年等假日供货的国际贸易高峰已经过去，加上近期欧洲地区疫情反弹，市场需求有所减弱，国际运价出现跳水。但即使国际航运价格已经大幅下降，目前仍处于全球金融危机以来的高位，高运费提升了产品成本，不利于国际商品贸易。

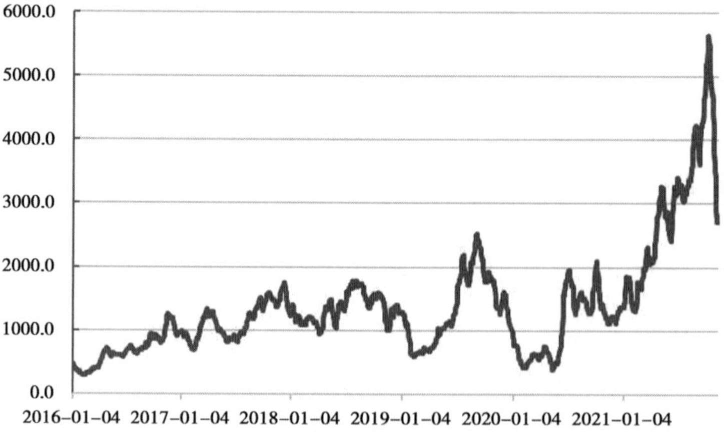

图 2　2016—2021 年波罗的海干散货运价指数

资料来源：Wind。

美国港口拥堵也加剧了当前全球供应链的梗阻。美国 40% 的海运集装箱经由洛杉矶港和长滩港入境，但 2021 年以来这两个港口面临持续拥堵，并且情况不断恶化。10 月 13 日，拜登政府要求加州长滩和洛杉矶港口 7 天 24 小时昼夜不间断运行以缓解运输压力。但是，延长运行时间并没有缓解港口拥堵，根据南加州海事交易所提供的数据，到 10 月底，最拥堵时，在洛杉矶和长滩港外共有 157 艘货船排队等待卸货。高盛公司的研究报告说，高达 240 亿美元的货品在加州外海的货轮上滞留，无法供应给用户。由于港口搬运工人和卡车司机严重短缺，加之港口设施严重老化，因此预计这场“物流危机”将至少持续到 2022 年初。

（六）全球贸易争端出现局部缓解

2021 年 10 月 30 日，拜登在 G20 峰会上与欧盟官员达成协议，取消此前特朗普在任期间对欧盟钢铝加征的部分关税。之所以取消钢铝税，是因为疫情后欧美出现了普遍性的供给不足和物价上涨，高关税对通胀推波助澜的负面影响日益凸显。特朗普加征钢铝关税造成美国国内钢铝供给不足，价格大幅上涨。取消钢铝税将有助于缓解钢铝价格上涨带来的美国企业成本上涨压力。对外征收钢铝税是特朗普挑起全球关税战的第一步，拜登取消钢铝税意味着美欧之间在贸易争端领域开始“和解”。

中美贸易争端是全球贸易争端的核心，目前中美贸易关系存在出现有限的局部解冻可能，将有利于改善全球贸易环境。2021 年拜登政府上台以来，中美先后于 3 月在阿拉斯加、7 月在天津、10 月在苏黎世进行三次高层接触，进行了沟通。10 月 26 日，美总统国家安全事务助理沙利文宣布，中美苏黎世会晤商定两国元首于年底前举行视频会晤。中美高层持续对话为稳定双边贸易往来创造了有利条件。美国国内高通胀、供应链混乱、政府财政赤字不断增加等经济难题是迫使美国尝试改善中美贸易关系的客观原因。美国财政部长耶伦在接受采访时多次表示，关税会推高物价，提高消费者和企业的成本，降低关税将产生抑制美国国内通货膨胀的作用。10 月 4 日，美国贸易代表戴琪在美国战略与国际研究中心（CSIS）以公开发言方式，概述了拜登政府对中美双边贸易关系的新方针，提出“拜登政府将采取有别于以往的做法，以实力地位去进行接触。”有评论称，戴琪的这番讲话表明，美国对华经贸将“再挂钩”（recoupling），认为中美经贸关系即将翻开新的篇章。虽然美国对华整体战略不可能轻易改变，中美经贸关系的发展前景并不乐观，但是在“脱钩”负面影响完全显现的情况下，美国不得不部分消除中美贸易交往中人为设置的政策性障碍，这将有助于防止中美贸易关系出现剧烈波动。

二、2022 年全球贸易趋势展望

2021 年全球贸易处于疫情后的修复阶段，在 2020 年低基数、各国大规模刺激政策、国际大宗商品需求增长等诸多条件下实现了快速增长。与此同时，疫情反复、供应短缺、物流瓶颈、物价攀升等不利因素干扰了国际贸易正常运行。2022 年，全球贸易总体上处于疫情后修复阶段的延续期，同时也将面临更大的风险挑战，预计全球贸易将继续保持较快增长，但增速将较 2021 年明显放缓。

（一）2022 年全球贸易增速有望保持较快增长

全球贸易增速与全球 GDP 增速有极强的关联性，并且随着经济格局和贸易政策的演变，贸易增速与 GDP 增速的关系也在持续发生改变。从 20 世纪 90 年代到全球金融危机之前，全球贸易增速大幅高于全球 GDP 增速；在全球金融危机后，贸易增速持续低于全球 GDP 增速。

2021 年上半年，随着疫情趋缓，各国居民生活和经济活动逐渐恢复正常，带动全球经济持续修复。2021 年二季度，美日欧三大经济体均实现了 GDP 正增长，全球经济达到疫情后的复苏高点。进入下半年后，全球经济延续了复苏势头，但制造业扩张势头减缓，服务业复苏受疫情影响迟滞，全球经济景气度出现见顶回落迹象。据 IMF 在 10 月份预测，2021 年全球 GDP 增长 5.9%，2022 年增长 4.9%。2022 年全球经济增速虽然有所回落，但仍处于近年来的相对高位。2022 年，随着全球 GDP 增速回落，贸易增速也将有所回落，但由于世界经济仍运行在疫情修复阶段，全球贸易增速也有望继续处于近年来的相对高位。WTO 预测 2022 年全球贸易增速有望达到 4.7%（见图 3）。

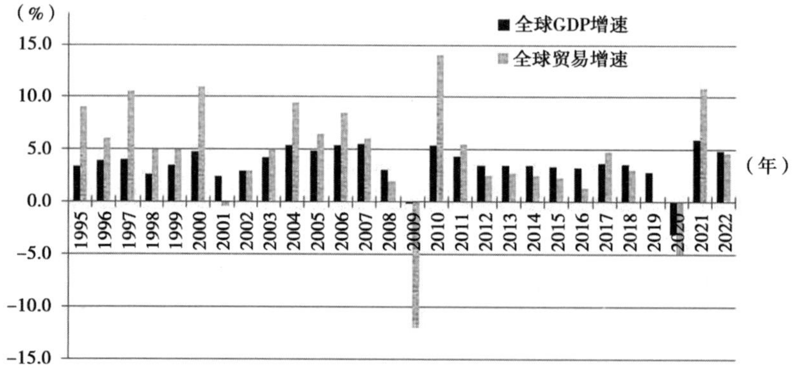

图 3　1995—2022 年全球 GDP 增速和贸易增速

资料来源：IMF、WTO。

注释：2021 年和 2022 年 GDP 和贸易增长预测值来自 2021 年 10 月发布的 IMF《世界经济展望》和 WTO《贸易统计和展望》。

（二）服务贸易有望进一步复苏

2021 年，服务贸易复苏力度明显落后于商品贸易，这种情况在 2022 年将有所改观。分析国际服务贸易结构可以发现，国际金融服务、跨境电子商务、国际货运等类别从 2021 年一季度开始就已在 2020 年低基数的基础上实现了恢复性增长，目前仍处于低谷的主要是国际旅游业和国际航空业（客运）。为了挽救已经崩溃的国际旅游业，已经有一些国家尝试打开国门。2021 年 11 月 1 日，泰国恢复接待国际游客。泰国外交部数据显示，11 月 1 日至 6 日，共有超过 9 万人通过 Thailand Pass 系统申请入境泰国，其中约 3.4 万人获得批准，20092 名国际旅客实际入境。入境旅客中发现 15 例新冠肺炎确诊病例，占比约为 0.07%。目前，美国、加拿大、澳大利亚、新加坡、爱尔兰等国也已经调整了出入境政策，向满足条件的外国人打开国门。预计随着疫情形势趋缓，2022 年里将有大批国家“打开国门”，从而带动国际旅游和航空业逐步走出低谷。不过也应看到，疫情对普通人行为的影响将较为持久且深刻，对国际服务业的打击可能是永久性的。WTO 于 9 月 23 日发布的最新服务业贸易晴雨表显示，国际服务贸易的增长轨迹已经较疫情前发生极大改变，可能将长期沿着一条较低的增长趋势线运行。

（三）疫情仍将是影响全球贸易的最重要风险变量

根据世卫组织统计，截至 2021 年 11 月 10 日，全球累计新冠肺炎确诊病例超过 2.5 亿例（见图 4），累计死亡病例超过 508 万例。疫情是导致此次全球经济危机的直接原因，因此疫情走势已成为影响全球经济和贸易形势的最关键变量。由于欧美国家政府缺乏应对疫情的组织能力，民众缺乏忍受封禁的耐心和意愿，同时基于新冠肺炎大概率成为地方性流行病的科学判断，包括英法德在内的大批国家不再诉诸严格的全国性封锁来控制疫情，转而寻求长期、低强度的“与新冠病毒共存”策略（也称“共存策略”）。在“共存策略”下，一方面人们日常生活和商务经营活动将趋于正常，不再受到各种限制性措施的影响，疫情对经济的负面冲击强度有所降低；另一方面“共存策略”实际上承认了完全消除新冠肺炎病毒的努力已经失败，各国放弃了“清零”政策下所采取的抗疫措施，这造成疫情明显反弹，疫情影响必将持续更长时间。在新冠肺炎病毒长期与人类共存的情况下，其将成为拖累全球经济和贸易的长期变量，疫情病例的脉冲式增加可能造成经济活动和贸易往来的波动，并且国家之间疫情发展差异也将成为影响贸易流向的重要因素。总的看来，2022 年全球贸易走势将继续受到疫情的影响，而病毒变异和病例激增将成为全球贸易的最大下行风险因素。

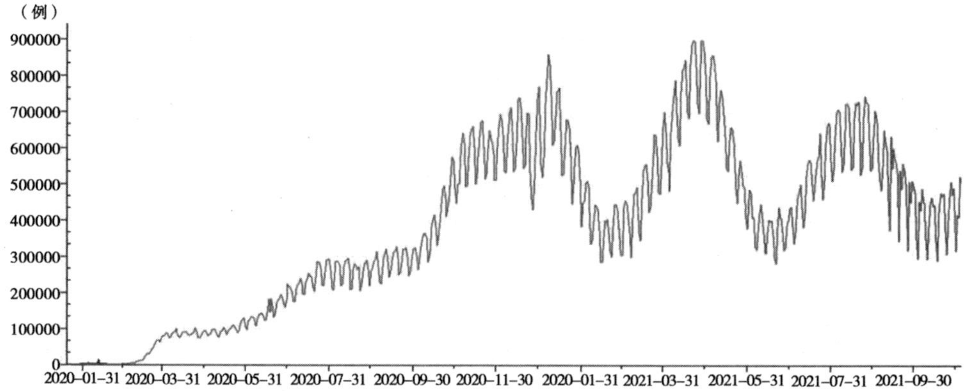

图4　全球新冠肺炎当日新增确诊病例

（四）主要经济体跨越主动补库存阶段预示着商品贸易增速将回落

根据对物价、生产等统计数据的分析，可以发现发达国家每隔大约40个月经济就会出现一次有规律的波动，这种短期经济波动被称为基钦周期或者存货周期，是由库存调整造成的。2020年上半年，在新冠肺炎疫情的冲击下，美国经济陷入萧条，制造商、批发商和零售商同步削减库存，造成库存快速减少。2020年7月美国库存总量从1月份时的20430.7亿美元下降到19302.4亿美元，减少了约1128亿美元。2020年下半年，随着疫情趋缓和需求复苏，美国经济进入主动补库存阶段。2021年1月，美国库存就已经基本恢复到了正常水平（见图5）。近几个季度，出于对疫情和高通胀的担忧，制造商和批发商出现“囤积物资”现象，8月份美国制造业库存和批发商库存已比疫情前的2019年同期高出6.6%和6.3%，仅零售商库存仍较低。2008年次贷危机后，美国也曾出现一次持续了12个月的去库存化进程，并花费了21个月才重新回到危机前水平。此次美国去库存化进程仅持续了7个月，并在不到半年时间里就完成了库存回补，由于补库存过快，造成美国国内供给不足，从而拉动大量商品进口，带动全球贸易复苏。2022年，美欧等发达国家将结束对能源产品、生产资料、中间品乃至消费品的急速补库存过程，库存增长恢复到正常趋势线上，其对国内经济和国际贸易的正向拉动作用将明显削弱。

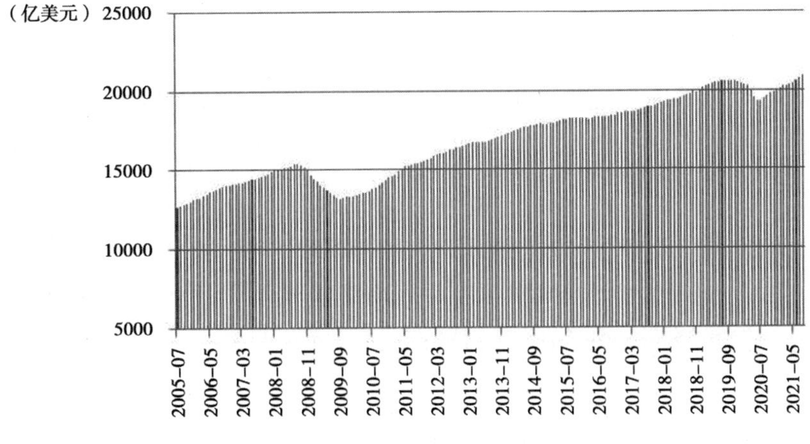

图 5 美国库存总额

资料来源：Wind。

（五）全球供给状况仍无法彻底改善

首先，芯片短缺仍将持续。根据台积电创始人张忠谋分析，造成芯片短缺的主要原因包括：需求被低估、疫情、物流不畅、数字化转型需求激增与政策管制等因素，并认为对需求增长估计不足是其中最重要的原因。疫情后，社会数字化转型速度大大超过预期，但芯片产能扩张受限，芯片短缺无法迅速解决。因芯片短缺，鸿海集团预计电子零部件短缺的情况至少会延续到 2022 年下半年，这比此前预期的时间要长。其次，能源供给体系不稳定现象可能重现。本轮能源危机爆发的根源是传统能源产品的产能弹性大幅下滑，也反映出传统化石能源供能稳定性的优势及清洁能源发电系统韧性不足的弊端。当前正处于全球能源转型的阵痛期，一方面传统能源产能日益萎缩，另一方面绿色能源供给波动较大，储能技术尚未取得根本性突破及储能系统需要较长时间建立，新旧矛盾碰撞下，能源供给不足的问题仍可能出现。最后，全球供应链持续调整。疫情后各国推动供应链“去中国化”，订单流出中国大陆转向东南亚等区域，但在德尔塔病毒蔓延后，大量订单回流中国。2022 年，存在订单再次流出中国的可能，这种供应链的不稳定不仅影响全球生产效率和成本，也会影响国际贸易流向。

（六）高通胀及美国货币政策加快收紧将不利于全球贸易增长

当前，全球通胀形势严峻。2021 年 10 月，美国 CPI 环比上涨 0.9%，同比涨幅达 6.2%，是 1990 年 11 月以来最大同比涨幅；剔除食品和能源价格后，核心 CPI 环比上涨 0.6%，同比上涨 4.6%，是 1991 年 8 月以来最大同比涨幅。此轮通胀源于疫情后需求端修复快于供给端造成的供需错配，在供应链扰动和刺激政策滞后效应的持续推动下，物价涨幅和延续时间已经大大超出了预期。结合 20 世纪 70 年代欧美高通胀历史可以看出，供给冲击带来的通胀压力无法在短期内消退，并可能逐渐从商品价格向服务价格和工资传导，最终形成各种要素价格的螺旋式上涨，从而使得短期通胀压力长期化。一旦美国高通胀现象持续，美联储必然加快缩减购债规模的速度，并最早在 2022 年底开启加息。美联储加快收缩货币政策将增大美国金融风险，并产生巨大外溢效应。尤其对于新兴经济体，美国货币政策加速收紧将增大其债务风险。在美联储超常规量化宽松政策下，资本大量流入新兴经济体，并导致部分新兴经济体货币被高估。美联储缩减购债规模或加息，会提振美元的利率和汇率，吸引资本回流美国本土，导致新兴经济体货币贬值、债务违约爆发。由于全球经济和全球贸易存在紧密关联，一旦美国或新兴市场国家经济受到货币政策转向的负面影响，全球贸易也必然受到波及，增速随之下降。

三、政策建议

2022 年全球贸易将保持较快增长，有利于我国外贸平稳发展。但也应看到，全球贸易增速放缓、风险增多，针对各种风险类型，应当未雨绸缪，积极应对，努力创造安全稳定的经济社会环境。

1. 外防输入、内防反弹，持续筑牢疫情防线

一是要清醒认识疫情防控的严峻性、复杂性和长期性，时刻紧跟防控形势的新发展、新变化，防范化解疫情冲击导致的各类衍生风险。二是要坚持底线思维，严格落实常态化疫情防控举措，全面消除各类风险隐患。三是要加快推进疫苗接种，切实加强应急管理，完善应急预案，主动应对，确保万无一失。

2. 科学精准实施宏观调控，严密防范外部风险冲击

一是坚持稳字当头，实施精准调控，把握好政策的时度效，不急转弯。要综合运用多种货币政策工具保持流动性合理充裕，有效防范和化解金融风险，促进经济金融良性循环。二是在我国出口仍有较大竞争优势情况下，增强企业议价能力，转移成本负担。三是进一步推动汇率市场化改革，保持人民币汇率弹性，减轻企业负担。

3. 加快构建新发展格局，提高应对外部风险挑战的能力

一是统筹发展和安全，坚持扩大内需战略基点，加快实现科技自立自强，加快构建以国内大循环为主体、国内国际双循环相互促进的新发展格局。二是补齐产业链供应链短板弱项，积极应对断供风险并塑造中国制造业竞争新优势。三是保持交流沟通，恢复中美多层级经贸对话交流渠道和机制，推动中美经贸关系回归良性发展轨道。

4. 进一步拓展国际市场，保障外贸平稳发展

一是积极推动 RCEP 落地实施，加快开展《全面与进步跨太平洋伙伴关系协定》（CPTPP）和《数字经济伙伴关系协定》（DEPA）相关谈判，进一步扩大高水平对外开放。二是坚定推动“一带一路”倡议，深化与沿线国家的合作，提升我国国际合作位势，进而形成良好的、可持续的经贸关系。三是以中欧班列等为主要载体着力搭建畅通的中外物流体系，防范物流梗阻干扰全球供应链有效衔接运转，为中外贸易提供稳定的物流服务。

45　2021 年国际油价走势回顾与 2022 年展望

牛　犁*　陈　彬*

摘要： 2021 年以来，全球经济呈现出恢复性增长态势，原油需求快速反弹，“欧佩克+”严格执行减产计划抑制供应扩张，国际海运费用大涨，天然气等替代能源价格创历史新高，疫情冲击、苏伊士运河航道阻塞及地缘局势动荡等不确定性频发，国际油价出现强劲反弹。展望 2022 年，全球经济复苏分化态势明显，原油需求延续恢复但增量放慢，“欧佩克+”渐进式增产和美国页岩油生产趋于活跃，原油市场供不应求局面趋于缓解，美联储货币政策转向将抑制商品期货投机炒作，天然气等替代能源价格对油价的影响会减弱，美伊关系等地缘政治风险犹存。初步预计，2022 年国际油价将高位回落，Brent 和 WTI 均价分别为每桶 78 和 75 美元，上涨 9.5% 左右。

关键词： 国际油价　强劲反弹　高位回落

一、2021 年疫后恢复阶段国际油价强劲反弹

2021 年以来，国际油价总体呈现强劲反弹走势。上半年，全球经济疫后复苏带来原油需求明显回暖，“欧佩克+”严格执行减产计划带来原油供给约束，叠加美元流动性过剩等影响，国际油价持续震荡上行。下半年以来，德尔塔毒株蔓延导致部分国家实施新封锁措施，拖累原油需求恢复，国际油价一度出现回落。但之后受全球疫苗接种持续推进和部分国家放松疫情防控措施带动原油需求回暖、伊核协议进展缓慢拖累伊朗产量回归、飓风“艾达”导致墨西哥湾原油生产遭遇重创等影响，国际油价重拾涨势。初步预计，2021 年 Brent 和 WTI 原油期货均价分别为每桶 71.3 和 68.5 美元，同比分别上涨 65% 和 73.5% 左右（见图 1）。

---

* 牛犁，国家信息中心经济预测部副主任，研究员，主要研究国内外宏观经济、能源、国际油价等领域。

* 陈彬，国家信息中心经济预测部副研究员，管理学博士，主要研究领域为就业与收入分配、农业经济理论与政策、能源与资源环境经济等。

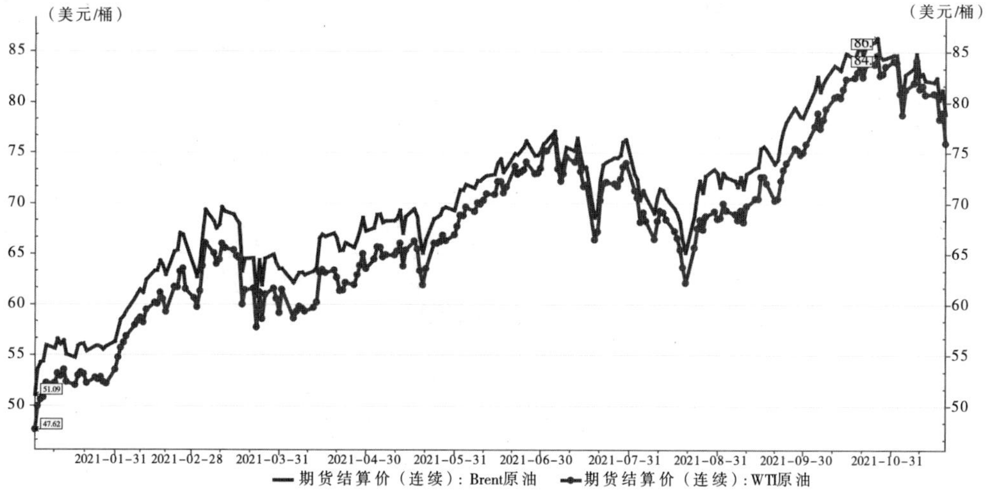

图 1　2021 年以来 Brent 和 WTI 原油期货价格走势图

数据来源：Wind，国家信息中心。

1. 上半年国际油价持续震荡上行

因新冠肺炎疫情全球大流行，2020 年 4 月世界石油需求一度大幅减少 2021 万桶/天，同比下降 20%，自下半年石油需求开始逐步恢复，全年平均减少 865 万桶/天，同此下降 8.6%。进入 2021 年以来，随着全球产业链供应链继续修复，受疫情压抑的需求逐步释放，叠加前期刺激政策效应，世界经济呈现稳步复苏态势，带动石油消费进一步回暖。与此同时，由于沙特阿拉伯超预期额外减产、“欧佩克+”综合减产执行率保持高位，世界石油供应保持较低水平，2021 年上半年世界石油供应量为 9375 万桶/天，同比下降 279 万桶/天。在供应偏紧、需求较旺的情况下，上半年国际油价在波动中不断上升，Brent 和 WTI 原油期货均价分别为每桶 65.2 和 62.2 美元，同比分别大涨 54.9% 和 67.6%。

2. 下半年国际油价短暂回调后走高

进入三季度，主要经济体逐渐达到疫苗规模性覆盖，加之欧美驾驶季来临，叠加中东用电高峰，世界石油需求环比出现明显增长。但 8 月份，受主要经济体复苏势头有所放缓、全球疫苗分配不均、变异毒株频出、部分国家再度启动封锁措施、中国出现局部散发疫情和洪涝灾害等因素影响，原油需求恢复进程有所反复，油价出现阶段性回调。9 月份以来，受多方面因素影响，国际油价再度出现较大幅度上涨。一是海外疫情形势有所好转。全球新增确诊病例数显著下降，多国解封进程持续推进，陆上出行强度已接近疫情前水平，10 月中旬全球在飞商业航班数较 2019 年同期相比降幅已缩小至 20% 左右。二是冷冬预期下取暖与燃料用油需求旺盛。美国海洋大气管理局（NOAA）预计，2021年12月至2022年2月，“拉尼娜”现象出现的概率为87%。三是全球天然气、煤炭和电力等原油替代品的价格超预期暴涨。英国和美国天然气期货价格在9月分别环比上涨49%和27%，欧美、印度、巴西等国出现电荒、气荒。四是美国战略储备投放不及预期。截至10月8日当周，美国战略原油储备仅下降了80万桶，不及计划水平的一半。五是全球原油供应持续偏紧。根据“欧佩克+”减产协议，在不考虑伊朗原油产量回归的前提下，预计2021年四季度供应缺口仍将有20万桶/天。预计下半年Brent和WTI原油期货均价分别为每桶77.2和74.7美元，同比分别上涨74.3%和78.6%左右。

二、多重因素将影响未来国际油价走势

展望2022年，全球经济延续复苏但增速放缓，“欧佩克+”原油供应小幅增加，美国页岩油产量稳步提升，美联储加快退出量宽和加息进程，石油替代品价格回落，以及美国能否重返伊核协议、疫情走向等多重因素都将深刻影响国际油价走势。

（一）全球经济延续复苏，石油需求增量放缓

2022年，全球经济复苏分化态势明显，面临不少深层次矛盾问题。一是全球经济复苏的不均衡性将进一步加剧。目前发达经济体超过60%的人口已经完成疫苗接种，并且部分国家已经接种疫苗加强针，但是低收入国家仍有约90%的人口没有接种疫苗。“免疫鸿沟”将导致疫情对新兴经济体的冲击难以很快消除，拉长其经济复苏周期。国际货币基金组织（IMF）秋季报告预计，发达经济体的总产出将在2022年恢复至疫情前水平，而新兴市场和发展中经济体（不包括中国）总产出到2024年仍将比疫情前的预测值低5.5%。二是全球通货膨胀上行压力越发明显。数据显示，2021年9月，全球食品价格指数同比上涨了32.8%，创近10年以来最高水平。10月，美国居民消费价格上涨6.2%，创31年来最高水平；欧元区居民消费价格上涨4.1%，追平了历史最高纪录。三是全球供应链的脆弱性仍然存在。随着德尔塔变异毒株引发疫情反弹，海陆空货运服务价格飙升，部分出口商不得不提高产品售价弥补成本或干脆取消发货，供应链仍存在较大中断风险。IMF《世界经济展望》秋季报告预计，2022年全球经济增长4.9%，较上年放缓1个百分点，并警示世界经济增长风险偏向下行。其中发达经济体增长4.5%，新兴和发展中经济体增长5.1%，分别较上年放缓0.7和1.3个百分点（见表1）。

表 1 全球及主要经济体经济增长率（单位:%）

国家或地区	2020 年	2021 年	2022 年
世界	-3.1	5.9	4.9
发达经济体	-4.5	5.2	4.5
美国	-3.4	6.0	5.2
欧元区	-6.3	5.0	4.3
日本	-4.6	2.4	3.2
新兴市场和发展中经济体	-2.1	6.4	5.1
中国	2.3	8.0	5.6
印度	-7.3	9.5	8.5
俄罗斯	-3.0	4.7	2.9
巴西	-4.1	5.2	1.5
南非	-6.4	5.0	2.2

数据来源：IMF《世界经济展望》，2021 年 10 月。

全球经济分化风险及增速放缓的态势，使得石油需求增量将有所减少，但随着越来越多的国家重新开放边境，由于汽油消费旺盛和国际旅行增加，全球石油需求仍将保持恢复性增长。2021 年 11 月，国际能源署（IEA）《石油市场月报》预计，全球原油需求增量由 2021 年的 550 万桶/天放缓至 2022 年的 340 万桶/天；欧佩克（OPEC）预计，全球原油需求增量由 2021 年的 565 万桶/天放缓至 2022 年的 415 万桶/天；美国能源情报署（EIA）《短期能源展望》报告预计，2022 年全球原油需求增加 335 万桶/天，增量较上年减少 176 万桶/天（见表 2）。

表 2 全球石油需求总量变化预测表（单位：百万桶/天）

年 度	2019 年	2020 年	2021 年	2022 年
OECD	47.79	42.02	44.38	45.56
美国	20.54	18.19	19.68	20.37
加拿大	2.51	2.19	2.28	2.38
欧洲	14.3	12.43	12.94	13.27
日本	3.74	3.33	3.33	3.27
其他 OECD	6.51	5.72	5.97	6.07
非 OECD	53.28	50.4	53.15	55.32
欧亚大陆	5.02	4.95	5.18	5.31
欧洲	0.76	0.71	0.74	0.75
中国	14.46	14.43	15.33	15.86
其他亚洲	13.96	12.8	13.52	14.31
其他非 OECD	19.08	17.51	18.39	19.08
世界总消费	101.07	92.42	97.53	100.88

数据来源：美国能源情报署，2021 年 11 月。

（二）欧佩克+渐进式增产，石油供应稳步增加

2022年，欧佩克+将继续稳步审慎推进增产计划，主要产油国希望在较高的油价下继续修补财政赤字。据IMF数据，60美元/桶的油价可以平衡大部分欧佩克成员的经常账户赤字，而平衡财政赤字仍需要油价维持在70美元/桶以上。当前油价已经达到80美元/桶以上，已经超过沙特、阿联酋、伊拉克等大多数欧佩克成员的“财政盈亏平衡油价”，这些成员适当增产可以进一步增加财政收入，意味着其主动增产的意愿会较高。2021年10月份“欧佩克+”会议同意维持其之前制定的每月逐步增加石油产量的计划，沙特能源部长表示“欧佩克+”必须考虑在2022年实现石油供需平衡。2021年10月国际能源署（IEA）预计，到2022年二季度，“欧佩克+”的有效闲置产能可能降至400万桶/日以下，较一季度的900万桶/天减少一半以上，意味着“欧佩克+”将在2022年进一步释放其潜能。2021年11月，美国能源情报署《短期能源展望》报告预计，2022年全球石油供应将增加545万桶/天，其中欧佩克石油产量增加220万桶/天（见表3）。但也应看到，安哥拉、尼日利亚和阿塞拜疆等欧佩克成员国，由于缺乏对石油的投资和勘探，在短时间内将石油产量提高到各自新目标的难度较大，伊朗原油产量回升仍有较大不确定性，未来“欧佩克+”增产的幅度仍将受到不小的限制。

表3　全球石油供给总量变化预测表（单位：百万桶/天）

国家 \ 年度	2019年	2020年	2021年	2022年
OECD	31.63	30.73	31.11	32.89
美国	19.51	18.58	18.75	20.15
加拿大	5.49	5.26	5.59	5.84
墨西哥	1.92	1.94	1.93	1.88
其他OECD	4.71	4.95	4.85	5.02
非OECD	69.02	63.46	64.86	68.53
OPEC	34.67	30.71	31.68	33.9
原油	29.27	25.6	26.34	28.37
其他石油气	5.4	5.11	5.34	5.53
欧亚大陆	14.6	13.42	13.7	14.66
中国	4.93	4.94	5.07	5.09
其他非OECD	14.82	14.38	14.41	14.88
世界总产量	100.65	94.19	95.97	101.42

数据来源：美国能源情报署，2021年11月。

（三）美国页岩油开采趋于活跃，产量稳步提升

美国达拉斯联邦能源调查局的数据表明，虽然目前美国页岩油公司的盈亏平衡价有所上升，但依然低于当前油价，这意味着在当前油价下，这些公司的现金流将继续改善，从而成为增加资本支出和扩大生产的动力。据该机构估计，60 美元/桶的油价就可以使页岩油公司产生足够的自由现金流，未来 5 年偿还超过 1700 亿美元的债务，而当前 80 美元/桶以上的油价水平显然能让页岩油企业赚取足够的利润。与此同时，美国页岩油约有一半的活跃钻井属于小型私人生产商，它们没有大型石油公司和上市公司在投资者压力下继续谨慎行事的担忧。投资战略的灵活和强劲的石油需求为私人生产商创造了机会，再次刺激了美国最大产油区二叠纪盆地的页岩钻探活动，预计该产油区的石油产量将会很快恢复到疫情前的高位。睿咨得能源（Rystad Energy）预测，二叠纪盆地的石油产量最早可能在 2021 年 10 月达到疫情前 490 万桶/天的高位水平，并将在 2022 年继续稳步攀升。美国能源情报署预计，2022 年美国石油产量显著增加，将达到 2015 万桶/天，增加 140 万桶/天，增长 7.5%。

2021 年以来全球原油供需缺口见图 2。

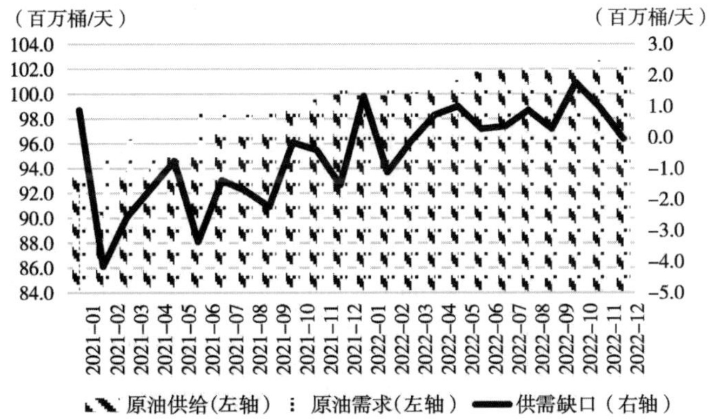

图 2 2021 年以来全球原油供需缺口

注：供需缺口＝供给－需求，负值表明供给小于需求，正值表明供给大于需求。

数据来源：EIA《短期能源展望》（2021 年 11 月）。

（四）美联储加快退出量宽和加息进程抑制油价上行

美联储 11 月份议息会议决定，从 11 月份启动缩减购债规模 150 亿美元/月，此后将会逐月增加缩减规模，预计将在 2022 年 6 月底前结束量化宽松政策。美联储对

2022 年经济修复进程较乐观，点阵图的加息预期中位值由 2023 年提前至 2022 年。预期 2022 年下半年将加息 1～2 次。美联储货币政策收紧意味着美元指数将会逐渐走强，从 2008—2021 年国际油价和美元指数走势相关性表现来看，二者呈现高度负相关。因此，在美联储实施"价格+数量"的收紧货币模式下，未来国际油价的上行空间将受到限制。

（五）石油替代品价格高位回落抑制油价

进入 2021 年 10 月份，以天然气为代表的能源价格和全球电力价格剧烈上行，引发市场对于能源危机的担忧。其中，天然气一跃成为 2021 年年内涨幅最大的大宗商品。过去一年里，亚洲液化天然气价格暴涨近 6 倍；欧洲天然气涨幅更为惊人，2021 年 7 月份价格较 2020 年 5 月份相比上涨超过 10 倍；就连天然气资源丰富的美国，气价也一度创下近 10 年来最高水平。由于天然气是主要的发电能源之一，天然气的紧缺和价格剧烈上行伴随着全球电荒和电价高涨。作为天然气的一种能源替代品，天然气价格暴涨将刺激企业和居民更多使用价格相对较低的石油产品，将带来石油消费的快速增加，进而进一步推升油价。但考虑到天然气和电力的需求将在冬季取暖季过后有所回落，地缘政治因素不支持天然气持续的供给收缩，且波及范围也相对有限，预计 2022 年二季度后，天然气价格将高位回落，对油价的支撑作用也将减弱。

三、2022 年国际油价将高位回落

综上所述，从需求端看，2022 年全球经济复苏延续但增速放缓，发达国家有望率先恢复至疫情水平，带动原油需求回升，但发展中国家复苏放缓较多将拖累原油需求增长；从供应端看，欧佩克+实施渐进增产计划将使原油供应逐步恢复，美国页岩油生产商有望在较高油价的刺激下扩大投资和产出，全球原油供需平衡矛盾将得到逐步缓解；从金融端看，美联储加快退出量化宽松和加息进程提前，一方面将支撑美元指数走强抑制油价上涨，另一方面流动性趋紧有助于遏制商品期货市场投机炒作；从替代品看，天然气价格在今冬明春保持高位将利于支撑油价上行，但随着 2022 年二季度后供需矛盾缓解气价回落，对油价上涨的带动效应也将逐步减弱。此外，新冠肺炎疫情走向、气候变化、美国能否重返伊核协议及地缘政治局势等影响油价的重要因素具有很大不确定性。因此，预计 2022 年国际油价总体上将高位回落，至少涨幅明显减少，不排除在叠加重大突发事件后突破 100 美元/桶的可能，但与上年单边震荡上行走势不同，油价的波动性将会加大。预计 2022 年 Brent 和 WTI

原油期货均价在每桶 78 和 75 美元左右，同比上涨约 9.5%，在每桶 60～90 美元的区间波动。

近期，部分国际机构对国际油价走势做出了预测。2021 年 11 月，国际能源署（IEA）预计，2022 年 Brent 原油期货价格为 79.4 美元/桶，同比上涨 11%。美国能源情报署（EIA）2021 年 11 月《短期能源展望》预计，2022 年 Brent 和 WTI 原油期货价格分别为每桶 71.9 和 68.3 美元，同比微涨 0.4% 和微跌 1.1%。国际货币基金组织（IMF）《世界经济展望》秋季报告预计，2022 年国际油价（Brent、WTI 和 Dubai 原油的简单平均价格）为 64.52 美元/桶，同比下降 1.8%。

46　2021 年美国经济形势分析及 2022 年展望

赵硕刚*

摘要：2021 年以来，随着经济活动在疫情解封后进一步重启，叠加财政货币政策刺激，美国经济延续了 2020 年三季度后的复苏势头，上半年保持了较快的增长速度，但进入下半年，复苏进程中的供需错配问题凸显，供应链不畅及通胀率攀升对美国经济复苏的制约不断加重，经济增长明显放缓。在新冠肺炎疫情反复、物价持续攀升、中期选举临近、货币政策退出等因素叠加下，2022 年美国经济面临的下行风险显著增加，尤其在 2022 年上半年，美国经济增长减速与通胀高企并存，“滞涨”的特征将更为明显。

关键词：美国经济　新冠肺炎疫情　通货膨胀

一、美国经济越过复苏增速高点

1. 经济增速前高后低

2021 年上半年，伴随新冠肺炎疫苗接种的范围逐步扩大，美国每日新增新冠肺炎确诊人数在 1 月 10 日达到 31.2 万例的峰值后呈现波动下降趋势，疫情趋缓带动经济活动进一步恢复。同时，拜登上任后先后公布了“美国援助计划”、“美国就业计划”和“美国家庭计划”等庞大的财政刺激方案，进一步加速了美国经济的复苏势头，第一、二季度 GDP 环比折年率分别达到 6.3% 和 6.7%。其中，个人消费支出对前两季度经济增长的贡献分别达到 7.44 和 7.92 个百分点。进入三季度，由于新冠肺炎变异病毒德尔塔毒株再度在全美快速蔓延，部分州为了促使劳动力加快重返就业市场，陆续停止发放失业救济金。同时，劳动力短缺和商品供不应求也导致美国供应链出现严重瓶颈，商品价格涨幅扩大，均抑制了消费持续反弹的势头。三季度个人消费支出仅增长 1.6%，由此使得当季 GDP 增速大幅降至 2%，成为 2020

* 赵硕刚，经济学博士，助理研究员，研究方向为世界经济。

年二季度以来的最慢增速（见表 1）。

表 1　美国主要经济指标增长率及其对经济增长的贡献

指标	2019 年	2020 年	2021 年		
			第一季度	第二季度	第三季度
GDP 及其构成增长率（经季节调整折年率，%）					
国内生产总值	2. 3	-3. 4	6. 3	6. 7	2. 0
个人消费支出	2. 2	-3. 8	11. 4	12. 0	1. 6
私人国内投资	3. 4	-5. 5	-2. 3	-3. 9	11. 7
商品和服务出口	-0. 1	-13. 6	-2. 9	7. 6	-2. 5
商品和服务进口	1. 2	-8. 9	9. 3	7. 1	6. 1
政府消费和投资总额	2. 2	2. 5	4. 2	-2. 0	0. 8
GDP 构成对经济增长的贡献（百分点）					
个人消费支出	1. 48	-2. 55	7. 44	7. 92	1. 09
私人国内投资	0. 60	-0. 99	-0. 37	-0. 65	1. 94
商品和服务出口	-0. 01	-1. 57	-0. 30	0. 80	-0. 28
商品和服务进口	-0. 17	1. 28	-1. 26	-0. 99	-0. 87
政府消费和投资总额	0. 38	0. 43	0. 77	-0. 36	0. 14

数据来源：美国商务部经济分析局。

2. 通胀压力大幅攀升

2021 年以来，受 2020 年基数较低、疫情解封后需求迅速复苏、供应链遭遇瓶颈及大规模财政货币刺激等因素影响，美国通胀率大幅攀升，CPI 同比涨幅从 1 月的 1. 4%一路上扬，10 月份达到 6. 2%，创 1990 年 11 月以来最大同比涨幅，当月核心 CPI 同比涨幅也达到 4. 6%，处于 20 世纪 90 年代以来的高位（见图 1）。美联储更为关注的核心 PCE 在 9 月份同比涨幅也达到了 3. 6%，创 1991 年 5 月以来新高。出于对供应链瓶颈和消费者需求复苏将继续抬高商品和服务成本的担心，美国国内对通胀的预期不断攀升，美国 10 月密歇根大学 1 年通胀预期指升至 4. 8%，创 2008 年来最高。10 月下旬，衡量市场通胀预期的美债 5 年期盈亏平衡通胀率有纪录以来首次突破 3%，为自 2002 年彭博开始记录该数据以来最高水平。

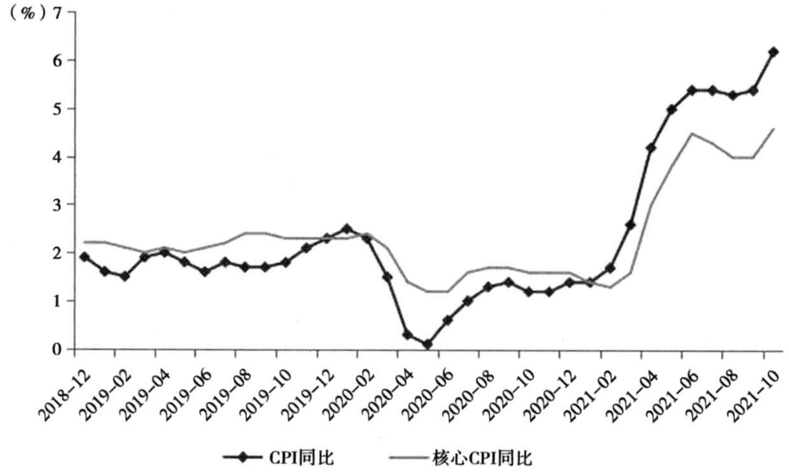

图1　2018—2021 年美国通胀情况

数据来源：美国劳工部。

3. 就业市场稳步恢复

2021 年以来，随着经济的持续复苏，美国劳动力市场也持续恢复，美国非农失业率由年初的 6.3% 下降至 10 月份的 4.6%，尽管仍高于疫情暴发前的 3.5%，但已经较 2020 年 4 月创纪录的 14.8% 实现了大幅下降。前 10 个月非农业部门月均新增就业人数达到 58.2 万人，尤其是 6、7 月份保持在 96 万以上，7 月达到 109.1 万人，创近一年高位（见图 2）。但相比于经济的快速复苏，美国就业市场的改善速度仍显滞后，这在一定程度上要归因于美国政府的失业救济补助延缓了劳动力重返就业市场的速度。下半年以来，美国劳动力短缺问题日益突出。劳工部数据显示，劳动力市场的岗位空缺数量在 6 月份后持续超过 1000 万个，创下历史新高，已经超过登记的失业人口总数。

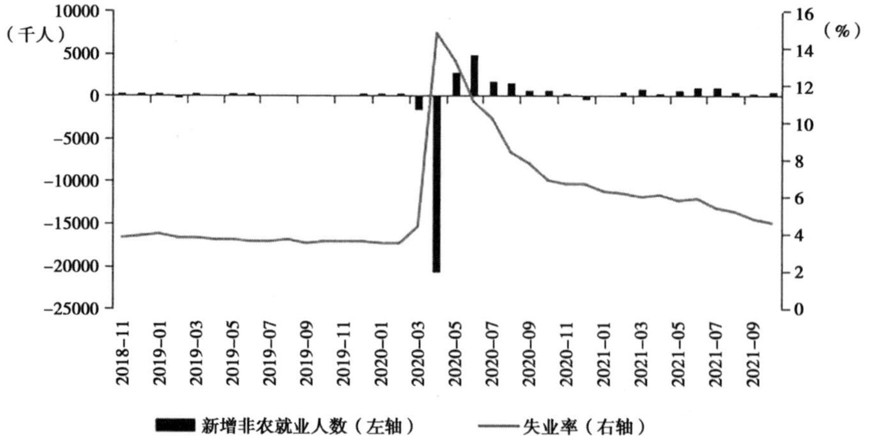

图2　2018—2021 年美国劳动力市场情况

数据来源：美国劳工部。

4. 贸易逆差创历史新高

随着美国经济的恢复，4 月份以来美国贸易保持了高速增长，进出口都实现了两位数以上的同比增幅。但受新冠肺炎疫情反复和供应链瓶颈的限制，下半年贸易增速有所放缓，9 月份进出口增幅分别降至 19.9% 和 16.6%。其中，由于半导体严重短缺迫使汽车制造商减产，汽车和零部件出口同比下降了 13.1%，进口量也下降 16.2%。同时，因需求激增、劳动力短缺，美国两大最繁忙港口洛杉矶港和长滩港 9 月以来出现严重拥堵，滞留的货轮数量创历史新高。此外，因为出口增幅不及进口，美国贸易逆差持续扩大，9 月份达到 809.3 亿美元，创历史最高纪录。

5. 金融市场调整加大

2021 年以来，经济复苏叠加流动性支撑，美国股市持续攀升，三大股指均创出历史新高。截至 10 月底，标普 500 指数、纳斯达克指数年内涨幅超过 20%，道琼斯工业平均价格指数同期涨幅也达到 17%。但随着下半年美联储释放退出量化宽松政策的信号，股市震荡幅度加大，9 月份三大股指出现明显回调。同时，由于通胀高涨加速了美联储货币政策退出步伐，流动性收紧的预期推动美元指数低位反弹，从年初的不足 90 点，上涨到 10 月底的 94 点以上。同样受流动性收紧预期的影响还有美债，十年期美债收益率从年初的不足 1%，上升至 10 月底的 1.6% 附近。2020—2021 年美国股指走势见图 3。

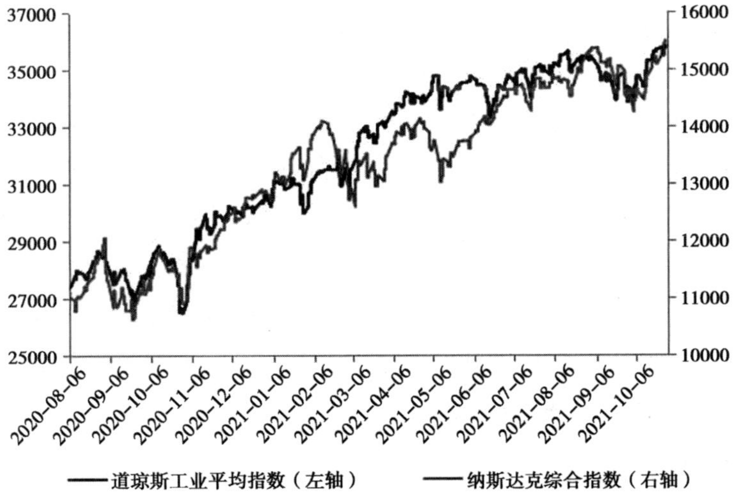

图 3　2020—2021 年美国股指走势

数据来源：万得资讯。

二、美国经济运行面临四重风险

随着经济增速高点已过，在新冠肺炎疫情反复、物价持续攀升、中期选举临近、货币政策退出等因素叠加下，美国经济面临的下行风险明显增加，将增大2022年经济运行的不确定性。

1. 疫情可能再度反复

2021年以来，传播力更强、病毒载量更高的德尔塔病毒已经成为各国疫情再度蔓延的主要推手，在经济活动逐步恢复的情况下，未来新冠肺炎病毒难以消除，甚至可能继续变异，导致现有防控措施效果的进一步弱化。2021年下半年，美国疫情出现显著反弹，每日新增感染人数最高时近20万人。而受疫苗政治化影响，美国疫苗接种率停滞不前。据美国CDC数据，截至11月4日，美国完成疫苗接种的人约有1.9亿人，接种完成率仅为58.1%。尽管9月份后感染人数有所下降，但随着秋冬季节的到来，美国疫情存在再度加剧的可能。进入11月，欧洲疫情已经出现明显反弹，美国华盛顿大学健康计量和评估研究所（IHME）预计冬季美国将迎来新一波感染高峰。疫情反复将抑制经济活动，对美国经济持续复苏产生负面影响。

2. 工资物价螺旋上涨

自2020年下半年开始，美国消费需求恢复首先拉动了消费物价迅速上涨，CPI涨幅高于PPI，但2021年以来通胀压力向上游快速延伸，PPI涨幅开始超过CPI，而且二者差距进一步扩大，9月份美国PPI通胀涨幅达到8.6%，CPI涨幅为5.4%。在物价上涨的同时，美国劳动力工资也在加速上涨。9月份，美国平均时薪环比增长0.6%。“用工荒”迫使许多企业涨薪招人，如沃尔玛将最低时薪从11美元提高至15美元，亚马逊也将平均时薪提高至18美元以上。随着疫情后劳动力需求的进一步恢复，通胀也将由需求拉动型向成本推动型转变。20世纪70年代石油危机引发的工资-物价螺旋上升是西方国家通胀率持续居高不下的元凶，美国物价和工资陷入螺旋上涨将加强通胀的自我强化机制，加大美联储控制通胀的难度，或将进一步迫使美联储加快量化宽松退出步伐。

3. 中期选举加剧政治对立

2021年下半年以来，由于在抗击疫情、阿富汗撤军、控制通胀及恢复供应链等诸多议题上饱受诟病，拜登政府支持率不断下滑。美联社10月28日的民调显示，美国民众对于拜登经济政策的支持率，从3月份的60%骤降至41%。而美国全国广播公司（NBC）10月下旬所做、11月公布的民调也显示，近60%的受访者对拜登上任以来的经济政策持负面看法。同时，民主党内部进步派与温和派的反复博弈导致拜登提出的多项重大国内法案举步维艰，重要议程难以推进。2022 年 11 月美国国会将举行中期选举。从历史的经验来看，中期选举往往就成为在野党翻盘的机会。目前民主党在参议院与共和党以 50∶50 的席位持平，如果共和党在 2022 年中期选举取得胜利，拜登所在的民主党将会失去参议院甚至众议院的优势，进一步增加拜登政府政策落实的难度。

4. **货币政策退出效应显现**

2021 年以来，伴随美国经济恢复及美联储货币政策的支撑，美国股市、房地产市场价格仍在持续上涨，企业和居民部门债务水平不断攀升，资产价格泡沫化水平继续提高。标普/凯斯席勒房价指数显示，自 2020 年 12 月起，美国 20 个主要城市房价已经连续 9 个月同比涨幅超过两位数，8 月份达到 20%，指数不断刷新历史高位。随着美国通胀压力显著上升，就业市场逐步改善，美联储已经在 11 月正式启动量化宽松政策退出进程，每个月按照 150 亿美元的节奏收缩购债规模。按当前速度，美联储将在 2022 年 6 月完成量化宽松的退出。市场预计，美联储最早可能将在 2022 年底开启加息。在美元流动性阀门逐步拧紧的情况下，美国经济运行面临的金融风险也将随之增加，金融市场回调概率将上升，居民和企业部门偿还债务的压力将加大，进而可能引发金融动荡和大规模债务违约风险。美联储在 11 月发布的半年度《金融稳定报告》中也警告称，随着风险资产价格持续上涨，一旦经济形势恶化，资产更容易出现崩盘风险。

三、2022 年美国经济“滞涨”特征将更为突出

由于新冠肺炎疫情仍将反复，失业救济金政策 2021 年 9 月已经到期，而且拜登政府基建计划大幅缩水，新财年预算迟迟未能在国会通过。在刺激政策效应减退，物价走高对居民消费产生抑制作用，美联储货币政策面临转向的情况下，美国经济未来将步入更为温和的扩张阶段，进一步向潜在经济增速水平回归。根据 IMF 最新的预测，2021 年美国经济将增长 6%，2022 年增速回落至 5.2%。美联储最新预计 2021 年美国经济将增长 5.9%，2022 年增速降至 3.8%。尤其在 2022 年上半年，美国经济增长减速及通胀高企并存，“滞涨”的特征将更为明显。

1. **私人消费变弱加大经济“滞”的压力**

私人消费支出占美国经济的七成，是影响美国经济走势的决定性力量。由于失业补贴在 2021 年 10 月份已停止发放，而当月美国劳动参与率数据仍然持平于 9 月

的61.6%，显示补贴退出尚未有效推动劳动力重返工作岗位。财政补贴减少及就业意愿降低将令2022年美国居民收入受到影响。同时，疫情反复及通胀高企也将削弱居民消费信心，2021年下半年以来，随着通胀水平的持续走高，消费者信心持续减弱，衡量美国消费者信心情况的美国密歇根大学消费者信心指数大幅下降，从4月份最高时的88.3降至10月份的71.7。2022年上半年，在冬季疫情高发和物价居高不下的影响下，美国居民消费信心难有大的起色。

2. 财政政策空间受限增添“滞”的风险

2021年3月，拜登签署了1.9万亿美元的经济救助法案。新一轮经济救助计划在推动2021年美国经济强劲增长的同时，也带来经济过热和通胀压力，令美国政府债务负担继续加重。美国财政部最新数据显示，2021财年（2020年10月1日至2021年9月30日）美国联邦政府财政赤字达到2.77万亿美元，联邦财政赤字占GDP的比重达到12.4%，虽然较上一财年有所下降，但仍为1945年以来的第二高水平。美国国会预算办公室（CBO）预计美国公共债务占GDP的比重将上升至102.3%，这将限制进一步大规模扩张性财政政策的出台。目前，随着现有纾困政策逐渐到期，拜登政府2022财年预算框架草案大幅瘦身至1.75万亿美元后仍未能在党内达成一致意见，2022年美国经济面临因政策力度不足或断档而导致的复苏失速风险。

3. 供应链瓶颈难解延长“滞”和“胀”的时间

受制于关键零部件短缺和运输体系混乱，全球供应链长期不能顺畅运转衔接，短缺直接导致供给受限、物价飞涨。当前全球供应短缺最突出的是芯片短缺，已经导致美国汽车供应不足，成为美国三季度经济放缓的重要原因，当季美国机动车产出下拉GDP环比折年率1.39个百分点，并对二手车市场造成了多米诺骨牌效应，推动二手车价格飙升，4—10月，美国二手车价格同比涨幅维持在20%～45%，是美国CPI上涨的最主要诱因之一。为解决“芯片荒”问题，半导体厂商已经加大扩产力度，但新增产能贡献产出将集中在2022下半年，2022年上半年芯片供需难有明显缓解。

除了关键零部件短缺，全球海运体系陷入混乱也阻碍了供应链正常运转，推高了商品价格。据南加州海洋交易所的数据，截至10月12日，仅在洛杉矶港和长滩港停靠的货轮总数就已达到64艘，另有80多艘还在港口外排队等待靠岸，货轮在洛杉矶港的平均停泊时间已经超过10天。供应链的紊乱也助涨了运输成本的上升和传导。美国联邦快递、DHL已分别宣布将2022年美国境内运费平均上调5.9%。在疫情无法清零的情况下，预计疫情反复会不断干扰全球供应链，使得供给短缺和物价上涨现象长期存在。美国交通部表示，美国的供应链危机预计将持续到 2022 年。

4. 过量流动性仍将构成“胀”的支撑

为应对疫情冲击，美联储采取了无上限的量化宽松政策，向金融市场注入巨量流动性，这对经济摆脱萧条起到积极作用的同时，也为当前的通胀埋下了巨大隐患。疫情暴发后，美联储资产负债表从 2020 年 2 月底的不足 4. 2 万亿美元在 3 个月的时间内迅速扩张至 7 万亿美元，目前接近 8. 5 万亿美元。随着经济在疫情解封后逐步恢复，过剩的流行性也从银行体系中释放出来，进入股市、楼市、大宗商品市场及实体经济中，加速了资产价格和生产要素价格的大幅上涨。虽然 2022 年美联储量宽政策将逐步退出，但在政策退出的初始阶段还仅是购债规模增量的削减，美元流动性存量将继续增加，将继续为美国通胀的走高提供流行性支撑。

47　2021年欧洲经济形势分析及2022年展望

王灏晨*

摘要：2021年欧元区及欧盟经济出现反弹，正在从疫情中复苏；制造业、服务业PMI都处于较高位置，但稳中有降；贸易增幅同比大幅上涨助力经济增长；失业率稳步下降，通胀持续上涨创13年来新高。2021年欧元区及欧盟经济增长，主要得益于疫情趋缓及欧洲央行重要举措陆续出台。但能源价格上涨及流动性大幅增长引起超预期通胀，供应链瓶颈限制经济增长。展望2022年，发达经济体复苏势头强劲将为欧元区及欧盟经济提供较好外部支撑。但疫情风险或成影响经济重要因素，通胀存在上涨风险但刺激政策仍将持续，外部形势依旧错综复杂，机遇与挑战并存。

关键词：疫情　通货膨胀　供应链

一、2021年欧洲经济运行情况

（一）经济正在从疫情中复苏

2021年，欧元区经济在经历2020年因疫情反复带来的经济衰退后，表现出较为强劲的复苏势头。欧元区2020年第四季度季调后不变价GDP环比增长为-0.4%，欧盟同期季调后不变价GDP环比增长为-0.2%。进入2021年后，其经济运行逐步适应疫情管理措施，并进入复苏通道。欧元区和欧盟一季度季调后不变价GDP环比增长分别为-0.3%和-0.1%，二季度随着疫情感染率下降和防疫限制措施解除，区域内经济活跃度出现跃升，呈现加速复苏态势，欧元区和欧盟GDP环比分别上涨2.1%和2.0%。三季度经济整体走势较为平稳，仍处于扩张区间，欧元区和欧盟三季度季调后不变价GDP环比增幅小幅增长，分别为2.2%和2.1%（见图1）。

---

* 王灏晨，法学博士，国家信息中心经济预测部副研究员，研究方向为欧洲经济、国际贸易、经济预测。

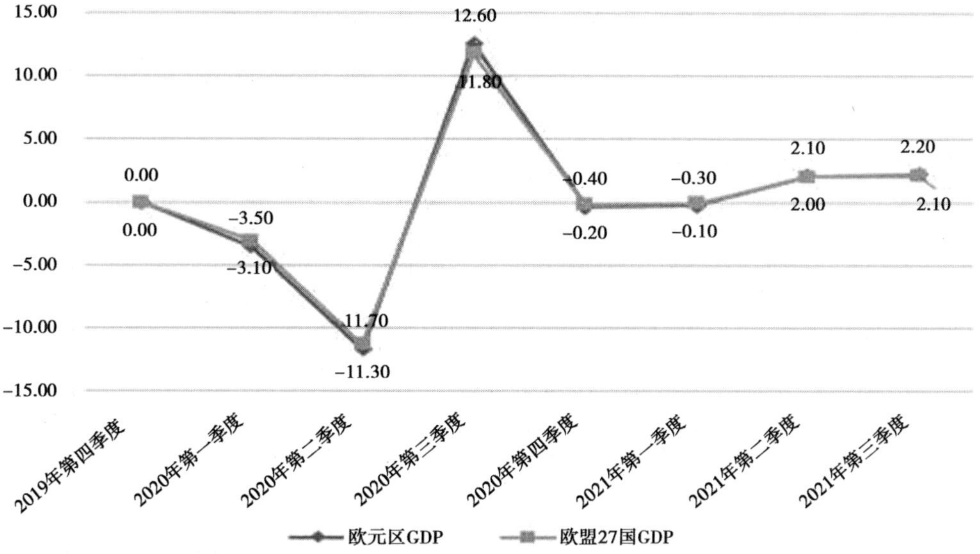

图 1　欧元区及欧盟 27 国季调不变价 GDP 环比（%）

数据来源：欧盟统计局。

欧元区主要经济体在 2021 年均产生较强势反弹。德国是欧元区最大经济体。尽管其受 2020 年第四季度疫情影响，在一季度造成同比实际缩减 1.90%，但此后带来强势反弹。其第二、第三季度的季调不变价 GDP 环比增速分别为 1.90% 和 1.80%，在欧盟经济体中表现强势。由于欧元相对美元升至幅度较大，德国 1 季度 GDP 即突破 1 万亿美元。由于英国脱欧，法国成为第二大经济体。疫情逐步缓解，措施逐步解封，法国经济表现出强烈活力。其 2021 年一至三季度的季调不变价 GDP 环比分别为 0.07%、1.31% 和 3.01%。意大利位列欧盟第三位，虽然在 2020 年四季度环比下降 1.66%，但此后保持了较好的复苏态势。一至三季度的季调不变价 GDP 环比分别为 0.26%、2.66% 和 2.61%（见图 2）。

（二）欧元区 PMI 稳中有降

欧元区制造业采购经理人指数（PMI）较为直观地反映了 2021 年的经济发展趋势（见图 3）。

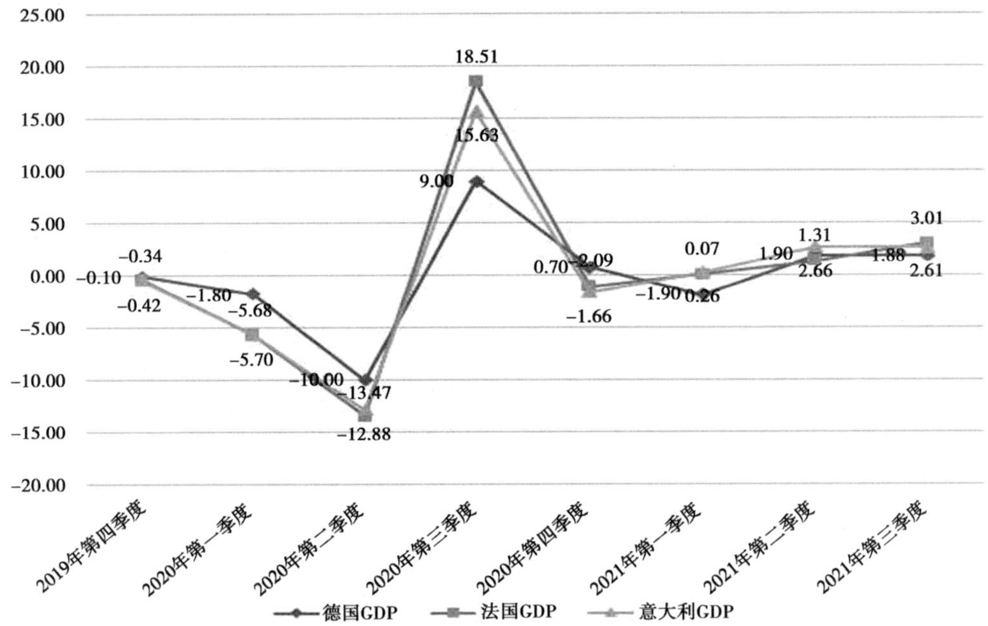

图 2　欧元区三国季调不变价 GDP 环比（%）

数据来源：欧盟统计局。

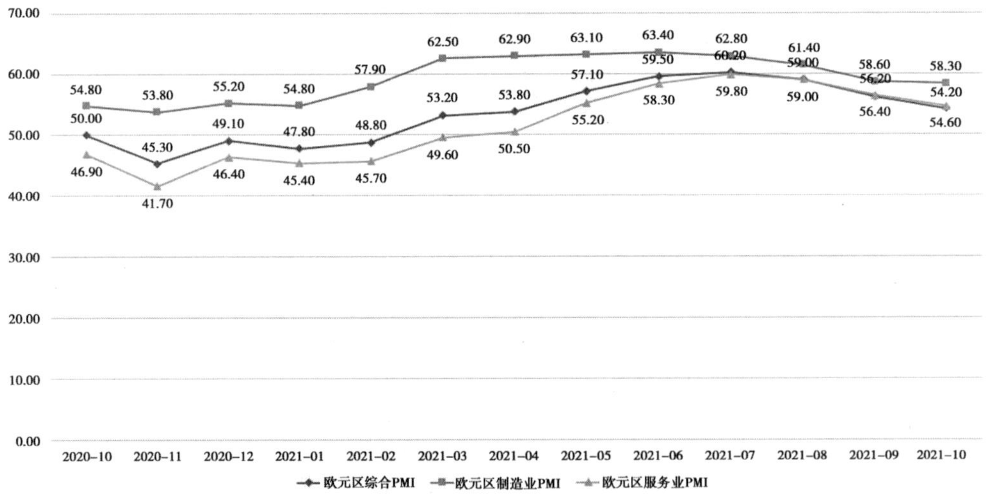

图 3　欧元区综合 PMI、制造业 PMI 及服务业 PMI 趋势（%）

数据来源：欧盟统计局。

2020 年第四季度的三个月中，因出现传染性更强的德尔塔毒株，疫情管制措施再次收紧，经济在经历三季度反弹后再受冲击，综合 PMI 于 11 月跌至荣枯线以下波动数月。2021 年一季度起出现反弹，3 月综合 PMI 即达到 53.2%，越过荣枯线。

二季度，欧元区经济加速复苏，6 月份达到 59.5%。三季度，欧元区经济出现放缓迹象，综合 PMI 指数自 7 月份的 60.2% 的年内高点逐月下降，截至 2021 年 10 月，已降至 54.2%。就行业来看，在 2020 年四季度至今，制造业一直保持较为良好的发展韧性，而且改善程度较高，自 1 月份的 54.8% 快速攀升至 3 月份的 62.5%，并连续数月保持在 60% 以上，直到 9 月份降至 58.6%。相比之下，服务业更多受到疫情波动及防控措施紧张程度的影响，一季度位于荣枯线之下，但有所改善，自二季度起，服务业 PMI 于 4 月越过荣枯线，并以与综合 PMI 先升后降的趋势发展相似，截至 10 月份，服务业 PMI 为 54.6%。

欧元区主要经济体 PMI 表现与总体情况相似。法国和德国的综合 PMI 均于 1 月份起开始反弹，先后于 6 月份和 7 月份反弹至年内高点，分别为 57.4% 和 62.9%，此后二者也都经历了一定程度的下滑，截至 10 月份，分别为 54.7% 和 52.0%。制造业方面，德国、法国和意大利三国都表现出强劲的增长和复苏势头。三国分别于 3 月、5 月和 5 月达到年内高点，分别为 66.6%、59.4% 和 62.3%。疫情在年中好转也有助于三国服务业发展，法国、德国和意大利三国服务业 PMI 分别于 6 月、7 月和 7 月冲击年内高点，分别为 57.8%、61.8% 和 58.0%，但截至 10 月份分别降至 56.6%、52.4% 和 52.4%。冬天疫情发展变化及通胀水平将在一定程度上影响四季度服务业 PMI 的变化趋势。

（三）失业率稳步下降

2021 年，随着经济反弹，欧元区及欧盟失业率表现好转，总体失业率形势呈现稳中有降态势。欧元区失业率于 2020 年 10 月份降至 7.5%，此后相当长一段时间稳定在 7.4%，在 5 月份降至 7.3%，并最终于 9 月份降至 6.7%，比上年同期的 8.3% 低 1.6 个百分点。欧盟失业率也从 1 月份的 8.4% 持续下降至 9 月份的 7.4%，低于上年同期 0.1 个百分点。欧元区和欧盟 25 岁以下人口失业率在 4 月份升至年内高点，分别为 18.4% 和 18.6%，此后持续下滑，至 9 月份分别降至 15.9% 和 16.0%（见图 4），均比上年同期下降 2～3 个百分点。

欧元区主要经济体就业水平随着经济复苏也表现出好转态势。德国失业率自 1 月份达到 6.3% 的年内高点后即持续下降，截至 10 月份已降至 5.9%。法国失业率自 1 月份的 7.9% 升至 4 月份的 8.3%，此后也逐渐下滑，截至 9 月份降至 7.7%。意大利 1 月份失业率为 10.2%，从 5 月份起降至 10% 以下，截至 9 月份为 9.2%。三国的失业水平已经接近 2020 年之前的同期水平，表明疫情对就业的影响较小。

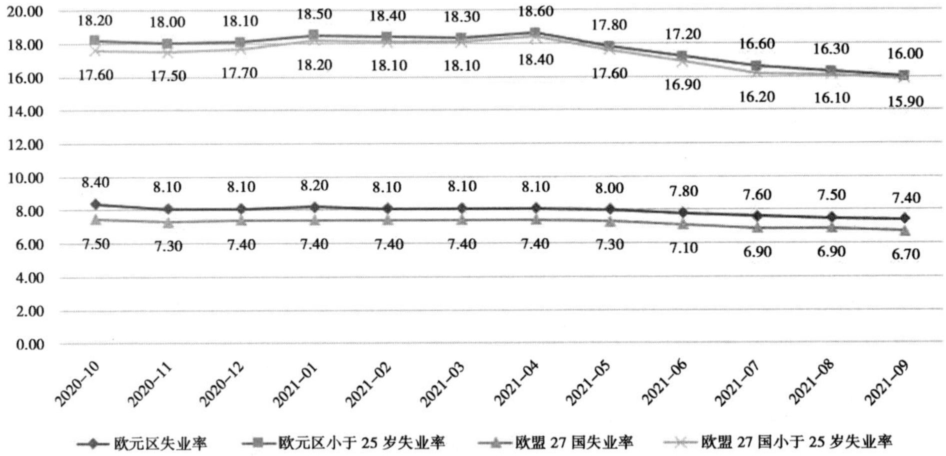

图 4　欧盟和欧元区失业率及 25 岁以下失业率（%）

数据来源：欧盟统计局。

（四）贸易增速同比大幅上涨

2021 年全球经济复苏为国际贸易带来重大利好，同时得益于低基数水平，欧元区进出口贸易同比增速反弹强劲。除 2021 年 1、2 月份进出口贸易弱于 2020 年疫情暴发前外，3 月出现爆发式增长，出口同比增长超过 10%，进口同比增长接近 20%。4 月份同比增长达到年内高点，进口为 38.1%，出口达到 46.8%。此后由于疫情出现反复，全球供应链紧张，以及 2020 年基数变化，贸易同比出现下滑，于 7 月份降至下半年低点，但于 8 月份出现反弹，进口和出口同比增速分别为 26.5% 和 18.2%（见图 5）。

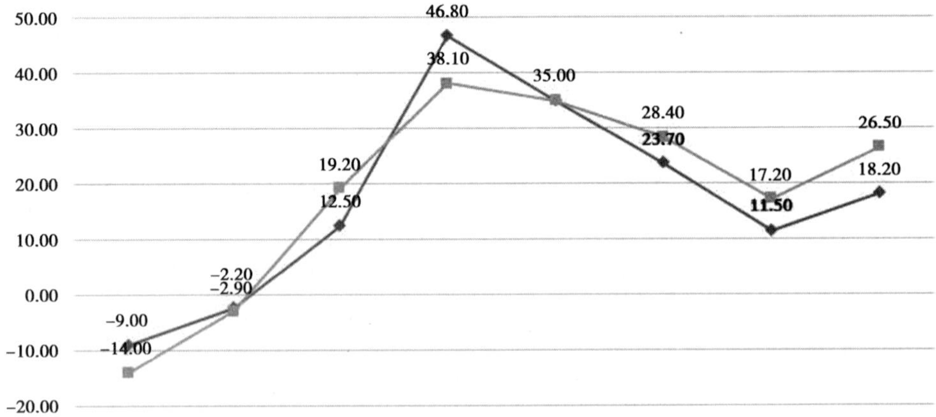

图 5　欧元区 19 国进口及出口同比增速（%）

数据来源：欧盟统计局。

（五）通胀持续上涨创 13 年来新高

2021 年，在 1 月份双双反弹至 1% 以上后，欧元区和欧盟通胀水平出现分野。欧盟通胀水平持续快速上涨，4 月份调和 CPI（HICP）即突破 2.0%，至 9 月份攀升至 3.6%。欧元区通胀水平先降后升，随着欧洲复兴资金的拨付，以及全球能源供不应求带来的价格上涨，推升欧元区通胀于 7 月份快速反弹，8 月跃升至 1.6%，10 月更是突破 2.1%（见图 6）。总体通胀率为 4.1%，是欧洲央行目标的 2 倍多，继 9 月份后再创 13 年来新高，也令欧洲央行陷入两难境地。从国别看，德国、法国和意大利三国通胀水平自 1 月起保持稳步上涨趋势。尽管于 6、7 月份出现小幅下跌，但截至 10 月份，三国调和 CPI 分别达到 4.6%、3.2% 和 3.1%，也达到各国多年来的高点（见图 7）。

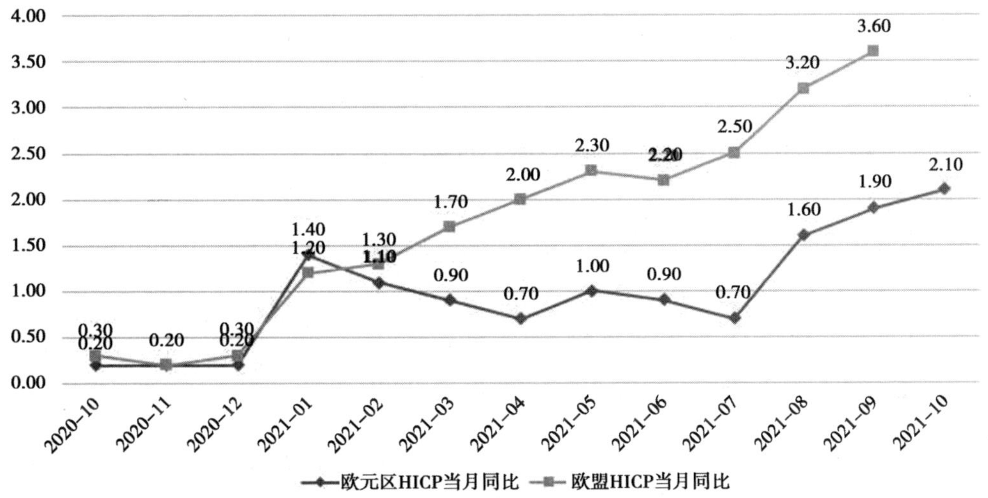

图 6　欧盟及欧元区调和 CPI 同比增长（%）

数据来源：欧盟统计局。

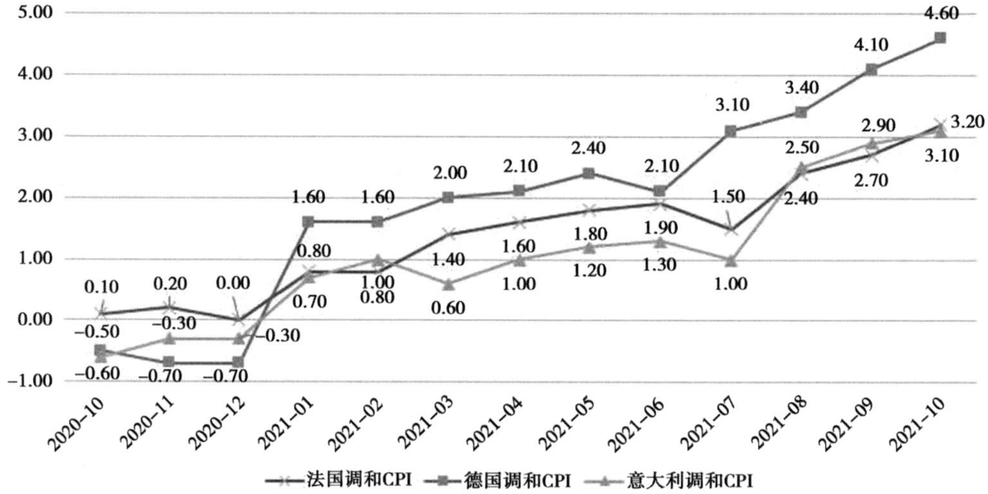

图7 欧元区三国调和 CPI 同比增长（%）

数据来源：欧盟统计局。

二、影响2021年欧洲经济的主要因素

1. 疫情趋缓助力经济复苏，欧洲央行措施显成效

2021年，疫情得到较好控制、欧洲央行持续推动量化宽松成为经济复苏的主要原因。在疫情防控方面，欧盟在疫情发生后，尽管经历了慌乱与犹豫，但也较快启动了疫情防控措施和疫苗接种工作，特别是自2021年4月起，接种工作进入快速增长期，欧盟新冠肺炎疫苗接种率从4月份的约10%快速上涨到8月份的60%。随着接种率的快速上升，欧盟逐步放松疫情管制。在制造业PMI持续保持在荣枯线以上的情况下，民众消费随着防控措施解除逐渐复苏，有效带动服务业PMI提高。欧盟多国服务业GDP占比较高，服务业复苏，一方面带动经济发展，另一方面也创造就业，提高收入并进一步促进消费。欧元区及欧盟经济复苏得意于此。在欧洲央行举措方面，央行持续发力，2020年推出了为期三年的“下一代欧盟”经济复苏计划。2021年是该计划启动的第一年，随着数千亿欧元释放给多个成员国，有效促进这些成员国的经济复苏和设施建设。同时，货币政策方面，欧洲央行启动的“大流行紧急购债计划”（PEPP）向市场持续释放流动性，给居民部门带来强劲的财富效应，也提升了民众的购买力和消费冲动，刺激经济复苏。

2. 能源价格上涨及流动性大幅增长引起超预期通胀

2021年以来，欧元区经济复苏态势明显，但通胀上涨连创十余年新高，也对经济发展带来压力。能源价格上涨及市场流动性货币供应大幅增加是推高通胀的主要动力。一方面，能源价格持续上涨。新冠肺炎疫情缓解，生产生活活动复苏，带动全球能源需求快速上涨。在供给侧，各产油国在能源供应方面步调不一，增产幅度增速不及预期，国际原油期货价格不断上涨，北海布伦特 1 月原油期货价格已由年初的约 51 美元/桶升至 81 美元/桶。新能源供应方面，2021 年西欧大陆风力不足，光伏发电效果不佳。欧盟因绿色转型提高的新能源发电能力未能得到充分发挥，无法提供足够电能。这些因素共同导致能源价格上涨，推高通胀。同时，全球主要经济体执行大规模量化宽松政策，导致市场流动性大涨，尽管量化宽松短期内对经济增长作用强劲，但货币的扩张作用更体现在通胀上，推动包括原油、粮食在内的各类大宗商品价格持续上涨。由此带来通胀风险与压力。此外，与经济增长类似，通胀也存在“低基数效应”。自 2020 年 3—4 月欧盟加强疫情管控后，经济活动放缓或停滞，通胀回落。此后数月，各国政府相继出台针对民生产品的补贴，压低能源、食品等必需品价格，也压低了当时的通胀水平。因此，2021 年欧元区通胀增幅有一部分由“低基数效应”引发。

3. 供应链瓶颈限制经济增长

2021 年供应链紧张情况成为影响全球经济增长的重要因素，欧洲经济也未能例外。最明显的瓶颈是芯片短缺，对工业、制造业带来较大冲击。欧元区制造业 PMI 自 3 月起即保持在 60 以上运行。由于芯片短缺，自 2021 年二季度以来，德国汽车产能出现下降，工业生产指数下滑。三季度德国 GDP 环比增长 1.8%，增速低于欧元区整体的 2.3%，也低于法国和意大利的三季度环比增速。供应链紧张除造成制造业因原材料短缺而减小产能外，物流体系也受到影响。在经济扩张阶段，企业通过增加补库存投资也可以拉动当期 GDP 上涨。但 2021 年美国港口拥堵造成美国企业补库存幅度大幅下降，导致实际库存水平下降，增补出现困难，影响美国经济，并影响欧盟企业对美出口，从而间接抑制了欧元区的经济增势。最后是疫情的反复对供给带来直接冲击，全球各国产能恢复总量有限，分布不均，很多订单由东南亚和印度回流回中国，产能释放已经较为充分，企业为避免产能波动冲击自身发展，并未大幅扩充产能，因此较难满足欧盟提出的增加供货要求。

三、2022 年欧洲经济展望

1. 疫情风险或成影响经济重要因素

进入 2021 年秋冬季后，欧盟多国疫情出现反弹，数据连创疫情暴发以来最高纪录，德国、奥地利每日新增，俄罗斯单日死亡数均创最高纪录。由于德尔塔毒株传染性强，仅靠接种疫苗无法有效控制新冠肺炎感染。欧盟一些国家已经考虑如果已实施的防疫策略效果不理想，将进行全民禁足，即再次进入封城、全民检测的防控措施。多次解禁与封控交替进行，一方面令民众产生心理疲劳，乃至出现抵触情绪，结合封禁措施的实施方案不够完备，很可能导致此后的疫情防控效果打折扣，增加了疫情发展的不确定性和反复性；另一方面，对第三产业造成较大冲击，经济无法连续运行，社会消费波动性增大。目前较为有效的措施是接种“加强针”并执行更为严格的疫情管控措施。综合来看，尽管多家机构预测欧元区经济将持续反弹，但经济走势仍将受到疫情变化的影响。综合多方机构预测结果，欧元区 2021 年 GDP 将增长 5%，2022 年经济增速为 4.3%，均高于相应机构在 7 月份进行的预测。

2. 通胀存在上涨风险，刺激政策持续

2021 年欧元区及欧盟的通胀水平连创历史新高。2022 年，通胀需要更长的时间才能下降，彼时有助于推动通胀上升的因素也会得到缓解。不过持续走高的通胀并未影响欧洲央行的货币政策和财政政策，刺激政策仍将持续。一是资产购买仍将持续，规模有所调整。总额为 1.85 万亿欧元的紧急抗疫购债计划（PEPP）购买规模将继续进行，至少到 2022 年 3 月底为止。净资产购买的步伐将保持“适度低于”二季度和三季度。资产购买计划（APP）继续以每月 200 亿欧元的速度进行。二是尽管通胀仍存上涨趋势，但加息尚无定论。欧盟预计欧元区 2022 年通胀率为 2.2%。尽管 2021 年中欧元区通胀率持续升高，但欧洲央行仍将维持三大关键政策利率不变（即：主要再融资利率 0%、存款利率-0.50%、边际借贷利率 0.25%），且目前尚无 2022 年底加息的预期。三是推动通胀上涨风险仍不容忽视。尽管欧洲央行认为长期来看通胀涨势趋缓并下降，但短期来看，推动通胀上涨的风险因素仍存在。能源方面，2021 年四季度至 2022 年一季度处于冬季，能源需求上涨，能源价格飙升将会加剧通胀水平。供应链方面，东南亚等地疫情仍有反复，全球供应链紧张态势在短期内无法完全缓解。几种因素叠加，仍可能助推欧元区通胀水平持续上涨。

3. 外部形势错综复杂，机遇与挑战并存

2022 年，欧盟要面对的内外形势仍然错综复杂，机遇与挑战并存，对欧盟的经

济、外交都将产生一定影响。一是全球经济预期出现波动，发达经济体预期增长带来利好。根据IMF最新《世界经济展望》，2021年全球增速预测值小幅下降至5.9%，2022年的预测值保持在4.9%。但各国2021年经济增速出现分化，对2022年经济也产生影响。发达经济体有望于2022年恢复至疫情前水平，在2024年超出疫情发生前趋势水平0.9%。对于出口占经济增长比重较大的欧盟来说，发达经济体复苏势头强劲将带来较大利好，有望进一步促进欧盟经济增长。二是供应链瓶颈困扰或将持续。由于疫情对接触密集型行业的干扰更严重，疫情多次反弹冲击制造业，造成大多数国家劳动力市场复苏滞后于产出复苏。2021年之内的供应链紧张状况也将延续至2022年，原料产地、航运业等关键环节受到的冲击影响也将持续，仍未有明显的缓解迹象。同时，供应链短缺也导致全球能源价格飞涨，引发多个国家和地区供电紧张，能源短缺及危机进一步放大供应链中断问题。三是国际政治环境存在变数。美国总统拜登上台后着力恢复美欧同盟关系。美国主要从价值观角度来团结欧盟。在经济方面，虽然双方就数字税和钢铁关税问题达成妥协，但美英澳三国的核潜艇交易令法国损失严重，也使拜登对欧盟盟友表示的“美国回来了”宣言褪色。此外2022年美国将举行中期选举，目前选情不利于民主党，如最终民主党在中期选举中失利，无法有效控制参众两院，则拜登的经济外交政策执行力将有所折扣，这也令欧盟对欧美关系是否生变有所疑虑。此外，欧盟与土耳其的分歧、博弈等，也都有可能在2022年发酵成新问题。

总体来看，欧盟及欧元区经济在2021年经济反弹势头良好，但通胀上涨势头迅猛，全球供应链紧张乃至中断问题改善程度有限，疫情仍时有反弹。2022年欧元区经济能否实现4.3%的预期增速，仍须多管齐下加强应对。

48　2021年日本经济形势分析与2022年展望

张晓兰*

摘要：2021年，新冠肺炎疫情继续冲击世界各国经济，但日本经济复苏更为乏力。一季度GDP环比折年率为-3.9%，二季度GDP环比折年率为1.3%，三季度将大概率延续二季度弱复苏趋势。从经济增长动力看，内外需不足是阻碍日本经济复苏的主要因素。从主要经济指标看，外贸形势表现良好，但贸易收支逐步收窄；大型企业信心指数上升，但制造业扩张速度趋缓；就业形势逐渐好转，但失业率出现较大波动。展望2022年，受全球疫情得到有效控制、海外需求持续改善等因素影响，日本经济有望实现温和复苏。但需要注意的是，未来一年日本经济复苏之路仍面临疫情导致财政状况进一步恶化、宏观调控空间缩小、老龄化加重政府财政负担等困难。

关键词：日本经济　疫情　复苏

一、2021年日本经济运行情况

1. 经济增长前低后高，但主要指标曲折恢复

2021年以来，受新冠肺炎疫情反复、东京奥运会等因素叠加影响，日本经济增长呈现前低后高态势，主要经济数据逐渐好转。年初新冠肺炎疫情再度暴发，日本政府重新宣布“紧急事态”宣言，多个都道府县进入戒严状态，饭店营业时间、个人外出及大型集体活动等均受到限制，内需疲弱中断经济复苏势头，日本经济因此受到冲击。一季度，GDP（经季节调整后）环比折年率为-3.9%，时隔两个季度出现下滑，内需对经济增长的贡献为-0.8%，外需对经济增长的贡献为-0.2%。其中，私人需求和公共需求分别环比下降0.4%和0.5%，私人消费和企业设备投资对GDP增长的拉动分别环比下降0.2%和0.4%。但与此同时，外部需求上升对经济起到了一定的支撑作用，1—3月份出口增长2.3%。随着3月初政府全面解除“紧急

* 张晓兰，经济学博士，国家信息中心经济预测部副研究员，研究方向为国别经济、区域经济。

事态宣言”和疫苗接种推进，日本经济出现先下跌后恢复的反弹特征。二季度，经济摆脱了一季度的颓势，实现了小幅反弹，GDP（经季节调整后）环比折年率为 1.3%（见图 1）。其中，内需出现了明显恢复，对经济增长的贡献为 0.8%，资本支出和消费正在从疫情的打击中复苏；尽管海外主要市场强劲复苏，外需对经济增长的贡献仍为-0.3%。进入三季度，新冠肺炎疫情反复，经济在德尔塔毒株冲击下继续保持弱复苏态势，制造业扩张趋势放缓，服务业恢复缓慢。对此，国际货币基金组织（IMF）10 月 12 日发布的《世界经济展望》预计，日本 2021 年实际增长率为 2.4%，较 7 月份下调 0.4 个百分点。

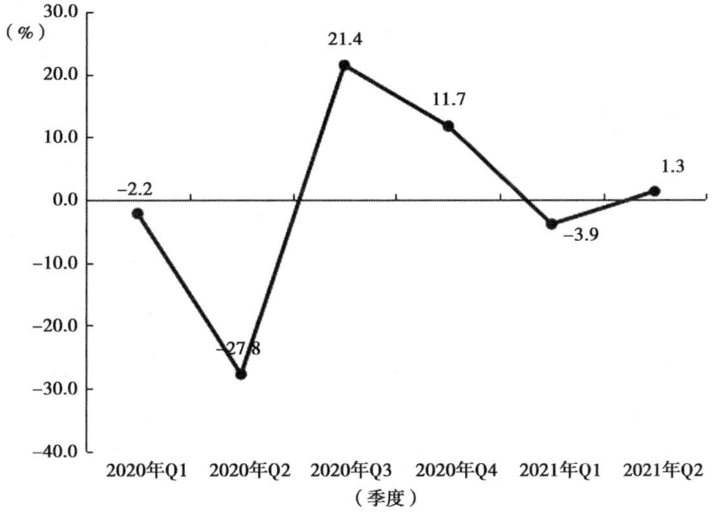

图 1　2020 年至 2021 年第二季度日本 GDP 环比折年率（季节调整值）

数据来源：日本内阁府。

2. 外贸形势表现良好，但贸易收支逐步收窄

尽管新冠肺炎疫情致使世界经济和国际贸易面临严峻形势，但受益于全球供给匮乏和海外主要市场需求上升的双重影响，2021 年日本外部需求较为旺盛，出口形势表现良好。2021 年 1—6 月份，日本进出口商品总额达到了 7305.2 亿美元，同比增长 18.1%，成为日本经济率先实现复苏的领域。其中，商品出口总额为 3697.2 亿美元，同比增长 23.7%；商品进口总额为 3608.1 亿美元，同比增长 12.7%；实现贸易顺差为 89.1 亿美元。一季度，日本商品出口大幅提速，商品出口金额为 1808.5 亿美元，商品进口金额为 1759.0 亿美元，贸易顺差 49.5 亿美元。二季度，日本商品出口金额为 1888.7 亿美元，商品进口金额为 1849.1 亿美元，贸易顺差 39.6 亿美元。但三季度以来，日本商品出口增速较前两个季度大幅放缓，远低于商品进口的增速，这也导致前三季度日本贸易总额在保持较高增长水平的同时，贸易收支出现逐步收窄趋势。前三季度，日本商品出口金额为 5586.8 亿美元，商品进口

金额扩大至5573.8亿美元，贸易顺差从前两季度的89.1亿美元大幅下滑至13亿美元。从数据上看，日本贸易顺差不断下降主要与工业指数下滑致使主力商品出口缩减，以及煤炭、铁矿石、石油、天然气等大宗商品进口价格处于高位有关。

3. **大型企业信心指数上升，但制造业扩张速度趋缓**

据企业短期经济观测调查（日银短观）结果显示，一季度大型制造业企业信心指数由负转正，从2020年第四季度的-10点升至5点，已恢复至疫情之前水平。数据显示，受益于全球经济逐渐复苏，汽车、生产用机械、石油煤炭、非铁金属等行业大型制造业企业信心指数均明显回升。二季度大型制造业企业信心指数继续回暖，从一季度的5点快速升至14点。除汽车、石油煤炭企业信心指数下滑外，造船及重型机械、木材及木材制品、通用机械、化学、非铁金属等行业大型制造业企业信心指数均出现回升。三季度大型制造业企业信心指数继续上升至18点，为连续第五个季度上升。其中，受海内外需求高涨拉动，当季制造业多数行业信心指数上升，但汽车行业的信心指数因东南亚疫情加重和供应链受阻等因素下滑至-7点。与此同时，受海外需求增加与国内疫情反复相交织影响，2021年日本制造业扩张速度趋缓。一季度，日本市场扩张态势明显，1月份制造业PMI从荣枯线下的49.8%上升至3月份的52.7%。二季度，日本制造业扩张速度因疫情反复有所放缓，从4月份的阶段性高点53.6%逐步下降至6月份的52.4%，但仍连续五个月处于荣枯线之上。三季度以来，制造业扩张速度进一步放缓，7—9月份的制造业PMI分别为53.0%、52.7%、51.5%（见图2）。

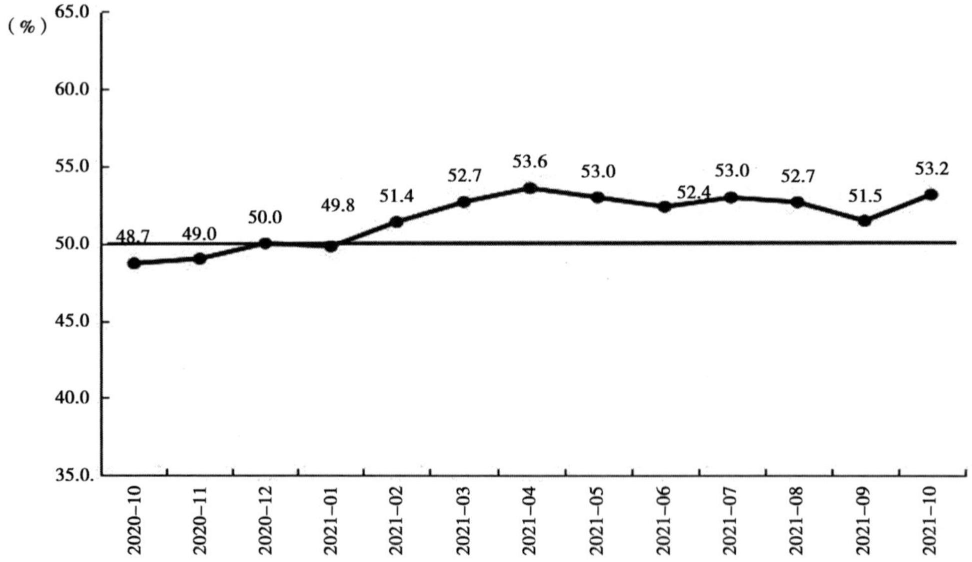

图2　日本制造业PMI走势

数据来源：Markit/JMMA。

4. **就业形势逐渐好转，但失业率出现较大波动**

受疫苗推进缓慢和疫情未得到控制影响，日本国内经济活动受到一定阻碍，有效求人倍率（劳动力市场需求人数与求职人数比率）出现不确定性，但就业形势总体好转。截至 2021 年 4 月 1 日，春季大学毕业生的就业率为 96.0%，较 2020 年下降 2.0 个百分点，这与疫情致使许多企业延迟或取消招聘计划有很大关系。二季度，受疫情恶化、部分地区再度实施紧急状态影响，日本有效求人倍率出现小幅波动，4 月份和 5 月份的有效求人倍率均为 1.09 倍，略低于 3 月份的 1.10 倍，6 月份的有效求人倍率升至 1.13 倍。三季度以来，企业用工需求出现好转，新增招聘人数连续增长，7—9 月份的有效求人倍率连续上升至 1.15 倍、1.16 倍和 1.18 倍。与就业率相对应的是，2021 年日本失业率出现较大波动。一季度，日本失业人数有所下降，1 月份失业率为 2.9%，2 月份小幅向好至 2.8%，3 月份进一步恢复至 2.7%。二季度，由于疫情形势再度恶化，日本失业人数再度上升，4—6 月份失业率分别上升至 3.0%、3.1%和 3.0%，其中 5 月份失业率升至 2021 年以来的高点。随着东京奥运会的顺利举行，三季度失业率出现小幅下降，7—9 月份失业率始终维持在 2.8%的平稳水平，显示出经济复苏带来的有效岗位需求增加（见图 3）。

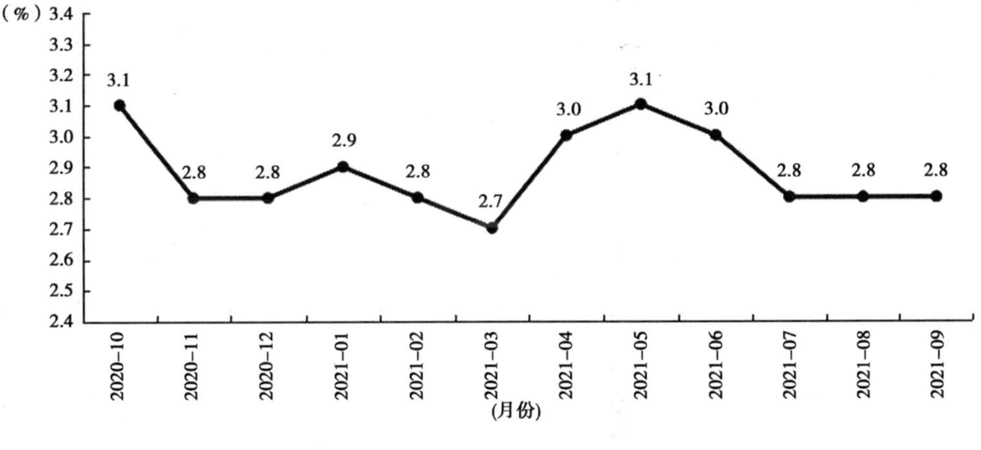

图 3　日本劳动力失业率调查（季节调整值）

资料来源：日本统计局。

二、影响 2021 年日本经济运行因素

1. **疫苗接种缓慢与疫情反复双叠加**

尽管疫苗研制取得突破性进展令全球疫情趋缓，但日本对疫苗研发和接种态度

较为消极，疫苗接种率在发达国家中处于最低水平，直到2月17日才启动疫苗接种计划，这也导致了疫情迟迟无法被有效控制。日本政府被迫紧急叫停全国范围的一系列消费补贴活动，东京及其周边地区采取了新的封锁措施，这对一季度经济运行产生了较大冲击。同时，病毒变异造成日本疫情反扑拖累经济复苏，一方面，新一轮疫情禁令持续到6月中旬，并在全国范围内实施“全面封锁”，暂停非必要的经济和社会活动，增大了经济复苏的不确定性；另一方面，还影响了国内产业链供应链的稳定性，诸多企业的生产、经营活动等受到干扰。

2. 劳动者收入下降

日本国内劳动者收入增长乏力抑制了消费需求的释放。2021年日本工会年度薪资谈判显示工资同比仅上涨1.8%，创下近12年以来新低。日本国税厅公布了《令和2年民间工资实态统计调查结果》，工作一年工薪阶层的平均年收入连续两年减少至433万日元，较令和元年度436万日元减少了3万日元。其中，年平均奖金下降至65万日元，为自2008年国际金融危机后的首次大幅减少。随着劳动者收入的减少，许多日本家庭不得不缩减开支。一季度，民间消费下降了3.6%，特别是民间最终消费支出环比下降5.4%，家庭最终消费支出环比下降6.8%。二季度，民间消费在很大程度上因通胀因素推高了实际支出。此外，人口老龄化也成为拖累日本消费的一大因素。当前65岁及以上人口比例超过28%，这些老年人的储蓄倾向较强，消费意愿随着疫情的暴发逐渐减弱。

3. 强化供应链安全和库存供给

日本政府5月28日提出要强化国内制造业供应链安全，并推进脱碳化和数字化。日本拟通过半导体和蓄电池等重要零部件建立牢固供应链。同时，需求恢复和补库存的带动作用推动制造业呈现扩张趋势。一方面，由于前期库存过低造成日本进入工业制成品和原材料补库存周期；另一方面，前期积压订单急需赶工完成，推动了日本制造业复苏。另外，在电子、半导体、汽车零部件等工业品需求带动下，日本制造业也进入了扩张期。

4. 外部需求的韧性持续增强

WTO数据显示，2020年第四季度以来全球贸易出现了持续改善，日本外部需求不断释放，特别是中国市场成了提振日本经济的最大助力，日本对我国贸易依存度不断提高。分国别（地区）看，中国大陆、美国、中国台湾、韩国、中国香港是日本出口排名前五位的国家和地区，2021年前三季度日本对五地出口额为3243.7亿美元，占日本出口额的58.1%。其中，对我国的出口额为1204.6亿美元，占日本出口额的21.6%。目前，日本外部需求的韧性正在持续增强，这与我国对日本制成品的需求强劲，以及美国政府财政刺激将支撑未来几个月对日本产品的进口需求有很大关系。

三、2022 年日本经济展望

1. 经济有望实现温和复苏

随着全球经济复苏加快、疫苗接种的不断推进，2022 年日本经济有望在 2021 年触底反弹上实现温和复苏。一是日本国内已经积累了相当丰富的抗击疫情经验，社会公众和企业也开始找到在疫情阴影下复工复产的经验，能够在疫情中顺利展开生产经营活动。二是《区域全面经济伙伴关系协定》（RCEP）将于 2022 年 1 月 1 日生效，在区域经济一体化不断推进的趋势下，日本对外经贸关系有望进一步拓展，将获得更为广阔的外需市场，这在很大程度上将有利于日本经济温和复苏。三是美国已经通过超过 1 万亿美元的大规模基建计划，日本对美国出口最多的三大类产品分别是一般机械、电气设备和运输设备，这些都是基础设施建设所必需的产品。因此，美国基建将给日本带来额外的海外需求，有助于支撑日本经济继续温和复苏。四是岸田内阁将继续推动和深化国内市场结构改革，促进劳动市场开放，刺激企业雇佣和劳动力就业，有助于提振经济活动。对此，日本央行 10 月 28 日发布经济展望报告，将 2022 财年实际国内生产总值（GDP）增长预期由此前的 2.7% 小幅上调至 2.9%。但同时，日本通胀水平仍将低迷。尽管货币政策极度宽松、大宗商品价格上涨，但难以改变多年来通胀水平低迷的局面。据牛津经济研究院预测，2022 年日本消费者物价指数（CPI）预计涨幅仅达 0.4%。

2. 经济政策“稳中有变”

2022 年日本经济走势将在很大程度上取决于岸田内阁的经济政策。一方面，岸田内阁将延续“安倍-菅”时期的刺激政策。2021 年 10 月末日本央行宣布，继续将短期利率维持在-0.1% 的水平，并通过购买长期国债使长期利率维持在零左右；继续保持目前的货币政策宽松力度，维持为应对疫情而采取的各种宽松政策；继续支持企业融资，并通过购买资产维护金融市场稳定。另一方面，岸田内阁将出台新的经济政策。岸田首相在他的第一份施政报告里提出了要实现“新资本主义”的经济政策，呼吁通过“增长和分配的良性循环”和“开辟新冠肺炎疫情后的新社会”等手段来实现“新日本式资本主义”。岸田内阁承诺将扩大科研投入，设立 10 万亿科学基金；实施更大规模的税收改革政策，给予创新型企业税收支持；推动清洁能源政策，在全国范围内推广 5G、远程办公和自动驾驶等数字经济发展。此外，岸田内阁还将加大对企业的监管，大幅增加护士、看护、教师等行业的收入，这些政策都有利于扩大内需，稳固和提振经济复苏势头。

3. 复苏之路困难重重

有效控制国内疫情和尽快促使经济活动恢复正常化直接关系 2022 年日本经济复苏进程。但从未来一年经济增长看，日本经济复苏之路仍困难重重。一是疫情导致财政状况进一步恶化。日本政府对养老育儿、灾害应对、防务费等财政支出较大且多为刚性和非生产性的财政支出，疫情期间的刺激政策进一步推高债务规模，而疫情的暴发又使得 2020 年度财政税收大幅减少。显然，财政收支不平衡、债务增加，将使日本深陷经济增长与财政重建的两难境地。二是宏观调控空间缩小。在加大积极财政政策力度的同时，日本央行有意进一步实施宽松货币政策，但从目前看，日本政府可利用的政策工具和空间日渐收窄，进一步的政策刺激将呈现“边际效用”递减，未必能拉动经济增长。三是老龄化加重政府财政负担。在劳动生产率增速尚难抵销老龄化负作用的情况下，人口老龄化加剧导致医疗、社保费用膨胀，加重了政府财政负担。

Annual Report on

China and the World Economic Development（2022）

能源双碳篇

ENERGY REPORTS

49 2021 年能源行业形势分析及 2022 年展望

尹伟华*

摘要：2021 年以来，我国经济持续稳定恢复，能源消费实现较快增长，但受上年同期基数抬升，以及能耗双控和坚决遏制“两高”项目盲目发展政策等因素影响，能源消费增速延续回落态势。分品种看，电力消费快速增长，第三产业增速尤为显著；煤炭消费持续增长，累计增速逐步回落；成品油消费低速增长，汽柴煤走势依旧分化；天然气消费大幅增加，淡季不淡特征更加明显。能源生产稳步增长，供给保障能力不断提升；能源结构继续优化，能耗强度降幅扩大；能源行业效益总体改善，煤电行业大面积亏损。展望 2022 年，我国经济复苏的最高峰已过，三驾马车后劲不足，经济下行压力不断加大，但国家坚持稳中求进工作总基调，统筹做好宏观政策衔接，保持经济运行在合理区间，支撑能源消费继续增长。2022 年双碳目标、“能耗双控”持续推进，能源结构继续朝着绿色低碳清洁高效方向转型。

关键词：能源行业　能耗双控　能源转型　结构优化　节能降耗

一、2021 年以来能源消费较快增长

前三季度，我国能源消费实现较快增长，同比增长 7.3%，增速比一季度、上半年分别回落 7.3、3.2 个百分点，两年平均增长 4.1%。

1. 电力消费快速增长，第三产业增速尤为显著

前三季度，受低基数及国民经济持续恢复等因素影响，全社会用电量 6.17 万亿千瓦·时，同比增长 12.9%，较上年同期提高 11.6 个百分点，两年平均增长 7.4%。分产业看，1—9 月份，第一产业用电量 758 亿千瓦·时，同比增长 18.9%，较上年同期提高 9.3 个百分点，两年平均增长 14.2%，占全社会用电量的比重为 1.2%，对全社会用电量增长的贡献率为 1.7%。第二产业用电量 40980 亿千瓦·时，

---

* 尹伟华，统计学博士，国家信息中心经济预测部政策仿真实验室副研究员，主要研究方向为能源、宏观经济统计与分析、全球价值链、投入产出模型、CGE 模型等。

同比增长12.3%，较上年同期提高11.8个百分点，两年平均增长6.9%，占全社会用电量的比重为66.5%，对全社会用电量增长的贡献率为63.6%。工业用电量40213亿千瓦·时，同比增长12.2%，较上年同期提高11.7个百分点，两年平均增长6.9%，占全社会用电量的比重为65.2%，对全社会用电量增长的贡献率为62.1%。第三产业用电量10826亿千瓦·时，同比增长20.7%，较上年同期提高20.9个百分点，两年平均增长9.7%，占全社会用电量的比重为17.6%，对全社会用电量增长的贡献率为26.3%。城乡居民生活用电量9088亿千瓦·时，同比增长7.0%，较上年同期提高1.0个百分点，两年平均增长6.5%，占全社会用电量的比重为14.7%，对全社会用电量增长的贡献率为8.5%。

考虑国内外经济形势、上年基数前后变化、电能替代等因素，预计四季度电力消费增速比三季度有所放缓，同比增长5.0%左右。综合来看，预计2021年全年全社会用电量约8.3万亿千瓦·时，同比增长10.3%左右。

2. 煤炭消费持续增长，累计增速逐步回落

2021年以来，我国工业生产保持稳步恢复，电力、化工、钢铁、建材等主要耗煤行业持续增长，带动了全国煤炭消费持续增长。但在碳减排、“能耗双控”及限制“两高”项目盲目发展等措施影响下，主要耗煤行业生产强度逐步下降，煤炭消费累计增速逐步回落。从主要耗煤行业看，受全社会用电量快速增长及水电出力不足等因素影响，火电发电量保持较快增长，成为煤炭消费增长的主要拉动力量，1—9月火电发电量同比增长11.9%，其中一季度、上半年火电发电量分别同比增长21.0%、15.0%。传统煤化工需求虽然偏弱，但随着现代煤化工技术的突破及一批示范项目的建设运行，化工行业用煤需求呈现增长态势，1—9月规模以上工业企业烧碱产量同比增长6.3%，其中一季度、上半年烧碱产量分别同比增长14.2%、10.8%。在基建、房地产高基数增长及外需强劲支撑下，建材、钢铁行业用煤需求保持增长，1—9月规模以上工业企业水泥产量同比增长5.3%，其中一季度、上半年水泥产量分别同比增长47.1%、14.1%；粗钢产量同比增长2.0%，其中一季度、上半年粗钢产量分别同比增长15.6%、11.8%。此外，随着产业结构和能源结构调整步伐加快，天然气及电力替代稳步推进，其他行业用煤需求继续保持稳定的下降趋势。

随着取暖季的到来，煤炭将迎来季节性消费高峰，但大气污染治理、非化石能源替代、“能耗双控”及限制“两高”项目盲目发展等对煤炭需求形成制约，预计四季度煤炭消费继续回落。综合来看，预计2021年全年煤炭消费同比增长。

3. 成品油消费低速增长，汽柴煤走势依旧分化

前三季度，随着国民经济持续恢复发展，我国成品油消费保持增长态势，但受上年同期基数抬升影响，以及疫情汛情的冲击，成品油消费增速大幅回落，三大油品（汽油、柴油、煤油）分化依旧明显。1—8 月份，成品油表观消费量 22419 万吨，同比增长 3.0%，较上年同期提高 6.5 个百分点，其中一季度、上半年成品油表观消费量增速分别同比增长 17.1%、5.7%。分品种看，随着乘用车市场回暖，以及疫情基本得到有效控制，出行情况好转，汽油消费保持较快增长，1—8 月汽油表观消费量同比增长 7.8%，较上年同期提高 8.3 个百分点；为刺激消费，2020 年国内出台了较多利好基建和物流措施，造成柴油需求在 2020 年就已恢复常态甚至在部分领域有所透支，同时更加严格的环保要求进一步压缩了部分柴油需求，1—8 月柴油表观消费量同比下降 4.4%，较上年同期回落 6.4 个百分点；随着疫苗接种稳步推进，国内外疫情形势逐步好转，国内航线快速恢复，国际航线持续回暖，加之上年同期低基数影响，煤油消费呈现高速增长态势，1—8 月煤油表观消费量同比增长 24.9%。

四季度，汽油消费进入相对淡季，加之新能源车及高铁替代效应逐渐显现，预计汽油消费增速呈小幅上涨；受冬季户外工矿基建项目开工受限及取暖季企业停产限产等影响，预计柴油消费依旧低迷；随着国内航班快速恢复，国际航班逐渐增多，预计煤油消费继续保持高速增长。综合来看，预计 2021 年全年成品油表观消费量同比增长 1.0% 左右。

4. 天然气消费大幅增加，淡季不淡特征更加明显

2021 年以来，随着我国经济持续复苏，以及“煤改气”政策持续推进，我国天然气消费大幅增加。1—9 月份，全国天然气表观消费量 2725 亿立方米，同比增长 15.2%，较上年同期提高 11.6 个百分点，两年平均增长 9.2%。前三季度，全国天然气消费呈现出“旺季更旺、淡季不淡”的特点。其中，一季度天然气消费 926 亿立方米，同比增长 18.0%，较上年同期提高 16.4 个百分点；二季度天然气消费 901 亿立方米，同比增长 16.8%，较上年同期提高 10.3 个百分点；三季度天然气消费 898 亿立方米，同比增长 19.2%，较上年同期提高 16.2 个百分点。一季度，全国天然气消费较为旺盛，主要是由于北方地区处于供暖期，大量采暖煤改气项目运行拉动城市燃气和天然气发电用气的快速增长。二季度和三季度，全国天然气消费依然保持高速增长，主要是受宏观经济持续稳定恢复、冬季“停工限产”后行业需求反弹、高温天气等因素共同影响的结果。

“迎峰度冬”期间，天然气进入全年用气高峰，各地能源双控、防治大气污染、“煤改气”将进一步拉动用气需求，预计四季度全国天然气消费量同比增长。综合来看，预计 2021 年全年天然气消费量约 3700 亿立方米，同比增长 13.5% 左右。

二、2021 年以来能源行业运行特点

前三季度，我国全力保障能源安全稳定供应，能源结构继续优化，能耗强度降幅扩大，行业效益总体改善，能源供给侧结构性改革不断深化，持续推动能源高质量发展。

1. 能源生产稳步增长，供给保障能力不断提升

前三季度，随着一系列能源保供政策措施的稳步推进，规模以上工业原煤、原油、天然气、电力生产均实现不同程度增长。受益于优质先进产能的逐步释放，原煤生产稳定恢复，1—9 月份，原煤产量 29.3 亿吨，同比增长 3.7%，较上年同期加快 3.8 个百分点，两年平均增长 1.8%。油气行业增储上产的“七年行动计划”实施推进，提升油气勘探开发力度，有效推动原油稳产增产，天然气持续快速上产。1—9 月份，原油产量 14984 万吨，同比增长 2.5%，较上年同期加快 0.8 个百分点，两年平均增长 2.1%；原油加工量 52687 万吨，同比增长 6.2%，较上年同期加快 3.3 个百分点，两年平均增长 4.6%；天然气产量 1518 亿立方米，同比增长 10.4%，较上年同期加快 1.7 个百分点，两年平均增长 9.6%。电力生产加快增长，发电量 60721 亿千瓦·时，同比增长 10.7%，较上年同期加快 9.8 个百分点，两年平均增长 5.7%。其中，火电同比增长 11.9%，上年同期为下降 0.3%；水电同比下降 0.9%，上年同期为增长 0.9%；核电同比增长 12.3%，较上年同期加快 5.9 个百分点；风电同比增长 28.4%，较上年同期加快 18.4 个百分点；太阳能发电同比增长 10.2%，较上年同期加快 3.0 个百分点。

2. 能源进口有降有增，国际能源价格普遍上涨

根据国内能源供需形势变化，同时为满足日益增长的清洁能源需求，有效发挥国际能源资源补充调节作用，煤炭、原油进口下降，天然气进口快速增长。前三季度，煤炭进口 2.3 亿吨，同比下降 3.6%，较上年同期收窄 0.8 个百分点；原油进口 3.9 亿吨，同比下降 6.8%，上年同期为增长 12.7%；天然气进口 8985 万吨，同比增长 22.2%，较上年同期加快 18.5 个百分点。国际能源价格大幅上涨，煤炭、天然气、原油价格屡创新高。煤炭价格急速上涨，澳大利亚纽卡斯尔 NEWC 动力煤现货价格由年初 83 美元/吨左右上涨到 9 月底的 203 美元/吨左右，价格创十年新高。原油价格持续大幅上涨，英国 Brent 原油现货价格由年初 50 美元/桶左右上涨到 9 月底的 79 美元/桶左右，增长了 58%，达到 2018 年 11 月以来高点。天然气价格持续飙升，美国亨利中心（HH）天然气价格由年初的 2.36 美元/百万英热单位上涨到 9

月底的 4.95 美元/百万英热单位，增长了 109.7%。

3. **能源结构继续优化，能耗强度降幅扩大**

清洁能源消费比重稳步提升。前三季度，全国天然气消费快速增长，天然气消费量 2725 亿立方米，同比增长 15.2%；水电、核电、风电、太阳能发电等非化石能源发电量 17448 亿千瓦·时，同比增长 10.6%，占全部发电的比重为 28.7%。总体来看，天然气、水电、核电、风电、太阳能发电等清洁能源消费占能源消费总量比重比上年同期提高 0.6 个百分点，煤炭消费所占比重下降 0.2 个百分点。非化石能源发电装机比重进一步提升。截至 9 月底，全国非化石能源装机装机容量 10.5 亿千瓦，同比增长 17.8%，占总装机容量的 45.7%，较上年同期提高 3.3 个百分点。1—9 月份，全国新增非化石能源发电装机容量合计 5994 万千瓦，同比增长 48.3%，占新增总装机容量比重 64.9%，较上年同期提高 8.9 个百分点，超过新增总装机规模的六成以上。能耗强度降幅扩大。前三季度，单位 GDP 能耗同比下降 2.3%，降幅比上半年扩大 0.3 个百分点；规模以上工业单位增加值能耗下降 5.2%，扩大 0.2 个百分点。

4. **能源行业效益总体改善，煤电行业大面积亏损**

受能源价格大幅上涨影响，能源行业效益总体改善。前三季度，规模以上工业企业中，煤炭开采和洗选业营业收入 21131.0 亿元，同比增长 44.6%，实现利润 4094.0 亿元，同比增长 172.2%；石油和天然气开采业营业收入 6491.0 亿元，同比增长 33.3%，实现利润 1519.8 亿元，同比增长 267.2%；石油、煤炭及其他燃料加工业营业收入 39965.6 亿元，同比增长 32.6%，实现利润 2480.3 亿元，同比增长 930.0%；燃气生产和供应业营业收入 8044.5 亿元，同比增长 27.1%，实现利润 645.1 亿元，同比增长 31.9%。煤电行业大面积亏损。2021 年以来，在电力需求大幅提升及煤炭进口大幅下降、煤炭产量增速大幅低于电力需求增速等多重因素影响下，煤炭价格持续攀升，屡创历史新高，致使煤电企业燃料成本大幅攀升，煤电企业亏损面明显扩大，8 月以来大型发电集团煤电板块整体亏损，部分集团煤电亏损面达到 100%。1—9 月份，电力、热力生产和供应业实现利润 2480.1 亿元，同比下降 24.6%。近年煤电企业普遍经营困难，主要是高煤价低电价“两头挤压”、新能源竞争冲击等多种因素叠加、长期综合作用的结果。此外，环保要求日益提高，发电企业积极进行超低排放等环保改造，也给企业带来一定负担。

5. **能源供给侧结构性改革不断深化，高发展质量持续推进**

加快推进煤炭优质产能释放。组织协调具备条件的煤矿抓紧落实产能置换方案，加快优质产能煤矿建设进度和手续办理，有序实施技术改造和减量重组，尽快实现建设煤矿依法依规投产达产。鼓励赋存条件好、安全有保障、机械化水平高的生产煤矿通过产能置换重新核定生产能力，持续增加有效供给。关停整合落后燃煤小热电。督促落实属地责任，制定关停整合方案，按照关停拆除、升级改造、应急备用等方式，对重点地区30万千瓦及以上热电联产供热半径15公里范围内的落后燃煤小热电完成关停整合。增强清洁能源消纳能力。印发《2021年可再生能源电力消纳责任权重及有关事项的通知》《清洁能源消纳情况综合监管工作方案》，健全完善清洁能源消纳的电力市场机制。1—9月份，全国弃风电量147.8亿千瓦·时，风电利用率96.9%，同比提升0.3个百分点；弃光电量50.2亿千瓦·时，光伏发电利用率98.0%，同比下降0.3个百分点，新能源消纳利用水平整体较高。

三、2022年我国能源形势的主要影响因素分析

展望2022年，在双碳目标硬约束背景下，面对复杂严峻的国内外环境和不断加大的经济下行压力，能源消费呈现低速增长态势，绿色低碳转型进一步加速。2022年能源形势的影响因素仍然较为复杂，以下五个方面值得关注：

1. 新旧动能转换加快，能源消费新动力不断积聚

近年来，面对当前传统产业增长乏力，高技术产业和以移动互联网、大数据、云计算、人工智能等为代表的新兴产业蓬勃发展，成为支撑我国经济转型升级、提质增效的一股关键力量，并由此带动了电力消费的快速增长。1—9月份，第二产业中高技术及装备制造业用电量同比增长19.7%，其中电气机械和器材制造业、计算机/通信和其他电子设备制造业、汽车制造业、通用设备制造业、仪器仪表制造业同比增长超过20%，分别为28.0%、23.3%、21.6%、20.9%和20.3%，远高于同期制造业用电平均增速（13.3%）。第三产业中的信息传输软件和信息技术服务业用电量增长22.2%，远高于服务业用电平均增速（20.7%）。得益于电动汽车的持续迅猛发展，充换电服务业用电量持续保持高速增长，两年平均增速达到82.0%。未来这些新兴产业在“中国制造2025”、“互联网+”行动、国家信息化发展纲要、促进大数据发展行动纲要、新一代人工智能发展规划等系列重大战略和政策措施的支持下，仍将继续保持快速发展，拉动电力消费较快增长。城乡居民生活用电亦成为拉动全社会用电量增长的主要动力，未来随着国家城镇化率和居民生活电气化水平持续提高，城乡居民生活用电量将继续保持快速增长态势。

2. 工业服务业稳定恢复，能源消费继续保持增长态势

工业生产继续恢复。前三季度，全国规模以上工业增加值同比增长11.8%，两

年平均增长 6.4%，增速与疫情前水平相当。大多数行业和产品实现增长，41 个大类行业中，有 39 个行业增加值同比实现增长，增长面达 95.1%，超半数行业实现两位数增长；612 种工业主要产品中，有 494 种产品产量同比实现增长，增长面为 80.7%。产能利用率处于近年来较高水平，全国工业产能利用率为 77.6%，较上年同期提高 4.5 个百分点，为近年来同期较高水平。服务业恢复稳中向好。前三季度，服务业增加值同比增长 9.5%，两年平均增长 4.9%，其中三季度服务业增加值同比增长 5.4%。现代服务业引领作用不断增强，信息传输、软件和信息技术服务业，金融业等现代服务业增加值同比分别增长 19.3% 和 4.5%，两年平均分别增长 17.6% 和 5.7%，比上半年提高 0.3、0.1 个百分点。服务业景气回升明显，9 月份随着疫情防控形势好转，服务业商务活动指数为 52.4%，较 8 月份上升 7.2 个百分点，重返景气区间。未来随着我国经济持续恢复，推动高质量发展稳步推进，我国产业将继续保持向好发展，由此带动能源消费增长。

3. 人均能源消费偏低，能源需求仍有增长空间

我国人均能源消费仍处于较低位置，未来增长空间可观。现阶段，我国经济总体处于工业化中后期、城镇化快速推进期，但人均用电量等指标距离发达国家仍存在差距，2020 年我国人均用电量约为 5159 千瓦·时，与发达国家差距较大，仅为美国的 1/3 左右，日本、德国的 1/2 左右。随着我国经济高质量发展，特别是大数据等战略性新兴产业快速发展，以及居民生活水平和电气化水平的不断提升，都将带动电力消费快速增长。我国天然气人均使用量和占比均处于较低地位，2020 年我国天然气占一次能源消费总量比重为 8.7%，人均天然气消费量约为 230 立方米，而相应的全球平均水平分别为 24.7% 和 512 立方米，相对于全球平均水平仍有很大的差距。此外，我国与发达国家千人汽车保有量还有比较大的差距，在电池技术短期无法取得突破、电动车难以大规模替代汽油车之前，未来随着居民收入不断提高、消费不断升级、城市化逐步推进，我国汽油车保有量会继续增长，汽油消费有望保持稳定增长。

4. 重点领域改革加快，能源发展动力活力不断激发

充分发挥市场在资源配置中的决定性作用，继续推进电力、油气等重点领域体制和市场化改革，激发能源发展动力活力。推动第一批电力现货试点地区开展更长周期结算试运行，稳步扩大现货试点范围，在第一批现货试点基础上，选择辽宁、上海、江苏、安徽、河南、湖北等为第二批电力现货试点。进一步推动电力交易机构独立规范运行和增量配电试点项目落地，积极推进新能源“隔墙售电”就近交易，有序放开电网企业设计、施工等竞争性业务。加快制定管网调度运营管理办法

（含管容分配、托运商等制度），完善油气管网设施公平接入机制，推动建立公平公开的管输服务市场，促进形成上游资源多主体多渠道供应、下游销售市场充分竞争的油气市场体系。积极支持天然气干线管道附近的城市燃气企业、大用户等与上游供气企业签订直供、直销合同，降低企业用气成本。支持干线管道的支线向市场延伸覆盖，压缩管输层级。做好山西能源革命综合改革试点、海南能源综合改革工作。2022 年，能源体制和市场化改革继续深入推进，释放动力活力，推动能源高质量发展。

5. **双碳目标硬约束，能源绿色低碳转型加速**

能源是碳排放的最主要来源。目前我国的能源结构依然以传统化石能源为主，2020 年我国煤炭消费占比 56.8%，石油消费占比 18.9%，天然气消费占比 8.4%，三者累计占比 84.1%，而非化石能源消费占比仅为 15.9%。要实现 2030 年碳达峰、2060 年碳中和的目标，就需要大幅发展非化石能源，降低化石能源消费比重。国务院发布《2030 年前碳达峰行动方案》提出，到 2025 年，非化石能源消费比重达到 20%左右，单位国内生产总值能源消耗比 2020 年下降 13.5%，单位国内生产总值二氧化碳排放比 2020 年下降 18%；到 2030 年，非化石能源消费比重达到 25%左右，单位国内生产总值二氧化碳排放比 2005 年下降 65%以上。在实施能源绿色低碳转型行动转型方面，将从推进煤炭消费替代和转型升级、大力发展新能源、因地制宜开发水电、积极安全有序发展核电、合理调控油气消费、加快建设新型电力系统等六方面进行展开，其中到 2030 年，风电、太阳能发电总装机容量达到 12 亿千瓦以上，抽水蓄能电站装机容量达到 1.2 亿千瓦左右。

四、2022 年能源需求预测

根据上述我国宏观经济形势走势和能源需求的主要影响因素分析，以及 2021 年高基数的影响下，综合判断，2022 年我国能源消费增速明显回落，能源结构继续优化。主要预测如下：

1. **电力消费平稳增长，第三产业和居民生活用电增长较快**

我国经济复苏的最高峰已过，经济下行压力不断加大，但国家坚持稳中求进工作总基调，统筹做好宏观政策衔接，保持经济运行在合理区间，为电力消费增长提供了最主要支撑。同时，随着服务业平稳较快增长及居民消费升级、电气化水平不断提高、电能替代的持续推广等因素影响，第三产业和城乡居民生活用电将保持较快增长，是全社会用电增长的主要动力。此外，2021 年的高基数也将影响 2022 年的增速。综合来看，预计 2022 年全年电力消费平稳增长，较 2021 年有所回落。

2. 煤炭消费大幅回落，电力仍是煤炭消费主力

电力在终端能源消费中的比重越来越高，电力行业煤炭消费预计还将有所增加。然而由于电力需求增速有所放缓，加之水电恢复正常供应，核电及并网风电、太阳能发电等替代能源继续持续快速推进，煤电的市场空间将进一步被压缩，预计发电用煤增速将大幅回落。与此同时，考虑国家不断加大大气污染治理力度，京津冀、长三角和珠三角等主要煤炭消费地区需求也将受到抑制。特别是在双碳目标、"能耗双控"背景下，供给侧结构性改革、控制煤炭消费总量的持续推进，钢铁、建材及其他行业散煤消耗将持续减少，而现代煤化工用煤有望继续保持稳定增长。综合来看，预计 2022 年全年煤炭消费呈现大幅回落态势。

3. 成品油消费低速增长，煤油消费继续保持高速增长

随着居民出行逐渐恢复正常，私家车出行较 2020 年明显增多，导致汽油消费较快增长；受经济下行压力加大，以及"公路运输转铁路运输""公路运输转水路运输""公路治理""城市绿色配送行动"等政策持续推进影响，预计柴油消费整体依旧低迷。国内航空的恢复及国际航班的增多、航空客运周转量和航空货运周转量不断提升，将推动煤油消费继续保持高速增长。综合来看，预计 2022 年全年成品油需求低速增长。

4. 天然气消费保持快速增长，主要增量来自城镇燃气

双碳目标下，天然气成为我国向低碳化高质量发展的重要能源组成部分。2022 年国家将持续推进减排环保政策，加强减排环保监管，各地仍面临较大减排环保压力，加之城镇天然气管道和用气人口显著增加，推动天然气消费较快增长，主要增量来自居民、供热用气。然而，工业燃料用气受制于经济下行压力较大，燃气发电受发电成本较高等因素影响，短期依旧难以大幅改观。综合来看，预计 2022 年全年天然气消费量继续保持较快增长。

5. 能源结构继续优化，能耗强度进一步下降

伴随双碳目标、能耗双控和坚决遏制"两高"项目盲目发展等政策持续推进，天然气、水电、核电、风电、太阳能发电等清洁能源消费占能源消费总量比重进一步提升，煤炭消费所占比重进一步下降。同时，单位 GDP 能耗也进一步下降，同比下降 2.5% 左右。

50　2021年煤炭市场运行分析与2022年展望

刘　明*

摘要：2021年以来，我国经济稳步复苏，带动煤炭消费较快增长。同时，受安全、环保政策影响，国内煤企增产有限，叠加进口煤炭大幅减少，煤炭供需矛盾突出，煤价大幅上涨。煤炭价格暴涨严重制约国民经济稳定运行和增长，党中央、国务院高度重视，在政策密集调控下，煤炭价格大幅回落。展望2022年，"双碳"目标顶层设计、能耗"双控"等一系列能源环境政策带来的能源结构调整，煤炭需求增速将逐步放缓，考虑到稳产保供政策效应逐步显现，主产区煤炭产能加快释放，煤炭供需错配矛盾将逐渐改善，煤炭价格将逐步回落至合理区间。

关键词：煤价暴涨　稳产保供　双碳

一、2021年煤炭行业景气度提升

受电煤需求旺盛、进口煤低位，以及安监及环保对供给的约束等多种因素影响，煤炭行业出现阶段性需求与供应错配矛盾，煤炭市场价格上涨，行业景气度提升。

（一）煤炭需求显著增长

国民经济持续恢复发展，对煤炭需求形成重要支撑。2021年前三季度，我国GDP同比增长9.8%，两年平均增长5.2%，全国规模以上工业增加值同比增长11.8%，两年平均增长6.4%。全国固定资产投资（不含农户）397827亿元，同比增长7.3%，两年平均增长3.8%；2021年1—9月我国出口累计增长22.7%，两年平均增长10.3%；房地产投资同比增长8.8%，两年平均增长7.2%。

煤炭需求增长主要受煤电驱动。冶金和建材用煤对煤炭需求支撑逐渐减弱，5月以来水泥产量同比开始负增长，下降幅度不断扩大，9月同比增长-13.0%，1—9月水泥累计生产17.78亿吨，同比增长5.3%；粗钢产量从7月拐头下降，下降速度

---

* 刘明，数量经济学博士，国家信息中心经济预测部助理研究员，主要研究方向为能源经济、数量经济。

不断加快，9月同比增长-21.2%，1—9月粗钢产量80588.5万吨，累计增长仅2%。在出口产业链带动下，我国电力生产快速复苏，1—9月我国发电量60721亿千瓦·时，累计增长10.7%，受水力发电下降影响，火力发电较快增长，1—9月火力发电量32273亿千瓦·时，累计增长11.9%。

（二）煤炭供给偏紧

部分月份原煤产量同比下降。受春节期间煤炭产量大幅上涨支撑，2021年原煤产量总体呈现微涨态势。2021年1—9月份，原煤产量29.3亿吨，同比增长3.7%。分月份看，1—2月，原煤产量6.2亿吨，创下历史1—2月煤炭产量新高，累计增长25.0%，3—9月，原煤产量同比分别增长-0.2%、-1.8%、0.6%、-5.0%、-3.3%、0.8%、-0.9%。

煤炭产能继续向“三西”地区集中。继2020年重庆永川“12·4”矿难发生后，重庆彻底退出煤炭生产，成为全国第8个无煤地区，其他7个地区分别为北京、天津、上海、广东、浙江、海南、西藏。随着河北、辽宁、吉林、江苏、福建、江西、山东、河南、湖南、广西、四川、青海等地产量持续下降，我国煤炭产能继续向“三西”地区集中。其中1—9月山西、陕西、内蒙古原煤产量分别为87768.6万吨、51104.5万吨、73312.0万吨，分别累计增长11.6%、3.5%、0.6%，“三西”地区产量占全国比重达到72.4%，相比年初提高1个百分点。

安全监管和自然灾害等原因，国内煤炭产能释放不足，煤炭产能利用率恢复水平滞后。前三季度，煤炭开采和洗选业产能利用率74.2%，虽然相比上年同期增加3.0个百分点，但依然落后于全国工业产能利用率2.9个百分点。在环保、安全政策日益趋严下，投资意愿较低，煤企超产意愿不足。2021年3月1日起正式实施的《刑法修正案（十一）》和2021年1月1日实施的《煤炭重大事故隐患判定标准》（应急管理部4号令）明确超能力生产及手续不全生产等均属重大事故隐患，已经列入刑法，该规定客观上降低了煤矿企业超产的意愿。在“双碳”目标背景下，再加上能耗“双控”政策的实施，煤企对煤炭需求增长普遍悲观，导致煤炭资本开支意愿不足，2021年前三季度，煤炭开采和洗选业固定资产投资增长6.8%，两年平均增长4.8%，相比2019年增速下降个21.3百分点。

进口下降幅度逐月收窄。煤及褐煤进口量累计增速从2月的-39.5%逐渐上升至9月的-3.6%。1—9月累计进口煤炭23039.6万吨，比上年同期减少903万吨。煤炭进口下降的主要原因是澳煤进口减少。澳煤具有低灰、低硫、高热量的优点，2020年以前，澳大利亚一直是我国重要的煤炭进口国，澳大利亚煤炭进口占我国进口总量的接近50%，由于中澳关系恶化，导致自从2020年12月中国对澳煤正式实施禁令以来，中国从澳大利亚进口煤炭全面受阻。

（三）国内煤价非理性上涨

年初煤炭价格经历大幅震荡。2020年四季度我国国民经济持续稳定恢复，工业生产保持较快增长，煤炭需求超预期增加，加之煤炭产能受到安全、监管制约，煤炭供不应求，导致煤炭市场价格上涨。从2020年11月24日开始，秦皇岛山西产5500大卡动力煤市场价格持续上涨，从617.5元/吨涨到2021年1月19日的历史高点1042元/吨，上涨幅度高达68.7%。春节期间主要产地的煤炭产量保持较高水平，部分工业企业停产放假，电厂和港口库存增加，煤炭供给宽松，叠加价格优势明显的进口煤炭冲击，我国煤炭价格暴跌。煤炭市场价格从千元高点一直下降到3月2日的572.5元/吨，下降幅度达45.1%。两会后，受市场需求拉动，以及"双碳"目标及环保限产导致的供给收缩预期影响，煤炭价格震荡上涨，到3月底，价格已上涨到727.5元/吨，上涨27.1%。5月下旬，受政府保供政策和严厉打击大宗商品炒作行为的影响，产地率先下调价格带动港口动力煤价格短暂下跌，秦皇岛山西产5500大卡动力煤市场价从947.5元/吨10天内下降到852.5元/吨。

下半年煤炭价格进入加速上涨阶段。二季度开始，煤炭需求持续强劲、加之夏季用电高峰来临和供给产地煤炭供给偏紧，导致煤价持续上涨，不断突破新高。9月底秦皇岛山西产5500大卡动力煤市场价格已上涨至1682.5元/吨，相比3月初的低点，煤价涨幅接近3倍。特别10月以来，在山西极端降雨冲击运输系统、电厂提前采购冬季用煤、燃煤电价扩大浮动空间、煤炭保供力度加大导致市场外卖量减少等因素影响下，煤炭现货市场供需缺口进一步加大，煤价开启飙升模式。10月20日，秦皇岛山西产5500大卡动力煤市场价格上涨至2592.5元/吨，创下历史新高，相比3月初的低点，增长4.5倍，山西吕梁产主焦煤市场价2450元/吨，相比年初增长2倍。

资本恶意炒作是煤价非理性上涨的重要原因。在能源转型和经济增长放缓背景下，我国煤炭供需错配并不严重。煤炭市场不断出现捏造、散布煤炭涨价信息，恶意囤积、合谋串通涨价等违法行为，导致煤炭贸易商、煤炭期货炒家等形成行业共识，看涨气氛浓厚。10月下旬以来，在依法打击煤炭市场炒作、稳产保供等政策密集调控下，煤价大幅回落，截至11月10日，秦皇岛山西产5500大卡动力煤市场价格回落至1100.0元/吨，相比10月初最高价回落约60%。

二、煤炭市场环境呈恶化态势

1. 煤炭价格暴涨严重制约国民经济稳定运行和增长

煤炭销售价格远远超过煤炭销售成本。2021 年以来，受人工成本上涨，矿井智能化改造和安全投入增长，和环境治理恢复相关的弃置费用增加等因素影响，煤炭单位销售成本上涨。根据煤企上市公司年报，2021 年煤炭销售成本上涨 8% ~34% 不等，远远小于煤炭销售价格上涨幅度。煤炭价格暴涨导致电力、冶金、建材、化工等下游行业成本上升，压缩下游行业利润，造成下游行业经营困难、开工不足，特别是煤电严重短缺，导致多地出现限产限电现象，严重制约国民经济正常运行。煤炭是我国主体能源，煤炭价格上涨带动能源价格上涨，叠加国际能源价格上涨，我国宏观经济运行面临通胀威胁，经济增长面临滞涨风险。

2. 煤企资本开支动力不足

虽然煤炭价格上涨有利于刺激行业投资增长，但受各方面因素影响，当前煤企资本开支动力不足。一方面，随着煤炭开采条件日益复杂，国家节能环保政策进一步趋严，安全和环保投入不断加大，投资收益率不断下降，导致煤炭投资信心不足；另一方面，在“双碳”目标背景下，加上“能耗双控”政策的实施，市场普遍对未来煤炭需求增长悲观，煤企投资预期较为一致。2021 年 1—9 月煤炭行业固定资产投资累计增长 4.4%，两年平均增长 3.5%，相比 2019 年同期增速下降 22.6 个百分点。煤炭行业固定资产投资复苏缓慢反映了行业投资信心和投资意愿的缺乏，未来煤炭行业优质产能释放进度下降值得警惕。

3. 煤炭行业融资环境恶化

2020 年底河南省“三煤一钢”之一的永城煤电控股集团有限公司未能按期兑付超短期融资券“20 永煤 SCP003”到期应付利息，构成实质违约，导致煤炭行业融资环境急剧恶化。尽管 2021 年以来，煤炭企业利润大幅上升，如但是在碳达峰、碳中和背景下，煤企融资环境依然没有明显改善。2021 年初至 9 月 20 日，煤炭企业发行的企业债数量仅 3 只，占同期企业债发行数量的 0.9%，发行金额仅 35 亿元，占同期企业债占发行金额 1.2%，相比上年同期发行数量和发行金额分别减少 50% 和 300%。

4. 煤炭市场运行调节的难度加大

煤炭市场本相对成熟，发展前景相对稳定，产品的市场需求在较大程度上受宏观经济状况和相关下游行业发展的影响，属于需求拉动型市场。在供给侧结构性改革、全国安全生产专项整治三年行动计划和“双碳”目标背景下，煤炭行业及煤炭下游均处于剧烈变革的发展阶段，供给和需求双方波动加大，政府引导供需市场平稳运行的难度加大。疫情后，煤炭价格除受煤炭产品特点、运输、天气等因素影响外，还受到下游行业和终端需求不平衡复苏冲击，市场预期变动大，存在非理性因素，导致煤炭需求及煤炭价格难以准确预测，需求及煤价调节难度大。

三、2022 年煤炭市场供需格局改善

展望 2022 年，“双碳”目标顶层设计、能耗“双控”等一系列能源环境政策带来的能源结构调整，叠加内需增长回落，煤炭需求增速将逐步放缓，考虑到稳产保供政策执行逐渐落地，主产区煤炭产能加快释放，煤炭供需错配矛盾将逐渐改善，煤炭价格将逐步回落至合理区间。

1. 煤炭供给增量呈边际收缩态势

从短期看，在增产保供等政策推动下，国内煤炭供给将不断改善。随着加快推进煤矿手续办理和产能核增、增强煤炭运输保障能力等保供政策密集出台，一些具备增产潜力的优质先进产能将逐步释放，国内煤炭供应格局将有所改善。中长期看，安全、环保政策趋严，行业进入和退出门槛全面抬高。加上“双碳”目标和能耗双控政策背景下，市场对煤炭需求的不可逆下降预期较为一致，煤企新建煤矿的意愿下降，资本开支普遍不足。未来供给端增量呈边际收缩态势，并逐步加速。

2. 煤炭需求增速放缓

2022 年，随着碳达峰碳中和“1+N”政策体系逐步完善，“双碳”目标和路径将进一步清晰，新能源和可再生能源对煤炭需求的替代作用进一步增强，煤炭需求增速将逐步下降。“能耗双控”政策的细化落实和未来消费税征收范围的扩大，将抑制高耗能高污染高排放产品的需求和遏制“两高”项目盲目发展，受此影响，钢铁、建材、化工行业生产将继续受限，相关行业煤炭需求可能下降，这些都将减少煤炭需求。加快推进煤炭储备制度改革和煤炭储备能力建设，将提升煤炭需求，但提升幅度有限。预计 2022 年煤炭需求放缓，全年煤炭需求增长 0.5%。

3. 煤价将震荡回归至合理区间

进入四季度，各部门各煤企推进煤炭增产保供，煤炭产量持续增加，全国煤炭最高日产量达 1193 万吨，创近年新高。同时，国家大力整治煤炭市场，对资本恶意炒作、恶意囤积、哄抬价格等违法行为的重拳出击下，煤炭市场价格大幅回落。展

望 2022 年，在供需格局逐渐改善下，煤炭价格将逐步回归合理区间，并随着国际能源价格波动、政策调整、极端天气、突发事件、局部地区高峰时段供需偏紧等诸多不确定因素的影响震荡波动。

四、主动作为稳定预期

1. 加强煤炭市场监管

一是构建全方位的煤炭市场监管体系，切实维护市场秩序，及时打击恶意炒作、囤积居奇等违法违规行为。二是加强反垄断监管力度，加大竞争法律制度和政策宣传培训，强化煤企公平竞争意识，引导煤炭市场形成崇尚、保护和促进公平竞争的氛围。三是利用大数据、人工智能等技术构建监管模型，及时掌握煤炭市场微观主体经营行为，主动发现违法违规现象，提高政府科学决策和风险预判能力。四是发挥好大型企业和区域、品种龙头企业的主体作用。引导督促企业服从党的领导，服从和服务于经济社会发展大局，增强责任意识和忧患意识，带头多签、签实中长期合同，又要严格执行合同，诚信经营，信守契约。

2. 确保煤价在合理区间运行

一是强化市场预期管理，建立完善煤炭市场预期管理制度，提高预期管理的前瞻性和有效性，创新丰富预期管理手段，通过运行调节部门、供需双方定期举行和发布联席会议信息和公告，强化政府与市场、市场之间的沟通与信息交流，合理引导市场预期。二是做好价格异动应对。加强市场动态和价格形势的跟踪分析，深入研判国际国内煤炭价格联动关系，丰富和储备进口、财税、金融、安全、环保等综合调控措施工具。三是健全监测预测预警体系。完善价格监测分析制度和风险预警框架，及时准确掌握和一体监测煤炭生产、运输、销售、成本、价格动态。加强综合研判和趋势分析，强化风险评估和预测预警，深化重点企业、行业协会、市场机构合作，提升分析预测科学性。四是顺应国内国际新形势，强化了市场预警工作的机制保障，成立市场预警专家委员会，正确引导社会预期，科学指导煤炭生产，推动形成合理的煤炭价格形成机制，及时提出煤炭市场调控建议。

3. 稳定煤炭行业投资

一是坚持“安全、高效、绿色、智能”发展方向不动摇，大力推进智能化无人开采、智能化机器人应用、无人值守等技术应用，鼓励智慧平台和“智慧矿区”应用，提高智能化采煤工作面和智能化掘进工作面比例，扩大国家智能化示范煤矿范围。二是加快数字化转型，推动“智慧运销”和“智慧零售”，打造煤炭资源“生产-销售-流通—消费”各环节全面互联的实时供应链，确保物流、资金流、信息流高效整合、交互发展。三是坚持新发展理念，全力推进创新驱动发展战略，聚焦煤炭安全绿色智能开采和清洁高效低碳利用，着力解决煤矿智能化关键共性技术难题，加强科技创新开放合作，构建数字经济与煤炭经济深度融合发展新格局。

4. **促进煤企提质转型升级**

一是突出多方协同创效，从产业链健康稳定发展的目标出发，构建“风险共担、利益共享、业绩共创”全新煤电产业合作和煤钢焦产业链合作模式，不断提升煤电和煤钢焦合作的层次和水平。二要按照国家“双碳”的目标方向，优化产业投资地图，布局新能源、新材料、新经济等行业优质资产。三是坚持市场导向，践行“市场导向、客户至上”的营销理念，不断调整产品结构、提升煤炭产品质量、发展直供用户、拓宽煤炭销售渠道。四是推进国企改革三年行动加速落地，总结和推广国企改革先进经验，促进党的领导与公司治理实现有机结合，管理体系和管理能力现代化水平不断提升，产业投资、资本运营功能不断强化。

51　2021 年电力形势分析及 2022 年展望

肖宏伟*

摘要： 2021 年，电力行业积极统筹发展和安全，为经济保持稳步恢复提供了电力安全保障，总体呈现消费增速逐季回落、总体保持平稳较快增长态势、电力消费结构不断优化、电力生产供应较快增长、清洁电力供应稳步增加、锚定双碳目标任务加速转型、全国电力供需总体平衡、部分时段采取有序用电措施等特点。展望 2022 年，受经济继续保持稳步恢复态势、双碳目标下电能替代步伐加速、2021 年基数偏高等因素影响，预计 2022 年全社会用电量约 89079 亿千瓦·时，同比增长 7.2%，增速较 2021 年回落 3.4 个百分点，电力供应较为充足，总体供需平衡，局部地区部分高峰时段供应较为紧张。2022 年电力行业亟须从"保障电力供需总体平衡、加快电力供应低碳转型、深化电力体制机制改革"三个方面着力，统筹处理好发展和减排、整体和局部、短期和中长期的关系，为满足人民日益增长的美好生活需要和推动经济高质量发展提供坚强的电力安全保障。

关键词： 供需总体平衡　电能替代　有序用电　电力保障

一、2021 年电力形势及特征分析

2021 年前三季度，我国科学统筹疫情防控和经济社会发展，强化宏观政策跨周期调节，有效应对疫情汛情等多重考验，国民经济持续恢复发展，实现了 GDP 同比增长 9.8%，两年平均增长 5.2% 的恢复态势。电力行业积极统筹发展和安全，为经济保持稳步恢复提供了电力安全保障。总体来看，电力行业呈现消费增速逐季回落、总体保持平稳较快增长态势、电力消费结构不断优化、产业内部用电结构稳步调整、电力生产供应较快增长、局部地区部分时段供应紧张、清洁电力供应稳步增加、锚定双碳目标任务加速转型、全国电力供需总体平衡、部分时段采取有序用电措施等特点。

* 肖宏伟，统计学博士，国家信息中心经济预测部政策仿真实验室副主任，副研究员，主要研究领域为能源经济预测、双碳战略、空间计量模型、CGE 模型等。

1. **电力消费增速逐季回落，总体保持平稳较快增长态势**

2021年前三季度，全国全社会用电量6.2万亿千瓦·时，同比增长12.9%，一、二、三季度全社会用电量增速分别为21.2%、11.8%和7.6%，二、三季度较上一季度分别回落9.4和4.2个百分点，主要受上年同期基数较低、2021年经济保持稳步恢复等因素影响。从两年平均增速来看，前三季度两年平均增长7.4%，一、二、三季度两年平均增速分别为7.0%、8.2%和7.1%，总体保持平稳较快增长态势。分产业来看，第一产业用电量758亿千瓦·时，同比增长18.9%，两年平均增长14.2%，主要得益于乡村振兴战略大力实施，第一产业用电潜力得到释放，一、二、三季度增速分别为26.4%、15.9%和16.4%，两年平均增速分别为14.6%、14.1%和13.9%；第二产业用电量4.1万亿千瓦·时，同比增长12.3%，两年平均增长6.9%，一、二、三季度增速分别为24.1%、10.6%和5.1%，两年平均增速分别为7.4%、7.3%和6.1%；第三产业用电量1.08万亿千瓦·时，同比增长20.7%，两年平均增长9.7%，一、二、三季度增速分别为28.2%、23.6%和13.1%，两年平均增速分别为7.9%、12.0%和9.4%；城乡居民生活用电量9088亿千瓦·时，同比增长7.0%，两年平均增长6.5%，一、二、三季度增速分别为4.7%、4.2%和11.3%，两年平均增速分别为3.9%、7.9%和8.0%，业已基本回复至疫前增长水平。分区域来看，全国有23个省份全社会用电量同比增速超过10%，其中增速高于全国平均水平（12.9%）的省份有16个，增速较高的前10个省份为西藏、湖北、浙江、江西、青海、福建、陕西、广东、四川、宁夏，其增速均在15%以上。全国有5个省份全社会用电量两年平均增速超过10%，分别为西藏、江西、四川、云南、广西。

2. **电力消费结构不断优化，产业内部用电结构稳步调整**

2021年前三季度，第一产业、第三产业用电量占全社会用电量的比重分别为1.23%和17.56%，较上年同期分别提高0.05和0.98个百分点，第二产业、城乡居民生活用电量占全社会用电量的比重分别为66.47%和14.74%，较上年同期分别下降0.08和0.96个百分点。从制造业内部用电结构来看，国家坚决遏制“两高”项目盲目发展的成效逐步显现，化工、建材、黑色金属冶炼、有色金属冶炼等四大高耗能行业用电量合计1.66万亿千瓦·时，同比增长9.5%，低于全国制造业同比增长13.3%的平均水平，增速较上年同期提高7.8个百分点，低于全国制造业增速较上年同期提高12.6个百分点的平均水平，高技术及装备制造业、消费品制造业、其他制造业分别同比增长19.7%、16.2%和17.2%，均高于全国制造业同比增长13.3%的平均水平，增速较上年同期分别提高18.6、20.5和15.9个百分点，均高于全国制造业增速较上年同期提高 12.6 个百分点的平均水平。从服务业内部用电结构来看，随着服务业稳步恢复，现代服务业用电量增势较好，租赁和商务服务业、住宿和餐饮业、批发和零售业、房地产业、公共服务及管理组织用电量分别同比增长 26.6%、26.3%、25.7%、22.3% 和 21.1%，均高于全国第三产业同比增长 20.7% 的平均水平，充换电服务业、信息传输/软件和信息技术服务业、租赁和商务服务业、批发和零售业用电量两年平均增速分别为 82.0%、22.2%、13.3% 和 11.4%，均高于全国第三产业两年平均增长 9.7% 的平均水平。

3. 电力生产供应较快增长，局部地区部分时段供应紧张

2021 年前三季度，电力生产供应较快增长，为经济运行继续保持恢复态势提供了电力安全供应保障。从电厂发电量来看，全国规模以上电厂发电量为 6.07 万亿千瓦·时，同比增长 10.7%，增速较上年同期提高 9.8 个百分点。分品种来看，受降水偏少等气候因素影响，全国规模以上电厂水电发电量 9030 亿千瓦·时，同比下降 0.9%，增速较上年同期降低 1.8 个百分点；受电力消费快速增长、水电发电量负增长等因素叠加影响，全国规模以上电厂火电发电量 4.33 万亿千瓦·时，同比增长 11.9%，增速较上年同期提高 12.2 个百分点，除西藏、吉林和河北同比下降外，其余省份火电发电量均同比增长，其中，青海、四川和广东三省增速超过 30%；全国核电发电量 3031 亿千瓦·时，同比增长 12.3%，增速较上年同期提高 5.9 个百分点；全国并网风电厂发电量 4715 亿千瓦·时，同比增长 41.6%，增速较上年同期提高 27.3 个百分点；全国并网太阳能发电量 2491 亿千瓦·时，同比增长 24.5%，增速较上年同期提高 7.4 个百分点。从发电设备平均利用小时数来看，全国发电设备平均利用 2880 小时，同比提高 113 小时，其中核电、火电和风电发电设备利用小时分别为 5842、3339 和 1640 小时，同比分别提高 321、280、91 小时。从可再生能源利用率来看，全国主要流域水能利用率约 97.6%，较上年同期提高 1.5 个百分点；全国风电平均利用率 96.9%，较上年同期提高 0.3 个百分点；全国光伏发电平均利用率 98.0%，较上年同期下降 0.3 个百分点。一季度，受寒潮天气等因素影响，江苏、浙江、安徽、湖南、江西、四川、新疆等地在 1 月出现电力缺口；二季度，广东、云南、广西等地因电力消费需求较快增长、来水偏枯、电煤供应紧张等因素影响，电力供应较为紧张；三季度，全国电力供需总体偏紧，特别是 9 月受煤炭价格高企、煤价与电价倒挂、火电机组顶峰能力不足、部分省份为完成年底能源“双控”目标任务、临时检修机组容量增加等多重因素叠加影响，电力供应紧张，个别地区出现了拉闸限电情况。

4. 清洁电力装机稳步扩大，锚定双碳目标任务加速转型

2021 年前三季度，电力行业锚定碳达峰碳中和目标任务，加快推进大型风电光伏基地等重大项目建设，全力增加清洁电力供应，可再生能源高质量发展稳步推进。截至9月底，我国可再生能源发电装机达到9.94亿千瓦。其中，水电、风电、光伏发电、生物质发电装机分别达到3.84亿千瓦、2.97亿千瓦、2.78亿千瓦和3536.1万千瓦。分类别来看，全国新增水电并网容量1436万千瓦，白鹤滩水电站已有4台机组投产发电，两河口水电站首批机组投产发电；全国风电新增并网装机1643万千瓦，其中陆上和海上风电分别新增装机1261万和382万千瓦；全国光伏新增装机2556万千瓦，其中光伏电站和分布式光伏分别为915万和1641万千瓦；生物质发电新增装机554.7万千瓦，排名前5位的省份是河北、广东、浙江、黑龙江、河南，分别新增装机85.3万、55.5万、48.1万、40.8万和35万千瓦。同时积极推进以沙漠、戈壁、荒漠地区为重点的大型风电光伏基地项目建设，正在按照“成熟一个、开工一个”的原则有序开工。从清洁电力发电装机容量占比来看，截至9月底，水电、核电、风电、太阳能发电装机容量合计10.1亿千瓦，占电力总装机容量的比重提升至44.1%，较上年同期提高3个百分点。

5. **全国电力供需总体平衡，部分时段采取有序用电措施**

2021年前三季度，全国新增220千伏及以上变电设备容量20374万千伏安，新增220千伏及以上输电线路长度33682千米，变电设备容量和输电线路长度持续新增为跨区跨省电力输送提供了坚实保障。从跨区跨省输出电量来看，全国完成跨区送电量5178亿千瓦·时，同比增长7.8%，其中，华北送华中、华北送华东、西北送华北和华中合计分别同比增长19.4%、23.7%和15.0%，东北送华北、华中送华东、华中送南方、西南送华东分别同比下降11.2%、3.8%、7.2%和13.1%。全国完成跨省送出电量12197亿千瓦·时，同比增长8.6%，其中，内蒙古、云南、山西、新疆分别同比增长21.9%、1.1%、20.1%和22.7%，四川、宁夏送出电量同比下降6.6%和3.7%。从市场交易电量来看，全国各电力交易中心累计组织完成市场交易电量27091.8亿千瓦·时，同比增长20.1%，其中，全国电力市场中长期电力直接交易电量合计21704.4亿千瓦·时，同比增长22.8%，占全社会用电量比重达到35.2%，同比提高2.6个百分点。在跨区跨省输出电量和市场交易电量同比增长的共同作用下，全国电力供需总体平衡，但部分时段局部地区采取了有序用电措施。分季度看，一季度，全国电力供需总体平衡，华中区域用电高峰时段电力供应偏紧，南方区域电力供应持续处于紧平衡，华北、华东区域电力供需总体平衡，江苏、浙江、安徽、湖南、江西、四川、新疆等地采取了有序用电措施。二季度，全国电力供需总体平衡，蒙西、广东、云南、广西等地采取了需求响应或有序用电措施，广东、云南电力供应尤为紧张。三季度，全国电力供需总体偏紧，全国超过20个省份采取了有序用电措施。针对这一情况，国家迅速出台一系列政策措施，煤炭产能加快释放，煤炭价格高位回落，电力保供能力逐步增强，11 月初除个别省份、局部时段对高耗能、高污染企业采取有序用电措施外，全国性限电情况基本结束。

二、2022 年电力供需形势预测

展望 2022 年，受经济继续保持稳步恢复态势、双碳目标下电能替代步伐加速、2021 年基数偏高等因素影响，预计 2022 年用电消费呈稳步较快增长态势，增速较 2021 年有所回落，电力供应较为充足，总体供需平衡，局部地区部分高峰时段供应较为紧张。

1. 电力消费呈“稳步较快增长、结构继续优化”态势

从消费增速看，电力消费稳步较快增长态势依然明显，预计 2022 年全社会用电量约 89079 亿千瓦·时，同比增长 7.2%，增速较 2021 年回落 3.4 个百分点。其中，第一产业用电量 1080 亿千瓦·时，同比增长 10.6%，增速较上年回落 3.1 个百分点；第二产业用电量 59540 亿千瓦·时，同比增长 6.3%，增速较上年回落 3.0 个百分点；第三产业用电量 15795 亿千瓦·时，同比增长 10.2%，增速较上年回落 8.3 个百分点；城乡居民生活用电量 12664 亿千瓦·时，同比增长 7.3%，增速较上年回落 0.4 个百分点（见表 1）。从消费结构看，第一产业、第三产业和城乡居民生活用电量比重继续提升，第二产业用电量比重继续下降，电力消费结构不断优化。其中，第一产业用电量占全社会用电量的比重为 1.21%，较上年略提高 0.04 个百分点，第三产业和城乡居民生活用电量占全社会用电量的比重分别为 17.73% 和 14.22%，较上年分别提高 0.49 和 0.02 个百分点，第二产业用电量占全社会用电量的比重为 66.84%，较上年下降 0.54 个百分点。

表 1 2020—2022 年电力需求预测

用电量（亿千瓦·时）	2020 年实际		2021 年预测		2022 年预测	
	绝对值	增速（%）	绝对值	增速（%）	绝对值	增速（%）
全社会用电量	75110	3.1	83096	10.6	89079	7.2
第一产业	859	10.3	977	13.7	1080	10.6
第二产业	51215	2.5	55991	9.3	59540	6.3
第三产业	12087	1.9	14329	18.5	15795	10.2
城乡居民生活用电	10950	6.9	11800	7.8	12664	7.3

2. 电力供应呈“总体供需平衡、局部地区偏紧”态势

综合考虑现有发电装机规模、新增发电装机容量、风电光伏基地等重大项目建

设步伐、煤电装机控制力度等因素，预计2022年全年新增发电装机容量超过1.6亿千瓦，其中水电、核电、风电、太阳能发电等非化石能源发电装机容量超过1.2亿千瓦；年底全国发电装机达到25.1亿千瓦，非化石能源发电装机比重接近50%。综合发电设备利用小时数、电力市场交易、跨区跨省电力输送、用电负荷高峰、气候影响减弱等因素，预计全年电力供应总体较为充足，供需总体基本平衡，局部地区部分高峰时段供应较为紧张。分区域来看，东北和西北地区电力供应较为充足，华东地区供需基本平衡，华北、华中和南方地区的部分省份在用电高峰时段电力供应较为紧张，部分时段需要采取有序用电措施。

三、电力行业保障经济平稳运行的政策建议

“十四五”是碳达峰的关键期、窗口期，亟须构建清洁低碳安全高效的能源体系，控制化石能源总量，着力提高利用效能，实施可再生能源替代行动，深化电力体制改革，构建以新能源为主体的新型电力系统。2022年电力行业亟须从“保障电力供需总体平衡、加快电力供应低碳转型、深化电力体制机制改革”三个方面着力，统筹处理好发展和减排、整体和局部、短期和中长期的关系，为满足人民日益增长的美好生活需要和推动经济高质量发展提供坚强的电力安全保障。

1. 保障电力供需总体平衡，确保经济社会平稳运行

电力是国民经济发展的血液和命脉，对我国经济社会平稳运行具有不可或缺的作用，保障电力供需总体平衡刻不容缓，亟须提高电煤利用效率、减少电煤消耗、促进清洁能源消纳，在双碳背景下实现电力供需动态平衡。一是加快煤电机组改造升级步伐。统筹考虑煤电节能降耗改造、供热改造和灵活性改造制造，实现“三改”联动。同时，合理安排机组改造时序，保证电力安全可靠供应。二是提高清洁能源消纳能力。在确保电网安全的前提下，推进电力源网荷储一体化和多能互补发展，提升输电通道新能源输送能力，提高中东部地区清洁电力受入比重。进一步完善电网主网架布局和结构，提升省间电力互济能力。推动新型储能产业化、规模化示范，促进储能技术装备和商业模式创新。三是加快建设新型电力系统。构建新能源占比逐渐提高的新型电力系统，推动清洁电力资源大范围优化配置。大力提升电力系统综合调节能力，加快灵活调节电源建设，引导自备电厂、工商业可中断负荷、传统高载能工业负荷、虚拟电厂、电动汽车充电网络参与系统调节，建设坚强智能电网，提升电网安全保障水平。积极发展“新能源+储能”、源网荷储一体化和多能互补，支持分布式新能源合理配置储能系统。

2. 加快电力供应低碳转型，稳妥有序确保安全降碳

我国“富煤、贫油、少气”的能源特点决定了以煤炭为主的能源消费结构，同等标煤下煤炭、石油、天然气的二氧化碳排放系数分别为 2.66、1.73、1.56 吨/吨标煤，以煤炭为主的高碳能源消费结构对碳减排压力依然较大，亟须以保障国家能源安全和经济发展为底线，加快电力供应结构低碳转型，稳妥有序、循序渐进推进碳达峰行动，确保安全降碳。一是统筹有序推进煤电规划实施，有力发挥电力系统煤电保底的支撑作用。严格控制新增煤电项目，新建机组煤耗标准须达到国际先进水平，有序淘汰煤电落后产能，加快现役机组节能升级和灵活性改造，积极推进供热改造，推动煤电向基础保障性和系统调节性电源并重转型。严控跨区外送可再生能源电力配套煤电规模，新建通道可再生能源电量比例原则上不低于 50%。二是加快推进大型风电光伏基地等重大项目建设。锚定碳达峰碳中和目标任务，全面推进风电、太阳能发电大规模开发，坚持集中式与分布式并举，加快建设风电和光伏发电基地，积极发展太阳能光热发电，推动建立光热发电与光伏发电、风电互补调节的风光热综合可再生能源发电基地，对大型风电光伏基地按月调度，及时掌握基地建设进展，督促推动基地建设，确保按时建成，全力增加清洁电力供应。三是因地制宜开发水电和积极安全有序发展核电。在水力资源富裕、环境条件较好、地质构造适宜的地区，积极有序推进大型水电项目建设，同时因地制宜发展中小型电站，开展抽水蓄能电站规划和建设，加强水资源综合利用。合理确定核电站布局和开发时序，在确保安全的前提下有序发展核电，保持平稳建设节奏。

3. 深化电力体制机制改革，助力双碳目标如期实现

深化电力体制机制改革是充分发挥市场在资源配置中的决定性作用、更好发挥政府作用的重点，有利于推动新型电力系统构建，有助于实现 2030 年前碳达峰和努力争取 2060 年前碳中和的目标。一是深化燃煤发电上网电价市场化改革。有序放开全部燃煤发电电量上网电价，通过市场交易在“基准价+上下浮动”范围内形成上网电价；扩大市场交易电价上下浮动范围，将燃煤发电市场交易价格浮动范围扩大为上下浮动原则上均不超过 20%，高耗能企业市场交易电价不受上浮 20% 限制；推动工商业用户都进入市场，取消工商业目录销售电价，保持居民、农业、公益性事业用电价格稳定。二是建立健全电力中长期合同配套机制。完善电力中长期合同市场化调整机制，各地原则上要按月以双边协商、集中交易等方式组织开展合同转让交易，并逐步缩短交易周期、增加交易频次，为市场主体调整合同电量及负荷曲线提供市场化手段；建立偏差电量结算机制，对分时段签订的中长期合同，充分考虑市场主体市场经验不足的实际，适当放宽分时段偏差电量考核要求。三是理顺中长

期交易价格机制。电力交易原则上采用顺价方式，即市场用户的用电价格由电能量价格、输配电价格、辅助服务费用、政府性基金及附加构成。暂不具备条件的地区应明确过渡期，尽快由价差方式转为顺价方式。四是加大电力科技创新力度。集中电力相关企业、高等学校、科研院所等力量开展复杂大电网安全稳定运行和控制、高效光伏、大容量风电、低成本可再生能源制氢、大容量储能、低成本二氧化碳捕集利用与封存等技术创新，加快电力绿色低碳科技革命。

52　2021 年石油行业形势分析及 2022 年展望

袁剑琴*

摘要：2021 年，世界经济缓慢复苏，新冠肺炎疫情继续在全球多地蔓延，全球贸易超预期增长。我国统筹推进疫情防控和经济社会发展工作，经济持续平稳恢复，生产供给较快恢复，双碳约束力度加强。在此背景下，我国石油需求复苏显著，原油供给稳定增长，对外依存度不断下降，能源安全有所提升；成品油产能过剩有所缓解，石油行业供过于求的矛盾依然存在。展望 2022 年，新冠肺炎疫情有望逐渐消退，经济恢复不稳固不均衡的主要诱因逐步消除，经济增速逐步向潜在增长水平回归。我国成品油需求将缓慢增长，但市场结构性供应过剩短期内无法扭转。在政策层面上，2022 年将以行业低碳转型发展和保障能源安全为核心，推动我国石油行业高质量发展。

关键词：原油　成品油　节能降碳　石油安全

一、2021 年石油行业形势分析

（一）原油生产和加工均稳定增长

2021 年，我国统筹推进疫情防控和经济社会发展工作，经济持续平稳恢复，生产供给较快恢复，我国原油生产和加工均稳定增长。国家统计局数据显示，前三季度，原油产量累计 14984 万吨，同比增长 2.5%，增速比上年同期加快 0.8 个百分点，比 2019 年同期增长 4.3%，两年平均增长 2.1%；原油加工量累计 52687 万吨，同比增长 6.2%，比 2019 年同期增长 9.4%，两年平均增长 4.6%（见图 1）。与此同时，9 月原油表观消费量为 5766 万吨，同比下降 10.7%，1—9 月原油表观消费量累计 56225 万吨，同比下降 4.4%。

---

* 袁剑琴，国家信息中心经济预测部助理研究员，主要从事投入产出和 CGE 模型开发及应用、国际贸易、能源经济、产业和区域经济及全球价值链等研究。

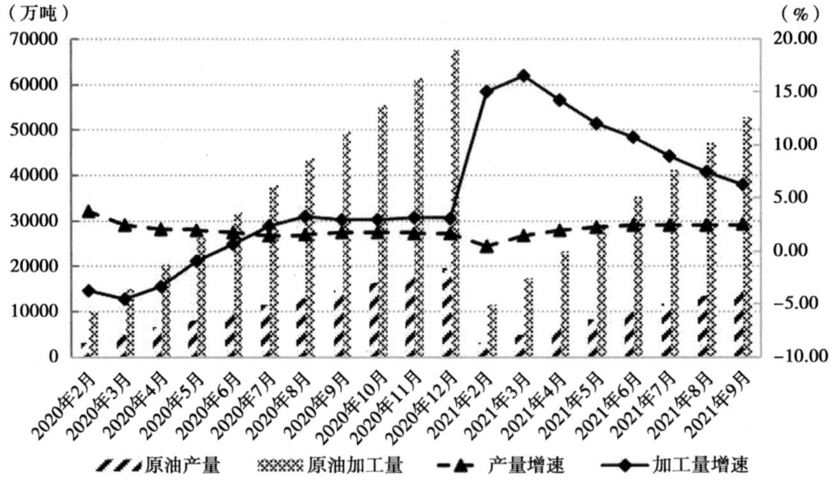

图 1　2020—2021 年我国原油产量和原油加工量增长趋势

（二）原油进口量减价增，对外依存度持续下降

受国内库存与港口压力增大，国际原油价格大幅上涨及国内原油产量提升的影响，2021 年我国原油进口降幅持续扩大，民营炼化进口配额削减显著。此外，在国际高油价的影响下，我国原油进口价格达到历史高位，原油对外依存度持续下降。9 月我国原油进口量 4105 万吨，同比下降 15.3%，降幅较 8 月扩大 9.1 个百分点。前三季度，原油进口 38740 万吨，同比下降 6.9%（见图 2），上年同期为增长 12.7%。按金额计算，前三季度原油进口额达到 1844.7 亿美元，同比增长 34.8%。10 月中旬商务部下发 2021 年度第四批原油非国营贸易进口允许量 1489 万吨，叠加前三批 16225 万吨允许量，2021 年全年共计下发 17714 万吨，同比下降 4.02%，发放比例约为 93%。其中，新型炼化一体化项目获批 4200 万吨，同比增长 5.0%，传统地炼获批 12275 万吨，同比下降 6.0%，其他企业获批 1239 万吨，同比下降 8.0%。与此同时，在国际原油价格飙升的背景下，我国进口原油价格创历史新高。1—5 月进口原油价格快速上涨，5 月 31 日原油进口价格指数达到 216.03 的历史高位（见图 3），此后虽有所下降，但仍居于高位。原油对外依存度也由年初的 73.9% 下降至 9 月的 72.1%，石油供给安全稳步提升。

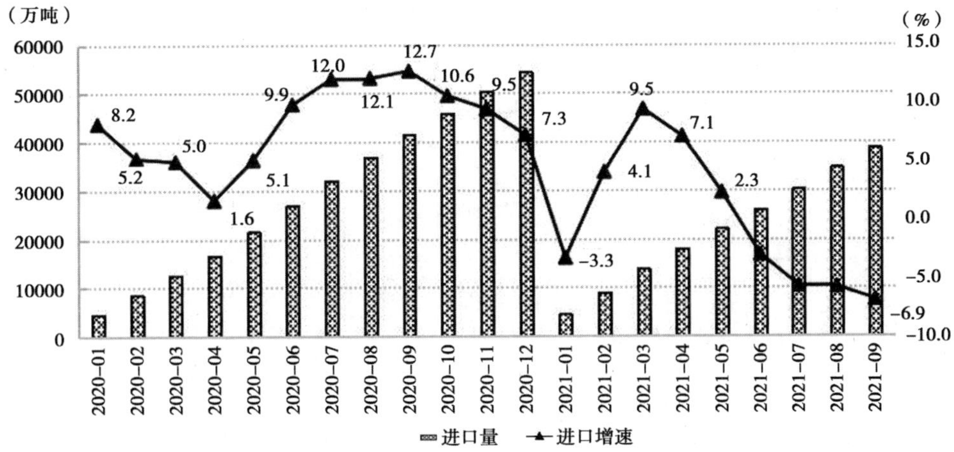

图 2　2020—2021 年我国原油全年累计进口量及增速

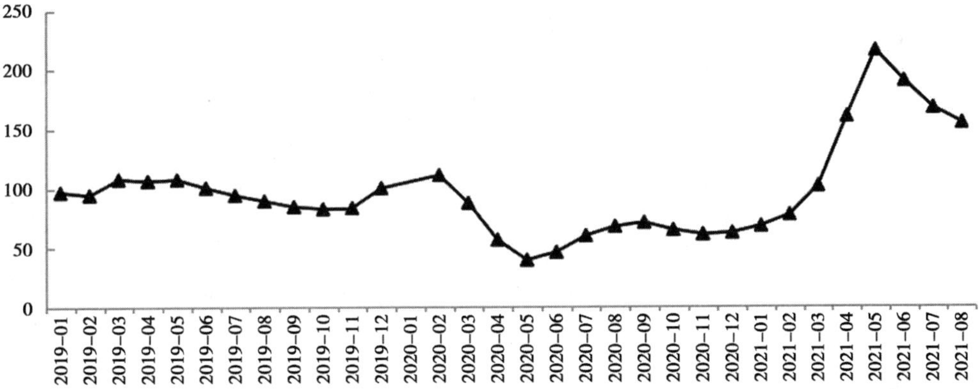

图 3　2019—2021 年我国进口原油价格指数走势

（三）成品油产量实现恢复性正增长，柴汽比不断下降

随着经济持续平稳恢复，我国成品油产量实现恢复性增长，但油品分化显著。前三季度，汽油和煤油产量大幅上升，柴油产量降幅扩大。国家发展改革委运行局和国家统计局数据显示，9 月，成品油产量为 2888. 7 万吨，同比增长 0. 32%。前三季度，成品油产量累计达到 26212. 2 万吨，同比增长 6. 8%，实现恢复性增长。分油品来看，汽油产量为 11439. 3 万吨，同比增长 18. 7%；随着我国能源结构调整的持续推进，柴油产量缓慢增长，前三季度柴油产量为 11553. 4 万吨，同比下降 3. 5%，较上年同期扩大 1. 1 个百分点。柴汽比持续下降，由 2020 年底的 1. 21 下降至 2021 年 9 月的 1. 01。与此同时，全球需求释放叠加国际航线的恢复推动航空煤油供给增加，我国煤油产量大幅回升，前三季度煤油产量为 3219. 5 万吨，同比增长 9. 8%，较上年同期上升 34. 7 个百分点（见图 4）。

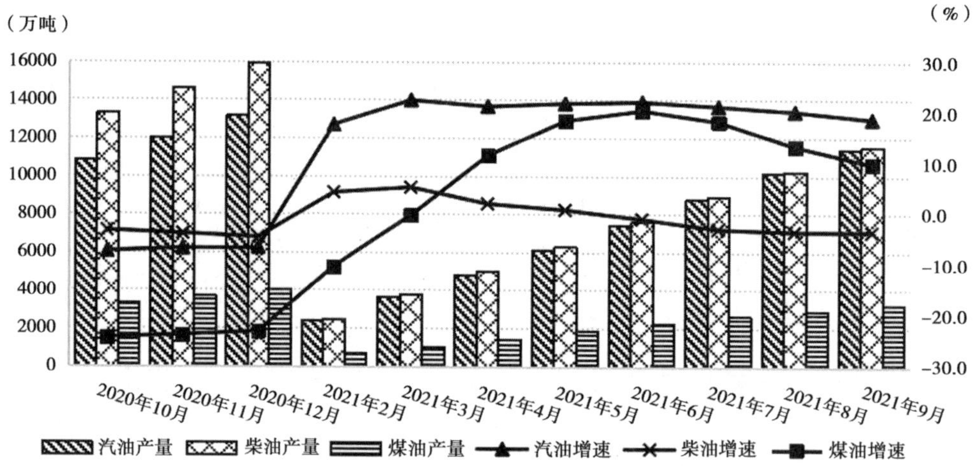

图4　2020—2021 年我国成品油产量及增长趋势

（四）我国经济稳定恢复，成品油消费分化增长

2021 年以来，我国统筹推进疫情防控和经济社会发展工作，经济持续稳定恢复，内生发展动力不断增强；同时，随着疫苗接种范围的不断扩大，世界经济恢复性增长，国外供应链面临挑战，全球订单向中国集中，推动我国成品油消费需求分化增长。国家发展改革委运行局数据显示，2021 年 1—8 月，我国成品油消费量为 22419 万吨，同比增长 3.0%（见图 5），其中，汽油增长 7.8%，航空煤油增长 24.9%，柴油下降 4.4%。

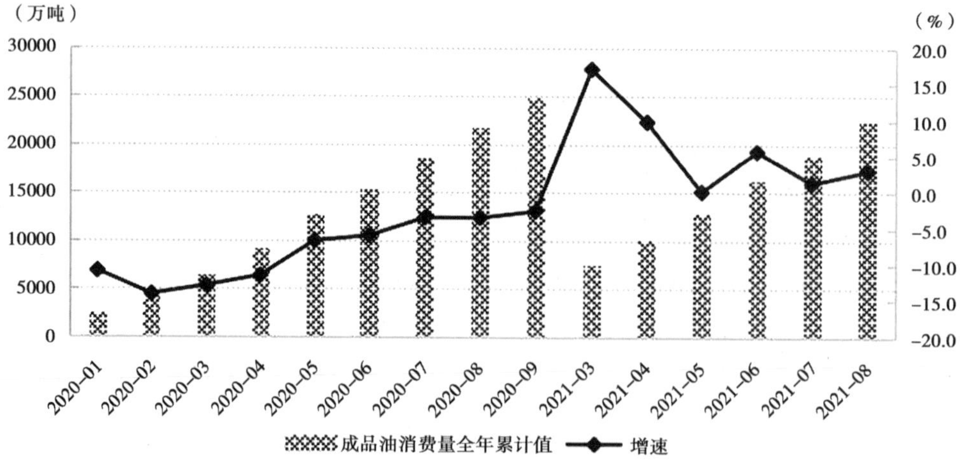

图5　2020—2021 年我国成品油消费量及增速

2021 年在我国供应链较好的韧性与弹性的背景下，多种扩大内需和减税降费举措纷纷出台，投资和消费需求稳步恢复，外贸逆势增长。我国乘用车销量实现恢复

性正增长，推动汽油需求缓慢恢复。据中汽协数据显示，2021 年 1—9 月，我国汽车销量为 1862.3 万辆，同比长 8.7%。9 月汽车市场进入传统“金九银十”销售旺季，但受汽车芯片供应不足和上年同期基数较高影响，产销量同比分别下降 17.9%和 19.6%。与此同时，新能源汽车产销再创新高，9 月新能源汽车产销分别完成 35.3 万辆和 35.7 万辆，同比均增长 148.4%。四季度，受天气影响，私家车出行比例将有所提高，商用车受政策、投资的拉动将继续保持增长态势，都将对汽车市场产生利好影响。然而，受能耗“双控”政策、有序用电措施和秋冬季大气污染防治任务下达的影响，汽车生产整体受限，综合来看，汽油消费仍将缓慢恢复。随着环保督察力度的加大，工矿、基建等户外作业开工率低下，导致柴油需求不佳；同时，对国内轻循环油等产品加征消费税推动了柴油价格的上升，进一步抑制了其需求。四季度，疫情多点散发和“双控”政策的持续抑制工业生产，柴油需求有继续下跌的预期。疫情期间全球被迫压缩或延期的需求加速释放，国际航线有序恢复推动煤油消费大幅上升，四季度，海外疫情的良好控制促进全球航空业恢复，预计煤油消费将持续增长。

（五）国际原油价格大幅上涨，成品油价格持续攀升

2021 年以来，国际原油在价格在供求失衡及美国持续量化宽松政策的影响下持续大幅上涨。10 月 11 日 WTI 轻质原油现货价格自 2014 年以来首次突破 80 美元/桶高位，报收于 80.52 美元/桶，同时，布伦特原油现货报收于 84.59 美元/桶。截至日前，WTI 轻质原油和布伦特原油现货价格分别较 2020 年底累计上涨 65.8% 和 64.9%。从供给端看，自疫情暴发以来，全球石油需求大幅下降及全球“碳中和”目标的实施推动石油投资大幅下降，2020 年 4 月全球主要石油高产国家的集合（OPEC+）达成历史上最大规模减产协议，始终维持其原油产量政策，并克制其增产节奏；同时，伊朗供应回归市场慢于预期，进一步支撑全球原油的低位供给。此外，美国的飓风干旱和山火等极端天气也对全球原油供给造成阶段性的扰动。从需求端看，随着疫苗接种范围的不断扩大，全球经济复苏加快推动原油需求增长，煤炭和天然气等大宗商品价格的大幅上涨也进一步推动了石油替代需求的增长，进而导致全球石油库存过剩逐渐消除，库存水平持续下降，支撑原油价格上涨。2021 年 3—9 月美国 API 原油库存下降约 2000 万桶。更为重要的是，2021 年，拜登政府继续推出货币宽松政策，国际资本向低估值的包括国际石油市场在内的大宗商品市场转移，具有金融属性的石油期货价格受美元货币流动性充裕的托底效应影响，进而推动其价格大幅上升。由此，根据成品油价格形成机制，截至 2021 年 10 月底，我国成品油调价呈现“十四涨三跌三搁浅”的格局，汽油和柴油价格持续攀升，年内每吨分别累计上涨 2000 元和 1925 元（见表 1）。

表1　2021年成品油价格调整情况

次数	调价窗口	汽油	柴油
1	1月15日	涨185元/吨	涨180元/吨
2	1月29日	涨75元/吨	涨70元/吨
3	2月18日	涨275元/吨	涨265元/吨
4	3月3日	涨260元/吨	涨250元/吨
5	3月17日	涨235元/吨	涨230元/吨
6	3月31日	降225元/吨	降220元/吨
7	4月15日	不做调整	
8	4月28日	涨100元/吨	涨95元/吨
9	5月14日	涨100元/吨	涨100元/吨
10	5月28日	不做调整	
11	6月11日	涨175元/吨	涨170元/吨
12	6月28日	涨225元/吨	涨215元/吨
13	7月12日	涨70元/吨	涨65元/吨
14	7月26日	降100元/吨	降95元/吨
15	8月9日	不做调整	
16	8月23日	降250元/吨	降245元/吨
17	9月6日	涨140元/吨	涨140元/吨
18	9月18日	涨90元/吨	涨85元/吨
19	10月9日	涨345元/吨	涨330元/吨
20	10月22日	涨300元/吨	涨290元/吨
全年累计		涨2000元/吨	涨1925元/吨

二、当前我国石油行业发展的主要问题

1. 原油价格快速上涨，下游企业成本持续上升

目前我国原油对外依存度高，议价能力不足，消化上升成本的手段有限。国际原油的价格压力传导至炼油及化工企业，增加生产制造等环节的成本，下游行业挤压利润空间，削弱产业竞争力。同时，上游供应链价格波动也会引发居民消费价格的波动，甚至引发通胀风险，影响宏观经济运行。

2. “限电”措施抑制炼厂开工率，成品油产量下降

9 月 11 日国家发展改革委印发《完善能源消费强度和总量双控制度方案》的通知，向各省分解下达能耗双控五年目标。为进一步实现能耗“双控”，叠加电煤供应紧张，山东、江苏等炼油大省加码管控措施，拉闸限电、停工停产。山东省淄博、东营、潍坊、滨州、菏泽地区的地方炼油企业逐步被纳入限电行业当中，且限电力度逐渐趋严，各炼油企业降低部分装置用电负荷并减少二次装置开车时间，地炼成品油产量有所下降。而在“双控”指标一级预警的江苏，形势更为严峻，省内炼油企业限电力度加大，开工率持续受限，成品油产量加速下滑。

3. 监管缺位，炼油企业擅自扩产问题频现

2021 年生态环境部第二轮第四批 7 个中央生态环境保护督察组督查发现，部分民营炼化企业私扩产能，导致炼油企业实际炼油产能高出备案在册产能。这主要来自两个方面：一是炼厂为了获得进口原油使用配额，要淘汰小产能、建大产能，但大的建起来了，小的却没有真正淘汰掉；二是有些炼厂后续又私自新建了设备，比如一些常减压装置，但没有获得批复，这种情况属于未批先建。这一现象的出现主要在于地方政府监管的缺位，使得企业的安全、环保验收不达标，这在造成我国炼油能力统计数据失真的同时，也在一定程度上加剧了我国炼油产能过剩的局面。

三、2022 年石油供需形势预测

展望 2022 年，新冠肺炎疫情有望逐渐消退，经济恢复不稳固不均衡的主要诱因逐步消除，经济增速逐步向潜在增长水平回归。在消费保持平稳增长、产业升级力度加大、双碳目标、“能耗双控”约束增强和绿色低碳清洁高效转型加速等因素的影响下，预计我国成品油需求将缓慢增长，但市场结构性供应过剩依然难以扭转。

1. 节能降碳约束加码，汽油消费将缓慢增长

2022 年，在国内消费平稳增长和节能降碳的强约束下，汽油消费量将缓慢增长。一方面，随着国内疫情的有效控制，接触性消费等内需薄弱环节加快恢复，新动能活力持续释放，国内需求对经济增长的拉动作用进一步凸显，将推动我国汽车销量的持续增长，进而助力汽油消费。同时，受美联储 11 月开启缩债、原油库存增长超预期及伊核谈判也将开启的影响 ，原油价格大幅下跌，我国成品油价格承压显著，也将进一步推动汽油消费。另一方面，10 月 21 日，国家发展改革委提出了约束推动重点领域节能降碳的若干意见，其中针对石化化工领域专门发布《石化化工重点行业严格能效约束推动节能降碳行动方案（2021—2025 年）》，提出到 2025 年，通过实施低效产能有序退出及加快技术改造等方式，推动石化行业节能减碳。10 月 26 日，国务院发布 2030 年碳达峰行动方案，提出保持石油消费处于合理区间，逐步调整汽油消费规模，大力推进先进生物液体燃料、可持续航空燃料等替代传统燃油，提升终端燃油产品能效，这将成为未来抑制汽油消费的主要因素。

2. **疫情多点散发抑制工业生产，柴油消费将持续下降**

2022 年，我国内外需更加均衡增长，制造业投资加快恢复，工业生产稳步推进，基建项目的持续开工将带来相关工程机械销量增长，进而推动柴油消费量的回暖。但疫情多点散发风险犹存，中央环保督察力度加大，“两高”项目电力、钢铁、有色金属、建材、石化化工等行业节能降碳改造加速布局，将导致工矿、基建等户外作业开工率持续低下，抑制柴油需求。

3. **航空工业持续恢复，煤油需求增长放缓**

2022 年，随着疫情逐渐消退，国内旅游及商务出行逐渐恢复至疫情前水平，推动航空周转量上升；但与此同时，国外产业链供应链逐步恢复正常，贸易订单替代效应减弱，国际航空货运增长放缓，国际旅游和商务出行短期仍较低迷，导致煤油需求增长放缓。

四、石油行业高质量发展的政策建议

1. **多举措推动石油行业低碳转型**

重视低碳战略的建设和实施，一方面，认真落实行业节能减排措施，开展对炼油、乙烯、合成氨等项目能效情况调查，建立技术改造清单；评估行业先进技术，制定行业技术改造方案，落实装置改造所需资金，引导能效落后企业装置实施技术改造；严格执行《产业结构调整指导目录》等规定，推动 200 万吨/年及以下炼油装置和天然气常压间歇转化工艺制合成氨的淘汰退出，并严禁新建 1000 万吨/年以下常减压、150 万吨/年以下催化裂化、100 万吨/年以下连续重整（含芳烃抽提）、150 万吨/年以下加氢裂化，80 万吨/年以下石脑油裂解制乙烯，并加快产能置换。另一方面，加快行业低碳管理制度建设，为加入碳市场夯实基础。开展行业碳管理体系建设，完善碳排放数据统计体系，提升数据质量；建立核算制度、交易制度以及核证减排量管理等低碳管理制度。

2. **稳定和扩大海外石油供给**

统筹国内国际两个大局，充分利用两个市场、两种资源，坚持开放发展不动摇，稳定和扩大海外能源供给，实现开放条件下的石油供给安全。一方面综合考虑国内产业发展状况、进口资源供给稳定性、价格波动风险等因素，合理确定自给率目标。另一方面深化国际合作，加强与石油资源大国在勘探、开发、储运、加工、技术服务等相关领域的合作，拓宽石油供给渠道，确保石油“买得到”；强化通道布局建设，打造多元化运输体系和储运方式，降低单一通道的依赖性，确保石油“运得回”。以“一带一路”为重点，建设一批长期可靠、安全稳定的海外能源基地，进而提高我国区域资源优化配置和能源协同安全保障能力。同时，深度参与全球能源治理，加强与国际能源组织合作，发挥能源市场战略买家力量，增强与我国石油消费能力相匹配的定价权和话语权，提高全球配置资源能力。

3. **加强政府监管杜绝私自扩建**

加强对擅自扩产等违法违规行为的监管。一方面落实安全、环保等多部门核查验收职责，对于新建项目严格把控；另一方面各地须重新核实已有地炼项目的实际炼油规模，对不符合要求的炼厂要求整改，各地主管部门采取可核查、可追究责任的措施，切实杜绝违规产能边淘汰、边建设。

53　2021 年天然气行业运行分析及 2022 年展望

温志超*

摘要：2021 年我国经济社会发展恢复疫情前良好势头，天然气消费增速明显增长，呈现“淡季不淡”特征，前三季度城市燃气消费、工业消费增速和天然气发电增速同比大幅升高；国产天然气保持较快增长，进口天然气增速保持高位；管道互联互通建设速度进一步加快；天然气领域体制机制改革不断深化。展望 2022 年，在碳达峰、碳中和目标及大气污染防治等政策驱动下，天然气作为低碳转型最有效的现实选择，仍将在能源转型中发挥重要作用，天然气消费将进一步增长，国内增储上产能力进一步增强。建议完善油气探矿权竞争性出让，强化增储上产政策支持，推动油气勘采提质增效，加强基础设施建设和运营，进一步深化天然气领域体制机制改革，持续推进产供储销体系建设，推动天然气行业高质量发展。

关键词：天然气行业　高质量发展　展望

一、2021 年天然气行业运行特征分析

2021 年前三季度天然气增速较 2020 年大幅增长，我国持续提升油气勘探开发和投资力度，国产天然气增长较快，进口气增速保持高位，储气库采注气能力进一步增强，管道互联互通建设速度加快，同时积极出台天然气运输价格等政策和改革措施，天然气行业稳步发展。

（一）天然气消费增速明显，呈现“淡季不淡”特征，年增长率约为 13.5%，两年平均增速 9.9%

2021 年 1—9 月全国天然气消费量为 2702 亿立方米，较 2020 年同期增加约 393 亿立方米，同比增长 17.0%，两年平均增长 10.10%，与 2019 年同期增速接近

---

* 温志超，经济学博士，国家信息中心经济预测部助理研究员，主要研究方向为环境经济、能源经济、投入产出模型、CGE 模型等。

(10.24%)。天然气消费增速明显增长与经济社会发展恢复疫情前势头良好、城镇气化率及用气水平不断提升、工业用气持续增长、双碳背景下气电需求旺盛等有关。随着第四季度进入冬季供暖用气高峰、经济运行呈稳步增长等因素影响，四季度天然气消费仍将呈现增长态势，但考虑到 2020 年同期基数较高及天然气价格高位运行，增速将略有放缓。预计全年消费量约为 3700 亿立方米，同比增长约 13.5%，如图 1 所示。

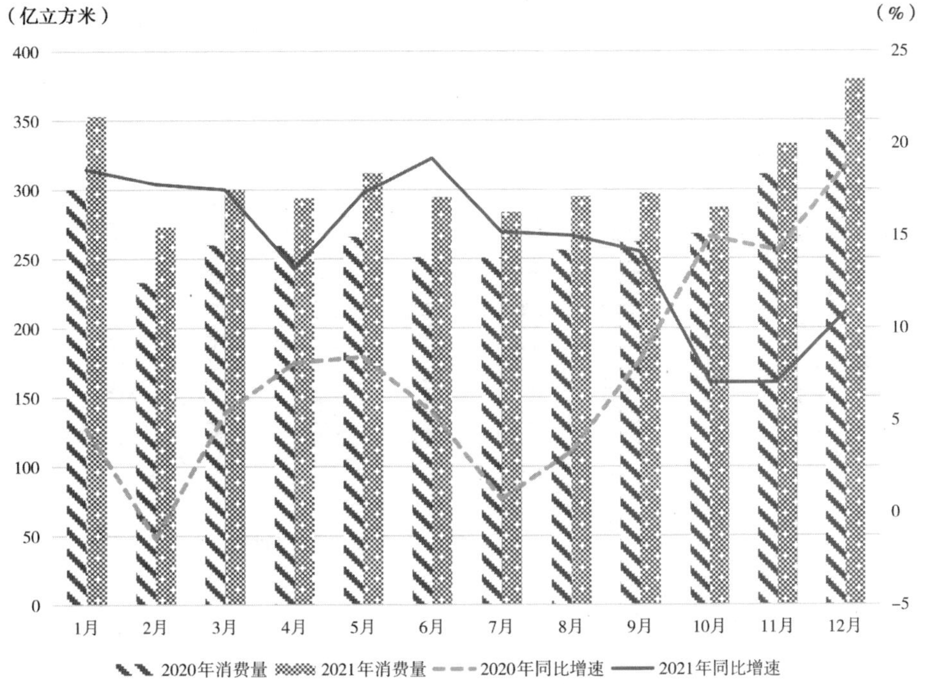

图 1　2020—2021 年我国天然气表观消费量及同比增速

数据来源：国家发展改革委经济运行局。

注：2021 年 10—12 月预测值为作者估计。

分行业消费情况看，天然气消费仍以城市燃气消费和工业消费为主，两者约占天然气消费总量的 73%。2021 年 1—9 月，城市燃气消费量和工业消费量分别占天然气消费总量的 41.8% 和 31.1%，天然气发电消费量占天然气消费总量的 18.1%，化工消费量仅占天然气消费总量的 9.0%（见图 2）。

在消费增速方面，呈现“三高一低”。城市燃气消费量、工业消费量和天然气发电消费量均高于上年同期增速，化工消费低于上年同期消费增速。2021 年 1—9 月，城市燃气消费同比增长 20.3%，高于上年同期的 11.0%，两年平均增长 12.6%；工业消费同比增长 15.0%，高于上年同期的-4.7%，两年平均增长 4.8%；天然气发电消费同比增长 17.4%，高于上年同期的-1.0%，两年平均增长 5.5%；化工消费同比增长-3.1%，低于上年同期的 4.4%，两年平均增长 3.6%（见图 3）。

随着城镇气化率及用气水平的不断提升，经济复苏工业用气需求增长及双碳背景下气电需求较为旺盛，城市燃气消费、工业消费增速和天然气发电增速有所提升，而受疫情、尿素市场弱势运行等因素影响，化工消费低于上年同期消费增速。

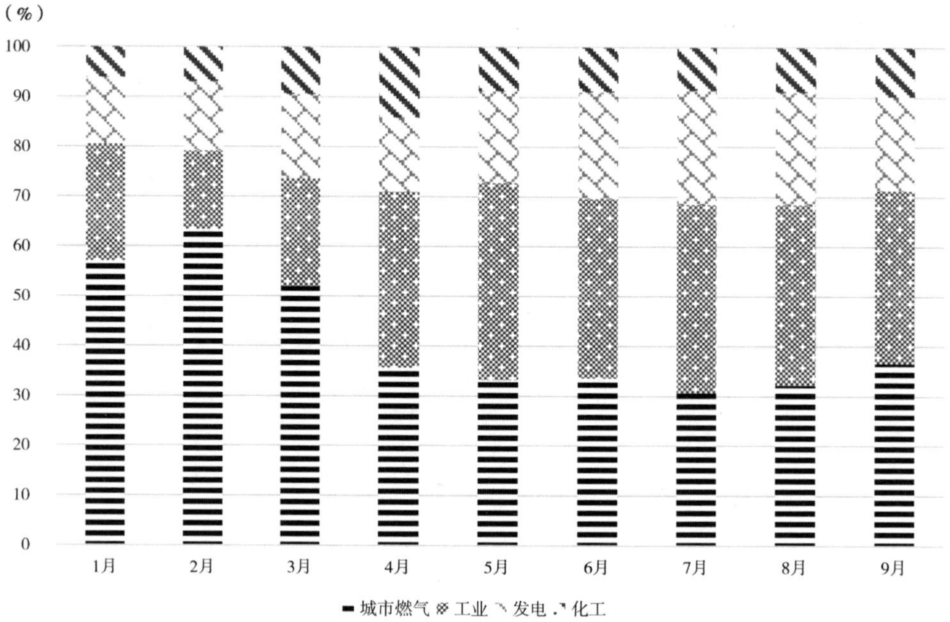

图2 2021年1—9月我国天然气消费结构

数据来源：北京世创能源咨询有限公司。

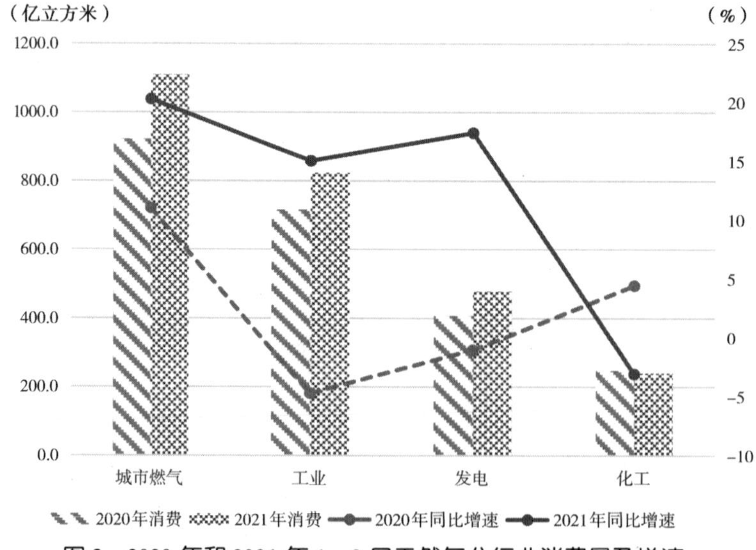

图3 2020年和2021年1—9月天然气分行业消费量及增速

数据来源：北京世创能源咨询有限公司。

（二）国产天然气保持较快增长，进口气增速保持高位

2021 年我国持续提升油气勘探开发和投资力度，坚定不移推进油气增储上产，国产气总体上依然保持较快增长。2021 年 1—9 月国内天然气产量 1552.4 亿立方米，同比增加 182.7 亿立方米，同比增长 13.3%，两年平均增长 10.3%，同比增速略高于 2019 年（9.94%），详见图 4 所示。

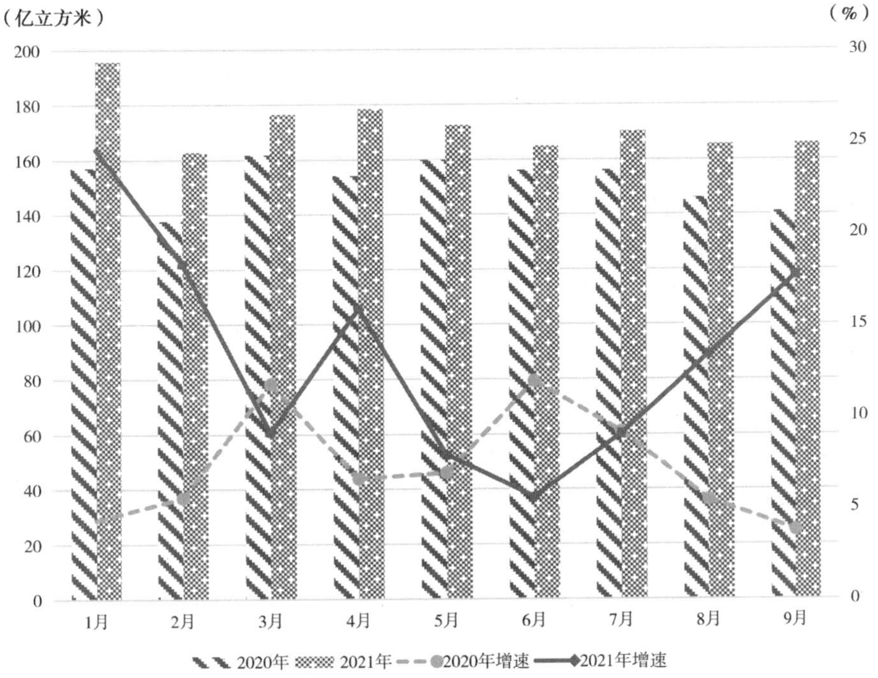

图 4　2020 年和 2021 年 1—9 月国产天然气产量及增速

数据来源：国家发展改革委经济运行局。

非常规气中页岩气和煤层气同比增速较快，煤制气同比增速较慢。2021 年 1—9 月煤层气同比增速 30.3%，高于上年同期增速的 20.7%，两年平均增速 25.5%；页岩气同比增速高达 61.4%，远高于上年同期增速的 14.54%，两年平均增速 37.9%；煤制气同比增速仅为 0.6%，远低于上年同期增速的 14.59%，两年平均增速 7.6%（见图 5）。

2021 年 1—9 月天然气进口量为 1240 亿立方米（见图 6），同比仅增长 17.9%，两年平均增长 10.6%，与 2019 年同期增速（10.2%）相近；其中进口管道气 432.9 亿立方米，同比增长 21.5%，两年平均增速 7.1%；进口 LNG 807.1 亿立方米，继续以两位数的速度增长，同比增长 22.1%，两年平均增速 16.1%，略低于 2019 年同期增速（17.9%）。进口 LNG 同比增速仍远大于进口管道气，与 LNG“液来液走”和槽车运输的方式迅速扩大了国内市场份额有关。

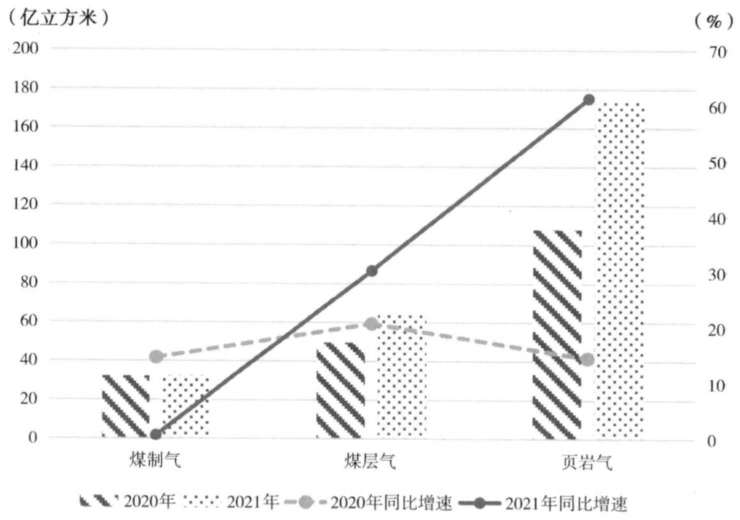

图5　2020年和2021年1—9月累计非常规天然气产量及同比增速

数据来源：北京世创能源咨询有限公司。

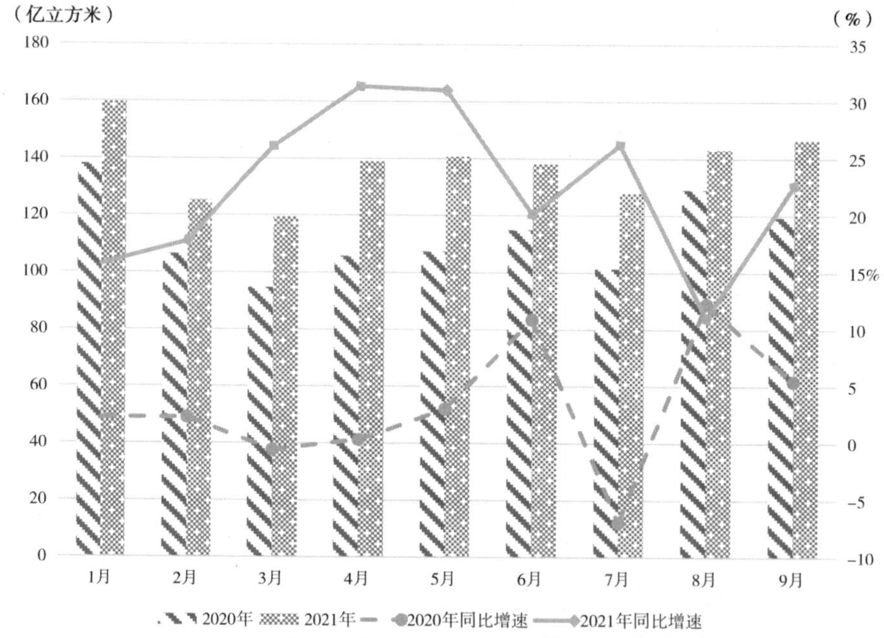

图6　2020年和2021年1—9月进口天然气量及增速

数据来源：国家发展改革委经济运行局。

（三）储气库采注气能力进一步增强，管道互联互通建设速度加快

储采气方面，2021年1—3月采气量为53亿立方米，远高于上年采气量的25亿

立方米。2021 年 4—9 月，总注气量达到 105 亿立方米，与上年总注气量接近，储气库采注气能力进一步增强。管道方面，中俄东线天然气管道中段工程正式投产运营、新疆煤制天然气管道潜江–郴州段正式投产运行、中俄东线南段沿线各省线路工程全部进入建设阶段、粤东 LNG 一期工程配套外输管道互联互通段正式投产运行、山东管网南干线开工建设、蒙西管道项目一期工程正式开工、中俄东线天然气管道工程（费县段）开工、海西天然气管网二期工程全面开工、苏州–上海天然气管道联络线工程正式开工、西气东输三线中段（中卫—吉安）天然气管道中卫二站开工建设，国内管道互联互通建设速度进一步加快。

（四）天然气进口管道气价格有所下降，受国际油价上涨等影响，LNG 价格同比大涨

2021 年 1—9 月，进口管道气平均价格为 5.38 美元/百万英热，同比降低 15.2%，与 2020 年同比降低 15.9% 接近，但 8 月和 9 月进口管道气价格呈现上涨趋势，分别上涨 11.3% 和 11.8%，总体进口管道气价格下跌（见图 7）。

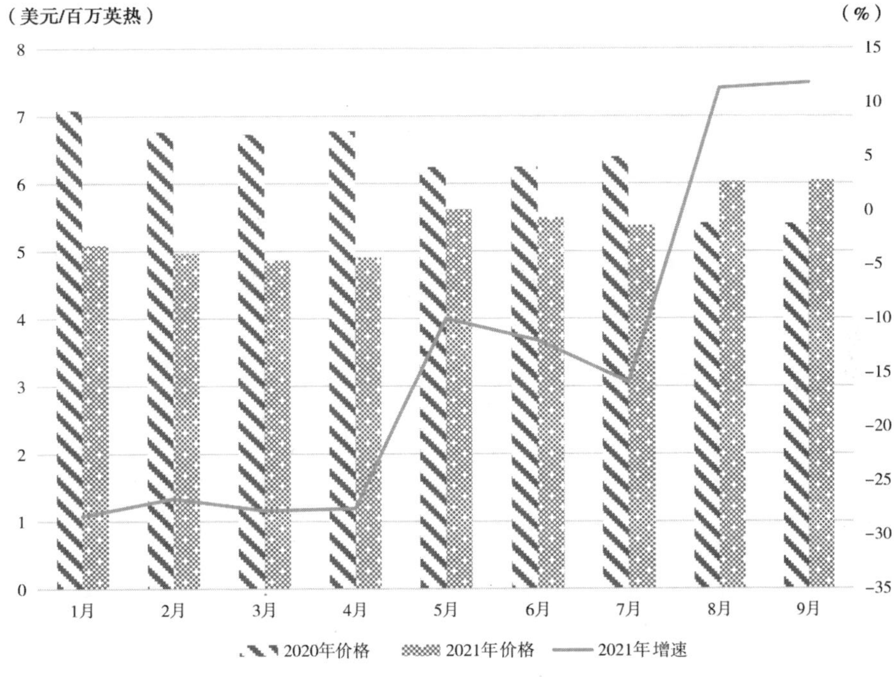

图 7　2020 年和 2021 年 1—9 进口管道气价格

数据来源：海关总署。

2021 年 1—9 月，进口 LNG 平均价格为 9.41 美元/百万英热单位，同比大幅上升 26.2%，特别是 8 月和 9 月同比涨幅在 102.4% 和 130.7%，涨幅均超过一倍（见图 8）。相比管道气，LNG 市场化程度更高，与国际原油相关性强，受国际油价上涨、上年 LNG 价格基数较低、用气量增长超出预期等因素影响，价格涨幅较大。

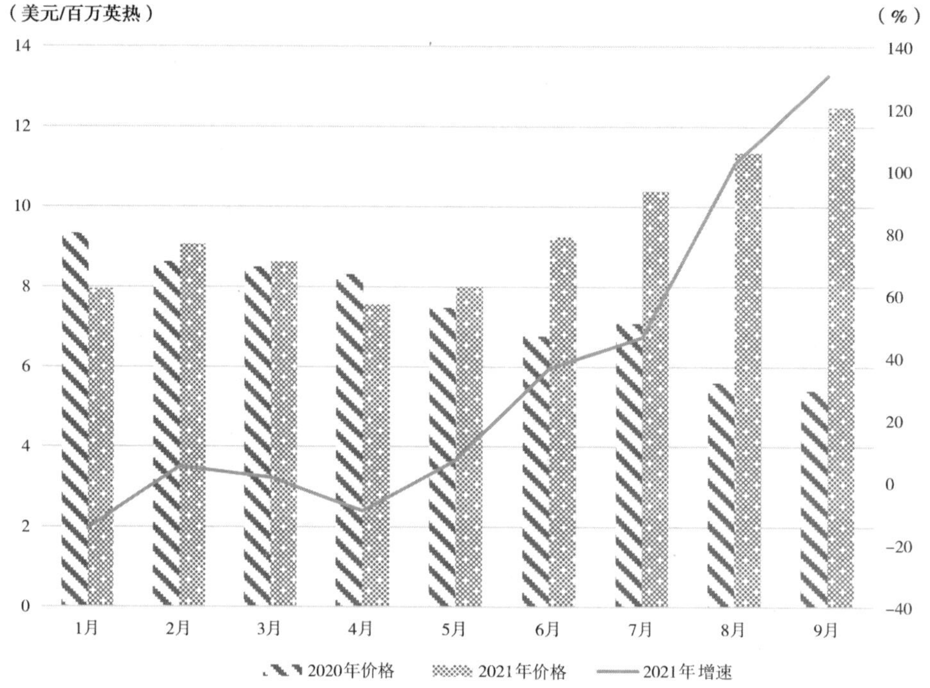

图8　2020年和2021年1—9月进口LNG价格

数据来源：海关总署。

（五）管道运输价格管理和管道运输定价成本监审等政策出台

国家发展改革委出台多项政策，涉及天然气管道运输价格管理办法和天然气管道运输定价成本监审、价格机制改革等，两个办法的出台有利于推进管网互联互通，加快打造“全国一张网”，促进资源流动和多元竞争市场形成，推动天然气行业高质量发展，更好保障国家能源安全。

（1）2021年6月7日，国家发展改革委印发《天然气管道运输价格管理办法（暂行）》《天然气管道运输定价成本监审办法（暂行）》（以下分别简称《价格管理办法》和《成本监审办法》），《价格管理办法》提出，在坚持“准许成本加合理收益”定价原则不变的基础上，适应“全国一张网”发展要求，根据我国天然气市场结构和管道分布情况，把跨省管道分为西北、西南、东北、中东部四个价区，分区核定运价率，实行“一区一价”。《成本监审办法》明确，天然气管道运输定价成本由折旧及摊销费、运行维护费构成，并对固定资产折旧年限、运行维护费上限等主要参数取值做了具体规定，特别是将管道折旧年限由现行30年延长至40年，体现从严监管要求，有助于降低当期运价率，释放改革红利。

（2）2021年5月18日，国家发展改革委发布了《关于“十四五”时期深化价格机制改革行动方案的通知》（以下简称“通知”），通知中提出做好包括天然气在内的大宗商品价格异动应对；稳步推进石油天然气价格改革；完善天然气管道运输价格形成机制；认真落实关于清理规范城镇供水供电供气供暖行业收费促进行业高质量发展的意见，清理取消不合理收费，加快完善价格形成机制，严格规范价格收费行为；组织开展输配电、天然气管道运输等重点领域成本监审。

二、当前天然气行业需要关注的主要问题

在碳达峰碳中和目标下，我国天然气产供储销体系还须进一步完善，上游勘探开采市场仍须进一步放开，油气探矿权市场化出让仍须完善，管网建设与运营协调性不高，天然气直供仍须加速推进，天然气交易中心价格发现能力仍不强，市场化的天然气价格机制仍未理顺。

（一）油气探矿权市场化出让待完善，油气勘探开发难度增大

2021 年 9 月 26 日，自然资源部通过新疆维吾尔自治区政务服务和公共资源交易中心挂牌出让 7 个新疆石油天然气探矿权勘查区块。这是继 2020 年底再次挂牌出让油气探矿权勘查区块。自 2011 年以来，我国上游油气勘探开采市场开放的步伐一直未停歇，十年间相关政策不断完善，出让方式也由招标向拍卖、挂牌不断拓展。然而目前油气探矿权的竞争性出让仍存在问题。拍卖、挂牌方式增加了企业的成本；市场参与主体不断增多，增加了企业获得矿权的难度，且目前油气探矿权竞争性出让仍未能形成良性的油气探矿权市场。此外，当前出让区块仍多为构造复杂、低资源禀赋区块，对参与勘探开发的企业提出不少挑战。

2021 年以来，中石油和中石化等央企作为增储上产主力成绩颇丰。中海油在渤海、珠江口盆地、山西临兴气田等油气增储上产方面取得一系列重大突破，中石化在渤海湾、塔里木、四川、鄂尔多斯、苏北等盆地取得一批重大勘探突破。但仍面临勘探开发对象日益复杂，勘探开发成本高、风险大，关键技术未突破，区块退出机制和低品位资源开发政策不完善等问题，规模增储与持续上产难度加大。此外，在碳达峰碳中和目标下，国内油气勘探开发必须实行绿色开发和生产，不断降低碳排放，对增储上产提出了新的更高要求。

（二）管网建设与运营协调性不高，城市燃气储气能力仍不足

除主干网外，目前我国有数十家省级管网企业运营各省内天然气管网，还有数千家城镇燃气企业经营城镇燃气管网。其中省内管网相对独立，区域分割比较严重，各类管网系统间联通不畅，整体管输效率较低。主干网、省网、城镇燃气管网间，

在季节性用气高峰期，有利益之争，使得第三方公平准入难以有效推进、管网互联互通程度较低，总体导致管网运营协调性不高。

当前多数城燃企业主动投资建设储气设施的意愿不足，责任履行情况不佳。相比而言，中石油和中石化等供气企业、地方政府责任履行情况相对较好，而多数城燃企业储气任务完成情况整体可能在50%左右。经济性缺乏是城燃企业储气设施建设中存在的主要问题，储气调峰价格传导机制没有形成、没有明晰的商业模式、市场化运营模式尚未完全形成等因素导致多数城燃企业储气库建设滞后。企业没有盈利空间，仅靠行政力量难以推动，虽相关部门多次出台激励政策，效果仍不理想。此外，各省层面缺乏统筹，建罐条件比较困难的内陆省份城燃企业只能异地建设或异地租赁，进一步打击了城燃企业的积极性。

（三）直供实施效果尚不明显，LNG点供市场空间再受挤压

天然气直供是降低用气成本的重要手段，但常与城燃企业特许经营权冲突。天然气直供涉及产业链不同环节之间利益的调整和再分配，推行直供主要对城市燃气产生较大影响，使城燃利益被瓜分。虽多个省市陆续出台文件明确鼓励和支持大用户用气直供，但在直供政策在推行和实施过程中主要面对城燃利益冲突问题。现有直供政策没有做好跟特许经营协议的衔接，没有充分的配套政策，对整个市场格局的影响考虑不周，目前直供实施效果尚不明显。

相比管道燃气供应形式，LNG点供具有投资低、周期短、价格灵活等优势。作为应急和保供的气源补充，LNG点供因价格优势迅速发展，然而个别LNG点供未经审批私自建设运行，存在严重安全隐患。因此，部分省份出台规范整治LNG，消除重大安全隐患，LNG点供可持续发展受阻。随着油气体制改革不断推进，各地加速管线规划和建设，LNG点供发展外部条件逐渐被削弱，但在城市燃气管网尚不能覆盖地区或不具备管网铺设条件地区，LNG点供的发展更显得必要且及时。

（四）市场化价机制仍须完善，交易中心价格发现能力仍不强

近年，陆上天然气门站价格相继实现非居民用气存量气与增量气价格并轨、居民用气与非居民用气价格并轨，解决了长期困扰天然气价格改革的双轨制问题。然而当前仍面临现有政策交叉重叠导致价格管制失效、终端价格传导机制不畅等问题。非居民用气补贴居民用气的交叉补贴现象较为突出，居民用气价格普遍低于工业用气价格，无法发挥工业用气带动产业发展的作用。上下游气价联动中，价格联动涨多降少。此外，国内管道、储气库等基础设施不足，导致气源不够丰富、使用不够灵活，限制了市场化定价机制的推进。

目前我国已建立上海、重庆、深圳、浙江、海南、厦门等多家油气交易中心，

但交易主体数量和交易量并不高，仅有一小部分天然气入场交易，如 2020 年重庆石油天然气交易中心天然气单边交易量为 210 亿方，而 2020 年我国天然气表观消费量为 3259 亿立方米，重庆石油天然气交易中心的交易量只占天然气表观消费总量的 6.4%。交易中心受制于本身运营需要和市场情况，难以发挥其价格发现功能和促进市场价格形成。此外，交易中心产品设计仍须完善，储气容量等项目还没有纳入产品设计范畴，无法全面满足市场的各类交易需求。

三、2022 年天然气行业前景展望

展望 2022 年，在碳达峰、碳中和及大气污染防治等政策驱动下，天然气作为低碳转型最有效的现实选择，天然气消费将进一步增长。随着一些国内主要气田增储上产，天然气产量加速增长，同时进口气继续保持较快增长，我国天然气产业持续稳步发展的总基调不变，预计 2022 年天然气市场供需总体平衡略有宽松。

1. 在碳达峰、碳中和目标下，天然气行业稳步发展基调未变，消费增速稳中略升，预计全年消费增速在 13% ~14%

全球新冠肺炎疫情风险尚存，2022 年世界经济仍面临较大的不确定性，我国宏观经济也面临更为复杂的局面。但在“双碳”目标引领下，我国能源转型提速，能源双控、大气污染防治等措施带动天然气增量发展和存量替代双重发力，推动我国天然气行业续稳步发展。天然气体制机制改革继续深化，产业政策持续改进。天然气上中下游全产业链将进一步降本增效，上游激发勘探开发活力，中游加快形成全国一张网，下游天然气协调发展。深化天然气价格改革，进一步扩大天然气利用范围，且利用方向持续优化。预计 2022 年天然气消费增加 500 亿 ~550 亿立方米，表观消费量将达到 4200 亿 ~4250 亿立方米，同比增长 13% ~14%。

2. 国内增储上产能力进一步增强，进口气继续保持较快增长，能源安全保障能力进一步提升

随着我国矿业权流转机制、探矿权竞争性出让机制、储量及价值评估规则等逐步完善，非常规气页岩气矿业权重叠问题妥善解决，煤层气矿业权问题逐步理顺，制约国产天然气产量增长的体制机制问题将进一步得到解决，进一步激发勘探开发活力。随着更多元化的资本进入常规油气和非常规油气上游市场，加大对深层、低品位、小规模、难采的油气资源的勘查开采投入，推动常规天然气产量稳步增加，非常规天然气较快发展。天然气进口量将继续保持较快增长，特别是进口 LNG，将持续保持两位数的增长，预计 2022 年国产天然气供给量约在 2300 亿立方米，同比

增长约11%；天然气进口量约为1700亿立方米，同比增长约12%。

四、加快天然气行业高质量发展的政策建议

推动油气勘采提质增效、强化基础设施建设运营，加快气价市场化改革等仍面临一系列挑战，须稳步推进各项工作，并进一步深化天然气领域体制机制改革，重点落实已出台的改革政策，加快出台配套政策，持续推进产供储销体系建设，加快天然气行业高质量发展。

（一）完善油气探矿权竞争性出让，推动油气勘采提质增效

1. 完善油气探矿权竞争性出让机制

全面推进矿业权竞争性出让，明确除协议出让外，对其他矿业权以招标、拍卖、挂牌方式公开竞争出让。逐步建立合理的区块出让规划，有秩序、有计划地组织油气探矿权竞争性出让。加大出让前期地质调查及资料公开力度，推进地质资料的共享。建立开放的资料收集、流转和共享体系，保证信息对称，以便企业合理评估区块风险和价值，规避风险并选择合适的参与方式。严格执行油气勘查区块退出机制。

2. 建立更加多元化的投资模式

加大力度引入地方资本、社会资本、外资进入常规油气上游市场，加大对深层、低品位、小规模、难采的油气资源的勘查开采投入，推动常规油气勘查开采提质增效。在碳达峰碳中和目标下，大力推进油气企业碳捕集、利用与封存技术（CCUS）的迭代发展，推动降低成本和技术更新，从本质上降低对外部的排放。

（二）加强管网建设与运营管理，加快城燃储气能力市场化

1. 加强管网建设与运营管理

加快建立国家石油天然气管网集团有限公司运营机制和实施细则。重点解决上下游协调问题，尽快建立新的全国天然气管网运行调度机制，逐步落地实施细化规则；进一步完善基础设施投融资机制，加速推进干线管网和储气库建设。

2. 健全天然气储备市场化运营

加大对储气调峰设施建设运营的政策优惠、所得税增值税进项税返还等政策，降低投资运营成本，提高项目盈利能力，促进储气设施建设和储气能力提升。加大省内统筹考虑、整体规划、集中建设，而不是各市建各市的、各企业建各企业的，避免因储气任务层层分解出现的项目小型化、分散化的问题。借鉴国际经验建立适合我国国情的储气运营模式，建立健全调峰储备体系和健全的管理运营机制。

（三）加快推动天然气直供改革，强化 LNG 点供可持续发展

1. 加快推动天然气直供改革

根据新增大用户严格区分情况确定是否纳入直供范围，针对能利用城市燃气企业现有的全部或部分管网供气的新增大用户，通过城市燃气企业供应减少重复投资、降低营运管理及维护等资源。进一步研究“直购+自建”模式的可行性，以及探索“直购+共建”模式，支持城燃建设管道并提供有偿的代输及运维服务，同时鼓励气源企业、省管网经营企业、城燃企业及大用户合资建设新建直供管道，实现直供各方利益的最大化。

2. 持续推动 LNG 点供可持续发展

充分发挥 LNG 点供作为管道气源的重要补充作用，注意 LNG 点供合规经营并提升应急管理水平，并作为城市燃气企业调峰使用。在天然气成为主体能源和政府简政放权的趋势下，尊重和支持市场主体的选择，严格落实“宜管则管，宜罐则罐”，持续推动 LNG 点供可持续发展。

（四）完善天然气市场化定价机制，创新天然气交易新模式

1. 全面完善天然气市场化定价机制

尽快全面理顺天然气价格，建立合理的成本分担机制。探索推进终端销售价格市场化，以“准许成本加合理收益”为基础，尽快理顺价格机制，消除交叉补贴。不断完善天然气上下游价格联动机制和价格联动调整方案，促进天然气上下游价格顺畅传导，充分发挥市场在资源配置中的决定性作用。

2. 不断创新天然气交易模式

有序推进全国天然气现货和期货交易平台建设，建立兼容期货与双边合约、中长期交易和现货交易相结合的天然气交易市场与交易体系。健全天然气交易服务等配套机制，充分发挥市场配置资源的作用。顺应天然气行业市场化改革趋势，通过积极创新天然气交易模式来刺激更多的燃气公司和天然气贸易商入场参与交易，共同把市场做大做强做优。

54　碳达峰碳中和背景下我国碳排放核算方法研究

肖宏伟*

摘要：建立统一规范的碳排放核算体系是做好碳达峰碳中和工作的当务之急。当前，我国碳排放核算方法不尽相同，摸清碳排放“家底”应尽快统一“度量衡”。建议充分借鉴国际经验，与国际规范接轨，以排放因子法为基本逻辑，同时考虑各地区、各行业、各能源品种碳排放因子动态变化的特征，定期动态调整排放因子，从国家、区域和行业等层面开展碳排放核算，实现碳排放数据“横向可比，纵向可加”，夯实各地区、各行业碳排放统计核算基础。对于区域层面碳排放核算，需要考虑各个地区的电力和热力碳排放因子时空动态变化、区域火电按照“消费地”原则计算碳排放、能源标准量转换系数动态变化等因素；对于行业层面碳排放核算，以工业行业为例，可以直接使用工业分行业终端能源消费量的标准量，不同时期电力和热力的碳排放采用动态间接核算等方法。该方法能够较为准确地核算各地区、各行业能源利用碳排放。

关键词：碳排放核算　排放因子法　动态调整　标准量转换

一、现有碳排放核算方法不尽相同

目前，我国官方发布的碳排放核算数据缺乏连续性，国家层面仅在向联合国提交的国家信息通报中有部分年度的碳排放核算数据，省级层面仅在“十三五”“十四五”规划碳强度目标设定中有所涉及。同时，我国碳排放核算方法不尽相同，建立统一规范的碳排放核算体系刻不容缓。

从现有相关研究来看，碳排放核算主要有两种方法：模型估算法和物料衡算法。模型估算法是从宏观层面和微观层面进行碳排放情景分析和政策模拟时，通过构建相关数学模型对碳排放进行研究的一种方法。主要有 ERM－AIM/能源排放模型、MARKAL/能源系统模型、系统动力学模型、Lnistic 模型、投入产出模型、生命周期

* 肖宏伟，统计学博士，国家信息中心经济预测部政策仿真实验室副主任，副研究员，主要研究领域为能源经济预测、双碳战略、空间计量模型、CGE 模型等。

模型等。由于模型估算法需要构建估算模型，主要用于国家层面碳排放核算，在区域和行业层面估算模型的构建难度大，模型不恰当会给碳排放核算带来较大误差，因此在区域和行业层面的碳排放通常采用物料衡算法。物料衡算法是以生产过程中投入产出遵循质量守恒定律为基本原则，对生产过程中所使用的物料进行定量分析的一种方法。物料衡算法通过把工业排放源的碳排放量、生产工艺和管理、资源（水源、原材料、能源）的综合利用及环境治理有效结合，系统全面地研究生产过程中碳排放的产生、排放，是一种科学有效的核算方法。既适用于整个生产过程的物料衡算，同时也适用于局部生产过程的物料衡算。目前大部分碳源排碳量估算和基础数据的获得均是基于物料衡算法。

受现有碳排放核算方法不尽相同影响，官方与国内外研究机构核算的中国碳排放数据不一致。以2010年我国能源利用碳排放核算结果为例，我国官方在《国际信息通报》中公布的二氧化碳排放数据为76.2亿吨，中国科学院碳专项公布的数据为71.6亿吨，国际机构英国石油公司（BP）和美国能源信息署（EIA）发布的数据分别为81.4亿和77.9亿吨，国际机构核算结果明显偏高。

二、现有碳排放核算存在的主要问题

从现有方法来看，大部分基于一次能源消费量或者能源消费总量直接进行碳排放核算，不同时期不同区域或行业的碳排放系数使用固定的参数，未考虑技术进步带来的能源消费碳排放系数减少和区域及行业之间的碳排放系数存在时空差异的问题，导致碳排放核算存在一定误差。

1. 大部分基于一次能源消费量或能源消费总量直接进行核算

从我国历年《中国能源统计年鉴》中的能源平衡表中可以看出，终端能源消费量既包括煤炭、石油、天然气等一次能源消费量，也包括电力、热力等二次能源消费量。从目前现有碳排放核算方法来看，大部分只对一次能源消费量进行碳排放核算，而未对二次能源消费量进行核算。电力、热力等二次能源消费的碳排放主要来自其生产过程中化石能源的能量损失与能量转换，由于电力、热力在终端能源消费量中占据一定的比重，对电力、热力等二次能源消费的忽视会给碳排放的核算带来较大的误差。

2. 大部分从煤炭、石油、天然气等一次能源消费进行粗略估算

终端能源消费量包括原煤、洗精煤、其他洗煤、型煤、煤矸石、焦炭、焦炉煤气、高炉煤气、转炉煤气、其他煤气、其他焦化产品、原油、汽油、煤油、柴油、

燃料油、石脑油、润滑油、石蜡、溶剂油、石油沥青、石油焦、液化石油气、炼厂干气、其他石油制品、天然气、液化天然气、热力、电力、其他能源等。从现有核算方法来看，大部分将终端能源消费量分成煤炭、石油、天然气三类，其排放系数采用国家发展和改革委员会能源研究所（2003）的数据，即煤炭、石油、天然气碳排放系数分别为0.7476、0.5825、0.4435（千克碳/千克标准煤）。然而，煤炭下面又细分为原煤、洗精煤、其他洗煤、型煤等品种，石油下面又细分为原油、汽油、煤油、柴油、燃料油、石脑油、润滑油、石蜡、溶剂油等品种，天然气下面又细分为液化天然气等品种，受能源供给质量和结构变动影响，用煤炭、石油、天然气三种粗略的划分去进行碳排放核算，会给碳排放核算带来很大程度的偏误。

3. 碳排放系数与能源标准量转换系数一直相对固定，没有考虑技术进步和能源消费结构优化带来的影响

一般情况下，随着燃料能源品种的优化和燃料技术的改进，碳排放系数呈下降趋势，运用固定的碳排放系数，会高估碳排放量。对于不同区域、不同行业、不同时期的能源消费，受低碳技术、燃烧设备、燃烧品种等因素影响，碳排放系数在不同时间不同空间上存在较大的差异，直接利用统一的碳排放系数来核算碳排放，对不同区域、不同行业、不同时期的碳排放核算来说存在极大的不合理性。同时《中国能源统计年鉴》中的地区能源平衡表只公布实物量，亦需要间接动态核算终端消费的能源标准量转换系数。

4. 在区域碳排放核算中，很少有考虑区域之间电力调入调出，应该按照“消费地”核算

我国幅员辽阔，但是资源分布不均，目前我国通过输煤输电两种方式平衡各地电力发展，在输电比例不断提高的情况下，减少了大规模和远距离的输煤压力，但是在电力生产过程中产生的二氧化碳通常在调出端排放，应该核算在电力调入端。同理，在电力的调出端应减去相应的碳排放量来保证全国电力碳排放平衡。如内蒙古煤炭资源丰富，通常火力发电输送到北京等周边地区，应该按照“消费地”原则把碳排放计入北京，在内蒙古地区应该减去调出电量的碳排放。

三、碳排放核算基本原则

在温室气体排放成为国际上气候谈判焦点的背景下，控制碳排放数据质量、提高碳排放数据的可信度、加强碳排放数据的代表性，成为碳排放核算工作所需要思考的问题。由于受我国能源消费结构、化石能源燃烧技术、温室气体减排政策等因素的影响，碳排放系数存在时间性、空间性、多变性等特征，为了提高碳排放核算的准确性与代表性，在以物料衡算法为基础建立适合我国国情的碳排放核算方法时，应遵循以下原则：

1. **系统性原则**

碳排放核算是一个大系统，包括区域碳排放核算、区域工业碳排放核算、工业分行业碳排放核算、产业碳排放核算、重点污染行业碳排放核算、火力发电碳排放核算、水泥生产碳排放核算等子系统。对这样一个系统进行碳排放核算，就必须遵循系统性原则，从系统的视角出发，在系统的相互影响、相互促进、相互制约中描述系统的特征。必须把碳排放核算作为一个有机的整体，要能全面地包含碳排放的各个要素（煤炭、石油、天然气等一次能源消费，电力、热力等二次能源消费，区域间电力调入调出，工业过程排放等）。

2. **科学性原则**

碳排放核算方法必须科学地反映碳排放的实际水平，必须具有理论依据，不能选择没有实际意义的能源消费品种。在选取引起碳排放的能源消费品种时，要考虑到能源消费品种之间的差异性，选取那些主要的和占据碳排放大头的能源品种，对于那些零碳排放的能源品种，如风能、水能等则无须考虑，以期真实地反映我国碳排放水平。同时，要兼顾国内外碳排放核算方法之间的可比性。

3. **时间与空间动态变化原则**

由于随着我国能源统计的进一步健全，终端能源消费品种进一步细化，在碳排放核算过程中，应当根据需要适时扩大核算范围。受燃料能源品种优化和燃料技术改进等因素影响，碳排放系数呈下降趋势，需要对不同区域、不同行业、不同时期的碳排放系数进行动态核算，同时亦需要动态核算终端消费的能源标准量转换系数，根据我国国情进行适当调整。

4. **充分利用现有相关部门核算数据的原则**

要充分利用相关部门的现有行政统计数据，如各级环保部门对碳排放的核算等，检验碳排放核算的准确性与一致性，在我国能源消费结构优化、产业结构升级、低碳技术完善、居民低碳生活方式转变等背景下，碳排放核算方法不一定能够迅速适应。需要根据有关部门公布的部分碳排放数据进行核算方法的调整。

四、摸清碳排放“家底”的核算建议

目前《2006 年 IPCC 国家温室气体清单编制指南 2019 修订版》《IPCC 清单指南

2006》《2006年IPCC国家温室气体清单指南2013年增补：湿地》是各国开展碳排放核算遵循的最新方法和规则。建议充分借鉴国际经验，与国际规范接轨，以排放因子法为基本逻辑，同时考虑各地区各行业各能源品种碳排放因子动态变化的特征，定期动态调整排放因子，科学反映技术进步、能源消费结构优化等因素对降碳的成效。对国家、省、市三个层面的碳排放总量及分行业碳排放量开展核算，提高核算结果权威性和气候变化话语权。

1. 明确碳排放核算范围

碳排放主要来自能源利用及部分工业生产过程，不含非二氧化碳温室气体排放。按照国家统计局编制的《能源统计报表制度》中的要求，能源消费量分为加工转换损失量（投入量-产出量）、损失量（运输和输配损失）、终端消费量三部分。其中，能源加工转换包括火力发电、供热、洗选煤、炼焦、炼油及煤制油、制气、天然气液化、煤制品加工等八个方面；终端消费量包括农、林、牧、渔业，工业，建筑业，交通运输、仓储和邮政业，批发、零售业和住宿、餐饮业，其他，生活消费等七个部分。在一次能源消费量核算碳排放的基础上，加上二次能源消费量的碳排放量和工业过程碳排放量，同时充分考虑区域之间的电力调入调出，按照“消费地”原则核算碳排放。

2. 科学动态调整碳排放系数

在地区终端能源消费中，电力和热力受各地区政府和人们对环保的重视程度、政府对环境治理和保护的投入、化石能源燃烧过程中燃烧控制技术和燃烧后控制技术、区域能源消费结构等因素的影响，运用动态变化的电力和热力碳排放因子进行区域碳排放核算。在地区工业终端能源消费和工业行业终端能源消费中，受燃烧技术改进和能源消费结构调整的影响，电力和热力碳排放因子呈动态变化，对不同年份、不同地区使用动态变化的电力和热力碳排放因子进行核算。

3. 保持碳排放核算统计口径一致性

终端能源消费种类较多，既包括原煤、洗精煤、其他洗煤、型煤、煤矸石、焦炭、焦炉煤气、高炉煤气、转炉煤气、其他煤气、其他焦化产品等煤炭产品，也包括原油、汽油、煤油、柴油、燃料油、石脑油、润滑油、石蜡、溶剂油、石油沥青、石油焦、液化石油气、炼厂干气、其他石油制品、天然气、液化天然气等油气产品，还包括热力、电力、其他能源等。由于终端能源消费的其他能源消费量少，且不易获得碳排放系数，同时为保证数据统计口径的一致性，在对碳排放核算时，不考虑其他能源消费，选取原煤、洗精煤、其他洗煤、型煤、焦炭、焦炉煤气、其他煤气、其他焦化产品、原油、汽油、煤油、柴油、燃料油、液化石油气、炼厂干气、其他石油制品、天然气等 17 种终端能源消费品种。

4. 由统计部门负责碳排放核算并下算一级

充分发挥统计局完善高效的统计组织体系、科学适用的统计调查体系、良好的国际统计交流合作机制等优势，具体负责组织实施气候变化统计调查，收集、整理和提供有关碳排放调查的统计数据，对碳排放统计数据质量进行检查和评估等。同时为避免出现碳排放数据“纵向不可加”现象，碳排放核算下算一级，省级层面的碳排放由国家统计局统一核算，市级层面的碳排放由省级统计局统一核算。为避免出现碳排放数据“横向不可比”现象，充分发挥我国碳卫星等优势，对国家、省、市三个层面的历史连续时间序列碳排放数据进行反演。

五、各地区各行业能源利用碳排放核算方法应用

能源利用碳排放核算方法的不确定性因素主要包括排放监测时带来的相关误差、建立核算模型引起的不确定性、排放因子的核算存在错误或者误差、核算方法选择带来的不确定性、基础数据可获得性带来的误差、未知碳源的确定、使用减少二氧化碳气体排放技术给计量减排的部分数值带来的不确定性等。为了减少碳排放核算的不确定性，提高核算的精确度，在对区域碳排放、区域工业碳排放、工业分行业碳排放三个层面的碳排放核算上，需要考虑碳排放系数和化石能源标准量转换系数随时间动态变化带来的影响，有必要对各地区、各行业能源利用碳排放核算方法进行改进。

（一）区域碳排放核算方法

在核算区域碳排放时，重点考虑以下几个方面：

（1）二氧化碳排放主要来源于终端消费和能源加工转换中的火力发电与供热过程中的能源消费，其他能源加工转换过程（如洗选煤、炼焦、炼油及煤制油、制气、天然气液化、煤制品加工等）和运输、输配损失能源产生的二氧化碳排放较少，不予考虑。

（2）受区域能源消费结构不一、节能减排技术进步（如自主研发和技术引进）等因素的影响，各个地区的电力和热力碳排放因子差异较大，为更精确地核算区域电力和热力的二氧化碳排放，不从能源终端消费的电力和热力对二氧化碳进行核算，而是从能源加工转换过程中的火力发电与供热消耗的原煤、洗精煤、其他洗煤、型煤、焦炭、焦炉煤气、其他煤气、其他焦化产品、原油、汽油、煤油、柴油、燃料油、液化石油气、炼厂干气、其他石油制品、天然气等 17 种排放因子相对稳定的能

源品种（简称 17 种能源品种，下同）进行间接核算。

（3）区域电力既有本地火力发电也有外来火力供电，为更精确核算区域电力碳排放，按照“消费地”原则计算本省（区、市）调入量的碳排放，并减去调出去外省（区、市）的碳排放，火电调入调出量的碳排放因子采用当年全国火力发电碳排放因子。

（4）《中国能源统计年鉴》中的地区能源平衡表只公布实物量，虽然 17 种能源品种标准量转换系数相对比较稳定，但是由于受火力发电、热力、终端消费能源结构的影响，火力发电、热力、终端消费的能源标准量转换系数有所差异，为更精确地核算区域能源消费标准量，运用全国能源平衡表中的标准量与实物量对火力发电、热力、终端消费的能源标准量转换系数分别进行计算。

（5）终端消费各类能源的碳排放系数借鉴联合国政府间气候变化专门委员会（IPCC）的《国家温室气体清单指南》上的排放清单，各类化石能源的碳排放系数采用 IPCC 排放清单的碳排放系数。其中 IPCC 排放清单中无其他洗煤和型煤的碳排放系数，用国家发展改革委能源研究所的碳排放系数替代。

根据 IPCC 碳排放计算指南，结合我国区域能源统计数据的特点，对区域碳排放量的计算公式表述为：

$$C_{it}=\frac{44}{12}\times\left(\sum_{j=1}^{17}Z_{ijt}+\sum_{j=1}^{17}D_{ijt}+\sum_{j=1}^{17}R_{ijt}+O_{it}-I_{it}\right)$$

$$\frac{44}{12}\times\begin{pmatrix}\sum_{j=1}^{17}ZE_{ijt}\times\delta Z_{ijt}\times\eta Z_{ijt}+\sum_{j=1}^{17}DE_{ijt}\times\delta D_{ijt}\times\eta D_{ijt}+\\ \sum_{j=1}^{17}RE_{ijt}\times\delta R_{ijt}\times\eta R_{ijt}+(OE_{it}-IE_{it})\times\delta E_{t}\times\eta E_{t}\end{pmatrix}\tag{1}$$

公式 1 中，C_{it}为区域 i 在时间 t 的二氧化碳排放量，Z_{ijt}为区域 i 第 j 种终端能源消费在时间 t 的碳排放量，D_{ijt}为区域 i 能源加工转换中的火力发电过程中第 j 种能源消费在时间 t 的碳排放量，R_{ijt}为区域 i 能源加工转换中的供热过程中第 j 种能源消费在时间 t 的碳排放量，O_{it}为区域 i 在时间 t 的外省（区、市）火电调入量的碳排放量，I_{it}为区域 i 在时间 t 的本省（区、市）火电调出量的碳排放量。

ZE_{ijt}为区域 i 在时间 t 的第 j 种终端能源消费量，δZ_{ijt}为区域 i 在时间 t 的第 j 种终端能源的标准量转换系数，ηZ_{ijt}为区域 i 在时间 t 的第 j 种终端能源的碳排放系数。DE_{ijt}为区域 i 能源加工转换中的火力发电过程中在时间 t 的第 j 种能源消费量，δD_{ijt}为区域 i 能源加工转换中的火力发电过程中在时间 t 的第 j 种能源消费的标准量转换系数，ηD_{ijt}为区域 i 能源加工转换中的火力发电过程中在时间 t 的第 j 种能源消费的碳排放系数。

RE_{ijt}为区域 i 能源加工转换中的供热过程中在时间 t 的第 j 种能源消费量，δR_{ijt}

为区域 i 能源加工转换中的供热过程中在时间 t 的第 j 种能源消费的标准量转换系数，ηR_{ijt} 为区域 i 能源加工转换中的供热过程中在时间 t 的第 j 种能源消费的碳排放系数。OE_{it} 为区域 i 在时间 t 的外省（区、市）火电调入量，IE_{it} 为区域 i 在时间 t 的本省（区、市）火电调出量，δE_t 为时间 t 我国电力消费的标准量转换系数，ηE_t 为时间 t 我国电力消费的碳排放系数。

终端能源消费、火力发电、供热过程中能源消费标准量转换系数，以及区域间电力调入调出的电力标准量转换系数和碳排放系数采用以下公式计算：

$$\delta Z_{ijt}=\frac{ZEB_{jt}}{ZES_{jt}},\ \delta D_{ijt}=\frac{DEB_{jt}}{DES_{jt}},\ \delta R_{ijt}=\frac{REB_{jt}}{RES_{jt}},\ \delta E_{it}=\frac{ZEEB_t}{ZEES_t}$$

$$\eta R_{it}=\frac{\frac{44}{12}\times\sum_{j=1}^{17}DE_{jt}\times\delta D_{it}\times\eta D_{jt}}{ZEEB_t} \tag{2}$$

公式 2 中，δZ_{ijt} 为区域 i 在时间 t 第 j 种终端能源的标准量转换系数，对于不同区域来说，在同一年份标准量转换系数相同，ZEB_{jt} 为时间 t 第 j 种终端能源消费的标准量，ZES_{jt} 为时间 t 第 j 种终端能源消费的实物量。

δD_{ijt} 为区域 i 在时间 t 火力发电过程中第 j 种能源的标准量转换系数，对于不同区域来说，在同一年份其标准量转换系数相同，DEB_{jt} 为时间 t 火力发电过程中第 j 种能源消费的标准量，DES_{jt} 为时间 t 火力发电过程中第 j 种能源消费的实物量。

δR_{ijt} 为区域 i 在时间 t 供热过程中第 j 种能源的标准量转换系数，对于不同区域来说，在同一年份其标准量转换系数相同，REB_{jt} 为时间 t 供热过程中第 j 种能源消费的标准量，RES_{jt} 为时间 t 供热过程中第 j 种能源消费的实物量；δE_t 为时间 t 电力终端能源的标准量转换系数，$ZEEB_t$ 为时间 t 电力终端能源消费的标准量，$ZEES_t$ 为时间 t 电力终端能源消费的实物量。

ηE_t 为时间 t 电力碳排放系数，我国火力发电主要利用燃烧燃料（煤、石油及其制品、天然气等）得到热能发电，其碳排放系数由火力发电过程中各能源消费量决定，受能源消费结构、电力生产技术等因素的影响，电力碳排放系数每年变化较大，因此有必要对不同区域、不同时间段的电力调入调出计算不同的碳排放系数，用能源加工转换中火力发电过程消费的各能源碳排放总量除以终端能源消费量作为电力碳排放系数 ηE_t。

中国 30 个省市（西藏除外）的 17 种能源品种的终端能源消费实物量、电力和热力终端消费量及其火力发电、供热过程中的一次能源投入量实物量数据来源于《中国能源统计年鉴》中的《地区能源平衡表》。各类能源实物量的标准量折算系数通过历年《中国能源统计年鉴》中的《中国能源平衡表》中的实物量和标准量进行核算。

本省（区、市）调出量、外省（区、市）调入量数据来源于《中国能源统计年鉴》中的《地区能源平衡表》，电力调入调出量的实物量的标准量折算系数通过历年《中国能源统计年鉴》中的《中国能源平衡表》中的实物量和标准量进行核算，其碳排放因子采用当年全国火力发电碳排放因子，将当年全国火力发电一次能源消费碳排放与电力消费量的比重作为电力碳排放因子。

（二）区域工业碳排放核算方法

在核算区域工业碳排放时，重点考虑以下几个方面：

（1）区域工业二氧化碳排放主要来源于终端消费（包括电力和热力），不考虑与工业相关的能源加工转换和运输、输配损失能源产生的二氧化碳排放。

（2）受区域能源消费结构不一、节能减排技术进步（如自主研发和技术引进）等因素的影响，各个地区的终端能源消费中电力和热力碳排放因子差异较大，为更为精确地核算区域工业电力和热力的二氧化碳排放，从能源加工转换过程中的火力发电与供热消耗的 17 种排放因子相对稳定的能源品种对能源终端消费的电力和热力碳排放因子进行间接核算，进而对区域工业终端能源消费中的电力和热力二氧化碳排放进行较为精确的核算。

（3）与区域碳排放核算相同，运用《中国能源平衡表》中的标准量与实物量对终端消费（包括电力与热力）的能源标准量转换系数分别进行计算。

（4）终端消费各类能源的碳排放系数与区域碳排放核算中的碳排放系数相同，电力和热力的碳排放采用动态间接核算。

根据 IPCC 碳排放计算指南，结合我国区域工业能源统计数据的特点，本文对区域工业碳排放量的计算公式表述为：

$$
\begin{aligned}
C_{it} &= \frac{44}{12} \times \left(\sum_{j=1}^{17} Z_{ijt} + D_{it} + R_{it} \right) \\
&= \frac{44}{12} \times \left(\sum_{j=1}^{17} ZE_{ijt} \times \delta Z_{ijt} \times \eta Z_{ijt} + DE_{it} \times \delta D_{it} \times \eta D_{it} + RE_{it} \times \delta R_{it} \times \eta R_{it} \right) \qquad (3)
\end{aligned}
$$

公式 3 中，C_{it}为区域 i 在时间 t 的工业二氧化碳排放量，Z_{ijt}为区域 i 工业第 j 种终端能源消费在时间 t 的碳排放量，D_{it}为区域 i 工业能源终端消费中的电力消费在时间 t 的碳排放量，R_{it}为区域 i 工业能源终端消费中的热力在时间 t 的碳排放量。

ZE_{ijt}为区域 i 工业在时间 t 的第 j 种终端能源消费量，δZ_{ijt}为区域 i 工业在时间 t 的第 j 种终端能源的标准量转换系数，ηZ_{ijt}为区域 i 工业在时间 t 的第 j 种终端能源的碳排放系数。

DE_{it}为区域 i 工业能源终端消费中电力在时间 t 的消费量，δD_{it}为区域 i 工业能源消费中电力在时间 t 的标准量转换系数，ηD_{ijt}为区域 i 工业能源消费中电力在时间 t 的第 j 种终端能源的碳排放系数。

RE_{it}为区域 i 工业能源终端消费中热力在时间 t 的消费量，δR_{it}为区域 i 工业能源消费中热力在时间 t 的标准量转换系数，ηR_{it}为区域 i 工业能源消费中热力在时间 t 的碳排放系数。

终端能源消费（包括电力和热力）标准量转换系数及区域工业终端能源消费中的电力和热力碳排放系数采用以下公式计算：

$$\delta Z_{ijt}=\frac{ZEB_{jt}}{ZES_{jt}},\ \delta D_{ijt}=\frac{DEB_{jt}}{DES_{jt}},\ \delta R_{ijt}=\frac{REB_{jt}}{RES_{jt}}$$

$$\eta D_{it}=\frac{\frac{44}{12}\times\sum_{j=1}^{17}DE_{ijt}\times\delta D_{ijt}\times\eta D_{ijt}}{ZDB_{it}}$$

$$\eta R_{it}=\frac{\frac{44}{12}\times\sum_{j=1}^{17}DR_{ijt}\times\delta R_{ijt}\times\eta R_{ijt}}{ZRB_{it}} \tag{4}$$

公式 4 中，δZ_{ijt}为区域 i 在时间 t 第 j 种工业终端能源的标准量转换系数，对于不同区域来说，在同一年份标准量转换系数相同，ZEB_{jt}为时间 t 第 j 种工业终端能源消费的标准量，ZES_{jt}为时间 t 第 j 种工业终端能源消费的实物量。

δD_{ijt}为区域 i 在时间 t 第 j 种工业终端能源消费中电力的标准量转换系数，对于不同区域来说，在同一年份其标准量转换系数相同，DEB_{jt}为时间 t 第 j 种工业终端能源消费中电力消费的标准量，DES_{jt}为时间 t 第 j 种工业终端能源消费中电力消费的实物量。

δR_{ijt}为区域 i 在时间 t 第 j 种工业终端能源消费中热力的标准量转换系数，对于不同区域来说，在同一年份其标准量转换系数相同，REB_{jt}为时间 t 第 j 种工业终端能源消费中热力消费的标准量，RES_{jt}为时间 t 第 j 种工业终端能源消费中热力消费的实物量。

ηD_{it}为区域 i 工业能源消费中电力在时间 t 的碳排放系数，受区域工业能源消费结构、电力生产技术等因素的影响，不同区域不同时间电力碳排放系数差异较大，因此有必要对不同区域不同时间分别计算电力碳排放系数，用各地区能源加工转换中火力发电过程消费的各能源碳排放总量除以终端能源消费量的电力作为电力碳排放系数 ηD_{it}。

ηR_{it}为区域 i 工业能源消费中热力在时间 t 的碳排放系数，受区域工业能源消费结构、热力生产技术等因素的影响，不同区域不同时间热力碳排放系数差异较大，因此有必要对不同区域不同时间分别计算热力碳排放系数，用各地区能源加工转换中供热过程消费的各能源碳排放总量除以终端能源消费量的热力作为热力碳排放系数 ηR_{it}。

（三）工业分行业碳排放核算方法

在核算工业分行业碳排放时重点考虑以下几个方面：

（1）工业分行业二氧化碳排放主要来源于终端消费（包括电力和热力），不考虑与工业相关的能源加工转换和运输、输配损失能源产生的二氧化碳排放。

（2）受能源消费结构不一、节能减排技术进步（如自主研发和技术引进）等因素的影响，不同时期终端能源消费中电力和热力碳排放因子差异较大，为更为精确地核算工业分行业电力和热力的二氧化碳排放，从能源加工转换过程中的火力发电与供热消耗的17种排放因子相对稳定的能源品种对能源终端消费的电力和热力碳排放因子进行间接核算，进而对工业分行业终端能源消费中的电力和热力二氧化碳排放进行较为精确的核算。

（3）由于《中国能源统计年鉴》中有工业分行业终端能源消费量的标准量，因此无须运用全国能源平衡表中的标准量与实物量对终端消费（包括电力与热力）的能源标准量转换系数分别进行间接核算，直接使用工业分行业终端能源消费量的标准量更为精确。

（4）终端消费各类能源的碳排放系数与区域碳排放核算中的碳排放系数相同，不同时期电力和热力的碳排放采用动态间接核算。

（5）根据《国民经济行业分类标准》，将工业行业细分成41个两位数工业行业。

根据IPCC碳排放计算指南，结合我国工业分行业能源统计数据的特点，本文对工业分行业碳排放量的计算公式表述为：

$$C_{it}=\frac{44}{12}\times(\sum_{j=1}^{17}Z_{ijt}+D_{it}+R_{it})$$

$$=\frac{44}{12}\times(\sum_{j=1}^{17}ZSE_{ijt}\times\eta Z_{ijt}+DSE_{it}\times\eta D_{it}+RSE_{it}\times\eta R_{it}) \quad (5)$$

公式5中，C_{it}为工业分行业i在时间t的二氧化碳排放量，Z_{ijt}为工业分行业i第j种终端能源消费在时间t的碳排放量，D_{it}为工业分行业i能源终端消费中的电力消费在时间t的碳排放量，R_{it}为工业分行业i能源终端消费中的热力在时间t的碳排放量。

ZSE_{ijt}为工业分行业i在时间t第j种终端能源消费量的标准量，ηZ_{ijt}为工业分行业i在时间t第j种终端能源的碳排放系数。

DSE_{it}为工业分行业i能源终端消费中电力在时间t消费量的标准量，ηD_{it}为工业分行业i能源消费中电力在时间t的碳排放系数。

RSE_{it}为工业分行业i能源终端消费中热力在时间t消费量的标准量，ηR_{it}为工业

分行业 i 能源消费中热力在时间 t 的碳排放系数。

工业分行业终端能源消费中的电力和热力碳排放系数采用以下公式计算：

$$\eta D_{it}=\frac{\frac{44}{12}\times\sum_{j=1}^{17}DSE_{jt}\times\eta D_{jt}}{ZDB_t}$$

$$\eta R_{it}=\frac{\frac{44}{12}\times\sum_{j=1}^{17}DSR_{jt}\times\eta R_{jt}}{ZRB_t} \tag{6}$$

公式6中，ηD_{it}为工业分行业 i 能源消费中电力在时间 t 的碳排放系数，受能源消费结构、电力生产技术等因素的影响，工业分行业不同时间电力碳排放系数差异较大，因此有必要对不同时间分别计算电力碳排放系数，用全国能源加工转换中火力发电过程消费的各能源碳排放总量除以终端能源消费量的电力作为电力碳排放系数 ηD_{it}。

ηR_{it}为工业分行业 i 能源消费中热力在时间 t 的碳排放系数，受能源消费结构、热力生产技术等因素的影响，工业分行业不同时间热力碳排放系数差异较大，因此有必要对不同时间分别计算热力碳排放系数，用全国能源加工转换中供热过程消费的各能源碳排放总量除以终端能源消费量的热力作为热力碳排放系数 ηR_{it}。

煤炭开采和洗选业、石油和天然气开采业等41个工业行业的原煤、洗精煤、其他洗煤、型煤、焦炭、焦炉煤气、其他煤气、其他焦化产品、原油、汽油、煤油、柴油、燃料油、液化石油气、炼厂干气、其他石油制品、天然气、电力、热力等能源品种的终端能源消费实物量数据来源于《中国能源统计年鉴》中的《工业分行业终端能源消费量（标准量)》。各类化石能源的碳排放系数采用IPCC排放清单的碳排放系数。

55　双碳驱动下全国碳市场的建立对我国经济的影响及应对策略

袁剑琴*

摘要：2021 年 7 月，全国碳排放权交易市场正式启动上线交易，成为全球规模最大的碳市场。建设全国碳市场是利用市场机制控制和减少温室气体排放、推进绿色低碳发展的一项重大制度创新，也是实现碳达峰目标与碳中和愿景的重要政策工具。与国际碳市场相比，我国碳市场还存在行业覆盖单一、交易主体少、市场活跃度较低及碳价格调整机制不完善等问题。“十四五”时期，我国碳市场建设将加速推进，为我国行业的低碳转型提供发展机遇，建议我国各行业构建长期低碳发展战略，加快淘汰落后产能和增强科技创新力度，大力推进绿色低碳转型。同时还须加强碳管理体系建设，推动碳资产管理，开展碳数据信息化平台建设，加快专业化人才培养，进而推动全国碳市场的深化发展。

关键词：碳市场　绿色低碳　转型升级

一、全国碳市场运行特征

2021 年 7 月 16 日，全国碳市场在北京、上海、武汉三地同时开市，第一批交易正式开启。从交易机制看，全国碳排放交易所仍将采用和各区域试点一样以配额交易为主导、以核证自愿减排量为补充的双轨体系。从交易主体看，全国交易系统在上线初期仅囊括电力行业的 2225 家企业，这些企业之间相互对结余的碳配额进行交易。与欧盟等相对成熟的市场相比，我国碳市场刚刚起步，总体呈现行业覆盖较为单一、市场活跃度较低和价格调整机制不完善等特征。

1. 市场活跃度略显不足，碳交易价格整体下行

交易双方处于试探和摸底阶段，碳交易的价格调控机制尚未充分形成。全国碳

---

* 袁剑琴，国家信息中心经济预测部助理研究员，主要从事投入产出和 CGE 模型开发及应用、国际贸易、能源经济、产业和区域经济及全球价值链等研究。

市场上线运营之后，交易双方仍处于试探和摸底阶段，交易规模仍处于市场整合时期的低位。上海环境能源交易所数据显示，仅开市当天碳交易量超百万吨，之后五个交易日的交易量为十几万吨，其余日交易量在万吨以下且部分日成交量不足百吨。与此同时，碳交易价格整体下行，7—9 月的平均交易价格分别为 50.33 元/吨、46.84 元/吨和 41.76 元/吨，截至 10 月 15 日，交易价格较开市当日下跌 14.3%。根据清华大学测算，目前我国全经济尺度的边际减排成本大概是 7 美元/吨，略高于当前的交易价格。因此，当前价格信号并不能准确反映碳排放许可权的供给与需求状况，碳排放价格对企业生产决策的影响较小，企业减排的积极性还不够高。

2. 碳市场体系以配额交易为主，自愿减排为辅

当前，全国碳市场建设以试点经验为基础，采用配额交易为主导，国家核证自愿减排为辅的双轨体系。根据《碳排放权交易管理办法（试行）》，我国碳排放配额（CEAs）以免费分配为主，未来国家适时引入有偿分配，并鼓励排放主体通过国家核证自愿减排，但核证自愿减排量（CCER）交易与抵扣机制尚未明确。碳排放配额是在国家生态环境部每年制定碳排放配额总量及分配方案的基础上，由各省生态环境部门额定分配。若企业最终年二氧化碳排放量少于国家给予的碳排放配额，剩余的碳排放配额可以作为商品出售；若企业最终年二氧化碳排放量多于国家给予的碳排放配额，短缺的二氧化碳配额则必须从全国碳交易市场购买，因此碳排放权作为商品在企业之间流通，通过市场化手段完成碳排放权的合理分配。上海环境能源交易所数据显示，自 7 月 16 日上线交易以来，截至 2021 年 10 月 15 日，全国碳市场碳排放配额（CEA）累计成交量 1815 万吨，累计成交金额约 8.2 亿元。

3. 碳市场初期仅将电力行业纳入交易

全国碳市场初期仅覆盖电力行业，高排放企业被纳入重点排放单位。根据国务院批准的全国碳市场建设方案，由于各行业碳排放配额核算方式不同，初期仅将电力行业纳入交易。据生态环境部发布的《碳排放权交易管理办法（试行）》，本阶段纳入全国性碳排放交易主体的企业须满足以下条件：属于全国碳排放权交易市场覆盖行业的、年度温室气体排放量达到 2.6 万吨二氧化碳当量的“温室气体重点排放单位”，也就是高碳排放企业，开市当天发电行业总计 2225 家发电企业和自备电厂参与交易。同时，这一规定也表明，当前仅有被分配到碳排放配额的企业可以参与交易，个人与机构投资者暂时无法参与其中，碳排放权暂不具备投资属性。

二、“十四五”时期全国碳市场的发展趋势

国际经验表明，与传统的行政管理手段相比，碳市场既能将温室气体控排责任

压实到企业，又能够为减碳提供经济激励机制，降低全社会的减排成本，带动绿色技术创新和产业投资。“十四五”时期，全国碳排放交易所或将会纳入更多行业与企业，强化与自愿减排量抵扣联动，建立完善的碳价机制，加速与地方碳市场的融合，催生更多绿色金融产品，以市场化、渐进化的方式，支持清洁能源、节能环保和碳减排技术的发展。

1. 非电力的“两高”行业和企业将会优先纳入交易体系

除电力之外的其他“两高”行业将逐步纳入交易体系。一方面，当前各国碳交易体系的覆盖范围存在巨大差异，很难找到适用所有体系的单一“正确”方法，但几乎所有体系均至少涵盖电力行业与工业部门，考虑到不同行业和排放源之间的巨大差异，行业排放的占比是决定行业是否被覆盖的决定因素。2022 年全国碳市场将会以电力行业作为突破口，按照“成熟一个、纳入一个”的原则来纳入其他行业。在发电行业碳市场稳定运行的基础上，石化、化工、建材、钢铁、有色金属、造纸、国内民用航空等七大高耗能高排放行业将被逐步加入当前全国碳交易体系中。另一方面，仅以高碳排放企业为主体的交易市场从一定程度上避免了市场投机行为的发生，但也限制了碳交易市场的活跃程度，降低了市场有效性，很难实现以市场化手段引导减排的目的。因此，在完善交易制度的前提下，降低企业入市门槛，并引入第三方投资者会是全面盘活碳交易市场的有效途径。

2. 交易品种和交易方式将日趋多元化

基于碳排放权衍生的金融产品将趋于多样化。在当前阶段碳市场仅涉及碳排放权配额的现货交易，交易品种和交易方式较为单一，限制了碳交易市场的活跃程度。2020 年 9 月《中国（北京）自由贸易试验区总体方案》获批，指出在北京城市副中心探索设立全国自愿减排等碳交易中心，北京绿色交易所将对标国际领先的碳市场标准，发展资源减排交易、探索绿色资产跨境转让，并借鉴国际碳市场中碳期货、碳期权等成熟的经验，开展新型碳金融工具。此外，2021 年 4 月，广州期货交易所在广州成立，是以碳排放为首个品种的创新型期货交易所，同时碳排放权期货、电力期货也是未来重要的研究方向。在市场机制成熟的条件下，期货、远期、期权、掉期和抵消信用等碳金融衍生品将被逐渐完善和推出。“十四五”时期，随着我国碳市场法律框架和信用体系的完善，碳金融市场将快速发展，将逐步形成现货、期货同时覆盖，交易模式和交易品种不断丰富的局面。

3. 反映碳排放许可权稀缺性的价格机制将初步形成

随着碳交易市场的日益成熟，我国碳配额总量及免费碳配额比例将逐年下降，碳定价机制的完善将加速推进。欧盟委员会数据显示，在欧盟碳市场建设初期

(2005—2007 年)，欧盟碳配额总量为 20.58 亿吨/年（CO_2 当量），均免费发放给企业。2008—2012 年，碳配额总量下降至 18.59 亿吨/年（CO_2 当量），其中 10% 用于拍卖。到 2013 年以后，拍卖比重上升至 57%，并且碳配额总量加速递减。碳配额总量的下降意味着企业需要更加主动减排，免费碳配额的下降则意味着企业在同样的碳排放量下须购买更多的碳配额实现碳排放量达标。因此，“十四五”时期，在“碳达峰、碳中和”的要求下，我国须制定更高的自愿减排贡献目标来推动碳市场的加速发展。首先，碳配额总量将逐渐过渡至配额减少的市场稳定储备机制，“资源有偿使用”理念的深入树立推动渐进式拍卖及核证自愿减排量交易与抵扣机制加速完善。其次，随着配额的收紧及“双控”政策的约束，碳价逐渐上涨也将成为长期趋势。最后，随着越来越多行业加入全国碳交易市场，当前基准线法的配额分配方法并不适用于化工、造纸等细分产品较多的行业，以基准线法和历史排放法为主的综合分配方案将日趋完善，反映碳排放许可权稀缺性的价格机制将初步形成。

4. 统一的碳排放核算体系将加快建立

碳排放核算体系的建立是碳市场高效运行的基础。首先，2015 年我国发布了《工业企业温室气体排放核算和报告通则》及发电、钢铁、民航、化工、水泥等 10 个重点行业温室气体排放核算的国家标准，但随着可再生能源对化石能源的加速替代及创新技术的发展，以电力为代表的主要行业的核算方法和监测体系亟须升级。其次，每个细分行业的排放标准、核算边界、认证方法、减碳技术、产品碳足迹等方面的制度目前还不够完善。最后，对于不同地区发展程度不同的企业而言，一套行之有效且操作便捷的产品碳排放核算方法、制度、数据搜集及整理的体系也亟待建立。因此，“十四五”时期，碳排放将成为生产要素的重要组成部分，全国范围内统一规范的碳排放统计核算体系将加快建立，推动不同行业碳排放标准、核算和认证的统一。

5. 全国和地方碳市场的制度协调性将不断加强

碳价统一是全国和地方碳市场协调的首要表现。首先，自我国碳市场试点以来，由于政府配额松紧差异、投资机构是否允许进入、交易主体的覆范围、碳金融产品的发展速度及企业对碳交易熟悉和重视程度的差异，使得各试点地区碳价格的波动率差异较大。其次，在市场覆盖方面，全国碳市场与试点市场的行业既有交叉又有较大差异，且交易主体碳排放规模差异大，不利于形成有效均衡价格。此外，各地方碳市场规则如何向全国碳市场规则统一，企业所持配额如何结转也将是地方碳市场与全国碳市场制度性协调须解决的问题。从国际碳市场发展经验来看，国家和地区间碳市场的衔接可以在更广范围及经济领域内有效发现统一碳价，提高减排效率，降低减排成本。因此，“十四五”时期，地方碳市场与全国碳市场在配额分配方法、交易制度、交易流程、碳价等方面的制度性协调力度将加大，避免市场割裂，维护市场完整性，进而推动全国碳市场“一盘棋”。

三、全国碳市场背景下我国经济转型升级面临的机遇与挑战

碳市场作为碳减排的有效政策工具，虽然对行业和企业的制度性规范提出了新的要求及增加了控排行业碳排放的政策约束和减碳成本，但作为直接管控企业碳排放的政策，能够有效推动行业低碳转型升级、提高行业资源配置效率和促进经济绿色高效发展。因此，碳市场给我国经济带来的不仅是挑战，更是转型升级的发展机遇。

1. 有助于转变经济发展方式，促进经济绿色高效发展

绿色低碳循环高效是未来我国经济发展的主要方向，全国碳市场的发展将加快我国产业结构和能源消费结构的调整。首先，“两高”产业将加速缩减和淘汰，战略性新兴产业和高端服务业快速发展，产业空间布局逐步优化。其次，在能源开发和利用中，煤炭和成品油消费替代加速，天然气逐步扩大在工业、交通及民生领域的应用，新能源大规模快速发展，进而降低化石能源消费比重，改善能源消费结构。最后，我国产业结构和能源消费结构的调整将推动我国能源对外依存度逐步下降，重塑我国对外贸易格局，进一步巩固和提升我国在国际产业链中的位置。

2. 有助于加速技术创新，推动行业绿色低碳转型

八大高耗能行业既是我国重要的能源消费者和能源提供者，也是全球重点二氧化碳减排行业。全国碳市场的履约压力将倒逼行业制定低碳转型路径，推动脱碳技术，先进节能和回收利用技术，新型电力系统、储能、替代能源技术的大力发展，推动能源消费绿色低碳化，促进高排放行业率先达峰。同时，碳市场为碳减排释放价格信号，并提供经济激励机制，将资金引导至减排潜力大的行业企业，进一步推动绿色低碳技术创新。以炼油行业为例，炼油业占所有工业温室气体排放的6%。在“双碳”目标的驱动下，一方面，碳市场将加速提高老旧炼厂运营效率、淘汰落后产能和完成炼油配置升级，进而平衡不断增长的轻质成品油需求和减少二氧化碳排放；另一方面，有助于进一步推动低碳技术在具有先进工艺的大型新增炼油厂的应用和推广，进而实现产品向高端化和绿色化发展的转型。

3. 有助于加强行业资源配置，拓宽企业融资渠道

碳金融市场将是推动行业资源优化配置的有效方式。一方面，随着碳金融产品

的发展和推广，碳排放权的商品属性将不断增强，引导资金和技术倾向低碳能源消费和低碳技术创新，推动企业将外部压力转为内部动力，促进企业转型升级和提质增效，进而提高资源配置效率。另一方面，碳市场通过赋予碳排放量一定的价格，为企业带来了灵活的履约方式，并且企业还可通过碳远期、碳期货、碳期权、碳掉期、置换、回购和质押等金融手段，在碳市场实现套期保值、锁定风险，进而为企业提供额外的融资工具，推动企业长期发展。

4. 生产运营压力增大是行业面临的首要挑战

随着全国碳排放交易市场成为强制减排市场，行业低排放改造和履约成本将显著提升。当前，电力行业及石化行业的自备电厂已首先被纳入全国碳交易市场，根据生态环境部相关部署，石化、钢铁、有色、建材等高耗能行业将逐步被纳入全国碳市场。一旦被纳入，行业和企业将投入大量资金进行技术改造以达到降低碳排放的目的，同时还须设置专门的部门和人员应对碳排放管理和交易工作，这会增加企业运营成本。此外，部分企业可能因配额不足而购买，未来随着碳价格的上涨，企业的履约成本将显著提升。

5. 制度性规范调整是行业面临的最大挑战

全国碳排放核算标准的建立将给行业和企业的制度性规范提出新的要求。10 月 27 日，国务院出台了《2030 年前碳达峰行动方案》，但全国层面的碳排放核算体系和标准尚未建立，各行业达峰路径各不相同，行业碳市场配额和行业标准还未明确，行业减排目标还不清晰，同一行业中的不同企业在规模、工艺路线、产品及生产条件方面也差异较大。因此，要真正做好碳交易工作，需要进一步统一和完善行业和国家层面的碳排放核算标准。在统一的标准和全国碳市场的规定下，控排企业每月需要上报二氧化碳排放量相关数据，每年要上报上一年度排放量数据并接受第三方核查，在核查后要向政府清缴和二氧化碳排放量数量相等的配额，在此基础之上，再将企业数据汇总成行业及全国层面的数据。这一方面要求企业建立完整的碳资产管理体系，企业不仅要掌握产品排放的标准及核算方法，也要有明确的减排、控排及碳数据管理的制度；另一方面，不同行业也需要针对本行业的特点制定相应碳管理制度，这对我国企业及行业的制度性规范提出了全新的挑战。

四、积极应对全国碳市场的对策建议

清洁、高效、低碳、循环是我国应对全球气候变化和实现“双碳”目标的发展方向，也是参与全国碳市场建设的实现路径。建议我国各行业构建长期低碳发展战略，加快淘汰落后产能和增强科技创新力度，大力推进绿色低碳转型。同时还须加强碳管理体系建设，推动碳资产管理，开展碳数据信息化平台建设，加快专业化人才培养，进而推动全国碳市场的进一步深化发展。

1. 加速淘汰落后产能，提高绿色低碳管理水平

建议在淘汰落后产能和对现有资源重组的基础上，开展绿色低碳循环化改造，开展节能降碳诊断与评估，进行技术和装备升级，不断挖掘行业降碳潜力，努力使其单位产品碳排放低于排放基准线。同时，行业在重大项目的投资决策、并购收购等过程中考虑碳成本因素，可参照国内外相关经验和碳市场运行状况，研究设定适合企业投资管理的碳成本水平，将碳成本纳入新改扩建项目、股权投资、并购收购项目等投资决策过程，降低经营风险，提高行业绿色低碳管理水平。

2. 聚力推动科技创新，引导行业转型升级

建议强化节能意识，鼓励节能技术、设备的推广和应用，加大对碳捕集、利用和封存技术的研究和推广。推进绿色能源在工业领域的应用，提高光伏、风能等可再生能源在工业企业、园区应用比例；促进工业燃料低碳化，加快低碳氢、零碳氢对化石燃料的替代，优化生产要素的配置，以科技提升品质，引领绿色低碳高质量发展。

3. 完善碳排放管理体系，建立行业碳管理体系

建议开展国家-行业-企业三位一体的碳管理体系建设，完善碳排放数据统计体系，提升数据质量；建立核算制度、交易制度及核证减排量管理等低碳管理制度。尽快通过碳排放权交易管理条例的国家立法，进一步完善数据质量保障和相应监督制度，夯实碳市场的数据质量基础。

4. 开展碳资产管理，降低行业履约成本

建议重视碳金融对行业发展的作用，成立碳资产管理公司，推进专业管理、集中履约，有效降低行业履约成本。同时应结合自身碳资产情况，通过碳资产管理公司来决定行业的履约交易策略、对外碳资产交易，以及承担外部市场的信用风险、合同风险及交易对手风险等，并协调全球所有碳市场的交易活动，推动碳交易的全球化运作。

5. 开展碳数据信息化建设，加快培养专业化人才

建议针对碳交易市场中多元化的数据要求建立统一的信息平台，通过梳理碳排放数据统计口径，对不同行业历史年份的碳排放数据进行有效整理。针对数据采集、

核算统计等工作进行全链条管理，从而有效提高数据管理效率、降低企业管理成本。通过信息化管理系统对碳交易政策进行实时追踪，对市场变化进行有效分析。同时，加强专职碳核算、碳交易、碳数据管理的队伍建设，培养一批熟悉并掌握碳市场机制与碳交易工具的专业人才，为全国碳市场的建设夯实基础。

56　新时期我国能源安全评价指标体系构建及评估

尹伟华*

摘要： 能源安全是能够以合理的价格获取稳定、足量、清洁的能源供给，以满足需求，并且不会对环境造成负面影响，进而保障经济社会稳健运行和持续、协调发展的能力和状态。本文从能源可用性、能源可获性、能源可持续性、能源技术发展四维度构建出能源安全评价指标体系。评价结果表明，2001 年以来我国石油、天然气、煤炭三大化石能源安全水平总体表现出明显的上升趋势，表明我国能源安全状况总体是趋于好转的。但是，我国石油、天然气对外依存度不断再攀新高，石油、天然气安全风险依然较大。此外“双碳”目标硬约束下，煤炭清洁高效利用对我国发挥煤炭资源优势、缓解石油资源紧张局面、保障能源安全、保护生态环境，具有重要战略意义。

关键词： 能源行业　能源安全　指标体系　安全评估

能源是国民经济的命脉，能源安全直接影响国家安全、可持续发展及社会稳定。随着工业化和城市化进程的不断推进，我国能源消费总量已跃居世界第一位，伴随经济增长有日益扩大之趋势，能源对经济社会发展的瓶颈制约日益显现。因此，构建一套科学合理的评价指标体系，探究我国能源安全水平和变化趋势，对于推进我国经济社会可持续发展，维护国家安全具有重要的意义。

一、能源安全的基本内涵

不同时期，对于能源安全的定义不尽相同。20 世纪 60 年代以前，世界各国以国内能源供应为能源安全的基本内涵。全球化的推进使得国际可获得性和价格稳定性被纳入能源安全的基本内涵。随着国际气候变化及各国环保意识的增强，能源的环境影响也逐渐受到学术界的关注。

---

* 尹伟华，统计学博士，国家信息中心经济预测部政策仿真实验室副研究员，主要研究方向为能源、宏观经济统计与分析、全球价值链、投入产出模型、CGE 模型等。

综合国内外相关理论，新时期下能源安全应该是能够以合理的价格获取稳定、足量、清洁的能源供给，以满足需求，并且不会对环境造成负面影响，进而保障经济社会稳健运行和持续、协调发展的能力和状态。能源安全主要包含四个方面：一是能源的来源稳定可靠，保障能源供应的持续性；二是能源数量和质量双优，能源数量既要满足经济发展的需要，同时能源可以被高效地开发利用；三是能源的经济性，能源的获取成本合理，确保以可接受的成本享有充足的能源供给；四是能源消费及使用不以牺牲环境为代价，对人类自身的生存与发展环境不构成威胁。

二、我国能源安全评价指标体系的构建

能源安全作为一个复杂的系统，其评价指标体系的构建不是任意相关指标的随意和简单组合。基于能源安全的基本内涵，按照目的性、科学性、系统性、全面性、可操作性等原则，综合考虑影响能源安全的诸多因素及“四个革命，一个合作”能源安全新战略等，构建出由能源可用性、能源可获性、能源可持续性、能源技术发展四维度组成的16项能源安全评价指标体系（见表1）。

表1　能源安全评价指标体系

目标层	准则层	指标层	指标属性
能源安全	能源可用性	储量占世界总储量比重	正指标
		储采比	正指标
		人均能源储量	正指标
	能源可获性	能源产量占世界总产量比重	正指标
		国内生产集中度	正指标
		能源自给率	负指标
		能源价格波动率	负指标
		能源进口量占世界总贸易量比重	负指标
		能源进口集中度	负指标
	能源可持续性	经济实力	正指标
		碳排放强度	负指标
		环境污染治理投资率	正指标
		能源消费强度	负指标
	能源技术发展	地质研究程度	正指标
		能源替代率	正指标
		能源加工转换效率	正指标

1. **能源可用性**

能源可用性主要反映的是能源资源禀赋，是能源安全系统的基础和支撑，对能源安全具有关键性的作用和影响。能源可用性体现了能源安全的“数量维”，衡量指标包括人均能源储量、能源储采比、能源储量占世界总储量比重等。

（1）人均能源储量：国内能源储量与人口总数比值，反映人均占有的能源资源量，属于正指标。人均能源储备量越多，能源供给量越多，能源安全水平越高。

（2）能源储采比：国内探明的能源的可采储量与当年能源采出量比值，反映国内能源在外界供给中断下的可供开采时间，属于正指标。

（3）能源储量占世界总储量比重：国内能源的可采储量与世界能源的可采储量比值，反映国内资源富集程度，属于正指标。

2. **能源可获性**

能源可获性主要反映的是国内外市场获取所需能源的能力，为安全获取能源提供渠道。特别是在全球一体化背景下，能源可获性对能源安全作用越来越重要。能源可获性体现了能源安全的“空间维”，衡量指标包括能源产量占世界总产量比重、能源生产集中度、能源自给率、能源价格波动率、能源进口量占世界总贸易量比重、能源进口集中度等。

（1）能源产量占世界总产量比重：国内能源生产量与世界能源总产量比值，反映能源的国内生产供给能力，属于正指标。

（2）能源生产集中度：国内前 5 位企业能源生产量与国内能源生产总量比值，反映能源生产供应的稳定程度，属于正指标。

（3）能源自给率：能源进口量、能源出口量的差值（能源净进口量）与能源消费总量比值，反映能源消费中来自国外市场的份额，即能源的自我保障能力，属于负指标。

（4）能源价格波动率：报告期、基期的能源价格变化与基期能源价格比值，反映能源价格的波动程度，即国际市场获取能源的不确定因素，属于负指标。价格波动率越小，能源进口价格稳定性越高，越有利于能源进口安全。

（5）能源进口量占世界总贸易量比重：能源进口量与世界能源总进口量（或总出口量）比值，反映能源的进口规模和程度，属于负指标。

（6）能源进口集中度：中国前 5 位国家（或地区）能源进口量与能源总进口量比值，反映能源进口多元化程度，即能源进口市场集中风险，属于负指标。

3. **能源可持续性**

能源可持续性主要反映的是能源可负担性和可接受性，保障能源安全系统的稳定和协调，涉及国家保障、经济支撑、环境保护等诸多因素。能源可持续性体现了能源安全的“时间维”和“质量维”，衡量指标包括经济实力、碳排放强度、环境污染治理投资率、能源消耗强度等。

（1）经济实力：一定时期内社会经济活动所创造的财富增加值总量（国内生产总值，GDP），反映经济对进口能源的支付能力，属于正指标。

（2）碳排放强度：二氧化碳排放总量与国内生产总值（GDP）比值，是单位GDP碳排放量，反映能源使用过程中的环境保护程度，即能源消费的清洁性，属于负指标。

（3）环境污染治理投资率：环境污染治理投资总额与国内生产总值（GDP）比值，反映环境质量的重视程度及投入水平，属于正指标。环境污染治理投资越高，越有助于降低能源消费带来的环境污染。

（4）能源消费强度：能源消费总量与国内生产总值（GDP）比值，是单位GDP能源消耗量，反映能源利用效率，即经济增长对能源的依赖程度，属于负指标。当前我国能源消费仍以化石能源为主，能源利用效率越高，单位GDP消费的化石能源越少。

4. 能源技术发展

能源技术发展主要反映的是能源开发利用的技术水平，对能源安全起着驱动和支撑作用。当前新一轮能源技术革命正在孕育兴起，能源技术成果不断涌现，正在并将持续改变世界能源格局，使得能源技术发展成为能源安全的重要维度。能源技术发展保障和驱动着能源安全稳定有序运行，衡量指标包括地质研究程度、能源替代率、能源加工转换效率等。

（1）地质研究程度：地质勘查费用投入与国内生产总值（GDP）比值，反映能源勘查开发程度，属于正指标。地质研究程度越高，越有助于发现更多的能源储备。

（2）能源替代率：水电、核电、风电等可再生能源消费量与能源消费总量比值，反映非化石能源与化石能源之间相互支撑的强度或替代率，属于正指标。

（3）能源加工转换效率：一定时期内能源经过加工转换后，产出的各种能源数量与投入加工转换的各种能源数量比值，反映能源生产设备和工艺的水平，属于正指标。

三、我国三大化石能源安全状况及变化趋势

基于能源安全评价指标体系，以熵值法对各个指标进行赋权，对我国石油、天然气、煤炭三大化石能源的安全状况进行评价和分析。

（一）我国石油安全状况及变化趋势

2001 年以来我国石油安全水平呈现先下降后上升的趋势，但总体来看呈现出明显的上升趋势，表明我国石油安全状况总体是趋于好转的。具体来看，2001—2003年我国石油安全水平呈现出下降趋势，由 0.2251 下降至 0.1857，这主要是由于我国加入世界贸易组织（WTO），经济实现了的快速发展，进而加大了对石油的需求，这是石油安全水平处于下降趋势的主要原因。2004 年以后，我国石油安全水平逐步回升。这主要是由于一方面伴随着我国开放程度的不断提升，石油可获性在不断改善，如进口来源集中度下降；另一方面国内也更加关注能源技术进步和可持续发展，石油储量、储采比、地质研究程度及能源替代率等指标都在好转。其中，2004—2014 年我国石油安全水平呈现快速上升趋势，由 2004 年的 0.2686 上升至 2014 年的 0.6818，年均增长 0.0413 个单位；2015—2020 年我国石油安全水平呈现缓慢的上升趋势，由 2015 年的 0.6814 上升至 2020 年的 0.7767，年均增长 0.0191 个单位。近年来我国石油安全水平增长缓慢，更多是受制于石油可用性、储采比、人均石油储量等增长缓慢。可以看出，石油可用性和能源技术是石油安全状况的主要因素。

（二）我国天然气安全状况及变化趋势

类似于石油安全变化趋势，2001 年以来我国天然气安全水平总体表现出明显的上升趋势，表明我国天然气安全状况总体是趋于好转的。具体来看，2001—2002 年我国天然气安全水平呈现一定的下降趋势，由 0.1803 下降至 0.1527。2003 年以后，我国天然气安全水平开始逐步回升，由 2003 年的 0.1656 上升至 2020 年的 0.8288，年均增长 0.0390 个单位，这主要是由于随着国际气候变化及我国环保意识的增强，我国加大清洁能源天然气的勘探开发，提高了其可用性、可持续性、技术发展等方面的安全性，天然气安全水平开始不断上升。值得注意的是，相对石油安全水平，期初我国天然气安全水平都相对较小，这主要是由于期初我国天然气在开发利用上都相对没有那么成熟。近年来我国天然气安全水平增长较快，且明显高于石油安全水平，这主要由于随着传统的石油和煤炭能源开发利用难度增加，以及节能减排和气候变化，使得天然气技术得到快速发展，开发利用变得越来越成熟。

值得注意的是，我国石油、天然气对外依存度不断攀新高，石油、天然气安全风险依然较大。随着国民经济的快速发展，我国对油气的需求快速提高，油气供应缺口不断扩大，对外依存度不断提升，目前石油对外依存度已超过 70%，天然气对外依存度已超过 40%。2020 年我国原油进口量 5.4 亿吨，同比增长 7.3%，石油对外依存度高达 73%；天然气进口量 1888 亿立方米，同比增长 9.8%，对外依存度高达43%。未来，伴随着我国经济的发展，油气需求将同步增长，对外依存度将在相当长的时间内保持上升趋势。特别是在大力治理环境污染和提高大气质量的大背景下，天然气对外依存度将保持快速攀升的态势。

此外，油气国际竞争也更趋激烈，利用境外油气资源不确定性突出。近年来发生的利比亚战争、伊朗核问题等地缘政治事件，都增加了国际油气供应的不确定性。特别是美国已成为世界第一大油气生产国，油气出口快速增长，对全球油气市场的影响力明显增强，中美贸易摩擦将进一步推动国际油气秩序重构。印度及东盟国家经济快速发展，能源消费持续增长，这些国家与我国同样具有缺油少气的资源特征，我国利用境外油气资源将面临更加激烈的竞争。同时，油气进口高度集中，导致我国油气供应极易受到国外政局的影响和控制，其中石油进口超过一半来自中东地区，严重超出世界安全标准30%；天然气进口主要来源于少数几个国家，如气态天然气主要来自土库曼斯坦，液态天然气主要来自澳大利亚、卡塔尔、印度尼西亚、马来西亚。能源通道也存在较大隐患，我国能源输入通道比较单一，过度依赖海上集中运输能源，石油进口约80%通过马六甲海峡，形成了制约我国能源安全的“马六甲困局”。同时，我国长期缺乏国际油价的话语权叠加全球经济格局深度调整和地缘政治博弈加剧，都加大了我国油气安全风险。

（三）我国煤炭安全状况及变化趋势

2001年以来我国煤炭安全水平也呈现先下降后上升的趋势，但总体呈现明显的上升趋势，表明我国煤炭安全状况总体也是越来越好的。具体来看，2001—2002年我国煤炭安全水平呈现下降趋势，由0.2257下降至0.2157。2003年以后，我国煤炭安全水平平稳上升，由2003年的0.2204上升至2020年的0.7396，年均增长0.0305个单位。需要注意的是，相对石油和天然气安全水平，我国煤炭安全水平波动程度最小，这主要是由于我国是一个以煤炭为主的能源生产和消费大国，煤炭的可用性和可获性状况一直较好，如煤炭储量、煤炭生产集中度、煤炭自给率等都相对较高，进而使得我国煤炭安全始终保持着相对稳定的安全水平。其中，2016年我国煤炭安全水平最高，这主要是由于煤炭可用性达到较高的水平。近年来由于环境问题，我国严格控制煤炭的开发利用，使得碳排放强度和单位GDP煤炭消耗不断下降，煤炭安全水平保持不断上升。

我国是煤炭生产和消费大国，能源体系以化石能源，尤其以高碳的煤炭为支撑。煤炭长期以来支撑我国经济社会较快发展，是我国能源安全保障的压舱石、稳定器，关系着国家经济命脉和能源安全。在全国已探明的化石能源资源储量中，煤炭占94%左右，是稳定经济、自主保障能力最强的能源。尽管煤炭在一次能源消费中的比重将逐步降低，2020 年降至 56.8%，但在相当长时间内煤炭的主体能源地位不会变化，这决定了煤炭行业在实现“双碳”目标中承担更重责任。我国能源资源禀赋特点决定了必须长期坚持煤炭清洁高效利用道路，是符合当前基本国情、基本能情的选择。因此，未来“双碳”目标硬约束下，煤炭清洁高效利用对我国发挥煤炭资源优势、缓解石油资源紧张局面、保障能源安全、保护生态环境，具有重要战略意义。

综上所述，2001 年以来我国石油、天然气、煤炭三大化石能源安全水平总体表现出明显的上升趋势，表明我国能源安全状况总体是趋于好转的。